"博学而笃志，切问而近思。"
（《论语》）

博晓古今，可立一家之说；
学贯中西，或成经国之才。

主编简介

卢新海，男，湖北洪湖人。华中科技大学国土资源与不动产研究中心主任，教授，土地资源管理专业博士研究生导师。中国土地学会、中国土地估价师协会理事，湖北省土地学会副理事长。兼任湖北天尚土地规划勘测设计有限公司董事长，是中国注册造价工程师、咨询工程师（投资）、土地估价师、房地产估价师和资产评估师。已经出版《企业土地资产及其管理》、《开发区发展与土地利用》、《中国城市土地储备制度研究》等专著和《城市土地管理与经营》、《现代城市规划与管理》、《房地产估价（第二版）》、《土地估价》等教材。

谷晓坤，女，河北宁晋人。浙江工商大学副教授，中国科学院地理与资源研究所自然地理专业（土地资源可持续利用方向）理学博士，华中科技大学公共管理学院理论经济学（土地资源管理方向）博士后。主要研究方向为土地规划、土地整治与土地政策及评价，是中国注册房地产估价师与注册土地估价师。

李睿璞，男，内蒙古包头人。华中科技大学土地资源管理专业博士。主要研究方向为国土整治与土地利用，已发表学术论文十多篇。

21世纪土地管理系列

土地整理

卢新海
谷晓坤　编著
李睿璞

复旦大学出版社

内容提要

本书是为满足土地资源管理、农业水利工程等专业的教学需要而编写的一本教材。其特点是在阐述基本原理的基础上，注重对技术方法应用的介绍，使读者通过本教材的学习，能对土地整理的运作模式和土地整理的规划设计与施工流程有充分的了解，便于他们能更好地从事土地整理的技术与管理工作。

本教材在阐述土地整理的相关概念、发展概况、理论基础和我国开展土地整理的宏观背景的基础上，系统介绍了区域土地整理规划、土地整理项目可行性研究、土地整理项目规划设计、土地整理项目工程设计、土地复垦、建设用地整理、土地开发整理预算编制的理论与方法，最后介绍了土地整理项目管理的基本内容。

本书适合作为大学相关专业教材，也适合国土整治相关部门和行业的的管理者和技术人员参考。

FOREWORD 前 言

自1998年1月国土资源部土地整理中心成立以来,土地整理事业在我国得到了快速的发展。全国各县市基本上都成立了专门的土地整理机构,全国范围内土地整理投资总额也达到了每年数千亿元人民币的规模;同时,土地整理技术服务市场也应运而生,包括土地整理规划设计公司在内的各类土地整理技术服务机构纷纷成立,众多土地资源管理专业和农业水利工程专业的毕业生投身于这一古老而新兴的行业。土地整理也成为相关专业的重要课程。

笔者作为土地资源管理专业的教师,也以华中科技大学国土资源与不动产研究中心和湖北天尚土地规划勘测设计有限公司为平台,承担了大量土地整理项目的可行性研究、规划设计与预算编制工作。结合教学需要和从事实践工作的体会,主持编写了这本《土地整理》教材。

本教材共九章,包含了从区域土地整理规划、土地整理项目可行性研究、土地整理项目规划设计、工程设计与预算编制,到土地整理项目管理的全过程内容。同时还专章介绍了土地复垦与建设用地整理的主要内容和方法。构成本教材主要内容的基本素材来源于包括编著者在内的众多专家学者的研究成果和已经出版的相关书籍和教材,在此特向这些专家学者表示衷心的感谢。

此外，湖北天尚土地规划勘测设计有限公司总经理马小军博士、副总经理张继道博士参与了本教材编写大纲的制定，并提供了该公司承担的大量设计案例供分析利用。在此一并表示感谢。

卢新海

2011年夏于武汉喻家山

CONTENTS | 目 录

第一章 绪论 ... 1

第一节 土地整理的相关概念 ... 1
一、土地整理的概念 ... 1
二、土地整理的实质与特性 ... 2
三、土地整理的类型 ... 4
四、农村土地整治 ... 5

第二节 土地整理发展概况 ... 7
一、国外土地整理发展历程 ... 7
二、中国土地整理现状 ... 10
三、土地整理发展趋势 ... 13

第三节 土地整理的理论基础 ... 14
一、土地整理的学科基础 ... 14
二、可持续利用理论 ... 15
三、人地协调理论 ... 16
四、生态经济理论 ... 16
五、景观生态学理论 ... 17

第四节 中国开展土地整理的宏观背景 ... 18
一、促进社会主义新农村建设 ... 18
二、保护耕地资源,确保国家粮食安全 ... 18
三、建设生态文明 ... 19
四、建设用地集约节约利用 ... 20

第二章 区域土地整理规划 ... 23

第一节 区域土地整理规划的内容 ... 23

一、目的意义 ………………………………………………………… 23
　　　二、规划原则 ………………………………………………………… 24
　　　三、规划依据 ………………………………………………………… 25
　　　四、编制程序 ………………………………………………………… 26
　　第二节　区域土地整理潜力评价 ………………………………………… 28
　　　一、区域土地整理潜力内涵与基本特征 …………………………… 28
　　　二、区域土地整理潜力构成 ………………………………………… 30
　　　三、区域土地整理潜力评价 ………………………………………… 31
　　第三节　区域土地整理目标 ……………………………………………… 35
　　　一、区域规划目标 …………………………………………………… 36
　　　二、土地供给 ………………………………………………………… 37
　　第四节　区域土地整理重点地区、重点工程、重点项目 ……………… 38
　　　一、土地整理分区 …………………………………………………… 38
　　　二、土地整理的重点区域 …………………………………………… 38
　　　三、土地整理的重点工程 …………………………………………… 39
　　　四、土地整理的重点项目 …………………………………………… 39
　　第五节　区域土地整理投资估算与筹资分析 …………………………… 40
　　　一、投资估算 ………………………………………………………… 40
　　　二、筹资分析 ………………………………………………………… 41
　　第六节　区域土地整理规划的环境影响评价 …………………………… 41
　　　一、评价原则 ………………………………………………………… 41
　　　二、评价因子的选取 ………………………………………………… 42
　　　三、评价指标体系 …………………………………………………… 43
　　　四、评价方法 ………………………………………………………… 43
　　第七节　区域土地整理效益评价 ………………………………………… 44
　　　一、资源效益评价指标及计算方法 ………………………………… 44
　　　二、经济效益评价指标及计算 ……………………………………… 45
　　　三、区域土地整理生态环境效益评价指标及计算 ………………… 47
　　　四、区域土地整理社会效益评价指标及计算 ……………………… 49

第三章　土地整理项目可行性研究 …………………………………………… 53
　　第一节　土地整理项目可行性研究概述 ………………………………… 53
　　　一、可行性研究的概念与作用 ……………………………………… 53
　　　二、土地整理项目可行性研究的程序 ……………………………… 54
　　第二节　土地整理项目区的选择与确定 ………………………………… 56
　　　一、项目区的选择 …………………………………………………… 56

二、项目区选择的具体要求 …………………………………………… 57
　　三、项目区边界的划定 …………………………………………………… 60
　　四、项目区地貌类型 ………………………………………………………… 61
　　五、项目类型的界定 ………………………………………………………… 61
　　六、项目性质的确定 ………………………………………………………… 62
第三节　土地整理项目可行性分析的主要内容 …………………………… 62
　　一、自然条件分析 …………………………………………………………… 62
　　二、水资源供需分析 ………………………………………………………… 66
　　三、土地利用现状分析 ……………………………………………………… 69
　　四、新增耕地潜力分析 ……………………………………………………… 70
　　五、土地适宜性评价 ………………………………………………………… 71
　　六、土地利用的限制因素分析 ……………………………………………… 74
　　七、公众参与分析 …………………………………………………………… 76
第四节　土地整理项目的规划方案与建设内容 …………………………… 78
　　一、规划的原则与依据 ……………………………………………………… 79
　　二、项目规划方案的比选 …………………………………………………… 80
　　三、土地整理项目的布局 …………………………………………………… 80
　　四、土地整理项目工程进度的安排 ………………………………………… 82
第五节　土地整理项目投资估算 …………………………………………… 82
　　一、项目投资估算的基本概念 ……………………………………………… 82
　　二、项目投资估算的内容 …………………………………………………… 84
　　三、土地整理项目投资估算的方法 ………………………………………… 86
第六节　土地整理项目可行性研究申报材料的编制 …………………… 87
　　一、可行性研究报告的编制 ………………………………………………… 87
　　二、可行性研究报告摘要书的编制 ………………………………………… 91
　　三、图件的编制 ……………………………………………………………… 91

第四章　土地整理项目规划 …………………………………………… 97

第一节　项目规划的内容与程序 …………………………………………… 98
　　一、项目规划的原则 ………………………………………………………… 98
　　二、项目规划目的 …………………………………………………………… 99
　　三、项目规划内容 …………………………………………………………… 99
　　四、项目规划程序 …………………………………………………………… 100
第二节　土地整理项目景观生态规划 …………………………………… 101
　　一、生态景观规划概述 ……………………………………………………… 101
　　二、基于景观生态分析的土地整理项目规划方法 ………………………… 102

三、基于景观安全格局的土地整理项目规划方法 …… 103
第三节　土地整理项目单项工程规划 …… 106
　　一、土地平整工程规划 …… 106
　　二、田间灌溉工程规划 …… 110
　　三、田间道路工程规划 …… 120
　　四、其他田间工程规划 …… 124
第四节　土地整理规划的权属调整 …… 130
　　一、调整原则 …… 130
　　二、权属界定 …… 131
　　三、调整形式 …… 133
　　四、产权分配方法 …… 134
　　五、调整基本程序 …… 135
　　六、进一步完善建议 …… 135
第五节　土地整理效益评价 …… 136
　　一、经济效益 …… 136
　　二、社会效益 …… 137
　　三、环境效益 …… 137

第五章　土地整理项目工程设计 …… 139

第一节　土地整理项目工程设计的内容、程序与标准 …… 139
　　一、土地整理项目工程设计的内容 …… 139
　　二、土地整理项目工程设计的程序 …… 140
　　三、土地整理项目工程设计的标准 …… 140
第二节　土地平整工程设计 …… 141
　　一、土地平整工程量计算方法 …… 141
　　二、土方调配 …… 145
第三节　田间灌排工程设计 …… 147
　　一、渠道灌溉工程设计 …… 147
　　二、低压管道灌溉工程设计 …… 160
　　三、喷灌工程设计 …… 163
　　四、农田排水工程设计 …… 167
　　五、渠系建筑物设计 …… 173
第四节　田间道路工程设计 …… 194
　　一、路基设计 …… 194
　　二、路面设计 …… 195
　　三、路肩、边坡与边沟 …… 196

四、纵断面设计 ··· 197
　第五节　其他工程设计 ··· 198
　　　一、农田防护工程设计 ··· 198
　　　二、电力工程规程设计 ··· 201

第六章　土地复垦 ··· 210
　第一节　土地复垦概述 ··· 210
　　　一、土地复垦的特点与原则 ··· 210
　　　二、国内外土地复垦的发展历程 ····································· 212
　　　三、我国矿山环境现状与土地复垦的必要性 ··························· 214
　第二节　土地复垦工程技术 ··· 217
　　　一、非填充复垦技术 ··· 217
　　　二、填充复垦技术 ··· 219
　第三节　土地复垦保育技术和植被恢复技术 ······························· 222
　　　一、微生物技术 ··· 222
　　　二、生物复垦技术 ··· 222
　　　三、生态农业复垦技术 ··· 223
　　　四、土壤改良技术 ··· 224
　第四节　露天矿土地复垦与生态重建 ····································· 224
　　　一、露天矿土地复垦的技术路线与方法 ······························· 224
　　　二、露天矿排土场植被恢复技术 ····································· 226
　第五节　井工矿土地复垦与生态重建技术 ································· 227
　　　一、井工矿土地复垦与生态重建规划与设计 ··························· 227
　　　二、沉陷地土壤重构技术 ··· 227
　第六节　矸石山绿化技术 ··· 228
　　　一、矸石山整形 ··· 228
　　　二、矸石山复垦整形设计 ··· 229
　　　三、矸石山植被恢复 ··· 231

第七章　建设用地整理 ··· 233
　第一节　城市建设用地整理 ··· 233
　　　一、城市建设用地整理的内容与程序 ································· 233
　　　二、城市建设用地整理的场地分析 ··································· 235
　第二节　农村建设用地整理 ··· 237
　　　一、农村建设用地整理的背景与意义 ································· 237
　　　二、农村建设用地整理的内涵 ······································· 238

三、农村居民点用地整理 239
  第三节　"城乡建设用地增减挂钩"与农村建设用地整理 248
　　一、"城乡建设用地增减挂钩"政策释义 248
　　二、"城乡建设用地增减挂钩"的特点和模式 250
　　三、"城乡建设用地增减挂钩"规划的编制 256

第八章　土地开发整理预算编制 263
  第一节　土地开发整理项目预算定额 263
　　一、定额的基本概念 263
　　二、定额的分类 266
　　三、定额的编制与应用 267
  第二节　土地开发整理预算编制 271
　　一、土地开发整理项目组成与划分 271
　　二、土地开发整理项目支出预算与费用标准 274
　　三、土地开发整理预算文件的编制 281
  第三节　工程量计算与工料统计 292
　　一、工程量计算 292
　　二、工料分析 296

第九章　土地整理项目管理 299
  第一节　土地整理项目管理概述 299
　　一、项目管理对象的分类 299
　　二、项目管理的内容 300
　　三、项目管理机构 301
　　四、项目资金的管理模式 302
  第二节　项目立项管理 303
　　一、项目申报的原则和条件 303
　　二、项目申报的材料 304
　　三、项目审批程序 304
  第三节　项目规划设计管理 306
　　一、项目规划设计标准 306
　　二、项目规划设计审查标准 307
  第四节　项目实施管理 310
　　一、准备工作 310
　　二、质量管理 311
　　三、进度管理 312

四、技术管理 ·· 313
　　五、成本控制 ·· 320
　　六、资金管理 ·· 321
第五节　项目验收管理 ·· 322
　　一、验收依据 ·· 322
　　二、验收内容 ·· 323
　　三、验收报告的内容 ·· 324
　　四、工程质量验收 ··· 325
第六节　项目后期管护 ·· 326
　　一、管护内容 ·· 326
　　二、组织模式 ·· 327
　　三、权利责任 ·· 327
　　四、工程保修 ·· 328

参考文献 ··· 330

第一章 绪 论

学习目标

通过对本章的学习,应该能够:
1. 了解土地整理的相关概念与理论基础;
2. 掌握土地整理的特性、类型与内涵;
3. 了解国内外土地整理的发展历程及我国开展土地整理的宏观背景。

第一节 土地整理的相关概念

一、土地整理的概念

"整理"一词的意思是"使之条理秩序","土地整理"从字面的意思理解,就是使无序、混乱的土地有条理秩序。有关"土地整理"的英文称谓有:land consolidation, land readjustment, land reorganization, land rearrangement, land replotting, land assembly, land reclamation 等,其中常用的有"land consolidation"和"land readjustment"。"land consolidation"侧重农业方面,主要指提高农业和林业管理效率,扩展农村发展潜力的所有土地重划及对应的后续措施,主要包括分散及不规则的地块重划与合并、拆除旧梯田和小道并重建农村道路、疏浚地方性河流、土壤改良以及完善排灌设施(Bronstert et al. ,1995)。它是确保农村发展、提高土地利用效率(Sklenicka,2006),防止农村景观退化的有效手段(Mihara,1996),是保护自然环境及解决农村发展所涉及的经济、社会问题的有效工具(Uhling,1989;Quadflieg,1997;Wittlingerova et al. ,1998)。"land readjustment"则常含有城市及城市化发展手段的含义,是新区开发和旧城改造都适用的一种工具(Larsson,1997),把原来不规则的农地单元合并调整为规则的建设用地地块,并配套城市基础设施(道路和水电)(Sorensen,1999;Sorensen,2000),从而推动城市化发展。

不同国家依据各自的国情，其土地整理的侧重点也有所区别。德国的土地整理是指对土地进行重新规划和调整，其目的在于改进农业和林业的生产条件，改善人民的居住和生活条件，以及进一步进行土地改良和土地开发。俄罗斯的土地整理是为了实施有关土地法令和政府关于组织土地利用及保护土地的决议，创造良好的生态环境和改善自然景观的一系列措施体系(马克伟,1991)。韩国的土地整理是指根据利用基础设施建设能带来的相邻地段价值增值的原理，对土地利用方式与土地收益分配进行调整的一种措施(谢经荣,1996)。我国台湾地区的土地整理是指改进土地利用环境与增大土地利用效能的一系列措施(严金明,1998)。

在我国大陆地区，土地整理有广义和狭义的两种理解。狭义的土地整理指对已经利用土地的整治和改造；广义的土地整理包含农地整理和非农建设用地整理，并对土地整理、土地开发和土地复垦赋予了不同含义。依据我国国情，现阶段我国的土地整理一般指农地整理，是在一定区域内，依据土地利用总体规划，采取行政、经济、法律和技术的手段，对田、水、路、林、村的综合整治，通过工程和生物措施，改变地块零散、插花状况，改良土地，提高土地利用率和生产率，改善生态环境的综合措施。土地复垦是将生产建设过程中因挖损、塌陷、压占、污染破坏的土地和自然灾害损毁的土地恢复到可供利用状态的活动。土地开发则是将滩涂、荒草地、裸土地等宜农未利用地进行开发利用的活动。

二、土地整理的实质与特性

(一)土地整理的实质

土地整理的实质是合理组织土地利用，提高土地的供给能力。合理组织土地利用决不能离开生产力和生产关系的任何一方，土地整理的产生和发展是与生产力和生产关系的发展变化紧密联系在一起的，其中任何一方发生变化，都会引起土地整理的重大更新。基于这点，土地整理所研究的具体内容，并不是一成不变的。在不同社会生产方式下，甚至在同一方式下，生产力和生产关系发展的不同历史阶段，土地整理的内容、原则和方法也不尽一样。现阶段，一手抓耕地保护，一手抓土地整理，是贯彻土地基本国策的重要战略思想。合理组织土地利用，必须满足社会经济发展对土地利用组织的要求，同时又要与限制土地利用的社会经济发展诸因素相适应。正确合理地处理好两者之间的关系，是组织土地利用的核心问题。社会经济发展对土地利用组织所提出的要求，是这对矛盾的主导方面，社会经济发展对土地利用组织的要求受生产资料所有制所制约，是社会生产关系性质的反映。合理组织土地利用还涉及多学科交叉的问题，必须综合运用各个学科在土地利用领域内所取得的各项成果，合理地组织和协调人地关系。它是以自然为基础，以经济为主导，以技术为手段，集合经济、自然和技术三方面内容，并在一定领域范围内实施土地利用各项措施的综合。

土地供给就是指可利用土地的供给，即地球提供给人类利用的各种生产和生活用地的数量，通常土地供给分为自然供给与经济供给。土地以其自然固有属性供给人类利用，以满足人类社会生产和生活的需要，称为土地的自然供给。而土地的经济供给是在自然供给和自然条件允许的范围内，在一定时间和地区因用途利益与价格变化而形成的土地的供给数量，它有一定的供给弹性。

土地整理提高了土地的自然供给能力，主要体现在以下几个方面：对后备土地资源的开发，增加了土地的可利用面积；对基本农田的整理，通过对田块的合理与重新规划，减少了田埂面积；填埋废旧坑塘，从而增加农业生产区内的有效利用面积；对坡耕地进行梯田改造，不仅增加了耕地面积，也促进了农作区的生态环境建设，减少水土流失。

土地整理增加土地的经济供给主要体现在对农业基础设施的改善。通过土地整理，建立农业作业区完善的灌排体系，增强农业生产抵抗自然灾害的能力，提高了耕地利用的集约度与土地生产能力，使得单位耕地面积上农作物的产量增加，从而扩大了土地的经济供给水平。

（二）土地整理的特性

土地整理是一项复杂的综合性工作，它具有技术性、动态性、系统性、综合性、地域性和广义性等特点。

1. 技术性

土地整理的工作程序包括土地整理项目区的选择，项目规划设计，项目工程建设，工程监理和竣工验收，整理后的产权调整、评价等环节。整个过程涉及农田水利、土地规划、建筑设计、工程预算、计算机制图等各方面的专业技术知识，如果没有一定的技术作支撑，土地整理就难以顺利实施。

2. 动态性

任何事物都处于不断变化的动态过程中，土地整理的主要任务也会随着时间的推移而不断变化更新。土地整理的最终目的是为了协调人地关系、调整土地利用结构、提高土地利用效率。但是，在各个时期，由于土地利用情况和社会经济状况的变化，土地整理的具体内容与任务也会各不相同。例如，德国的土地整理开展较早，最初以改善农业生产条件为内容与任务，而当前的土地整理又增加了景观与环境保护的内容。因此，要结合我国的基本国情，借鉴国外土地整理的成功经验，不断发展和完善我国的土地整理工作。

3. 系统性

土地整理涉及动物、植物、微生物以及无机环境等诸多相互作用、相互制约的因子，它们共同构成一个生态系统。土地整理的一个重要评价指标就是生态效益，在提高土地生产力的同时，要尽量保持和提高土地生态系统的自我调节能力，避免破坏土地生态系统的平衡。同时，土地整理整个过程的各个工序，从项目区的踏勘—可行性研究—规划设计—项目实施、监管和验收—项目的运营等，每个环节都构成系统不可分割的重要部分。各个环节相互影响、相互制约，任何一个环节出现了问题，整个土地整理工作都不能良好地运作下去。因此，作为系统性的工作，土地整理应注意处理好各个环节的相互关系，实现土地整理系统工作的效益最大化。

4. 综合性

土地整理涉及土地、农业、林业、水利、交通、气象、环保、财政等多个部门，运用了土地规划、农田水利、工程预算、工程建筑、计算机技术等多学科的知识。各个部门的协调配合以及各学科知识的综合运用直接决定了土地整理工作的进展程度。因此，土地整理工作的综合性决定了土地整理过程中应树立起全局的观念，对各方面因素进行综合考虑，以保证土地整理工作的顺利开展。

5. 地域性

由于各地区的自然经济条件的不同，土地整理的目的、意义和主要研究内容不尽相同。因此，土地整理具有鲜明的地域性。在确定各业用地时，应充分考虑生产发展的需要，同时还要考虑土地资源的特性，根据当地实际情况确定土地整理的整体研究框架和实施的具体环节，提高土地利用率。

6. 广义性

从广义上看，土地整理包括有关土地生产环境改善和生态景观建设的一切措施和手段。只要是消除土地利用现状中对社会经济发展的制约和限制因素，有助于土地利用效益和生态环境进一步提高的土地建设，都可以认为是土地整理的范畴。如现代农业园区建设、村镇规划建设、城镇旧城区改造、工程占压废地的复垦、基本农田保护区规划建设都属于专项土地整理。

三、土地整理的类型

按照土地权属、地域、内容和目的的不同，土地整理可以分为以下几个类型。

第一，按权属划分，土地整理可以分为土地所有权整理和土地使用权整理。

土地整理是以土地制度为基础的。在私有制国家，土地整理主要是土地所有权的调整。在公有制国家内，土地整理存在使用权的调整，也会有土地所有权的交换。

第二，按地域划分，土地整理可以分为城市土地整理和农村土地整理。

城市土地整理，又称市地整理，它不仅要求土地利用的平面布局，而且要求科学调整其三维利用空间，盘活城市存量土地。农村土地整理是按照土地利用总体规划，对田、水、路、林、村进行综合整治，以提高耕地质量，增加有效耕地面积，改善农业生产条件和生态环境。

第三，按照土地整理的内容可以将其划分为农地整理、建设用地整理、土地开发与土地复垦。

农地整理包括农地改造、地块规整、基础设施配套、农村宅基地归并等内容，主要是将农田通过面积调整、位置变动、性质转换以及低效农用地的改造以及地块重划以后，配置水、电、路等小型基础设施以实现农用地的高效利用。建设用地整理是以提高土地集约利用为主要目的，采取一定的技术手段，对利用率不高的建设用地进行综合治理的过程，主要包括村镇用地整理、城镇用地整理、独立工矿用地整理以及基础设施用地整理。土地复垦按照废弃的原因，可以将土地复垦分为五种类型：各类工矿企业在生产建设过程中挖损、塌陷、压占等造成的破坏土地的复垦；因道路改线、建筑物废止、村庄搬迁以及垃圾压占等原因造成的废弃土地的复垦；废弃坑、塘、洼地的复垦；各类工业污染引起的污染土地复垦以及水灾、地质灾害或者其他自然灾害引起的灾后土地复垦。土地开发主要针对具有潜在开发价值的土地，特别是荒山、荒地、荒水、荒滩的改造。

第四，按照土地整理的目的划分，土地整理可划分为资源性土地整理和资产性土地整理。

资源性土地整理是为了形成合理高效的资源利用结构而进行的一种土地整理，它是以实物资源的再配置而进行的土地整理。资产性土地整理主要是为了确保土地资产的保值增值而进行的土地整理，是以土地价值的重组和实现为起点，以土地为载体的一种资源配置过程。我国目前农村土地整理处于资源性整理阶段。

四、农村土地整治

1998年国土资源部组织开展土地整理复垦开发工作，有规划、有资金、有经验、有成效。2003年，国土资源部制定了《土地开发整理规划》，并且每年下达补充耕地计划。根据相关规定，可用于土地整治的资金有新增建设用地有偿使用费、土地出让金纯收益的15%、耕地开垦费和复垦费，近几年全国合计每年有1 000多亿元。1999年至2008年，全国通过土地开发整理补充耕地4 163.2万亩，为坚守18亿亩耕地红线发挥了极为重要的作用。实践证明，通过耕地整理，可新增耕地5%～8%，农田产出效力提高10%～20%。通过平整土地，治理沟渠，修筑田间道、生产路，农田生态功能进一步发挥，农业生产条件明显改善。

城乡建设用地增减挂钩试点取得积极成效。2006年起，国土资源部先后在21个省（区、市）实施600多个试点项目，拆旧面积将近40万亩。截至2008年9月底，实际完成158个项目，农村居民点人均用地下降100 m^2左右。一些地方还带动耕地整理建成了集中连片的高标准农田。通过对农村散乱、废弃、闲置的建设用地（包括宅基地）进行整理复垦，集中建设居民点，配套建设公共服务设施，可净增耕地13%左右，促进了农村土地节约集约利用，改善了农民生产生活条件，改变了村容村貌。

因此，将土地开发整理与城乡建设用地增减挂钩相结合，以更大的力度开展农村土地整治，使农村土地整治成为推进社会主义新农村建设和城乡统筹发展的新平台。开展农村土地整治已经上升为国家层面的战略部署，正式写入2009年中央1号文件和温家宝总理的政府工作报告。国土资源部2009年印发的《关于促进农业稳定发展农民持续增收推动城乡统筹发展的若干意见》也已对"万村土地整治"工程作出了具体部署。土地整理进入新的发展阶段。

（一）农村土地整治的内涵

农村土地整治，就是以土地整治和城乡建设用地增减挂钩为平台，对田、水、路、林、村、房进行综合整治。主要做法是：一是开展农田整治。对耕地、宅基地和集体建设用地进行整理复垦，在新增加耕地的同时，做到田成方、树成行、路相通、渠相连、旱能浇、涝能排，建成集高效农业、节水农业、循环农业和集约化农业为一体的高标准农田，为规模经营和发展现代农业创造条件。二是推进村落整治。对农民旧房改造、新居建设、农村基础设施和公共服务配套设施一起规划，一起建设，一起更新，建设现代新村。三是发展非农产业。在集体建设用地上，依法、依规发展乡镇企业和非农产业，让农民参与经营和开发。四是促进城乡互补。城乡建设用地增减挂钩，仅仅增加建设用地流量，使农村一部分富余的建设用地指标调剂到城镇使用，获得的土地增值收益反哺农村，改善农村生产生活条件。通过农村土地整治，真正实现"耕地占补平衡有良方，土地节约集约有增量，农民安居乐业有保障，城乡统筹发展有希望"。

(二) 农村土地整治的意义

农村土地整治既有现实需要，也具有长远意义。从当前来看，开展农村土地整治是扩大农村内需、促进经济发展的重要手段。一方面，农村住房和基础设施建设，有利于拉动农村投资和消费需求；农业规模化、产业化经营，可进一步提升和释放农业生产力。另一方面，鼓励农民投工投劳，有助于缓解返乡农民工的就业压力；当地农民获得多个渠道的收益，实现持续增收，提升消费能力。从长远来看，开展农村土地整治是消除城乡二元结构、解决经济社会发展结构性矛盾的重要平台。一方面，可引导财政资金和社会资金投入农村，有利于城乡土地资源、资产、资本有序流动、互补互助，实现"以城带乡、以工补农"，促进农业滚动发展、农民稳定增收、村容村貌更新，解决新农村建设"钱从哪里来"、"人往哪里去"等一系列现实的问题，实实在在地推进社会主义新农村建设。另一方面，通过增加建设用地的流量，缓解了城市建设用地的压力，支持了城镇化进程。从国土资源部自身看，开展农村土地整治是创新土地管理制度、提升土地利用效率的重要抓手。一方面，要求强化综合统筹的理念，加强职能协调，提高工作耦合度，形成工作合力。开展农村土地整治，客观上要求把规划计划、耕地保护、节约用地、确权颁证等土地管理的各个环节、各种手段衔接、贯通，要求把征地改革、农地流转、宅基地管理、耕地保护等农村土地管理的各项任务汇集、聚合，这样就容易实现有组织、有引导、可控制地推进农村土地管理制度改革，提升农村土地综合效益。另一方面，要求勇于探索创新，在宅基地管理和退出机制、集体土地流转、征地制度改革和维护农民土地权益等方面创新政策，形成一批新的制度成果。

(三) 农村土地整治的特点

1. 统筹规划、整村推进、集聚集约、整合资金

一是统筹规划。有些地方打破思维定式，突破部门壁垒，优化资源配置，以编制村镇土地利用规划为基础，田、水、路、林、村、房综合考虑，统筹规划生产、生活、居住、建设、生态用地，科学合理布局。二是整村(镇)推进。在规划的基础上，以村为单位，有条件的以镇为单位，整体推进农村土地整治，做到整治一个，改造一片，造福一方。三是集聚集约。通过农村土地整治，使农民居住向中心村镇集中，耕地向适度规模经营集中，产业向园区集中，实现耕地增加、用地节约、布局优化、要素集聚的目标。四是整合资金。目前，中央和地方的惠民资金总量不小，问题在于要通过整合发挥综合效益。有些地方按照"资金性质不变、管理渠道不变、统筹使用、各司其职，形成合力、各记其功"的思路，把土地整治、农业综合开发、中小水利、以工代赈、农村扶贫、退耕还林、中低产田改造等各类涉地、涉农资金整合起来集中使用，综合发挥各项资金的叠加效益。通过农村土地整治，村容村貌全面规划，基础设施综合配套，产业结构全面提升，要素布局优化调整。

2. 尊重农民意愿、引入社会参与、确保农民受益、保持农村特色

一是尊重农民意愿。在运作模式、规模经营、旧房改造、新居建设、非农就业和社会保障等方面要提供多种选择，让农民提前知情和全程参与，实行"阳光操作"，做到整治前农民乐意，整治后农民满意。二是引入社会参与。有些地方以政府涉农资金启动土地整治，引入社会资金参与土地整治，同时注重调动农村集体经济组织的积极性。通过开展农村土地整治，促进耕地规模化经营,推动农业产业化发展,滚动投入,发挥涉农资金"四两拨千斤"的作用。通过市场机制形成稳定的回报,使投资有回报,农民有收益,农业有发展,农村有进步。三是确保农民受益。在各地实践中,农民通过承包地转包、出租、入股等多种方式获得稳定的收入,在农业龙头企业务工获得工资收入,通过房屋出租、参与产业和商业经营还可获得一份收入,同时居住条件得到改善并享有较好的公共服务,使城乡居民平等拥有发展权益,公平享受改革发展成果。四是保持农村特色。农村土地整治,不仅整治农田,整治农宅,而且配套建设公共设施,使农村道路、水电、通信、绿化、卫生院、文化站等公共设施有根本的改观,使公共服务落地新村,项目区的群众享受"城里人"的生活。通过农村土地整治,改造旧村,建设新居,要注重农村特色,保留传统的农耕文化和民风民俗中的积极元素,建设与城镇同样便利但风貌有别的现代农村,而不是建设像城镇一样的农村。

第二节 土地整理发展概况

一、国外土地整理发展历程

根据有关文献资料的记载,"土地整理"一词在国外最早出现于德国、法国和俄国等欧洲国家。在德国巴伐利亚州第一块土地合并的文件可追溯到1250年。土地整理概念的首次出现是在1886年巴伐利亚王国的法律中,根据这项法律设立了土地整理专门机构并规定了其实施程序。1953年,联邦德国在以前有关土地整理法律的基础上,制定颁布了第一部《土地整理法》。法国的土地整理始于1705年,在1919年颁布了《土地调整法》。俄国的土地整理于17世纪开展,从1765年开始花费了20年时间完成全俄土地资源的调查与划定,于1779年在莫斯科成立了世界上第一所土地管理学校,即如今俄罗斯国立莫斯科土地管理工程大学的前身。荷兰于1924年通过了管理农地整理的相关法规,1985年颁布了《土地开发法》,以法律的形式规定了土地开发整理的程序、运作方式等(王军等,2003)。时至今日,土地整理已被世界上多数国家所接受,并成为人们利用与保护土地资源的重要途径(杨相和,2002)。

(一)国外土地整理目标发展

在不同国家或不同的发展阶段,土地整理的目标不完全一样,即土地整理目标具有地域差异和时间差别。

澳大利亚有关政府部门和行业协会组织为了提高矿山土地复垦的质量和效果,对矿山运行设计、土地复垦设计原则、常规土地复垦整治技术、特别类型土地复垦整治技术等内容都作了明确的规定。企业在进行矿山运行设计以前,就要充分考虑土地复垦整治的要求。土地复垦整治目标必须在采矿开始以前就与州政府、地方政府和土地所有者商议确定,在确定过程中,矿区附近居民的安全和健康是必须考虑的。要对矿区开采进行详细的说明,包括采矿前后土地的形态、地质、土壤类型、地表水和地下水、动植物的组成、土地利用、传统或其他需要特别保护的资源以及噪声、尘土和采矿振动的等级等的调查说明。大型的矿区还可把整个矿区不同的环境特征和敏感度细分为多个土地单元,分别管理。土地单元分类可以分成杂乱的旷野、沙丘、三角砂维、排水线、盐湖、土墩泉、易损地带、冲积洪渍区等,用一系列航空片或详细的地形图,把矿区环境敏感区的重要特征描绘清楚,在此基础上,安排矿山的作业运行格局、基础设施和开采步骤。

德国自1934年颁布《土地整理法》到1939年期间,通过整理新增耕地约占当时德国总耕地面积的1/3。从1939年到二战结束,德国主要针对农业用地分散、零碎的状况,并结合基础设施和公共事业建设开展土地整理。二战结束后,德国又重新颁布实施了新的《土地整理法》,并于1953年及1976年两次进行了修改和完善。这一期间高速公路的开辟及能源、水利等大型水利工程的建设与发展,需要通过土地整理来准备大量用地,同时又要通过土地整理将那些被大型工程建设打乱了的地块变得规则化。从20世纪70年代至今,随着经济的发展及人们观念的变化,自然景观的保护受到了广泛重视,土地整理又增加了对自然景观及环境保护的内容,以实现土地整理社会、经济、生态效益的统一和协调。总体来看,德国土地整理的功能随着不同时期面对的主要土地利用问题不同而变化,以改进农业的生产条件、生态条件为根本。

俄罗斯政府为了做好土地整理规划工作,制定了许多法规加以保障,其中比较重要的是1993年7月15日颁布的《俄罗斯土地基本法》。这部基本法对俄罗斯土地整理和土地整理规划的任务、目的、内容、组织、程序等都作了明确规定。俄罗斯国家管理的土地整理是由联邦、联邦主体、行政区、市的土地资源与土地管理委员会负责的。土地整理规划的编制由俄罗斯联邦土地资源与土地管理委员会所属土地整理企业和组织以及依照法定程序取得资格的其他土地整理企业和个人负责进行。没有取得资格的企业和个人所完成的土地整理的设计勘测工作被认为是无效的。土地整理规划的编制人员对方案质量及所制定措施的生态安全负责。编制土地整理规划时,注意保护权益和所进行工作的公开性:向土地整理涉及其利益的个人和法人及时通报土地整理规划工作的形式、内容和效果;当工作涉及大部分居民利益时,则通过公众媒体广而告之;在编制、协调和审批土地整理规划时,充分考虑公众的意见。土地整理规划编制的程序和技术条件,与有关的国家和社会组织、机关协调等工作,都要依照联邦政府通过的调整土地整理活动的条例及土地资源与土地整理委员会制定的条例、细则、技术规程为依据。建立联邦、边区、州、区、市、村的公众土地整理委员会,由土地资源与土地整理委员会工作人员担任领导,成员包括利益相关的各级企业、机关和组织的负责人,以及土地整理规划编制人。公众土地整理委员会监督整理进程和实现土地整理设计规定合理利用土地的措施,就实施某些措施给予必要咨询和方法、技术上的帮助,对修改已通过的土地整理规划与设计查明必要性,提出建议。该委员会行使自己的职权直到土地整理设计完全实现。

日本土地整理仿效德国而行(Ishida,1986)。从早期的农地整理、灌溉完善等农业目标而迅速发展为控制郊区蔓延的政府行为(Hayashi,1982;Latz,1989)。但1923年日本关东大地震后,土地整理的主要目标演变为灾后都市重建,在整个1930年期间,土地整理还被中央政府广泛应用于保障军事设施用地(Ishida,1987)。第二次世界大战后,土地整理的目标又转变为战后城市的重建。到1954年日本通过了一部综合性土地整理法,随后日本农地整理目标在于扩大田块规模,便于机械化作业和提高单位面积产量,减少水土流失,改善生态环境(Mihara,1996)。

（二）国外土地整理内容变化

从不同的目标出发所定义的土地整理内容也不尽相同。近些年德国土地整理的内容主要包括以下八个方面：对地块重新规划调整，使路网相通，有良好的灌溉设施；改造村镇，改善居民的居住、生活、就业条件，创造美好的生存环境；开辟新的建设用地；大型建设项目的土地整理；森林土地整理；景观的保护和塑造；特种作物区的土地整理；地籍更新，在城市开展建设小区的整理。

苏联土地整理作为调整土地关系、组织土地利用的国家措施，在发展巩固社会主义土地公有制中发挥了重要作用。随着社会经济的发展，合理利用土地创造良好的生态环境和自然景观逐渐成为土地整理的重点。近年来俄罗斯在土地制度大变迁的大背景下，土地整理的主要内容集中在以下方面：确立企业或组织的土地利用方向；编制企业内部土地利用和土地资源保护规划方案；编制为消除土地配置不当需要调整并采取具体措施的规划设计方案；依法调整田块，确认土地占有权和使用权；规定特殊自然保护区、休养区和禁区等(张正峰,2003)。

（三）国外典型土地整理模式

19世纪末期开始，土地整理作为城市规划的一种工具，在德国得到了广泛应用，并有效地推动了城市的发展和重建。从20世纪中后期开始，Doeble(1982)、Archer(1984)、Minerbi et al.(1986)、Osterberg(1986)、Kalbro(1990)、Larsson(1993,1997)、Sorensen(1999)、Seong-Kyu(2001)等学者都把土地整理作为城市发展和建设中的一种重要工具，分别研究了德国、法国、瑞典、美国、日本、韩国、印度尼西亚等国家土地整理对城市发展的作用及各国的运作模式。总体来看，国外土地整理模式的研究主要集中于城市地区土地整理的组织和管理模式，各国模式的差别主要体现在土地整理的实施主体、投资主体等方面，具有代表性的模式主要有以下几种。

(1) 德国模式。土地整理过程常称为 Umlegung(它起源于乡村土地整理，实际上意味着乡村土地整理的方法已经适应城市环境)，只要一个详细的建筑计划得到批准或者正在进行之中，如果市政当局认为需要的话，它就可以决定发起 Umlegung 程序，并任命一个专门的委员会或者指派地籍或者土地整理管理部门作为执行组织者来具体负责执行这一程序。执行组织者可以决定区域范围的划定，以及区域内的功能分区、地上和地下建筑物限制等。所有在这个范围内的土地所有者都必须参与这个土地整理项目，他们没有权力否定，也不能退出。在这样的项目执行过程中，土地所有者必须贡献一部分自己的土地用于街道、绿化地带和其他公共区域的建设，不过，这样的建设费用由市政当局支付。市政当局作为执行者和成本支付者，拥有支配权；土地所有者可以提出自己的观点，并有权提起上诉，但很少有正式的影响，不过，他们能够得到跟其原有土地价值相当或更多的土地或补偿。这种方法在德国已经普遍实行，并被认为是城市建设的一个重要工具(Larsson,1997)。

(2) 法国模式。土地所有者有很大的自主性，也承担很大的责任。一般来说，整理的发起者可以是市政当局，也可以是私人土地持有者(通常是成立一个自愿的协会来发起)，而只有在全体土地所有者一致同意的情况下才起作用。同时,土地整理的实施和利润分享也掌握在土地所有者手中,因此,这一过程又称为联合开发(joint development)。整理项目正式启动后,要建立一个经过授权的协会(AFU)负责组织实施。由于权利主体或交易主体多,交易成本高,实施程序比较复杂,所需时间也较长。首先,要拟订一个预备计划,包含土地所有者与政府(如果有政府参与的话)的一些决定,区域边界提议和所受影响的土地及其所有者的草案记录,项目的实施方案,列出所需的建设内容及其所需的建设费用和程序费用,以及最后的利益分配方案。正常情况下,顾问(一般是一个私人检查员)会被选出来制定规划和管理程序。从某种程度上说,预备计划要得到公众的支持,当然,也要考虑到市政当局已有的土地利用规划。然后,地方政府会发布公告,接受一些反对此方案的意见。如果有 2/3 的所有者同意这个计划,同时要拥有至少 2/3 的总面积,或者进一步地说,这个方案与土地利用规划相符并得到市政府的支持,那么地方政府就会批准这个项目,并授权协会(AFU)去实施这个方案,AFU 从成员中收取实施费用后开始实施。不同意的土地所有者有权在一个月之内宣告他们希望放弃他们的财产,价格由双方协商决定或者根据征用费用决定。

(3)澳大利亚模式。西部城市珀思(Perth)在其城市化过程中采用的合资联营整理(pooling)方法是该模式的一个比较典型的例子。在城市化过程中,每一个整理项目都要制订一个规划方案,方案规定了项目实施的具体事项,包括整理前和整理后的土地利用图和土地所有权图、方案文本、项目预算、土地所有权估价结果以及土地所有者的股份。其中,方案文本陈述了方案的目标、步骤、条款及将要实施的条件。因此,可以将它看作是土地所有者与当地政府之间通过协商所形成的合同形式。一般来说,这个整理方案的草案要进行公示,根据土地所有者的不同建议进行修改和修订,然后,此草案便可以出版,并成为法律文献来规范和指导整个整理过程。每个土地所有者应该承担的建设分摊费用以及整理项目完成后的回报额,是在对其原有土地的市场价值进行了官方评估的基础上确定的。规划方案通过并经政府批准后,市政当局立即接管整个地区,制定详细的规划,实施所有新的街道建设和基础设施建设等等,还会经营某些地块来进行投资。剩下的土地根据原土地所有者的要求在他们之间分配,当然进行了一些调整和附带的补偿——提供适合的建筑地块,其最后的出售权在土地所有者手中。土地所有者也可以全部或部分地放弃他的要求并用现金给予补偿。一般情况下,会事先估计出给此区域所带来的利润,最后再在土地所有者之间进行分配。

二、中国土地整理现状

我国的土地整理可追溯到公元前1066年西周时期的井田制度,这可以说是我国古代早期的土地整理。到 2500 年前,土地整理的重要性进一步为人们所认识,并从当时地广人稀及立国强国的战略目标出发,提出了较为先进的土地整理用地比例。据《商君书·徕民篇》记载:"地方百里者,山陵处什一,薮泽处什一,溪谷流水处什一,都邑蹊道处什一,恶田处什二,良田处什四,以此食作夫五万,其山陵、薮泽、溪谷可以给其材,都邑蹊道足以处其民,先王制土分民之律也。"这段话的大意是:方圆百里的地方,如果想安置移民,就要先整理土地。用地布局与结果如下:山林、水草沼泽、河流水域、城市及道路各占十分之一,劣质农田占十分之二,优质农田占十分之四,这样就可以安排5万劳动力。除耕地粮食产出以外,加上山、林、草、水的自然产出,足可安排5万户居民。这是先辈通过土地整理安排国计民生的范例。

由此可见,中国土地整理具有悠久的历史,只是后来产业结构发生急剧变化时,对土地整理的研究未及时跟上,因而减缓了推行的步伐。

我国现代土地整理在不同时期也有不同的发展轨迹。新中国成立初期,斗地主分田地,以实现耕者有其田为主要目的;50年代后期人民公社化,土地收归集体所有,为体现"一大二公"的思想,土地整理通过"一平二调",以变更权属关系为主要内容;60年代受自然灾害和"文化大革命"影响,土地整理处于停滞状态;70年代全国农业学大寨,土地整理转向以基本农田建设为主,以平整土地、合并田块、兴建新村、整理沟渠和道路来组织土地利用;80年代,土地整理以推行农村联产承包责任制及兴办乡镇企业为主线,土地利用方式与用地结构均发生重大变化;90年代,国民经济迅猛发展,耕地锐减,土地整理是在粮食安全、保护耕地的背景下开展的。另外,近些年随着工业化、城镇化和现代化的发展,建设用地整理随之展开。

(一)土地整理的目标

我国开展现代意义的土地整理是以1998年颁布的《中华人民共和国土地管理法》为标志。一般将其定义为:在一定的区域内,按照土地利用总体规划或城市规划确定的目标和用途,采取行政、经济、法律和工程技术手段,对土地利用状况进行调整改造、综合整治,提高土地利用率和产出率,改善生产、生活条件和生态环境的过程(鹿心社,2002;高向军和鞠正山,2002;龙花楼和李秀彬,2006)。把土地整理分为农业用地整理和建设用地整理两类,分别进行定义。所谓农业用地整理,是指在农村的一定区域内依据土地利用总体规划和有关专业规划,对田、水、路、林、村实行综合整治,调整农村土地关系,改善土地利用结构和生态环境,改善劳动者的生产生活条件,增加可利用土地面积和有效耕地面积,提高土地利用率和产出率的活动。所谓建设用地整理,是指在城市和集镇、村庄范围的一定区域内为实施城市和集镇、村庄规划,进行其建设,调整其土地关系和土地利用结构,改善其生态环境,依据土地利用总体规划和城市、集镇、村庄规划,对其土地进行开发整治活动(李建智,2002)。

依据《中华人民共和国土地管理法》,当前土地整理工作的四个基本目标是提高耕地质量、增加有效耕地面积、改善农业生产条件及改善生态环境。其中改善生态环境不仅是提高耕地质量、改善农业生产条件的重要保障,更是实现区域可持续发展的根本要求。因此,在土地整理过程中实现生态环境的有效保护与改善已日益成为土地整理相关研究的重点领域(毛文永,1998)。

国内许多学者从土地国情和基本国策的角度,分析土地整理是实现耕地占补平衡的重要措施(李元等,1997;蔡运龙,1997;吴兰田,彭补拙,1998;刘卫东,2000;刘可清,2001)。随着时间的推移,对土地整理的作用认识也不断深入,土地整理的目标主要有以下方面:实现耕地保护和粮食安全;促进土地资源集约与可持续利用;促进农业和农村经济发展;促进农业增效、农民增收。也有学者从地域分异的角度提出区域土地整理目标,罗明和王军(2001)、高向军和鞠正山(2002,2003)把全国划分为东、中、西三大土地整理区域,并提出三大区域的整理目标,亦称为三大区域的土地整理方向;罗明等(2004)分析西部土地利用变化及特征,划分西部生态整理区并提出土地整理方向;陈良(2003)分别提出黄土高原区、长江中下游区、黄淮海平原区和大城市郊区的土地整理区域方向；邵景安等(2004)根据重庆市三大经济区的区域差异，提出不同的土地整理区域方向；张正峰和陈百明(2005)将北京市大兴区分成北部经济发达区、东部产粮区与中南部综合发展区，并分别提出三个区的土地整理方向。

(二) 土地整理内容

我国台湾地区把土地整理称为土地重划，并分为市地重划和农地重划两类，其主要目的是改进土地利用环境与增大土地利用效能。农地重划的主要内容是针对农地零细分散、排灌不便、缺乏道路等问题进行农地的交换分合和区划整理及兴建交通、水利等公共设施。市地重划的主要内容是对利用率低的旧城区进行整理，侧重于对市地地块形状的整齐分割及重划地区的道路、公园绿地、教育等公共设施的建设，其实质是对土地利用规划的具体实施(严金明，1998)。

我国大陆地区现代意义的土地整理开展时间还不长，整理的范围和尝试还普遍小于发达国家(印坤华，2000)。农地整理是当前和今后相当长时期的主要内容，其特点是以增加有效耕地面积并提高耕地质量为中心，通过对田、水、路、林、村及乡镇企业实行综合开发整治，改善农业生产条件、居住环境及生态环境。从现阶段土地利用调整所需要解决的问题来看，农地整理大体可分为耕地整理、园地整理、林地整理、牧草地整理和养殖水面整理等类型，并包括大片农地整理区内零星的农户、零星村庄和工矿用地、小型水利设施、田间道路以及零星的废弃地。具体而言，农地整理内容主要包括以下五个方面：调整农地结构，归并零散土地；平整土地，改良土壤，复垦废弃地，治理中低产田；对道路、沟渠和水利设施的修补和建设；重划地界，确定权属；改善环境条件，维护生态平衡。

建设用地整理是指在城镇、村庄规划区域内对经过长期历史变化形成的城镇土地利用布局按城镇发展的规律和新时期城镇及新农村发展要求进行调整和改造。建设用地整理不仅要求调整土地的平面布局，而且要科学调整其三维利用空间。我国目前已开展的旧城改造、开发区建设、闲置土地盘活以及零星自然村向中心村的合并、新农村的建设等都属于建设用地整理。

(三) 土地整理模式

我国学者前期研究中大部分将农村居民点整理作为农地整理中的一个类型，关于土地整理模式的研究，仍处于总结和定性描述的阶段，不同学者有不同的模式定义和划分方法。

从土地整理所涉及的对象（原土地利用类型）出发，结合工程特性划分土地整理模式。例如，吴兰田等(1998)划分为综合土地整理模式和专项土地整理模式。综合土地整理模式指田、水、路、林、村的综合整治；专项土地整理模式指农村居民点的改造、乡镇企业的集中、农地整理和开荒复垦。李宗尧(2002)划分为农村居民点整理、农田整理、废弃地复垦和未利用资源开发四种模式。邱国锋(2002)则分为"三个集中"式的土地整理模式、"田、水、路、林、村综合整治"的土地整理模式、山区土地整理模式、村庄土地整理模式、城市土地整理和闲置土地整理模式、矿区土地整理模式和灾区土地整理模式。

依据土地整理目标划分土地整理模式。例如，钟金发(2004)分为结合建设高产稳产示范区整理模式,结合农业结构调整的湖滩地整理模式,结合疏浚河道的整理模式;李阳兵等(2002)分为县市尺度土地整理以区域生态安全为目标的以点带面、扩展开发模式,乡镇尺度土地整理以土地持续利用为目标的顺向演替、循环利用的生态农业生产模式,村组尺度土地整理以消除限制因子为目标的生态联户和生态村模式;周宝同等(2001)分为以优化区位条件、调整产业结构、实现土地资源高效配置为目标的土地综合利用模式,以土地整理复垦为重点、增加耕地为特征的高效利用模式,以开发未利用土地资源为特征的土地开发利用模式,以开发农业后备资源、挖掘土地生产潜力为目标的土地综合利用模式。

根据土地整理的资金来源和项目组织实施形式划分土地整理模式。例如,全程产业化的土地整理运作模式,即设计市场化、融资多元化、开发整理专业化、利用高效化(丁松等,2003);组建造地公司模式,政府委托造地模式,土地整理与农业开发相结合模式等(赵立军,2004);以国家投资与招商引资相结合、土地使用权与经营权属于政府的组织模式,制定优惠政策、县政府资助、集体集资、农民自筹的多方筹措资金模式,以国家投资、集体集资、农民自筹相结合的市国土资源行政管理部门组织实施模式,国家投入为辅、乡镇企业与农民集资为主的模式,以国家投资为辅、整地公司和农民集资为主的模式(臧俊梅等,2004)。

就农村居民点整理模式而言,可分为同化嬗变型——主要针对城中村、位于城市规划范围内的城郊村;迁村并点型——把分散于大村以外的自然村并入行政村中,集中发展一个中心村;迁村上山型——针对丘陵山区村庄,迁村向山麓地带集中,将平地宅基地复垦为耕地(廖赤眉等,2004)。也有学者分为包入式、迁弃式、归并式和征用式(杨庆媛,2006)。

三、土地整理发展趋势

土地整理是在人口剧增、土地资源短缺等问题越来越突出,经济发展、环境整治的要求越来越强烈的情况下应运而生的。它是经济、社会、生态发展的内在要求,也是实现城市化、工业化、农村及农业现代化的一项基础工程。可持续性是土地整理最重要的趋势,具体可概括为以下几方面。

(一)整理目标的综合化

农地整理与农业综合开发、标准农田建设、农田水利建设、现代农业园区建设、中低产田改良、村镇建设、城镇土地整理与旧城改造、城市更新、社区建设等均有密切的联系,但这些建设内容分散在各个领域或部门,独自进行。在未来的发展中,按照国外及我国台湾地区的经验,以农地整理为龙头,将农业综合开发、现代农业园区建设、标准农田建设、农田水利建设、中低产田改良、村镇建设、村庄居民点迁并等有机结合在一起;以城镇土地整理为基础,将旧城改造、城市更新、社区建设等融为一体,从而使土地整理实现目标的综合化,效益的扩大化,以及工程技术和组织实施的综合化。

(二)整理对象的一体化

乡村城镇化是社会可持续发展的必然过程,它要求乡村社区具有现代城镇社区的各种基本特征。现阶段人们比较重视农地整理,因为农地整理相对城镇土地整理所涉及的工程技术、文化传统、生态经济都较为简单。但既然城乡一体化是一种必然趋势,未来的土地整理,就应将视城乡土地为一整体,统筹安排城乡土地整理,尤其是对于城乡结合部的土地整理,涉及村镇迁并的城镇和集镇土地整理,必须将城市土地整理和农地整理融为一体,而且这是未来土地整理的重点区域。

土地整理的根本目的是实现土地的高效、合理和可持续利用。因此,必须把土地整理与土地整治和土地保护结合在一起,把整理区域内的闲散地的开发、污染土地的治理、退化土地的整治和优质土地的保护等内容作为一个整体,统一进行。同时还要把地块整理或小区域土地整理与流域整治或区域开发建设相协调,实现土地整理、整治与开发建设的一体化。

(三)整理标准的生态化

国外发达国家和地区的土地整理,特别重视景观和生态保护,以及对民族历史、文化遗产的保护,强调土地整理要与当地自然生态环境和经济社会发展水平相适应,在尽量保持已有自然景观的基础上,对原景观进行重构,形成结构更加合理、功能更加完善的景观生态环境,以利于生态的稳定、环境的美化以及各种生物的生存和发展。可以预见,当土地整理的目的不再仅仅是为了增加耕地面积时,生态化将成为土地整理的首选目标。

(四)整理目的的公共化

土地整理是一项具有长远战略意义的公共事业,是国民经济建设的重要内容,是实现城市化、工业化、农业和农村现代化,改善生产和生活环境,提高生活质量的基础工程。在一些发达国家和地区,政府对此都设有专门的机构。因此,未来我国应将土地整理纳入社会发展公共决策机制,它主要包括政府对土地整理的组织机制、投资机制、实施机制、管理机制和动态监督监测机制等一系列内容以及社会力量广泛参与土地整理活动,扩大土地整理范围,使土地处于科学化、有序化、高效化的可持续利用状态,从而为各产业、各部门提供良好的土地环境,为人们提供舒适的生活和居住空间。

第三节 土地整理的理论基础

一、土地整理的学科基础

土地科学是研究人与地之间的相互关系及其变化规律的学科,其研究对象是土地利用的人地系统,即将人与地视为不可分割的整体,着重研究土地利用,不仅要揭示土地利用地域系统发展变化的过程及其规律性,而且更重要的是依据社会经济发展的要求,能动地协调人地关系,合理分配土地资源和组织土地利用,从宏观到微观,从全局到局部保持较为满意的土地利用结构,以获得最大的结构-功能效益(刘彦随,1999)。目前,我国城市土地利用结构远未达到优化的水平,农业土地利用的规模不经济,农业效益比较低下,在市场经济条件下使耕地不可避免地向非农用地转移,这些问题可以通过土地整理加以解决,土地整理是我国未来土地管理中不可缺少的一项内容(蔡运龙、何国畸，2000)。因此，从人地关系来看，土地整理是土地科学研究的重要方向。从学科发展的角度，土地整理已成为土地科学的一个新的学科"生长点"，它立足于土地结构系统的研究，又吸收了已有土地资源学、土地经济学等研究的相关成果，正逐渐发展成为一门独立的分支学科。

　　土地整理学兼容吸收了土地利用学、土地系统工程学和土地信息工程学的一些理论与方法(陈百明，1996)。土地利用学，综合了经济学、社会学和地理学有关理论，全面地阐述土地利用的基本原理和方法，包括土地利用规律、土地利用模式、土地利用结构效应等主要内容，它是土地整理的基本理论基础，可为土地整理提供重要理论和方法。土地系统工程学是系统科学、资源科学、管理科学和土地利用规划设计科学有机结合的产物，是为进行土地整理而采取的各种组织管理技术的总称。它以土地利用系统为对象，以系统科学的观点为指导，以土地利用系统的整体优化和可持续性为目标，应用现代综合技术方法，对土地利用系统进行一定时空尺度范围内的最优规划、设计、控制、管理，实现系统的最大效益。它属于工程技术，是土地利用的技术方法。土地信息工程学，是现代信息科学技术，特别是"3S"(GIS, GPS和RS)技术在土地整理决策中发挥作用的产物(朱红波和郭宏俊，2003)，解决了传统土地利用中信息管理缺乏或滞后的矛盾和问题，它属于信息管理范畴，贯穿于土地整理理论与方法研究及应用的全过程。

二、可持续利用理论

　　持续发展的重要内容是自然环境的持续能力，围绕自然环境的"持续能力"，土地的可持续利用就成为国际研究的热点之一。土地的可持续利用一般包括生态可持续性、社会可持续性和经济可持续性三个方面的内容(傅伯杰等，1997；蔡运龙、何国畸，2000)。

　　生态可持续性的一个核心问题是现代土地利用对土地资源生产潜力的影响，当代农业土地利用的显著特点就是频繁耕耘、集约种植、高化学剂投入、密集的机械使用，这已造成土壤侵蚀、养分流失、土壤板结、水污染等问题，损害着土地资源的生产能力。

　　经济可持续性主要关注土地利用者的长期利益。一个重要问题，就是产量的可持续性。土地退化和其他环境问题将改变作物生产的生物-自然条件，从而影响产量。可见这种可持续性的经济关注与生态关注是联系在一起的，但这里着眼于未来生产率和产量，而不是自然资源本身。经济可持续性的另一重要方向是土地利用的经济表现和可获利性。

　　社会可持续性强调满足人类基本的需要(食、衣、住等)和较高层次的社会-文化要求(例如安全、平等、自由、教育、就业、娱乐等)。持续不断地提供充足而可靠的农产品(特别是粮食)和其他土地产品以满足社会需求，这是可持续土地利用的一个主要目标。在发展中国家，较为迫切的要求常常是解决温饱、避免饥荒，这就是所谓食物安全问题和土地人口承载能力的问题。在发达国家，满足需求一般意味着提供既充分又多样的产品以满足消费需求和偏好，并确保安全可靠的供给。社会可持续性概念一般都有平等的含义，包括代间平等和代内平等。代间平等指为后代保护资源基础，保护他们从资源利用中获得利益的权利和机会。代内平等指资源利用和生产活动的收益在国家之间、区域之间和社会集团之间公平而平等地分配。导致环境退化从而使将来生产成本或环境治理成本增加的土地利用，损害其他国家、地区和社会集团利益的土地利用,都不能认为是可持续的。开展土地整理,增加耕地面积,提高土地利用率,调整土地关系,主要体现了社会可持续性中的代间平等。

土地是人类生存和社会经济持续发展的物质载体,当今世界面临的人口、粮食、能源、资源和环境五大问题均或多或少、直接或间接与土地资源利用有关。土地数量有限性和土地需求增长性构成土地资源持续利用的特殊矛盾。通过对土地资源持续利用,人类可能从中获取土地产品和劳务的满足。土地数量有限性为土地资源持续利用提供了宏观必要性,土地可更新性和利用永续性使土地资源持续利用成为可能。随着社会经济的发展,土地资源的生产能力和生态环境要满足人类生活水平不断提高的要求,这些正是土地整理的主要目的之所在。协调土地供给和土地需求是土地资源持续利用的永恒主题,也是土地整理的重要内容。

土地整理作为实现土地资源可持续利用的具体措施和手段,必须以可持续发展为目标,保证土地利用在生态阈值之内,以不破坏土地生态经济系统为前提,在土地生态环境允许限度之内进行土地整理。

三、人地协调理论

人地协调理论是研究人与自然之间的相互作用、相互联系的关系,它作为一种对人与自然之间关系的理性思考,作为对人与自然相互影响、相互作用程度的哲学观的讨论,成为指导土地开发整理的理论基础之一。

从根本上说,土地开发整理研究的主要内容,也是人地之间的相互关系,它强调人在协调人地关系中的积极作用,也就是说,人是土地开发整理的调节控制主体。土地开发整理追求的是人与自然的和谐,这种和谐不仅是当代的,而且是长远的、代间的;不仅是宏观区域的,而且是中观区域和微观区域的。因此,确定土地开发整理方向包括了两个关键性的概念:一是人的需求,人对土地开发利用的要求;二是自然基础限制,如果它被破坏,必将影响自然对当代和后代人生存的支持能力,导致人地之间的关系失去平衡。

四、生态经济理论

生态经济学是在20世纪70年代世界人口急速膨胀、工业迅速增长、资源耗费日益加剧、生态环境严重破坏的情况下,在现代综合科学发展的条件下,从生态学、资源经济学、环境经济学等学科之中孕育产生出来的一门跨学科大类的综合性学科。它从经济学的角度,研究生态经济复合系统的结构、功能及其演变规律,为研究生态环境和土地利用经济问题提供了有力的工具。

生态经济学理论认为:生态经济平衡以生态平衡为基础,是与经济平衡有机结合而成的一种平衡形式,它是生态与经济平衡的矛盾统一体。生态经济平衡是自然和社会经济统一整体发展的根本问题之一,正确认识运用生态经济平衡规律对发展经济、保护自然、实现生态经济的良性循环有着重要意义。生态规律是经济规律发挥作用的基础,因而它对经济发展起着重要的作用;经济规律对生态规律有反馈调节作用,但这种反馈调节在生态规律起决定作用的基础上才能实现(舒惠国,2001)。因此,可持续发展必须遵循生态经济平衡发展规律(许涤新,1987;迟维韵,1990)。

从长远目标来看,生态目标和经济目标应该是统一的。失去生态平衡的经济增长,只能是暂时的增长,最终必然导致经济失调和衰退,这正是可持续发展所强调的资源永续利用和环境不断优化的观点所要避免的;而不顾经济平衡和经济最终目标的生态平衡,从生态经济的角度来看是没有意义的,这也与可持续发展所强调的经济发展是第一需要的观点相违背。生态经济平衡是经济社会最优化发展模式,是实现可持续发展的保障(承继成等,2001)。经济社会的发展要求每一个区域、部门、环节的经济活动都有最高效益,没有效率和效益的发展模式,不可能是社会经济发展的最优化模式,也就不可能实现可持续发展,而且这一切只有在生态经济平衡条件下才能实现,生态经济平衡保证了可再生资源的永续开发和利用,也保证了社会经济发展的最优化环境质量。

大量事实证明,经济发展与环境保护应当相互协调,发展与环境是一对矛盾,处理得好可以保证经济发展和生态进化,反之,将会导致生态环境恶化。生态系统平衡失调,必然会严重地影响经济增长。应当走生态发展的道路,使经济生态化、生态经济化,才能走出困境,协调经济发展与生态环境两者之间的关系,在保持良好的生态环境条件下,促进经济的发展。生态与生态系统历来与区域概念相联系,是以一定范围的土地或空间为依托的。土地资源是无法替代的重要的自然环境资源,它既是环境的组分,又是其他自然环境资源和社会经济资源的载体。土地本身就是自然、社会、经济、技术等要素组成的一个多重结构的生态经济系统(王万茂,2000)。土地整理不仅是自然技术问题和社会经济问题,而且也是一个资源合理利用和环境保护的生态经济问题,同时承受着客观上存在的自然、经济和生态规律的制约。

土地生态经济系统是由土地生态系统与土地经济系统在特定的地域空间耦合而成的生态经济复合系统(严金明等,1998)。土地生态经济系统及其组分以及与周围生态环境共同组成一个有机整体,其中任何一种因素的变化都会引起其他因素的相应变化,影响系统的整体功能。因此,人们进行土地整理时,必须要有一个整体观念、全局观念和系统观念,考虑到土地生态系统的内部和外部的各种相互关系,不能只考虑对土地的利用,而忽视土地的开发、整治和利用对系统内其他要素和周围生态环境的不利影响;不能只考虑局部地区的土地资源的充分利用,而忽视了整个地区和更大范围内对其合理利用。

五、景观生态学理论

景观生态学是一门新兴的交叉学科,主要研究空间格局和生态过程的相互作用(邬建国,2000;傅伯杰等,2001)。景观生态学在20世纪60年代的欧洲形成,土地利用规划和评价一直是其主要的研究内容,它强调人类与自然的协调性,生态环境保护思想在这一领域日趋重要。而土地整理立足于协调人地关系,以可持续利用土地为目标。因此,景观生态学可作为土地整理评价与规划设计的理论基础。

土地整理的景观生态学理论的具体应用体现在景观生态规划设计上。欧格里恩

(Ogrin)对景观规划和景观设计分别作了明确的界定：景观规划是在大范围内(1∶50 000～1∶100 000)重建一个土地利用格局或引入一个新区,它需要回答三个问题,即何种土地利用类型、布局在何处及规模多大;景观设计则是在小范围内(1∶500～1∶1 000)构建一个新的景观结构(Ogrin,1994)。景观生态规划,即通过景观空间结构的安排来保证生态整体性的实现。景观生态设计是利用景观生态学的整体性观点来提供待设计景观的框架,建立丰富、多样、多产的生态系统,并服务于人与自然的景观设计活动(Lyle,1985;王军等,1999)。景观生态规划与生态设计密不可分,常融合在一起,即景观生态规划设计。景观生态规划设计是以生态学原理为指导,以谋求区域生态系统的整体优化功能为目标,以各种模拟、规划方法为手段,在景观生态分析、综合及评价的基础上,建立区域景观优化利用的空间结构和功能,并提出相应的方案、对策及建议的一门综合的应用技术(景贵和等,1994;王仰麟和韩荡,1998;龙花楼等,2002)。这些理论在土地整理中具有很大的借鉴与实践价值。

第四节　中国开展土地整理的宏观背景

一、促进社会主义新农村建设

随着我国综合国力的不断增强,当前我国经济社会发展已经进入统筹城乡发展,实行工业反哺农业、城市支持农村方针,改变农村的落后面貌的新阶段。建设"生产发展、生活宽裕、乡风文明、村容整洁、管理民主"的社会主义新农村。实现这一目标的重点是加强农业设施建设,提高农业综合生产能力,推进现代农业建设;加大农业投入力度,千方百计增加农民收入。

我国农地整理主要是田、水、路、林、村的综合整治,土地开发整理与新农村的建设密切相关。多年的实践已经证明,通过农田特别是基本农田整理,加强农田基础设施建设,可以有效改善农业生产条件,提高农田生产能力,降低农业生产成本;可以有效改善传统的农用地利用格局,扩大经营规模,促进农业增效和农民增收;通过改造旧村庄,归并农村居民点,可以有效改变农村面貌,提高农民居住水平和生活质量。土地开发整理是适应新时期建设高效农业、现代化农业的重要手段,是建设社会主义新农村的重要内容,将为促进农村生产发展和村容整洁发挥长期而重要的支持作用。

二、保护耕地资源,确保国家粮食安全

我国耕地保护面临着十分严峻的形势。从1996年到2008年,因建设占用、生态退耕、农业结构调整和灾害损毁等原因,我国耕地已从19.51亿亩减少到18.26亿亩(2008年全国土地利用变更调查报告),人均耕地不到1.40亩,只有世界人均水平的40%。当前我国正处在工业化、城镇化快速发展阶段,还要不可避免地占用一部分耕地。

耕地是粮食生产的第一资源,解决我国粮食问题必须立足于国内基本自给。随着人口

增长和生活水平的提高,我国粮食需求将继续增加,保护耕地、确保国家粮食安全的压力将日益加重。要切实做到有效控制耕地减少过多的状况,确保国家粮食安全,必须稳定一定数量和质量的耕地特别是基本农田。这是土地开发整理工作首要的目标和任务。

基本农田是耕地的精华,基本农田保护在保障国家粮食安全、促进节约集约用地、推动农民农业增收方面发挥着最核心、最积极、最有力的作用。但目前我国基本农田已减少到15.89亿亩(据2005年全国基本农田保护会议资料),许多地方基本农田还存在基础设施老化、不配套的问题,基本农田抗灾能力低;高产稳产的标准粮田比例偏少,基本农田保护的形势不容乐观。为全面落实国务院提出的基本农田保护"总量不减少,用途不改变,质量不降低"的总要求,全国基本农田保护工作会议提出了"以建设促保护"这一变被动保护为主动建设的全新的工作思路,设立基本农田保护示范区,基本农田的土地整理将是加强基本农田基础设施建设、提高基本农田质量、改善基本农田生产条件的主要手段。

总之,保护耕地资源,确保国家粮食安全,从目前及长期来看,都将是土地开发整理最重要的战略目标。

三、建设生态文明

是否促进生态环境的良性循环是衡量土地利用可持续性的重要标准。为了实现土地资源的可持续利用,土地开发整理首先要改善人类所赖以生存的土地生态,这是增加耕地面积、提高土地利用率的前提和基础。历史上人类毁林开荒、过度放牧而造成的土地贫瘠、沙漠化扩大的教训,其本质就在于人为地破坏了生态环境,尽管取得了短期效益,但导致土地生产力下降、环境恶化,危及土地利用的可持续性。

生态安全是指与人类生存息息相关的生态环境及自然资源基础处于良好的状况或不遭受不可恢复的破坏,或者说,生态安全是生态系统维护在能够满足当前需要又不削弱子孙后代满足其需要的能力的状态。生态安全在国家综合安全中处于核心地位。土地开发整理与生态安全之间的关系是一种措施与目标之间的关系。土地开发整理包括经济学和生态学意义的整理(如土地利用结构调整)、法学和经济学意义的整理(如产权调整)以及工程技术上的整理(如坡改梯、归并地块等)等多个层面。如果将土地开发整理的经济效益目标和社会效益目标隐去,则土地开发整理措施与目标之间的关系,也就简化为土地开发整理与区域生态安全的关系,土地利用结构调整(如退耕还林还草等)、工程性土地开发整理(坡改梯、河滩地的治理等)和土地产权调整(如将天然林保护区的土地征为国有等)是土地开发整理的具体措施,每一项措施都具有明确的生态环境建设目标,各项措施的生态效益目标综合集成实现区域的生态安全目标。在生态环境脆弱、生态区位重要的地区,土地开发整理的主要目标是确保区域生态安全,而生态安全目标的实现依赖于土地开发整理的各项措施,生态效益高低应作为该区域土地开发整理项目筛选的主要依据。

因此,土地开发整理必须从保证生态安全的角度出发,以生态环境的改善为基础,运用生态科学的理论和观点,将田、水、路、林、村作为一个有机整体,统筹安排,统一规划,对整理区域范围内自然的和人工的生态系统及生态系统之间的相互关系进行调整、规划和治理,完善农田防护林网,绿化荒山荒坡,治理草地退化和水土流失,建设山区水源涵养林、沿江海防护林带,防洪除涝,保护湿地,提高森林覆盖率,不断改善土地条件,优化生态环境,使那些处于闲置状态、低效利用或不合理利用状态的零星土地得到合理利用,农业生态系统的基质、成分、结构和功能得到不同程度的优化和改善,土地利用的生态经济效益有明显的提高。

我国土地后备资源及其中的宜农荒地大多处于水土流失或沙漠化比较严重的生态脆弱带,如沙地、"四荒"地、坡地等,大多数未利用土地的自然环境较差,或为具有特殊生态功能的土地,如山地平原过渡地带、农牧交错地带、沙漠绿洲等,自身有着极为重要的生态作用,抗干扰能力弱,易引发自然灾害,过度的开发必然造成生态破坏。尤其西部地区,是我国长江、黄河等大江大河的发源地,多处于高山、亚高山、干旱、半干旱、岩溶等地带,地质地貌条件复杂,人少地多,土地利用相对较少,土地利用粗放、土地利用效益低下,是我国未开发利用土地的主要分布区,同时也是气候干旱多灾、水土流失严重、自然条件较差、生态环境脆弱的地区。因此,土地开发利用的首要目标在于保障区域乃至全国的生态安全,其次才是解决区域粮食需求的目标。

四、建设用地集约节约利用

实行集约节约用地,以尽可能少的土地资源消耗获得最大的综合效益,是党中央、国务院的重大战略决策,是落实科学发展观的一项基本要求,是关系我国现代化建设全局的重大问题。

我国城镇建设用地数量巨大,利用粗放。在城市,人均用地 133 m^2,远远高于《城市用地分类与规划建设用地标准》所规定的 60~120 m^2 的标准,城镇建设用地闲置和低效利用普遍,集约利用潜力较大;在农村,居民点用地高达 16.4 万 km^2,人均 185 m^2,也远远超过国家标准(一般为 80~100 m^2,最高不能超过 150 m^2)。我国村镇建设用地总量是城市建设用地总量的4.6倍,且用地布局散乱,利用粗放。

建设用地整理能够根据城镇发展规划、土地利用总体规划,采取行政、经济、法律和技术手段将利用不合理的建设用地进行综合整治,调整土地权属,改善土地利用结构,提高土地利用率,促进存量土地盘活。这对于进一步缓解城乡建设用地供需矛盾,加快城镇化和工业化进程作用巨大、意义深远。根据建设用地整理对象的不同,可以分为市地整理和农村居民点整理。

城市土地开发整理是根据城市规划,将城区中尚未合理使用的土地加以整合,统一进行建设和开发。作为城区土地开发利用以及促进城区健康、有序、合理发展的重要方式之一,城区土地开发整理可以解决老城区规划落后、街道狭窄、房屋破烂、环境污染等问题。同时,可以通过城市功能分区重新改造低矮棚户区、开发闲置废弃土地、搬迁污染企业、建造新型住宅小区、兴办高效产业等,挖掘旧城区中"优地劣用"的潜力,重新处置劣势、低效企业和破产企业的土地使用权,盘活现有土地资产,使城区土地在市场机制和价值规律的作用下尽可能产生更高的经济效益和社会效益。

小城镇建设用地整理对小城镇土地的集约利用具有重要意义,由于小城镇土地产权多元化的特点,小城镇建设用地整理与城市土地开发整理略有不同。小城镇土地产权类型比较复杂,集体所有的土地在小城镇占主导地位。在小城镇范围内进行建设用地整理可以避免使用征地手段,而且不受原始房地产权属状况的束缚。它可以通过地产所有者协会自筹全部或部分发展经费,地产的所有权人(或土地使用权人)共同参与,实现开发利润的公平分配,保持了原有的产权结构和社会结构。这种方式在日本和德国等一些发达国家得到了广泛的使用。小城镇规划管理部门对镇区农民建房进行统一规划和管理,适当降低建房的用地标准,并逐步向城镇户口居民的建房面积标准过渡,这对提高城镇土地集约化利用程度具有重要意义。针对小城镇住宅私有化程度较高的特点,采取措施引导城镇居民和集体经济组织(土地所有权人)参与成片改造和综合开发,推动小城镇的建设用地整理。

农村居民点整理主要是运用工程技术及土地产权调整,通过村庄改造、归并和再利用,使农村建设逐步集中、集约,提高农村居民点土地利用强度,促进土地利用有序化、合理化、科学化,改善农民生产、生活条件和农村生态环境,是农村经济社会发展到一定阶段,对土地利用由粗放型向集约型转变的客观要求,也是实现农村城镇化,发展农村经济和现代乡村社区的必然选择。通过农村居民点土地整理不仅可以有效增加耕地面积,集约经营,发展农村经济,而且可以盘活土地资产,壮大村级集体经济。结合科学合理的村镇规划,转移农村剩余劳动力,农村人口适当集中,加强基础设施建设,推进农村城镇化,有利于改变农村村容村貌脏、乱、差的现象,提高农民居住水平和生活质量,同时又能改善农村生态环境。

本章小结

本章是绪论,主要介绍了土地整理、土地开发、土地复垦、农村土地整治等有关概念,对土地整理的实质、意义、理论基础与国内外发展历程作了简要论述,最后概述了我国开展土地整理的宏观背景。本章是全书的第一章,不仅简明地介绍了土地整理的相关概念,也为后续内容起到了铺垫作用。本章第一部分重点阐述了土地整理的相关概念、土地整理的实质与特性、土地整理的类型;第二部分列举了国内外土地整理的发展历程,简要介绍了国内外不同国家与地区土地整理的典型模式,最后简要介绍了当前土地整理的发展趋势;第三部分介绍了可持续理论、人地协调理论、生态经济理论、景观生态学理论等理论,为后续的土地整理规划设计奠定理论基础;第四部分介绍了我国开展土地整理的宏观背景。通过本章学习,读者应对土地整理的相关基础知识有一定的了解,特别是对土地整理涉及的基本理论有很好的理解。

关键词

土地整理　发展概况　典型模式　发展趋势　基础理论　宏观背景

复习思考题

1. 什么是广义与狭义的土地整理？它的基本特性与类型有哪些？
2. 什么是农地整治？农地整治的基本特点是什么？
3. 国内外土地整理的基本模式有哪些？并简要说明各模式的特色是什么。
4. 请论述如何利用可持续理论来提高土地整理的科学性。
5. 请谈谈如何借助土地整理推进我国的新农村建设。

第二章 区域土地整理规划

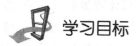 学习目标

通过对本章的学习,应该能够:
1. 了解区域土地整理规划的基本原则、构成与规划编制程序;
2. 了解区域土地整理的重点区域、重点工程、重点项目的含义;
3. 掌握耕地潜力评价与农村建设用地潜力评价的内容与方法;
4. 掌握区域土地整理效益评价的相关指标与计算方法;
5. 了解区域土地整理规划的环境影响评价的因子选择与评价方法。

第一节 区域土地整理规划的内容

一、目的意义

区域土地整理规划是指在土地利用总体规划的指导和控制下,对规划区内未利用、暂时不能利用或已利用但利用不充分的土地,确定实施开发、利用、改造的方向、规模、空间布局和时间顺序的综合性活动。

区域土地整理规划不仅为土地开发整理的具体实施提供科学指导,也为土地利用规划管理提供保障。具体包括以下几个方面的意义。

(一) 完善了土地利用规划体系

土地利用总体规划、土地利用专项规划、土地利用详细规划是我国土地利用规划中的核心体系。其中,土地利用专项规划是在土地利用总体规划的框架控制之下,针对土地开发、利用、整治、保护的某一专门问题或某一产业部门的土地利用问题而进行规划。而土地开发整理规划是对一定区域内的土地开发、复垦和整理等土地利用活动的总体部署和统筹安排。

可见,土地整理规划是一项重要的土地利用专项规划,是土地利用总体规划的深化与补充。

(二)强化了土地利用规划管理的职能

土地利用总体规划明确了土地利用管理的主要目标和任务,所以在土地利用总体规划控制下,土地整理规划根据潜力研究,将土地开发整理增加耕地及农用地面积等指标进行分解,增加土地的有效供给,确保耕地占补平衡,落实土地用途管制,保障土地利用总体规划目标的全面实现。

(三)土地开发整理实施的"龙头"

区域土地整理规划不仅仅是简单的潜力测算,而且是在土地利用总体规划的控制下,摸清潜力总量的基础上全面罗列目标,充分考虑供需、投资、效益、技术等制约条件,确定土地开发、复垦和整理的规模和布局。可见,土地整理规划是土地开发整理实施的"龙头",在土地整理规划管理体系控制下,能按照科学的规模、结构和空间时序,统筹安排土地后备资源潜力的合理开发、整理,避免盲目立项,造成不必要的资金浪费和生态环境的破坏。

二、规划原则

编制区域土地整理规划时应遵循如下原则。

(一)以土地利用现状资料为基础,集约与节约利用土地资源

区域土地整理规划,以土地利用现状资料为基础,涉及对区域内田、水、路、林、居民点等的综合安排。因此,区域土地整理规划方案中计算增加耕地潜力时,要在满足农业生产需要的前提下,尽量减少田坎、路、沟、道的占地,提高耕地的有效面积,提高灌溉排水与道路通行能力,集约用地。对于涉及农村居民点整理规划的,在计算居民点整理增加耕地潜力时,要在居住质量有所改善的同时,加大土地容积率,压缩居民点土地面积,节约用地。

(二)与土地利用总体规划相一致,并与相关规划相协调

土地利用总体规划已经对区域内土地利用的各项指标进行了总体安排,加之在规划体系上土地整理规划又是土地利用总体规划的一个专项规划,因此,土地整理规划涉及的新增耕地指标、居民点调整的指标等应当服务土地利用总体规划,并与之相一致。同时,区域土地整理规划中划分土地整理区、安排具体项目在今后实施中涉及农业内部结构调整,兴修沟渠、林带与生态环境保护设施建设、道路兴建等,这些都与农业发展规划、林业规划、水利防洪规划等有关,因此,土地整理规划应与这些相关规划相协调。

(三)提高土地利用产出率,并强化土地利用三个效益的统一

区域土地整理规划方案制订时,涉及土地利用结构调整的,如将减少的居民点用地复垦后土地用途选择的决策、农业内部结构调整的用途方向以及土地开发后土地用途的选取,都应当充分考虑有效地提高土地利用产出率,增加单位面积土地的产出水平,增加当地居民的

收入。再者,为改善当地居民的生活环境与提高居民的生活品质,区域土地整理方案划定的土地整理区以及实施后的土地整理项目,要有利于生态环境的保护与改善。可见,所编制的区域土地整理规划方案在实施后,既要有较好的经济效益,也要综合实现社会效益和生态效益,且三个效益必须协调统一,才能确保土地整理区域在实施土地整理规划方案后,使社会经济可持续发展对土地的需求得到保障。

(四)因地制宜,提高土地利用率,优化土地整理方案

区域土地整理规划的编制,不仅涉及已利用土地,还包括未利用地、各类废弃地的复垦。土地整理规划方案确定中,为了提高土地利用率,土地整理区的划分涉及未利用开发的,要因地制宜地考虑土地的适宜性状况。因地制宜不仅适用于对未利用地的开发,而且整个区域土地整理规划方案中,各类土地整理区的划分及区内项目的设置,一切都要从实际出发,因地制宜根据土地的条件确定。

(五)上下结合,政府决策与公众参与相结合

区域土地整理规划的编制是一项政府行为,同时在规划实施的过程中也涉及千家万户,影响到多方面的利益。为了避免规划人员的主观随意性可能带来的危害,在规划编制过程中,特别是政府在规划方案的决策前,必须采取上下结合的形式:在上要接受上级主管部门的监督,在下要充分听取土地整理规划区当地的农民或居民的意见,确保规划方案的可行性。

三、规划依据

《中华人民共和国土地管理法》第41条规定,国家鼓励土地整理。县、乡(镇)人民政府应当组织农村集体经济组织,按照土地利用总体规划,对田、水、路、林、村综合整治,提高耕地质量,增加有效耕地面积,改善农业生产条件和生态环境。《中华人民共和国土地管理法实施条例》第18条规定,县、乡(镇)人民政府应当按照土地利用总体规划,组织农村集体经济组织制定土地整理方案,并组织实施。可见,区域土地整理规划是一项政策性较强的工作,必须贯彻土地管理法律、法规的要求,而这些土地管理法律、法规是编制土地整理规划的依据。

为加强对土地整理工作的管理,国土资源部要求[见《关于进一步加强土地开发整理管理工作的通知》(国土资发〔1998〕166号)]:土地开发整理工作必须依据土地利用总体规划、土地开发整理规划和计划进行。可见,编制区域土地整理规划是开展土地整理项目的前提,即没有编制区域土地整理规划的,或申请的土地整理项目不符合区域土地整理规划的,不能予以立项。所以,编制区域土地整理规划是土地整理项目管理的需要,也是土地整理项目管理的依据。

编制区域土地整理规划是一项技术性较强的工作,为了规范省级和县级土地整理规划的编制内容、程序与方法等,国土资源部于2002年7月发布了专门用于土地整理规划编制的《省级土地开发整理规划编制要点》和《县级土地开发整理规划编制要点》。这两个《要点》构

成了我国目前编制土地整理规划的技术依据。

此外,国土资源部2000年颁布的《土地开发整理规划编制规程》(TD/T 1011-2000),也是编制土地整理规划的另一个技术依据。

四、编制程序

(一) 准备工作

准备工作可以分为前期准备工作与基础资料收集整理两部分。

前期准备工作包括两项内容:一是成立县土地整理规划编制领导小组,制定工作方案,落实编制经费,协调县内各相关部门之间的关系,解决规划中的重大问题以及审查规划方案等;二是组建县土地整理规划编制技术小组或委托技术力量较强的单位承担规划编制工作,制定县级土地整理规划编制技术方案等。

基础资料收集包括两个方面:一是收集过去各有关部门积累的资料;二是根据土地整理规划编制工作的需要,调查收集必要的资料。按照资料的性质差异,可把基础资料划分为以下各种类型。

(1) 自然条件:包括当地的气候、地形地貌、土壤、水文、植被、自然灾害等。

(2) 自然资源:包括当地的土地资源、水资源、生物资源、矿产资源、景观资源等。

(3) 经济社会状况:包括当地的人口状况、经济发展水平、产业结构、基础设施、风俗习惯等。

(4) 生态环境状况:主要包括当地的土地沙漠化、土壤次生盐碱化、土地污染、水土流失状况及已有的生态环境监测、评估,生态保护建设等资料。

(5) 土地利用现状:主要包括土地利用结构和各类土地用途的分布状况,土地利用程度及效益,土地利用中存在的主要问题及土地权属状况等,其中重点收集最近的土地利用现状变更调查、后备耕地资源评价等资料。

(6) 相关部门的规划以及国家颁布的有关标准:主要包括土地整理涉及的农业、林业、牧业、城乡建设、交通、水利、环保、旅游等部门规划,其中特别要注意收集有关自然保护区以及生态保护规划。国家颁布的标准主要包括城乡建设用地标准以及其他各类建设用地的标准等。

(7) 土地利用规划资料:包括县、乡土地利用总体规划,上级下达的土地整理分解指标和要求等。

对所收集到的资料,要客观地进行审查,并进行必要的初步分析,对于违背规律性的资料要剔除,同时按资料类别、性质等进行整理,便于分析与编制规划方案时使用。

(二) 分析评价

(1) 条件分析:通过分析自然、资源状况和经济、社会、生态环境等条件,阐明土地开发整理的有利条件与不利因素;通过分析以往土地开发整理活动的实际效果,总结经验,明确存在的问题。

(2) 潜力评价:根据调查分析,采用科学合理的方法,评价和测算土地开发整理潜力的类型、级别、数量和分布。

(3) 供需分析：依据区域土地开发整理条件分析和潜力评价结果，结合土地利用总体规划和社会经济发展需要，进行土地供需状况分析。

(三) 专题研究

依据已掌握的土地利用现状资料、后备资源调查资料和当地的社会经济发展方向以及本区域规划的研究重点，首先确定本级土地整理规划的专题研究，包括：合理设置必要的专题；每个专题的研究内容和研究侧重点；专题研究需要达到的目的和得出的结论等。

国家级土地整理规划需要设置为总体研究提供依据和支撑的专题研究，针对目前我国土地整理规划的目标和重点，可以设置：土地整理现状分析；耕地整理；农村居民点整理；其他建设用地整理；废弃地复垦；未利用土地开发；划定重点区域；重点工程和重点项目研究；投资估算和预期效益评价；补充耕地区域平衡研究等方面的专题研究。各地在设置专题研究时一定要有针对性，并体现地方特点，突出地域特征。例如，对于某省级规划，其所辖的每个地区自身都能实现耕地占补平衡，就不必设置补充耕地区域平衡的专题研究；反之，其所辖的任何一个地区自身不能实现耕地占补平衡，就必须设置补充耕地区域平衡的专题研究，以解决区域间补充耕地不平衡的问题。

县级土地整理规划也需要设置基础性专题研究，针对本级规划的目标和重点，可以设置：土地整理现状分析；耕地整理；农村居民点整理；其他建设用地整理；废弃地复垦；未利用土地开发；土地整理区域划定；区域类型和整理方向及重点研究；土地整理项目投资估算和预期效益评价等方面的专题研究。其设置专题研究时要科学合理并有针对性，同时考虑区域的社会经济生态条件的利与弊，能够体现地方特点和县域特征。

在合理地确定了若干个专题后，就要针对每一个专题的研究重点设置研究内容。下面举例说明。

例1 依据《土地整理规划编制手册》(以下简称《手册》)的要求，县级土地整理、土地复垦和土地开发的研究重点都是在潜力调查与评价的基础上，划分本行政区域内的土地整理区，明确土地整理、复垦和开发项目的依据。因此，县级土地整理(复垦、开发)专题研究的内容可以包括以下几个方面：

① 整理(复垦、开发)土地现状调查与分析；
② 整理(复垦、开发)土地潜力调查与评价；
③ 划定土地整理(复垦、开发)区，确定各区土地整理的方向和重点；
④ 确定土地整理项目的位置、范围和规模；
⑤ 土地整理(复垦、开发)投资估算与预期效益分析；
⑥ 实施土地整理(复垦、开发)的政策措施研究。

例2 依据《手册》的要求，省(地)级规划为落实土地利用总体规划中确定的耕地保有量指标，应在规划方案中统筹安排各地补充耕地任务，因此，需要设置补充各地区域平

衡研究。省(地)级补充耕地区域平衡专题研究的内容应包括以下几个方面:
① 本级及所辖各区域耕地保有量分析;
② 需要补充耕地任务分析;
③ 补充耕地潜力分析;
④ 土地整理规划的目标;
⑤ 补充耕地数量的余、缺分析;
⑥ 补充耕地的区域调剂、区域平衡途径;
⑦ 实现补充耕地区域平衡的措施;
⑧ 近期安排;
⑨ 跨区域补充耕地的战略构想。

(四)拟订规划供选方案

(1)在调查分析和专题研究的基础上,提出土地开发整理规划的初步目标,并按照不同的技术、经济和政策条件,拟订若干规划供选方案。

(2)规划供选方案一般包括下列内容:
① 土地整理、复垦、开发补充耕地和其他农用地的数量和布局;
② 规划指标的分解和补充耕地的区域平衡方案;
③ 重点区域、重点工程和重点项目的安排;
④ 预期投资和效益分析;
⑤ 保障措施等。

(五)协调论证

在多方案论证比较并与相关规划衔接的基础上,通过充分协调,上下反馈,修正初步目标,相应调整方案,提出一个科学合理、切实可行、综合效益较好的方案为规划推荐方案。

(六)确定规划方案

规划推荐方案应广泛征求有关部门、专家和公众意见,修改完善后,经规划领导小组审定,形成规划方案。

第二节 区域土地整理潜力评价

一、区域土地整理潜力内涵与基本特征

区域土地整理潜力定义为:在一定时期、一定生产力水平及某种既定用途下,在行政、经济、法律和技术等方面采取一系列措施,使土地资源在提高利用率与产出率的基础上,增加可利用土地面积、改善生态环境的能力。对土地整理潜力的认识是:① 土地整理潜力是相

对的概念,生产力水平和土地整理标准的差异导致土地整理在不同时期具有不同的内涵。② 评价和测算区域土地整理潜力必须明确地域范围。只有明确范围才能按评价和测算的程序对该地域的土地潜力大小进行判定。③ 区域土地整理潜力要借助一定手段才能体现,这种手段就是在行政、经济、法律和技术等方面采取各种措施,只有在这些措施的作用下,土地资源的内在潜力才可能实现。④ 区域土地整理潜力是"质"与"量"的统一。区域土地整理潜力分析要保证"质"的稳定性前提下预测"量"的准确性。⑤ 土地整理潜力是各种约束条件下的土地实际潜力,这些约束条件包括土地利用条件、土地整理标准、工程技术条件、经济与社会发展制约条件等。

区域土地整理潜力包括以下基本特征。

(一) 针对性

区域土地整理潜力总是针对某一确定的土地用途而言的。在农地整理中,农用地整理主要对象通过以下三个方面挖掘耕地潜力:一是利用率较低的耕地,表现为地块规模小、布局散乱,地块中分布着其他闲散地;二是产出率较低的耕地,这种耕地是耕地整理潜力的主要来源之一;三是利用率和产出率都较低的农用土地,这是最值得整理的对象。

(二) 地域性

区域土地整理潜力应是针对一定地域范围而言的,如全国土地整理潜力、全县土地整理潜力、具体项目的土地整理潜力等。没有具体的地域范围,就难以进行潜力的比较。由于我国幅员辽阔,各地区自然、社会、经济、技术条件千差万别,土地利用的方式、方向、特点也各有差别,各地区的土地整理标准也各不相同,土地整理潜力表现出一定的地域差异。

(三) 多样性

由于对潜力含义的理解不同,其表达的指标也是多样的。如:土地面积、土地质量、减少生产成本、生态环境方面的限制因素等。归纳起来,潜力应是"质"与"量"的统一。评价潜力时,既可用单一指标评价法,也可用多指标综合评价法。

(四) 复杂性

不论是表达潜力的单一指标,还是综合指标,其影响因素都是众多而复杂的。如土地质量,既是土地自然属性的表现,又是土地经济属性的表现,与人们在利用过程中对土地的投入量密切相关。

(五) 相对性

区域土地整理潜力是一个具有大小或等级的概念,这是进行潜力比较的基础。区域土地整理潜力的相对性有两层意思:① 潜力是相对一定的地域范围而言的,不同地域范围的潜力是不同的。潜力评价的目的就是判定某地域范围潜力的大小,进行潜力的比较。② 潜力是相对于一定土地整理标准而言,在不同的土地整理标准下土地整理潜力不同。

（六）时限性

区域土地整理潜力总是相对于某一时点或可预测时段内的生产力水平而言的,而一定时期内生产力水平又是与当时的社会、经济、技术发展水平密切相关。生产力水平越高,人们利用土地的技术能力越强,土地整理潜力就越大;反之则越小。区域土地整理潜力的时限性表现在人们对某一确定的地域进行土地整理潜力评价与预测时所受到生产力水平的约束。

二、区域土地整理潜力构成

区域土地整理潜力由技术潜力(新增有效耕地面积潜力)、生产潜力(新增生产力潜力)、生态潜力(生态环境改善潜力)和景观优化潜力(农田景观优化潜力)四个方面构成。

（一）技术潜力

所谓技术潜力,是指凭借现有的技术条件可以达到的潜力。土地整理的技术潜力可以用新增有效耕地面积,即土地经整理后有效使用面积增加的量来表示。

技术潜力主要来源于三个方面：一是通过农村道路、沟渠、防护林的综合整治所增加的有效耕地面积;二是通过土地平整、小田并大田、减少田坎面积,增加的有效耕地面积;三是通过土地利用结构调整增加有效耕地面积。

（二）生产潜力

耕地的生产能力是由比较稳定的不易变化的因素如土壤、地貌、气候、地理位置等作用形成,又由易变化的因素如施肥、灌排、经营管理等活动影响来实现的。耕地整理通过变更耕地利用中的易变化因素(如灌排设施、土层厚度、道路设施等),进而影响农户对耕地的投入和经营,从而实现耕地生产力的提高。

不同区域耕地利用中存在的问题不同,耕地整理的方式也有所不同,提高生产能力的途径也各有不同。一般可归纳为三种：一是通过完善基础设施提高耕地生产能力;二是通过改造、消除耕作中的限制因素以提高耕地生产能力;三是通过影响农户对耕地的投入、经营以提高耕地生产能力。

（三）生态潜力

耕地整理需借助一系列的生物、工程措施,在此过程中必然打破一定区域内土地资源的原位状态,会对该区域内的水资源、土壤、植被、生物等环境要素及其生态过程产生诸多直接或间接、有利或有害的影响。生态环境的改善往往与经济效益的取得存在一定矛盾。成功的耕地整理应该是能取得良好经济效益,也能实现良好的生态环境,取得满意的生态效益。通过耕地整理,改善和优化生态环境,至少可以体现在以下两个方面的潜力：一是通过坡改梯等工程措施,降低了水土侵蚀危害;二是通过防护林网建设,改善农田小气候,起到涵养水分、净化空气等改善农田周围地区的大气环境质量的作用。

（四）景观优化潜力

通过耕地综合整理，可以形成"田成方、林成行、渠相通、路相连"的农田景观，提高该区域的景观价值。在增加耕地面积、提高耕地生产能力、改善生态环境的同时，形成良好的农田景观，给人以一种美的享受。在整理规划中突出乡村景观价值，把丘陵沟谷、河川平地等优美的自然生态景观和土地整理中农田、乡村规划结合起来营造优美的农业和乡村景观。这样不但有利于形成保障农业持续发展的良好景观环境，而且能大大推动乡村旅游、农业旅游和生态旅游的发展，为农民增收提供了一条新的致富门路。

三、区域土地整理潜力评价

（一）耕地整理潜力评价方法

耕地整理潜力评价既可以采用单一指标评价法，也可以采用多指标综合评价法。单一指标评价方法有很多优点，如简单、适用、易操作等，但它不能体现耕地整理潜力的综合特性。多指标综合评价法能反映耕地整理潜力的综合特性，但不易操作而且程序复杂。

1. 单一指标评价法

单一指标评价法是用单一的指标来衡量评价单元潜力大小并进行不同单元潜力大小比较。以下是国内几种在评价耕地整理潜力时采用的单一指标评价法。

(1) 整理后可增加的有效耕地面积代表整理潜力。

这是目前我国在进行耕地整理潜力评价时普遍采用的方法。首先在分析评价区域内土地利用现状和利用结构的基础上，通过典型区调查或耕地整理成果分析获取整理后每公顷耕地可增加的有效耕地面积比率，然后用评价区域总耕地面积乘以可增加的有效耕地面积比率，即可得到评价区内耕地整理可增加的有效耕地面积。

(2) 整理后耕地生产能力提高程度代表潜力。

以整理后耕地产量提高程度代表潜力的方法在中低产田整理潜力评价中应用较广，这种方法首先对评价区域内的中低产田进行界定，并根据实地调查和农业开发情况的总结，获取中低产田改造后每公顷可增加的粮食产量，然后用评价区域内总的中低产田面积乘以每公顷可增加的粮食产量，即可得到该区域内中低产田整理潜力。

(3) 耕地理论单产与实际单产的差距表示潜力。

以耕地理论单产与实际单产的差距表示潜力的方法属于定量化评价方法的一种，评价区域中耕地的理论单产用耕地生产潜力折算的标准粮产量表示，实际单产一般取当地最近3年标准粮单产的平均值，两者的差距代表了潜力的大小。

2. 多指标综合评价法

综合评价法采用多个指标，按照一定的方法、程序，综合地进行潜力评价。综合评价法不仅要考虑土地整理潜力的"量"与"质"双重特性，还要考虑从理论潜力转化为现实潜力所需要的支持条件，如资金条件、技术能力、基础设施状况等。

(1) 构建潜力评价指标体系。耕地整理潜力评价的指标体系如表2-1所示。

表 2-1 耕地整理潜力评价指标体系

耕地整理潜力	耕地整理潜力评价指标	准则层	指标层	公 式
自然潜力	增加耕地有效面积指标	降低沟渠道路田坎系数	有效耕地面积潜力评价指数(C_1) 闲散土地占待整理区耕地面积的系数(C_2)	$C_1 = C_1' - R_1$
自然潜力	提高耕地质量指标	降低中低产田的比率	提高耕地质量评价指数(C_3)	$C_3 = C_3' - R_2$
自然潜力	减少生产成本指标	田块集中指数	田块集中指数(C_4)	$C_4 = C_4' - R_3$
自然潜力	生态环境限制性指标		防护林建设状况、盐碱化程度、有机质含量、表土 pH 值、水源保证率	C_5
现实潜力	自然潜力转换为现实潜力的评价指标		交通便利状况指数(P_1)	$P_1 = C_5'/R_4$
现实潜力	自然潜力转换为现实潜力的评价指标		整理迫切状况指数(P_2)	$P_2 = C_6'/R_5$
现实潜力	自然潜力转换为现实潜力的评价指标		社会资金投入状况指数(P_3)	$P_3 = C_7'/R_6$
现实潜力	自然潜力转换为现实潜力的评价指标		水利基础设施状况指数(P_4)	$P_4' = 0.5C_8' + 0.5R_7$
现实潜力	自然潜力转换为现实潜力的评价指标		水利基础设施状况指数(P_4)	$P_4'' = 0.5C_9'/0.5R_8$

表中的字母含义如下：
C_1'，调查区中道路、沟渠、防护林、田坎的面积占调查区耕地总面积的比率；
R_1，调查区整理标准下道路、沟渠、防护林、田坎的面积占地比率；
C_3'，调查区中低产田面积占调查区耕地面积的比率；
R_2，中低产田面积占调查区耕地面积的比率标准值；
C_4'，田块集中度标准值；
R_3，调查区内田块集中度（田块集中度＝调查区内田块的个数/调查区内实际进行经营的农户数）；
C_5'，调查区相邻行政村之间的公路条数；
R_4，调查区行政村的个数；
C_6'，调查区所在的分区内的人均耕地面积；
R_5，调查区人均耕地面积；
C_7'，调查区所在的分区内农业从业者人均对耕地投入的资金；
R_6，调查区农业从业者人均对耕地投入资金；
C_8'，评价单元内灌溉渠道密度；
R_7，灌溉渠道密度标准值（灌溉渠道密度＝评价单元内灌溉渠道长度/评价单元耕地面积）；
C_9'，排水渠道密度指数；
R_8，排水渠道连通指数。

(2) 建立测算模型。

① 耕地整理潜力调查。

通过对待整理区的实地调查，才能获得所建立的耕地整理潜力评价指标的确切数值，才能进行耕地整理的潜力评价。研究区耕地整理潜力实地调查是开展耕地整理潜力评价的基础。

耕地整理潜力调查包括调查方法和调查内容。不同类型潜力的评价方法、评价指标是不同的,其潜力调查的方法、内容也就不同。

耕地整理潜力的调查内容(表2-2)与其潜力评价指标和评价方法有关。在采用单一指标评价法时,只需直接调查该指标的影响因子;在采用多指标综合评价方法时,调查内容相对复杂,但是这样体现了潜力的多方面的特征。

表2-2 耕地整理潜力调查内容

指标	调查内容
增加有效耕地面积	待整理区中农村道路、沟渠、零星地类等面积的比例;宜农荒地面积
提高耕地质量	中低产田面积、年平均产量;区域耕地年平均产量
减少生产成本	田块个数;实际经营农户数;年耕作的耗油量;油价;粮食产量
生态环境限制	坡度;土层厚度;水源保障率;水浸湿;表土厚度;防护林建设;盐碱化程度;有机质含量
交通便利状况	行政村个数;相邻行政村之间的公路数
整理迫切状况	实际从事农业人口
社会资金投入状况	年平均对耕地投入资金
水利设施状况	机井密度;灌溉与排水渠道长度;灌溉与排水渠道网的廊道数

开展耕地整理潜力调查应以县为单位,并选择典型调查样区进行实地调查。实地调查区的耕地面积占该县耕地总量的10%,在实地调查区采用实地采样和问卷调查相结合的形式展开。

② 标准亩的概念及计算。

耕地整理的潜力涉及多个方面,各个方面又有不同的度量,为了获得一个耕地整理潜力的总量,需要对各个方面的潜力进行统一度量。采用增加耕地面积作为耕地整理潜力的统一度量,其他耕地整理的潜力都转化为耕地面积的增加。从而,增加耕地面积作为耕地整理潜力的表现形式。

对增加的耕地进行标准化,即采用标准亩的概念,标准亩假设有1亩理想耕地,其产出水平为研究适用期限内研究区域平均水平,以它的生产能力作为标准亩。采用标准亩作为耕地整理潜力评价的单位,使研究区内耕地整理潜力的数量和质量得到综合反映。

a. 耕地整理所减少的生产成本的潜力。

该部分潜力要转化为耕地面积,以标准亩为单位来表示比较复杂,所以本章对此项整理潜力仅是粗略的估算。首先对已调查的多个地区的耕地面积、田块的集中度、年耕作耗油量的数据资料进行整理,采用多元线性回归法或是趋势面分析法拟合出年耕作耗油量与耕地面积、田块集中度的数学模型,即:

$$Q = f(S, C_4) \tag{2-1}$$

式中:Q——调查区年耕作耗油量,L;

S——调查区耕地面积,hm^2;

C_4——调查区田块集中度。

进一步计算:

$$S_3 = \frac{[f(S,C_4) - f(S,1) \times a_1]}{T \times a_2} \quad (2-2)$$

式中：S_3——调查区耕地整理所减少生产成本转化为标准亩的潜力；

$f(S,C_4)$——在调查区耕地面积 S 下,田块集中度为 C_4 下的年耕作耗油量,L；

$f(S,1)$——在调查区耕地面积 S 下,田块集中度为 1 下的年耕作耗油量,L；

a_1——当年的燃油的平均价格,元/L；

T——每亩田的粮食产量；

a_2——当年的粮食价格的平均值。

b. 耕地整理的自然潜力。

耕地整理潜力受到生态环境因素的制约,也就是说,耕地整理的潜力能否最大地被挖掘出来,是受制于生态环境的,所以耕地整理的自然潜力计算公式为：

$$B = (S_1 + S_2 + S_3) \times C_5 \quad (2-3)$$

式中：B——调查区耕地整理的自然潜力；

C_5——生态环境限制性因子的综合指标。

③ 耕地整理自然潜力转化为现实潜力的计算。

耕地整理潜力还受到了研究区经济社会条件的限制,所以,耕地整理自然潜力转化为现实潜力的计算公式为：

$$D = B \times P_1 \times P_2 \times P_3 \times P_4 \quad (2-4)$$

式中：D——调查区的耕地整理的现实潜力；

P_1——交通便利状况指数；

P_2——整理迫切状况指数；

P_3——社会资金投入状况指数；

P_4——水利设施健全状况指数。

(二) 农村建设用地潜力评价

1. 单一指标评价法

目前我国在进行农村居民点整理潜力评价时往往以整理后增加的可利用土地面积作为衡量整理潜力的标准,主要测算方法有以下几种。

(1) 人均农村居民点建设用地标准测算整理潜力。即通过人均农村居民点建设用地与国家或本地区规定的人均农村居民点建设用地标准的差值测算整理潜力。

(2) 户均农村居民点建设用地标准测算整理潜力。即通过户均农村居民点建设用地与国家或本地区规定的户均农村居民点建设用地标准的差值测算整理潜力。

(3) 农村居民点内部土地闲置率测算整理潜力。农村居民点内部土地闲置率测算整理潜力是通过对评价区域内典型样点农村居民点内部闲置土地面积进行调查,获取土地闲置率,以此测算农村建设用地整理潜力。

2. 多指标综合评价法

农村居民点整理自然潜力评价指标从可利用空间扩展和农村生存环境改善两方面选

取,包括综合整治指数、居民点集中指数、教育设施用地面积指数和绿地面积指数;现实转化潜力评价指标从区位、社会经济发展状况、农村建房周期、后备资源状况等方面选取,包括对外交通便利指数、整理实施可能指数和整理迫切指数。表2-3为农村居民点整理潜力评价指标表。

表2-3 农村居民点整理潜力评价指标表

农村居民点整理潜力	农村居民点整理潜力评价指标	准则层	指标层	含 义
自然潜力	可利用空间扩展潜力	可利用空间状况	综合整治指数	综合整治指数=评价单元内的综合整治率/区域综合整治率的最高值
	改善农村生存环境	居民点集中状况	居民点集中指数	居民点集中指数=评价单元内居民点集中度/居民点集中度标准值
		公共设施状况	教育设施用地面积指数	教育设施用地面积指数=评价单元内教育设施用地面积比率/教育设施用地面积比率的标准值
		生态环境状况	绿地面积指数	绿地面积指数=评价单元内绿地面积比率/绿地面积比率的标准值
现实潜力	自然潜力转换为现实潜力的评价指标	对外交通便利程度	对外交通便利指数	评价单元距县级或乡级公路的距离
		整理实施可能程度	整理实施可能指数	整理实施可能指数=0.6×农民人均纯收入指数+0.4×未建新房农户比率指数
		整理迫切程度	整理迫切指数	整理迫切指数=0.6×人均耕地面积指数+0.4×人均耕地后备资源面积指数

第三节 区域土地整理目标

由于区域土地整理规划是土地利用总体规划的延伸,是落实土地利用总体规划关于土地整理目标的重要手段。编制区域土地整理规划的目的是多层面的:首先,从执行政策的角度而言,其目的是为了更好地贯彻落实"十分珍惜、合理利用土地和切实保护耕地"的基本国策。其次,从处理土地生态环境保护与土地开发整理中的关系考虑,其目的是为了充分体现"在保护土地资源的过程中有效地开发利用土地,在开发利用土地的过程中保护有限的土地资源",切实保护土地生态环境,促进区域经济社会的可持续发展。第三,如果考虑区域土地整理规划编制与实施规划的逻辑体系,那么在规划编制层面,其目的是根据区域内的土地资源条件,为了增加农民收入,改善人民的生活条件与生活品质,提出区域土地整理的总体安排,同时划出土地整理区域,并根据规划区域内土地整理潜力的大小对所划分的土地整理区进行排序,并定位提出在一定时期内土地整理的总面积(含未利用土地开发的面积以及土地复垦的面积),在哪些区域进行土地开发或土地复垦等。在规划实施层面,前者为具体土地整理项目的选择、选址及项目可行性研究、耕地占补平衡等提供科学的依据。

一、区域规划目标

规划目标是指为了保障经济社会的可持续发展对土地资源的要求,在规划期间通过土地整理复垦开发所要达到的特定目的,主要包括县内及所辖各乡镇土地整理复垦开发的总规模及增加耕地、生态保护性用地以及其他土地的面积。

规划目标确定的依据包括:一是国民经济和社会发展对土地的需求状况;二是土地利用总体规划确定的通过土地整理复垦开发要补充的各类土地面积;三是生态建设与环境保护的用地需求;四是县内土地整理复垦开发为耕地、园地、林地等的潜力。

由于区域土地整理规划的期限较长,因此,规划目标一般分为总体目标与阶段目标。无论是总体性目标,还是阶段性目标,都要明确、具体,即通过土地整理复垦开发要增加的耕地、园地以及生态环境保护用地的数量。

土地开发整理规划的规划总目标描述案例:

根据上级政府下达的指标,县土地利用总体规划确定的耕地占补平衡要求以及土地整理复垦开发的潜力分析所得的供给状况,全县2001~2010年对土地整理复垦开发的总体目标是:土地整理复垦开发总面积达到29 405.0 hm^2,增加农用地11 210.0 hm^2,其中新增耕地6 360.0 hm^2,增加园地1 890.0 hm^2,增加林地2 960.0 hm^2。在新增加的6 360.0 hm^2 耕地中,土地整理增加耕地达1 375.0 hm^2,其中耕地整理增加耕地725.0 hm^2,居民点整理增加耕地650.0 hm^2;土地复垦新增耕地125.0 hm^2;土地开发可新增耕地4 860.0 hm^2。

总体目标确定后,还要根据先易后难、循序渐进的原则,确定分阶段的近期与远期目标。

土地开发整理规划的近期目标描述案例:

从2001~2005年,土地整理复垦开发面积达到15 420.0 hm^2,预计增加农用地5 975.0 hm^2,其中新增耕地3 780.0 hm^2,年均新增耕地776.0 hm^2。通过土地开发的方式新增耕地2 995.0 hm^2;通过土地复垦增加耕地125.0 hm^2;通过整理增加耕地365.0 hm^2。

土地开发整理规划的远期目标描述案例:

从2006~2010年,土地整理开发面积将达到13 985.0 hm^2,可增加农用地5 235.0 hm^2,其中新增耕地2 580.0 hm^2,年均新增耕地516.0 hm^2。土地开发以县内西部山区的荒山开发为主,开发难度较大,通过土地开发新增耕地1 865.0 hm^2;土地整理以县内中部盆地乡镇的耕地区和居民点以及西部山区乡镇的山间盆地及沟谷整理为主,通过耕地整理净增耕地360.0 hm^2,居民点整理净增耕地355.0 hm^2。

通常,为便于阅读,在土地整理规划文本中将规划目标以表格的形式汇总,具体格式如表2-4所示。

表 2-4　土地整理规划目标格式　　　　　　　　　　　　　单位：hm²

时　　期		耕地整理	居民点整理	土地复垦	土地开发	合　计
规划期 2001～2010	总面积					
	增加农用地面积					
	其中:增加耕地					
	增加园地					
	增加林地					
近期 2010～2015	总面积					
	增加农用地面积					
	其中:增加耕地					
	增加园地					
	增加林地					
远期 2010～2015	总面积					
	增加农用地面积					
	其中:增加耕地					
	增加园地					
	增加林地					

以县为单位的规划目标确定后,还要将其分解到县所辖的各个乡镇。县级规划目标确定的依据仍然适用于乡级。

县级规划目标的确定以及指标的分解是一个复杂的反复过程,也是土地整理规划中一个关键性环节,土地整理规划编制单位或技术组应请求领导小组审核确认,只有在规划领导小组对规划指标审核确认后才能最后确定。

在以上的目标中,最为直接的目标是根据县级区域内潜力评价中的土地供给情况,确定土地利用总体规划中安排的需要补充的各类土地数量。从规划基期年到规划目标年,以耕地的补充需求,确定规划区域内,在县内什么位置(乡镇)可整理土地的面积(含未利用土地开发的面积以及土地复垦的面积)有多少、增加多少耕地面积及其占整理区域总面积的比例是多少,并以表格的方式明确规划区域内下辖的各乡级行政区土地整理的总面积以及增加农用地和耕地的状况。

二、土地供给

由于区域土地整理规划主要是为耕地占补平衡和保护土地生态环境进行项目选址提供依据的,建设用地特别是城镇用地的供给条件则主要取决于区位因素,因此,区域土整理规划中的土地供给主要包括：通过土地整理复垦开发后，可作为耕地、园地以及生态保护性林地的后备土地资源面积。这个面积就是通过前述土地潜力评价得到的汇总结果。在规划文本中不仅要说明全县内可增加耕地、园地、林地等的总供给，而且要具体说明通过土地整理、土地复垦、土地开发能够供给的耕地、园地、林地等的面积。汇总表的案例与格式见表2-5。

表2-5　土地整理复垦开发潜力汇总表格式　　　　　　　　　　　　　单位：hm²

类别	合计	增加农用地面积			
		小计	耕地	园地	林地
耕地整理					
居民点整理					
土地复垦					
土地开发					
总计					

第四节　区域土地整理重点地区、重点工程、重点项目

一、土地整理分区

县级土地整理区的划分一般遵循以下原则：土地整理潜力大小的一致性以及分布的连片性；土地整理基础条件的好坏以及保护生态环境内容的相似性；不打破村级行政界线。

根据以上原则，把土地利用现状图作为底图，其划分的方法有多种：一是根据整理的内容划分，如土地整理区、土地复垦区和土地开发区；二是按照整理对象划分，如耕地整理区、园地整理区、居民点整理区等；三是按照县内的地形地貌、整理内容及潜力大小等进行综合划分。

一个县的土地整理区划分，无论采用哪一种方法，一般都是两级系统，即一级区和二级区。采用第三种划分方法的两级系统分别是：一级分区的依据是地形地貌、土地整理侧重方向及土地利用的一致性等综合状况；二级分区是在一级分区的基础上，不打破乡镇行政界线进行续分，这样可有利于以乡镇为单位实施土地整理规划。

二、土地整理的重点区域

（一）内涵

在区域土地开发整理潜力调查、分析和评价的基础上，为统筹安排市域内耕地等各类农

用地后备资源的开发利用,引导土地开发整理方向和结构,实现土地开发整理长远目标,所划定的区域。

(二) 重点区域划分要点

区域土地开发整理重点区域按照土地整理重点区域、滩涂开发重点区域和农村工矿废弃地复垦重点区域分别划定。

(1) 基于土地开发整理潜力的富集状况而划定;
(2) 以引导土地开发整理方向和结构为主要目的;
(3) 表现为一定范围的、不连续的地域;
(4) 重点区域的划定不受规划期限的影响;
(5) 重点区域的划定原则上不打破区县界。

三、土地整理的重点工程

(一) 内涵

在划定重点区域的基础上,围绕实现规划目标和形成集聚规模效益,以落实重点区域内土地开发整理任务,或解决重大的能源、交通、水利等基础设施建设和流域开发治理、生态环境建设等国土整治活动中出现的土地利用问题为目的,所采取的有效引导土地开发整理活动的组织形式。

(二) 要点

(1) 重点工程确定的目的:围绕实现规划目标和形成集聚规模效益。
(2) 重点工程的表现:一是落实重点区域内土地开发整理任务;二是解决重大的能源、交通、水利等基础设施建设中出现的土地利用问题;三是解决流域开发治理、生态环境建设等国土整治活动中出现的土地利用问题。
(3) 重点工程的实质:有效引导土地开发整理活动的组织形式。

四、土地整理的重点项目

(一) 内涵

重点项目指规划期间以增加耕地为主要目的,围绕规划确定的土地开发整理任务和重点工程,集中资金成规模进行的土地开发整理活动。重点项目主要在重点区域、重点工程内安排。

项目一般按照相对单一活动类型划分,可分为土地整理项目(包括耕地整理项目、其他农用地整理项目、农村居民点整理项目)、土地复垦项目和土地开发项目。项目的具体名称可在此基础上根据各地实际情况确定。

(二) 项目选定的原则

项目选定应按以下原则进行:

(1) 以土地开发整理潜力评价结果为基础,注重生态环境影响;
(2) 集中连片,且具有一定规模;
(3) 具有较好的资源和基础设施条件;
(4) 具有良好的社会经济效益;
(5) 地方政府和公众积极性高,资金来源可靠;
(6) 对实现规划目标起支撑作用;
(7) 项目建设期一般不超过 3 年(农村居民点整理除外)。

(三) 项目选定的依据

项目选定的依据如下:
(1) 一般基于土地开发整理重点区域和重点工程;
(2) 以完成规划确定的目标和任务为目的;
(3) 对重点工程的实施有重要支撑作用;
(4) 重点项目一般能在规划期的近期内落实。

(四) 项目选定的方法

项目选定的方法如下:
(1) 根据区域土地开发整理潜力分析、划区结果和规划目标,初步提出项目类型、范围与规模;
(2) 进行实地考察,邀请当地干部、群众座谈,分析项目实施的可行性;
(3) 与有关部门协商,进行综合平衡;
(4) 确定项目的界线,测算面积。

第五节　区域土地整理投资估算与筹资分析

一、投资估算

(一) 投资估算内容

估算实现规划目标所需的总投资和各项目的投资额。

(二) 投资估算方法

(1) 测算典型项目单位面积投资量。分地貌类型和项目类型,在本地区或类似地区选择已经完成的典型项目,分别测算出典型项目单位面积投资量。
(2) 估算项目投资量。根据典型项目与规划确定的各个项目在地形、地貌、基础设施(水、电、路)、交通条件、物价水平、劳动力价格等方面的差异,对项目单位面积投资标准进行修正,再根据项目规模计算出项目投资量。

(3) 计算总投资量。

$$C = \left[\sum_{i=1}^{n} C_i \bigg/ \sum_{i=1}^{n}(S_i \times R_i)\right] \times G \qquad (2-5)$$

式中：C——总投资量，万元；

C_i——第 i 个典型项目总投资量，万元；

S_i——第 i 个典型项目规模，hm^2；

R_i——第 i 个典型项目增地系数；

G——规划补充耕地总量，hm^2。

二、筹资分析

在一定的筹资环境分析的基础上，全面分析土地开发整理所需资金的筹资渠道：

(1) 新增建设用地土地有偿使用费；

(2) 耕地开垦费、土地复垦费；

(3) 耕地占用税、农发基金等；

(4) 企业、个人投资；

(5) 农民个人投劳；

(6) 其他投资。

第六节　区域土地整理规划的环境影响评价

《中华人民共和国环境影响评价法》规定，组织编制与土地利用有关的规划，应在规划编制过程中进行环境影响评价，并在评价报告中编写与该规划有关的环境影响评价篇章或说明。所以，在编制土地整理开发规划的同时，为了有效保护土地生态环境，进行土地生态环境的重建，应进行生态环境保护研究，具体要在分析规划区域的土地环境现状基础上，对土地整理规划实施后可能造成的环境影响作出分析、预测和评估，并提出在土地整理规划中如何预防不良环境影响的措施与方法，以确保土地持久高效利用，为创建可持续土地整理模式提供基础。

一、评价原则

（一）生态性原则

生态要素是制约土地资源利用的主导因子，追求土地的生态平衡是土地整理的基础。生态性原则是指从生态环境的角度出发，全面衡量土地本身的条件和生态特性，判断土地系统的开发利用方式是否与其生态结构相匹配，是否破坏土地的生态平衡等，通过区域土地整理维持土地的生态平衡，体现景观的整体功能。

(二)提高土地利用率与改善土地质量原则

我国土地整理是在解决粮食安全与耕地保护的背景下开展的,选取土地整理的生态评价因子时要考虑与土地利用率及耕地质量有关的因素,如反映土地整理潜力的人均建筑面积及耕地斑块形状指数、面积指数和连片度指数,与耕地质量密切相关的土壤有机质、坡度和地下水资源等因素。

(三)区域差异性和等级性原则

土地整理的生态评价是一项区域性和等级性的研究工作,不同区域具有不同的土地生态环境问题,同一区域等级水平不同其需要评价要素的详细程度也不同。因此,不同区域、不同层次其土地整理生态评价的依据、指标将有所区别。

(四)综合性原则

土地是由自然生态要素组成的自然综合体和人类过去与现在生产劳动的产物,而土地利用系统是一个典型的自然-经济-社会复合系统。只有综合分析区域的生态、经济和社会条件,客观地进行土地整理的生态评价,并辅以社会、经济评价,才能增强评价成果的科学性和实用性。

二、评价因子的选取

要进行区域土地整理生态评价因子的选取,首先要对目标区域存在的问题进行辨识,其主要目的是发现目标区域存在的生态环境问题和土地利用问题。辨识问题主要是利用比较分析方法,一般包括横向比较和纵向比较。横向比较是将该区域的特征数据与相似的区域比较,确定该区域生态环境和土地利用结构的优劣程度;纵向比较即与历史发展数据比较,与初始状态比较,从中分析其发展过程中存在的生态环境和土地利用问题。土地利用变化分析即属于纵向比较,在研究区域的土地利用变化过程中,通过利用景观生态学的方法分析土地空间结构与生态过程,从景观整体的角度,客观、真实地辨识研究区域的生态环境问题和土地利用问题。

(一)自然生态评价因子

影响区域土地整理的自然生态要素有许多,大致可归为五种:气候、土壤、水资源、地形地貌和植被。气候因子中水热因子决定农作物的熟制,因此是区域土地整理生态评价的基本因子。土壤是土地生产力的最重要组成部分、土地生态评价的最基本因子。在区域土地整理生态评价中着重考虑土壤类型、土层厚度、土壤质地、酸碱度、有机质、氮、磷、钾等速效营养元素的含量等因子。同时,整理后的土地质量要适于耕种,土壤的环境不被破坏,因此,土壤的污染状况,包括土壤中重金属含量、有机农药含量和土壤硝态氮含量等也是重要因子。水资源是影响土地整理的重要因素之一,如灌溉保证程度、地下水资源量、地下水埋深、水质等级等因子直接影响整理后土地的持续利用。地貌因子包括地貌类型、海拔高度、坡度、坡向和侵蚀程度等因子。现有植被类型状况在一定程度上能反映当地生态环境状况,对通过实施土地整理改善当地生态环境具有一定借鉴作用。需要说明的是,选择自然生态评价因子时,没必要把所有的因子全部考虑进去,而是首先考虑对目标区域存在问题影响最大的关键因素。

(二) 社会经济评价因子

区域土地整理的最终实施取决于现有的社会经济技术条件,取决于经济技术运用的合理性、可行性及其保证程度。各个地方的土地整理不论是向广度还是深度发展,都要受制于当地的社会经济状况和科技水平。影响区域土地整理的社会经济因素是多方面的,具体可分为社会环境因子、经济资源与环境因子和技术资源与环境因子三个方面(傅伯杰等,1997;戴尔阜等,2002)。社会环境因子主要包括宏观社会政策环境、社会接受能力、农户接受能力、美学价值等。经济资源与环境因子的选取主要基于以下考虑:由于农业生产特别是粮食生产是国民经济的重要基础和人民生活的必备条件,农民年均粮食水平和纯收入如何,决定了土地整理的能力及可能性;县、乡财政收入的多少反映了该地区配套国家土地整理专项资金的能力,以及项目工程实施的保障能力;土地利用集约程度和人均占有水平都是土地整理生态评价必须要考虑的影响因子。技术资源与环境因子,主要涉及与土地整理环境相关的技术方面的影响因子,如节水灌溉技术、水土保持技术、土地复垦技术、生态农业技术和土地污染治理技术等。

三、评价指标体系

指标体系的研究是评价的重要环节,评价工作都要建立指标体系。区域土地整理生态评价侧重于自然生态环境方面,但同时还包括对经济和社会各要素现状的调查与综合评价。因此必须建立一套全面的、多方位的评价指标体系,从不同尺度、不同角度反映各评价单元的土地是否适宜开展土地整理。

在空间上,尽管区域土地整理生态评价都需要从自然-生态和社会-经济等方面综合考虑,但不同的尺度上侧重点不同,从项目区—县—区域或国家,开展土地整理的主要约束因素分别是农业技术与微观经济—生态因子和中观经济—宏观社会生态因子(傅伯杰等,1997)。

对于具体的项目区,土地整理的目的是提高土地的生产力和生产效益,影响土地整理的主要因子是农业技术。而整理后的土地,需尽量满足农村家庭的生活需要,提供优质高产的农产品。在此尺度上影响土地整理的主导因子是微观经济因素,它不仅取决于农作物的产量,还与区域市场条件有关。在县、市级水平,生态因素则成为制约土地整理的主导因子,土地整理要考虑环境容量与承载力、生态系统和生物多样性保护,同时也需要考虑一些经济方面的因素。对于区域或国家一级,土地整理的制约性因子主要为宏观的社会经济政策及生态环境保护规划。

四、评价方法

由于生态评价是一个较为系统的工作,首先针对一定区域的土地系统生态问题,选取评价因子,确定这些因子的权重,借助于地理信息系统(geographic information system,GIS),将这些属性数据与空间数据结合起来进行土地整理生态评价。用GIS作为土地整理生态评价的技术平台,可以将生态评价的方法通过GIS空间分析能力很好地表现出来。生态系统的因子具有空间特征,而且是随时间和空间位置的变化而变化的,没有GIS技术的支持,大量的空间计算几乎难以实现,在GIS环境下,直接对包含属性信息的空间特征对象进行空间运算,在空间拓扑关系的支持下,其属性信息随之发生相应的改变,再通过空间信息的逻辑提取,可以方便地发现生态区域的空间分异特征,从而科学、合理地进行生态评价。

第七节 区域土地整理效益评价

区域土地整理效益评价指标分为直接指标和代理指标。直接指标可以直接反映区域土地整理变化的特征,如产量增加、投入产出指标,具有客观检验尺度且可以准确地获得其值。代理指标即在评价过程中,有些指标本身很难获得,其结果难以进行直接的观察和度量,在这种情况下就必须采用相关的间接指标,即代理指标。如环境改善带来的效益、农田防护林的增产效益等。一般来讲,区域土地整理效益评价因子体系主要由资源、社会、经济、生态环境、景观效益五方面因子组成,而且这五种效益可以相互转化。在实际确定区域土地整理效益时,往往是这五种效益形成的综合效益,但在效益问题的研究上,可以分别对这五种效益进行探讨。考虑到景观效益难以定量化,且人们对景观环境感觉会因每个人的文化程度、家庭背景、生活阅历、个人好恶等不同而有所差异,所以难以用统一或明显的指标进行衡量。因此,本书对土地整理的景观效益暂不设立评价指标。

一、资源效益评价指标及计算方法

区域土地整理不仅可以增加耕地面积,而且通过健全原有农田的灌排系统,消除限制因素等措施,直接提高土地的生产能力,所以土地整理的资源效益表现为增产与增地两个方面。而增产效益与增地效益最终都表现为区域作物产量的提高,所以资源效益用土地整理后单位面积年增产量、规划期末有效面积累计增产量、整理措施全部生效时累计增产量三项评价指标表示。

(一)单位面积年增产量

此处假设土地整理前后种植同一种作物,单位面积年增产量的计算即是求种植作物产品(实物)的增产量,公式如下:

$$\Delta p = p_a - p_b \tag{2-6}$$

式中:p_a——整理实施后每年单位面积产量,kg/hm^2;

p_b——整理实施前每年单位面积产量,kg/hm^2;

Δp——整理实施后每年单位面积增产量,kg/hm^2。

(二) 规划期末有效面积上累计增产量

土地整理后有效面积包括原有耕地与新增耕地两个部分。

土地整理是以项目的方式进行组织实施的,项目的实施具有一定的年限,同时整理项目完工后,需要有一定的年限才开始有增产效益。故而规划期末耕地面积分为实施保存面积与有效增产面积两类。

(1) 实施保存面积(F_1),将 n 年内每年新增实施保存面积 $f_1, f_2, f_3, \cdots, f_n$ 累加,即:

$$F_1 = f_1 + f_2 + f_3 + \cdots + f_n \qquad (2-7)$$

(2) 有效增产面积(F_{1e}),设整理措施实施后,需 m 年才开始有增产效益,在实施期(规划期)n 年内,应有增产效益的时间为 n_e(年),则:

$$n_e = n - m \qquad (2-8)$$

由此可算得累计有效增产面积 F_{1e}

$$\begin{aligned} F_{1e} &= f \times (1+2+3+\cdots+n_e) \\ &= f \times [1+2+3+\cdots+(n-m)] \\ &= f \times R \end{aligned} \qquad (2-9)$$

(3) 规划期末有效面积(F_{1r})上累计增产量(ΔP_{1r})的计算公式如下:

$$\Delta P_{1r} = F_{1r} \times \Delta p \qquad (2-10)$$

(三) 整理措施全部生效时累计增产量的计算

(1) 土地整理措施全部生效时累计有效面积(F_{1tr})的计算。

$$F_{1tr} = f \times (1+2+3+\cdots+n) = f \times R_t \qquad (2-11)$$

式中:R_t——整理措施全部生效时,累计有效面积的累计系数。

(2) 在此基础上,整理措施全部生效时的累计增产量的计算公式如下:

$$\Delta P_{1tr} = F_{1tr} \times \Delta p \qquad (2-12)$$

二、经济效益评价指标及计算

土地整理的经济效益可分为直接经济效益和间接经济效益,直接经济效益表现为整理后的土地上作物的产值比整理前土地上作物的产值增大,间接经济效益是在直接经济效益的基础上,经过加工转化,进一步产生的经济效益。

(一) 直接经济效益评价指标及计算

直接经济效益的评价指标可选取土地整理后的单位面积年净增产值、规划期末有效面积的累计净增产值、整理措施全部生效时的累计净增产值、单位面积的产投比、静态投资回收期等五项指标。

1. 单位面积年净增产值(j_1)

假设同一地块整理前后种植的作物不变。

首先计算单位面积年毛增产值(z_1)：

$$z_1 = y \times \Delta p = y \times (p_a - p_b) \quad (2-13)$$

式中：y——该项作物的产品单价，元/kg。为便于对比研究，y 值应采用不变价格。

其次，计算单位面积年净增产值(j_1)：

$$j_1 = z_1 - \Delta u \quad (2-14)$$

$$\Delta u = u_a - u_b \quad (2-15)$$

式中：u_a——整理实施后单位面积年生产费用，元/hm²；

u_b——整理实施前单位面积年生产费用，元/hm²；

Δu——整理实施后单位面积年增加的生产费用，元/hm²。

2. 规划期末有效面积累计净增产值(J_{1r})

$$J_{1r} = F_{1r} \times j_1 \quad (2-16)$$

3. 整理措施全部生效时累计净增产值(J_{1tr})

$$J_{1tr} = F_{1tr} \times j_1 \quad (2-17)$$

4. 单位面积的产投比(K)

$$K = \frac{j_1}{d} \quad (2-18)$$

式中：d——单位面积的基本建设投资，元/hm²。

5. 基本建设投资回收期(H)

$$H = m + \frac{1}{K} \quad (2-19)$$

（二）间接经济效益的评价指标及计算

间接经济效益的评价指标可选取土地整理后相对节约的土地和相对节约的工日，这两项指标的计算如下。

1. 因产量提高相对节约的土地(ΔF)

$$\Delta F = F_a - F_b = \frac{V}{p_b} - \frac{V}{p_a} \quad (2-20)$$

式中：ΔF——相对节约的土地面积，hm²；

F_b——整理前需耕地面积，hm²；

F_a——整理后需耕地面积，hm²；

V——需要的粮食总产量，kg；

p_b——整理前粮食单位面积产量，kg/hm²；

p_a——整理后粮食单位面积产量,kg/hm²。

2. 相对节约的劳工 ΔE(工日)

$$\Delta E = E_b - E_a = F_b \times e_b - F_a \times e_a \tag{2-21}$$

式中：ΔE——相对节约的劳工,工日；

E_b——整理前总需劳工,工日；

E_a——整理后总需劳工,工日；

e_b——整理前单位面积需要劳工,工日/hm²；

e_a——整理后单位面积需要劳工,工日/hm²。

三、区域土地整理生态环境效益评价指标及计算

区域土地整理生态环境效益评价指标的选取主要从土地整理对自然生态系统结构的影响、土地整理对自然生态系统功能的影响、土地整理对环境的影响三方面考虑,本书共选取评价指标6项,各指标的计算及释义见下文。

(一) 耕地有效灌溉面积增加率

耕地有效灌溉面积增加率＝整理后耕地有效灌溉面积比率－整理前耕地有效灌溉面积比率

式中：
$$耕地有效灌溉面积比率 = \frac{耕地有效灌溉面积}{耕地总面积} \tag{2-22}$$

耕地有效灌溉面积是指具有一定的水源,地块比较平整,灌溉工程或设备已经配套,在一般年景下能够进行正常灌溉的耕地面积,一般包括土地利用现状分类中的灌溉水田、水浇地和菜地。灌溉水田是指有水源保证和灌溉设施,在一般年景能正常灌溉,用以种植水稻、莲藕、席草等水生作物的耕地,包括浇灌的水旱轮作地。水浇地是指水田、菜地以外,有水源保证和灌溉设施,在一般年景能正常灌溉的耕地。菜地是指以种植蔬菜为主的耕地,包括温室、塑料大棚用地。有效灌溉面积反映了土地整理后水利建设程度,其占耕地比值越高,则整个农业系统受干旱威胁越小。同时,有效灌溉面积反映用集约化方式利用农用地和水资源的程度,其变化与农业投入和水资源供应有关。

(二) 人均绿地面积增加率

人均绿地面积增加率＝整理后人均绿地面积比率－整理前人均绿地面积比率

式中：
$$人均绿地面积比率 = \frac{农村居民点内的绿地面积}{农村居民人口数} \tag{2-23}$$

绿地具有改善农村居民点的小气候,净化空气、水体和土壤,降低噪声以及安全防护功能。农村居民点整理的目的之一是改善农村居民的生存环境,而人均拥有绿地面积的大小可以反映土地整理前后农村生态环境改善的程度。农村居民点内的绿化用地是指各类公共绿地、生产防护绿地,不包括各类用地内部的绿地。一般可分为公共绿地和防护绿地两类:

公共绿地是面向公众、有一定游憩设施的绿地,如公园、街巷中的绿地,路旁或临水宽度等于或大于 5 m 的绿地;防护绿地是用于安全、卫生、防风等的防护林带和绿地。

(三) 基本农田面积增加率(或中低产田治理率)

$$基本农田面积增加率 = 整理后基本农田面积比率 - 整理前基本农田面积比率$$

式中:
$$基本农田面积比率 = \frac{基本农田面积}{耕地总面积} \qquad (2-24)$$

$$中低产田治理率 = 整理前中低产田面积比率 - 整理后中低产田面积比率$$

式中:
$$中低产田面积比率 = \frac{中低产田面积}{耕地总面积} \qquad (2-25)$$

(四) 土地侵蚀治理率

$$土地侵蚀治理率 = 整理前土地侵蚀率 - 整理后土地侵蚀率$$

式中:
$$土地侵蚀率 = \frac{土地侵蚀面积}{土地总面积} \qquad (2-26)$$

据全国第二次土壤普查和全国农业综合开发后备资源调查,我国耕地中有 60%～70% 的面积存在某种主要限制因素,如侵蚀、渍涝、盐碱、砂姜层、潜育层等。其中侵蚀耕地面积最大,约为 53 447 km²,占全国耕地面积的 40.3%。侵蚀耕地主要集中在西南区、东北区、华北区、黄土高原区,这四个区侵蚀耕地占全国侵蚀耕地总面积的 83.8%(李元,2000)。侵蚀导致耕层变薄和土壤养分流失而变为贫瘠土地。在土地整理过程中,针对土地侵蚀的原因,采取相应的措施,进行土地侵蚀的治理。譬如黄土高原区结合小流域治理,采取改土与治水相结合、治坡与治沟相结合、工程与生物相结合的措施开展的土地整理;西南区通过建设节水、蓄水设施和防护林网,修筑梯田,对缓坡耕地进行的整理等,都可以治理土地侵蚀,减少土地侵蚀发生面积,减缓土地侵蚀程度。本书从可操作性角度考虑,只进行土地侵蚀面积的比较。

(五) 土地盐碱化治理率

$$土地盐碱化治理率 = 整理前土地盐碱化率 - 整理后土地盐碱化率$$

式中:
$$土地盐碱化率 = \frac{土地盐碱化面积}{土地总面积} \qquad (2-27)$$

盐渍化土壤的有机质含量低、微生物活动能力差、土壤板结,是我国主要中低产耕地类型之一。据全国第二次土壤普查和全国农业综合开发后备资源调查,我国盐碱地面积为 2 957 km²,占全国耕地面积的 2.7%,主要集中在华北区、西北区、东北区,这三个区的盐碱耕地占全国盐碱耕地总面积的 77.4%。在华北、西北和东北西部地区,地下水位或埋深是土壤次生盐渍化发生的主要原因,因此判别盐渍化发生地区和盐渍化程度的依据主要是地下水埋深和土壤状况。一般而言,地下水埋深 <1 m 为重度盐渍化区,埋深 1～2 m 为中度盐渍

化区,埋深 2~3 m 为轻度盐渍化可能发生的地区,再结合土壤状况划分潜在盐渍化地区。

(六) 土地污染治理率

$$土地污染治理率 = 整理前土地污染率 - 整理后土地污染率$$

式中:
$$土地污染率 = \frac{土地污染面积}{土地总面积} \tag{2-28}$$

乡镇企业污染物不达标排放,以及农村生活污水乱排和垃圾的乱倒,是引起农田污染的首要因素。其次,农药化肥的过量施用和喷施不当也是导致农田污染的重要原因。另外,农用地膜若使用不当,也会引起土地污染。在控制土地污染方面,通过土地整理可以运用一定的工程和生物技术措施,以及土地用途的调整达到控制污染、治理污染的目的。

四、区域土地整理社会效益评价指标及计算

区域土地整理社会效益评价指标的选取主要从土地整理对农村社会经济的影响、土地整理对农村社会环境的影响、土地整理对合理利用自然资源的贡献三方面考虑,本书共选取评价指标八项,各指标的计算及释义见下文。

(一) 农民人均纯收入增长率

$$农民人均纯收入增长率 = \frac{规划期末有效面积上累计净增产值}{农村居民人口数} \tag{2-29}$$

农村居民家庭纯收入是指农村居民家庭总收入中,扣除从事生产和非生产经营费用支出、缴纳税款和上交承包集体任务金额以后剩余的,可直接用于进行生产性、非生产性建设投资、生活消费和积蓄的那一部分收入。土地整理后耕地面积的增加,作物产量的提高,农户投入成本的改变,都会影响到农户家庭的总收入。当然,农民人均纯收入的改变还会受到许多因素的影响,本书中农民人均纯收入的提高程度仅是指因土地整理引起农民人均纯收入的改变。农民人均纯收入增长率就反映了土地整理前后农民的生活水平及农村地区的经济发展状况。

(二) 土地生产率提高率

$$土地生产率提高率 = 整理后的土地生产率 - 整理前的土地生产率$$

式中:
$$土地生产率 = \frac{种植作物的总产量}{作物的播种面积} \tag{2-30}$$

土地整理的一项重要内容就是深层次地利用土地,增加土地产出率。在不扩大土地面积的前提下增加土地产出意味着对土地的集约利用。提高土地生产率正是土地整理的主要目标之一,特别是像我国这样人多地少、人地矛盾突出的国家,充分利用土地生产出更多的产品,增加农民的收入是土地整理就经济角度而言的主要目标。据笔者在浙江的土地整理调研表明,整理后的土地生产条件改善,综合生产能力提高,促使农民多元化种植,除种植粮食作物外,还发展一些高经济价值作物如花卉、特色蔬菜、药材等,使农业总产值提高,从而

提高土地生产率。土地的产出有多种衡量方式,如产量、产值、纯收入、国民收入等,考虑到目前我国土地整理活动中,增加的土地面积多作为耕地,且土地整理开展的目标之一是为农民增收创造条件,故本书中选用单位土地面积的产量作为衡量土地产出的指标。土地产出率提高率是衡量土地整理总体效果的指标之一。

(三) 农户产投比提高率

农户产投比提高率 = 整理后农户产投比 − 整理前农户产投比

式中：
$$农户产投比 = \frac{农户农业总产值}{农户农业生产成本} \tag{2-31}$$

农户产投比是通过农户的产出与投入成本之间的比例关系反映经济效益获取效果的重要指标。在相同的投入情况下,产出水平高,则经济效益好;同样在相同产出情况下,投入水平低,也说明经济效益高。土地整理后田块集中,农业基础设施健全,农业生产条件改善,为规模经营和机械化作业提供条件,这必然会影响到农户的劳动成本和生产物资投入,改变农户投入与产出的比例关系。土地整理后产出情况的变化在土地生产率指标中已做过分析。而生产成本的降低则表现为土地整理后,农户的劳动成本和生产物资投入都相应减少。农户产投比提高率也是反映土地整理总体效果的评价指标之一。

(四) 农业科技进步贡献率提高率

农业科技进步贡献率提高率 = 整理后农业科技进步贡献率 − 整理前农业科技进步贡献率

式中：
$$农业科技进步贡献率 = \frac{农作物良种推广面积}{农作物播种面积} \tag{2-32}$$

土地整理后农田水利设施、交通设施等基础设施的配套完善,为现代化农业技术及作物优良品种的推广提供了一个良好的平台。据笔者的土地整理调研表明,土地整理后,农民改变了传统的种植方式,大量引进新产品,种植名贵中药材和反季节蔬菜等。同时在灌溉方式上,改变了原来传统的大水漫灌方式,采用先进的喷灌和滴灌技术。从而从整体上提高了该区域农业科技进步的贡献率。农业科技进步贡献率可用农业示范区面积比例或农作物良种化率(良种推广面积比例)来间接反映。

(五) 人均耕地面积增加率

人均耕地面积增加率 = 整理后人均耕地面积 − 整理前人均耕地面积

式中：
$$人均耕地面积 = \frac{耕地面积}{农业人口数} \tag{2-33}$$

(六) 耕地面积比率提高率

耕地面积比率提高率 = 整理后的耕地面积比率 − 整理前的耕地面积比率

式中：
$$耕地面积比率 = \frac{耕地面积}{土地总面积} \tag{2-34}$$

增加有效耕地面积，提高耕地有效利用率是土地整理的主要任务，土地整理通过对农田中的零星闲散地、道路、田埂、废弃沟塘以及村庄中的空闲地、用地规模等进行综合整治以提高耕地有效利用率，增加可利用耕地面积。

（七）坡耕地治理率

$$坡耕地治理率＝整理前坡耕地面积比率－整理后坡耕地面积比率$$

式中：
$$坡耕地面积比率 = \frac{坡耕地面积}{耕地总面积} \tag{2-35}$$

在我国广大的丘陵地区尤其西南岩溶地区，还分布有广泛的坡耕地，一般坡耕地集中分布地区的地势起伏较大，坡度大，土层薄，地力贫瘠，地表干旱缺水，水土流失严重，抗蚀能力弱，生态系统比较脆弱，耕地质量和生产水平不高。

在土地整理过程中通过对现有25°以下缓坡耕地进行坡改梯，修筑梯田，可以显著增加有效耕地面积，增加幅度因坡改梯前土地坡度而异，也因原来的植被及土质状况而异。通过土地平整、田块归并，可以使地块变大数倍、甚至10倍以上，便于耕种和灌溉，对于提高水的利用效率和培肥地力十分有利；通过增修蓄水工程，完善农田水利设施，可以保证灌溉用水。

（八）灌溉水利用系数提高率

$$灌溉水利用系数提高率＝整理后的灌溉水利用系数－整理前的灌溉水利用系数$$

式中：
$$灌溉水利用系数(\eta) = \frac{田间所需净水量}{渠首引入水量} \tag{2-36}$$

土地整理过程中，通过完善农田灌溉设施，采用节水灌溉方式，可以大大提高水资源的利用效率，达到节水增收的目的。据调查，不同的灌溉技术措施，其节水效果差异较大，现阶段推广的节水灌溉方法中，微灌一般可节水30%～50%，节水效果最好；喷灌可节水20%～30%，仅次于微灌；管道输水及渠道防渗可节水10%～20%，有明显节水效果。在了解整理前后灌溉水利用系数的基础上，可以进一步计算规划期内累计节水量，公式如下：

$$W = (\eta_a - \eta_b)mA \tag{2-37}$$

式中：W——节水量，m^3；
η_a——整理后灌溉水利用系数；
η_b——整理前灌溉水利用系数；
m——单位面积用水量，m^3/hm^2；
A——灌溉面积，hm^2。

 本章小结

区域土地整理规划是在土地利用总体规划的指导与控制下，对一定区域内可供开发、复垦、整理的土地进行空间与时间上的安排与部署,所以它是土地整理工程的基础。本章对区域土地整理概念、区域土地整理潜力分析以及区域土地整理评价的相关指标与评价方法进行了阐述。对于区域土地整理的潜力评价,详细介绍了区域土地整理潜力的内容、构成与潜力评价的方法;对于区域土地整理效益评价来说,详细论述了资源效益评价、经济效益评价、生态效益评价的相关指标与评价方法。此外,本章还介绍了区域土地整理的重点区域、重点工程与重点项目,以及区域土地整理投资估算与筹资分析的部分内容。通过本章的学习,读者应对我国区域土地整理与区域土地整理规划的相关内容有较为清晰的了解。

关键词

区域土地整理　区域土地整理规划　耕地潜力评价　农村建设用地潜力评价　投资估算　筹资分析　资源效益评价　经济效益评价　生态环境效益评价　社会效益评价

复习思考题

1. 制订区域土地整理规划时应遵循哪些原则?
2. 什么是区域土地整理的潜力评价?它由哪几个方面所构成?
3. 什么是区域土地整理的重点区域、重点工程与重点项目?
4. 论述区域土地整理规划环境影响评价的因子选取原则与确定方法。
5. 论述进行区域土地整理效益评价时,需要从哪几个方面进行考虑,需要选取哪些评价指标。

第三章　土地整理项目可行性研究

 学习目标

通过对本章的学习,应该能够:
1. 掌握土地整理项目区的选择与确定方法;
2. 了解土地整理项目可行性分析的主要内容;
3. 掌握土地整理项目投资估算的组成内容与基本构成;
4. 了解土地整理项目可行性研究与摘要书的编制方法。

第一节　土地整理项目可行性研究概述

一、可行性研究的概念与作用

(一) 可行性研究的基本概念

可行性研究是决策科学在项目管理领域的应用,是现代项目决策的根本方法。可行性研究一词存在几种不同的含义,主要是从实践、方法和学科等不同角度的理解以及对可行性研究广义与狭义的区分。

首先,可行性研究既可以指一种实践活动、一个学科,也可以指一种方法。可行性研究作为一种实践活动,指在决策阶段所进行的综合性的分析论证工作,这是科学决策的前提和基础,也可理解为决策工作的主要内容,包括决策方案构想、市场调查分析、机会研究、方案的技术经济论证和比选、决策实施所需各种资源和条件的分析和落实以及对决策方案预期效果和风险的分析、计算和评价。可行性研究作为一门学科,指的是对上述实践的理论总结和以此为基础所进行的思想、方法论的研究,可行性研究就是项目决策学。

作为一门学科,可行性研究具有自身的基本思想、历史发展、主要内容、知识基础和方法

论,它是一门新兴的经济管理类应用科学。从方法论角度看,可行性研究作为一种现代化的决策分析方法,是实现决策科学化的重要途径。作为一种分析方法,可行性研究现在已经逐步形成了比较规范和稳定的内容和程序,甚至可以说,现代可行性研究的发展已经突破了仅作为方法论的局限,已成为现代项目决策的基本内容和主要工作方法。事实上,一些国家政府部门、世界性组织和大型的企业都把可行性研究作为强制性方法在项目决策中推行。

其次,可行性研究还有广义、狭义之分。广义的可行性研究是指决策过程中所进行的全部分析论证工作,包括方案构想、机会分析、初步可行性研究和详细可行性研究,这基本上构成了决策工作的主要内容。狭义的可行性研究是指在决策构想基本明确的情况下,针对一个具体的方案所进行的详细的分析论证,以便直接作为决断的基础和依据,不包括在此之前的机会分析等。

(二)投资项目的可行性研究

投资项目的可行性研究是指在项目投资决策阶段,对拟议项目所进行的全面的技术经济分析论证,它是投资项目前期工作的重要内容与方法。投资项目可行性研究作为一项基础工作,包括项目前期对与拟议项目有关的自然、社会、经济、技术资料的调查、分析与预测研究,还包括构造和比选投资方案,论证项目投资的必要性以及风险性、技术上的先进性和适用性、经济上的合理性,从而为投资决策提供全面、系统、客观的可靠依据。

作为投资项目周期的有机组成部分,投资项目可行性研究是决定或影响投资的最重要阶段,在这个阶段要作出关于投资方案、投资实施的方向性决策。成功的可行性研究,不仅要明确回答拟议项目是否应该投资和推荐较好的投资选择,为投资决策提供科学的依据,还应该为进一步的规划、设计和施工提供指导的原则、框架和基础。

(三)可行性研究的作用

从投资项目可行性研究的内涵来看,项目的可行性研究是整个项目管理过程中的一个重要环节,是项目在建设前对拟建项目从基础条件、技术、资金、效益、组织管理等方面进行相近的调查与分析论证,通过多方案比较,为项目决策提供依据。因此,可行性研究是项目实施的前提条件,可行性研究质量直接决定一个项目的成败。

项目的可行性研究一般要回答以下几个问题:一是项目建设的必要性;二是项目区土地利用中存在的问题;三是解决项目区存在问题的对策;四是项目建设的目标以及实现目标的可能性;五是项目建设的任务,如建设规模、新增耕地率等;六是技术上是否可行;七是经济上是否合理;八是项目综合效益如何。

二、土地整理项目可行性研究的程序

(一)准备阶段

在准备阶段,主要是提出项目建设的意向,讨论项目可行性研究的范围,熟悉国家关于土地开发整理的有关政策和项目管理的有关规定和要求。

（二）基础资料的收集

在进行可行性研究之前要收集有关项目区的各种资料和信息,齐备的基础资料是做好可行性研究工作的前提。收集资料的方式要以客观实际为基础,注意调查研究,查阅各种统计资料和技术档案资料,力求资料详细、全面、客观、准确。

1. 区域基础资料

(1) 土地利用总体规划、土地开发整理的专项规划。

(2) 土地资源调查报告和土地利用现状变更资料。

(3) 区域发展报告。

(4) 农业区划、水利志、水资源评价报告、土壤志与土壤普查资料、水文图集与水文手册等。

(5) 区域国民经济统计年鉴。

(6) 标准农田建设的相关标准和生产状况、主要农产品的生产成本与市场价格。

(7) 当地土地开发整理的先进经验。

(8) 工程造价信息。

2. 项目区基础资料

(1) 气象资料。多年平均降水量(保证率为50%,75%和95%),不同保证率下多年平均降水量月份分布表,多年平均径流量月份分配表,气温资料以及自然灾害情况,最大一日(三日)暴雨量。

(2) 河流水系。河流的多年平均径流量及其月分配情况,多年平均水位,河流泥沙状况,洪峰出现频率以及流量。

(3) 土壤物理、化学资料。

(4) 水利工程建设状况以及运行利用状况、设计标准。包括水源工程(水库、拦河坝、塘坝)、灌溉、排水、除渍、防洪骨干工程以及电灌站、机井、滴灌、喷灌工程的数量。

(5) 灌溉制度。可以根据当地的实际经验数据或者试验站数据。

(6) 当地建筑材料的供给状况以及当地农田水利工程的习惯采用材料。

(7) 主要植被状况。适合生长的物种,地区防护林建设的情况与经验。

(8) 电力和交通状况。

(9) 土地利用现状统计表(统计台账和土地利用现状图相吻合,且注明最后变更日期)。

3. 实地调查

实地调查是土地开发整理项目可行性研究过程中一个至关重要的环节,通过实地调查摸清项目区的基本状况,调查的内容主要包括项目区的资源条件、项目所在区位的基础设施条件、项目区土地利用现状和权属现状等内容。

4. 分析研究

在收集各种资料和数据的基础上,结合实际调查情况,按照项目可行性研究所要求的内容,进行科学的分析研究与计算。通过对自然条件、社会经济条件等各个方面的分析,应能设计出可供选择的不同方案。对不同方案进行比较分析,从中筛选出最优方案,并形成可行性研究的结论与意见。最优方案应该在技术上可行,经济上合理,资金筹措上有保证。还应通过敏感性分析论证成本、价格、进度等因素发生变化时，可能对项目的经营效益带来的影响。

5. 编制可行性研究申报材料

土地开发整理项目可行性研究的成果包括可行性研究报告、项目现状图、规划设计图。可行性研究报告基本格式以及编制要求、土地开发整理项目现状图和规划设计图的编制要求将在本章第六节详细论述。

第二节 土地整理项目区的选择与确定

一、项目区的选择

（一）项目完整性原则

土地开发整理的实质是合理地组织土地利用，任何一块土地都可能是土地开发整理的对象。但由于存在自然条件、政策、资金等方面的约束，目前不可能将任何地块都纳入开发整理范围。因此，在确定项目区位置和范围时必须有所取舍突出重点。由于对项目完整性的不同理解，实践中经常出现两种不合理的做法。一是划定项目区时的"平均主义"。如某县申请单一的项目，其行政范围内有四个乡镇可能成为项目区，项目申请人可能出于某种良好的愿望，在每个乡镇都确定一个项目片，这种照顾"平均"的做法"合情"但不"合理"，会给项目规划和实施带来不同程度的困难。项目区的选择应相对集中连片，体现规模效益。二是划定项目区时的"就事论事"。项目完整性原则要求在选项时要考虑本地土地开发整理专项规划中关于项目的总体布局，结合当地实际情况，合理选择项目区，充分考虑与周边的相对关系，避免"只见树木、不见森林"的现象，减少选项的失误。

（二）先易后难原则

我国土地开发整理工作刚刚开展几年，无论是经验还是技术等方面都有所欠缺，需要在工作实践中不断探索和积累。因此，应该优先选取投资环境好、风险小、难度小的项目。项目投资环境指土地资源禀赋优劣、当地群众对土地开发整理工作的态度和参与积极性；风险包括生态环境条件、社会因素对项目的影响；难度主要由项目开展所需的技术、资金决定。土地自然生产潜力直接影响到土地开发整理的效果，良好的社会环境能减少项目的风险，是土地开发整理项目顺利实施的保障，而项目建设的难易程度，直接关系到这项工作的成败，更是项目选择时要慎重考虑的。按照先易后难的原则进行开发整理，无疑对提高工作效率、尽早体现效益、鼓舞工作信心大有益处。

因此，在资金有限的情况下，土地开发整理项目不宜全面上马、遍地开花，应根据土地开发整理规划，结合地方经济和自然条件的地域差异，集中人力、物力、财力，有计划、有步骤地对土地开发整理潜力大、工作难度小、工程量小并具有较大规模的区域优先进行开发整理，以便不断总结经验，在较短时间内获得较大效益。

(三) 效益最大化原则

《土地开发整理若干意见》(国土资发〔2003〕363号)规定了土地开发整理的目的:"根据农业和农村经济发展的需要以及土地资源的适宜性,增加农用地面积,重点增加耕地面积;提高农用地质量,优化土地利用结构,促进土地集约利用;改善农业生产和农村人居条件,保护和建设生态环境。"

因此,土地开发整理追求的是综合效益。效益最大化是指经济效益、社会效益和生态环境效益的综合效益最大化。选择项目区时,必须充分考虑项目的综合效益问题。只有效益好,土地开发整理才会有持久的生命力;只有效益好,才会充分调动公众参与土地开发整理的积极性,该项目的开展才会对其他地区的土地开发整理起到带动作用,土地开发整理才具备持续发展的可能。

二、项目区选择的具体要求

(一) 项目合法

"合法"是对土地开发整理活动的最基本要求。"合法"包含两层含义:一是符合现行法律、法规规定;二是符合相关规划。项目合法性分析要求阐明该项目实施与现行的法律、法规的规定是否一致。如项目实施后土地利用与土地利用总体规划和土地开发整理规划的要求是否一致,土地开发是否经过依法审批,是否依据规划避免了湿地开发、毁林毁草和围湖造地等。

《土地开发整理若干意见》规定:"土地开发整理活动必须符合规划。土地开发整理项目的审查、规划设计、项目实施和检查验收,都必须依据土地利用总体规划和土地开发整理规划。"《关于进一步规范国家投资土地开发整理项目申报工作有关问题的通知》(国土资厅发〔2002〕68号)规定:"国家投资项目必须符合土地利用总体规划和土地开发整理规划,符合湿地保护、生态保护等有关法律法规和政策规定。"

(二) 以土地整理和复垦为主

使用新增建设用地土地有偿使用费、用于实现耕地总量动态平衡的耕地开发项目统称为土地开发整理项目。根据项目性质,土地开发整理项目可分为土地开发项目、土地整理项目、土地复垦项目及综合性质项目。综合性质项目是指包含开发、整理、复垦两种以上的性质,在确定项目名称时应定为土地开发整理项目、土地整理复垦项目、土地开发复垦项目或土地开发整理复垦项目。

从《土地开发整理若干意见》对土地开发整理任务的描述中也可以理解土地整理、土地复垦、土地开发的本质。土地开发整理任务是"依据土地利用总体规划和土地开发整理规划,对农村地区田、水、路、林、村进行综合整治;对在生产建设过程中,挖损、塌陷、压占、污染破坏的土地和洪灾、滑坡崩塌、泥石流、风沙等自然灾害损毁的土地进行复垦;对滩涂、盐碱地、荒草地、裸土地等未利用的宜农土地进行开发利用"。

在选择项目区时,应以土地整理和土地复垦为主,适当选择开发项目。《关于进一步规范国家投资土地开发整理项目申报工作有关问题的通知》(国土资厅发〔2002〕68号)规定："选择国家投资项目以土地整理和复垦为主，严格控制土地开发项目。在充分论证基础上，有利于改善生态环境的荒滩、荒地开发项目，可以适当申报；荒山和严重缺水地区的开发项目，原则上不应申报。"

《中华人民共和国土地管理法实施条例》关于土地开发的规定："在土地利用总体规划确定的土地开垦区内，开发未确定土地使用权的国有荒山、荒地、荒滩从事种植业、林业、畜牧业、渔业生产的，应当向土地所在地的县级以上人民政府土地行政主管部门提出申请，报有批准权的人民政府批准。一次性开发里确定土地使用权的国有荒山、荒地、荒滩600公顷以下的，按照省、自治区、直辖市规定的权限，由县级以上地方人民政府批准；开发600公顷以上的，报国务院批准。"

为了鼓励土地整理和土地复垦，《土地开发整理若干意见》明确规定："坚持鼓励土地整理和复垦的有关政策。鼓励单位和个人依法运用土地整理新增耕地指标折抵政策，开展农地整理；运用建设用地指标置换政策，整理农村废弃建设用地；运用复垦土地置换政策，复垦历史遗留的工矿废弃地；运用各项优惠政策，治理自然灾害损毁土地。"具体政策的执行参照国土资源部《关于土地开发整理工作有关问题的通知》(国土资发〔1999〕358号)。

(三) 基础设施条件具备

项目区基础设施是指与项目建设有关的水利、道路、电力等基础设施，是实施土地开发整理项目必须具备的基础条件，不属于国家投资土地开发整理项目的投资范围。根据《国家投资土地开发整理项目管理暂行办法》规定，申报国家投资的土地开发整理项目所在地须具备项目实施所必需的主干道路、主干排灌渠系、堤坝、电力等配套基础设施；或已拟定相关的道路、水利、电力工程、村庄改造等方案，有关措施与资金已经落实，拟同步规划、同步实施；或上述几项建设正在实施。

《关于2003年国家投资土地开发整理项目申报工作有关问题的通知》(国土资厅发〔2003〕96号)对含配套基础设施工程的项目作了规定："有配套基础设施工程或需要地方资金投入的项目，县级国土资源部门应提请县级人民政府提供资金承诺函，并按不同资金来源渠道，分别列出所投资的工程建设内容。"

"基础设施条件具备"的要求看起来似乎与前面所讲的重点支持"农田基础设施条件较差"的项目的要求相互矛盾，其实不然。前者是指项目区应具备一定的水利、交通等基础条件，具有实现项目总体目标的可能性；后者是指项目区内农田灌排条件、交通条件等较差，具有开展土地开发整理的必要性，容易见到成效。在这点上，与国外土地整理的要求是一致的。如德国在进行乡村土地整理时选择整理区的条件是：该区域在农业生产环境及农业基础设施等方面存在阻碍生产的因素，诸如农田形状破碎、道路通行不便、水利设施不全、开发水平不足等等，但要求整理区域具有一定的交通与水利基础条件。

(四) 资源和环境条件具备

土地开发整理项目区的选择还应考虑当地资源条件及生态环境对农业生产活动的承

载力。水资源无保障、生态环境十分脆弱的地区不宜开垦为耕地,从事农业生产活动。因资源或环境条件恶劣而曾经撂荒的土地不应纳入土地开发整理项目区范围。《全国生态环境建设规划》规定:"坚决禁止毁林毁草开垦和围湖造地,对过度开垦、围垦的土地,要有计划有步骤地还林还草还湖,逐步将 25°以上的陡坡地退耕还林还草,25°以下的坡地实现梯田化。"

(五)无权属问题

在选择土地开发整理项目区时,要摸清项目区土地全部现状,有严重权属问题的土地不应纳入土地开发整理范围。所谓的权属问题主要表现在两方面:一是存在土地权属争议;二是项目受益主体不符合规定要求。存在土地权属争议的,应及时调处;一时无法解决的,暂不将争议土地纳入土地开发整理的范围;企业或个人以营利为目的、已租赁经营的土地,暂不申报国家投资项目。

(六)投资方向合理

新增建设用地土地有偿使用费是依据法律收缴、用于耕地开发的专项资金。《中华人民共和国土地管理法》第五十五条规定:"新增建设用地的土地有偿使用费,百分之三十上缴中央财政,百分之七十留给有关地方人民政府,都专项用于耕地开发。"因此,使用新增建设用地土地有偿使用费安排的土地开发整理项目的首要目标是增加有效耕地面积,提高耕地质量,实现耕地总量动态平衡。

有些项目的实施虽然有意义,但不符合土地有偿使用费专项用于耕地开发的法律规定,因此存在投资方向不合规定的问题。例如,东北某项目规划建设的防护林、水保林、经济林过多,占总投资的 50% 以上,超出国家投资范围。北方某项目位于典型的牧区,为矿区生态重建项目,项目的实施旨在改善生态环境,发展畜牧业,不属于耕地开发项目。上述两个项目,都存在投资方向合情、但不合规定的问题。

(七)申报单位符合规定

《国家投资土地开发整理项目管理暂行办法》对国家投资项目的申报组织工作作了明确规定:"项目申报单位为县(市、区)土地行政主管部门。申报的项目须经地(市)级土地行政主管部门签署意见,省(区、市)土地行政主管部门审核同意后,由省(区、市)土地行政主管部门集中报国土资源部。""项目申报单位为县(市、区)土地行政主管部门"意味着国家投资项目只能以县(市、区)为单位申报,不能跨地区申报,也不能以乡(镇)一级政府名义申报。

(八)基本控制指标符合规定

《国家投资土地开发整理项目管理暂行办法》对申报国家投资的不同类型、不同性质和不同地貌类型项目的建设规模、单片规模、片数、新增耕地率分别作了明确规定。对重点和示范项目建设规模、单片规模以及片数的要求参见表 3-1。

表 3-1 项目基本控制指标表

项目性质	地貌	总规模/hm²	单片规模/hm²	总片数
土地开发	丘陵	100~600	≥20	≤10
	平原	400~2 000	≥50	≤10
土地整理	丘陵	100~1 000	≥40	≤10
	平原	400~2 000	≥60	≤10
土地复垦	丘陵	60~400	≥20	≤10
	平原	200~1 000	≥60	≤10

耕地后备资源不足的地区，项目区片块的规模下限可以适当放宽。国家投资土地开发整理补助项目规模要求为：项目相对集中连片，丘陵山区 100 hm²（1 500亩），平原地区 200 hm²（3 000亩）以上，规模不宜过大。

新增耕地率指的是新增耕地面积比例，计算公式为：

$$新增耕地率 = 新增耕地面积 / 项目规模 \qquad (3-1)$$

《国家投资土地开发整理项目管理暂行办法》对项目净增耕地面积比例也作了规定："土地开发净增耕地面积不低于项目规划设计面积的 60%；土地复垦净增耕地面积不低于项目规划设计面积的 40%；土地整理净增耕地面积不低于项目规划设计面积的 10%。"土地开发整理的实践表明，新增耕地率一般不超过 85%；基本农田整理是今后一个时期土地开发整理工作的一项重要任务，此类项目的新增耕地率不低于 3%。

三、项目区边界的划定

（一）确定项目区边界的原则

项目区大致位置初步选定后，下一步就是根据实地情况划定项目区边界。项目区边界的确定不应只考虑行政区边界，还应该考虑自然地物的分布情况，如以沟、路、渠为边界。有些丘陵地区的项目在确定项目区边界时，不根据地形情况和现有明显地物确定，而是随便划出直线作为项目区边界，属于典型的图上作业，具有很大的随意性。项目区边界划定的随意性会给项目规划带来一定的盲目性，是导致项目设计阶段或项目施工过程中重新调整项目区范围的主要原因。

（二）项目区建设规模的确定

项目区边界确定后，就可以确定项目区规模。关于项目规模的概念，《关于2003年国家投资土地开发整理项目申报工作有关问题的通知》（国土资厅发〔2003〕96号）有明确规定："'项目规模'是指项目建设规模，不动工的工矿用地、居民点用地、交通用地、成片水域、林地等不应计算在项目建设规模中。"所谓不动工面积，即不参与土地整理的面积，不仅在统计项目建设规模时应扣除，还要在图件上明确标出不动工范围，文、图、表要相符。

(三) 项目区位置和范围

项目区边界的确定意味着项目的具体位置和范围也确定下来。对项目区位置的描述有两种方式：一是通过文字描述项目区的四至；二是用地理坐标的方式表达。申报国家投资项目要求必须提供项目区经纬度坐标范围，表示方式为：

东经　×××°××′××″～×××°××′××″
北纬　××°××′××″～××°××′××″

项目区经纬度坐标范围文、图要一致。《关于2003年国家投资土地开发整理项目申报工作有关问题的通知》(国土资厅发〔2003〕96号)对项目区坐标有明确规定："项目区经纬度坐标是指项目建设范围的经纬度坐标，不是指项目区所在乡镇或县域范围的经纬度坐标。如果项目区分成几片，则应明确每一片块项目区范围的经纬度坐标。"

项目范围指项目所涉及的行政乡(镇)、村。如果项目区包括多个片块，则应明确每一片块的范围。项目范围应落实到图上。

四、项目区地貌类型

土地开发整理项目区微地貌类型分为三种：平原(平坝)、丘陵(山地)和滩涂。项目区微地貌反映的是项目区内的地表起伏变化情况。判别微地貌类型的主要依据是项目的工程内容和工程量。如丘陵类型的项目一般涉及坡改梯，土地平整土方量较大，而滩涂开发项目一般需要大量的客土。

事实上，对一个具体项目来讲，对平原和丘陵的界定不能过于绝对化。如南方丘陵地区的一些项目，虽然从项目区微地貌看应认定为平原(平坝)，但项目区周围是山，这种山间小盆地(平坝)与通常理解的北方平原有很大不同，对项目工程内容、工程量及建设标准都有较大影响。对这类项目，就要将项目区及其周围的地貌情况描述清楚。

五、项目类型的界定

根据《国家投资土地开发整理项目管理暂行办法》，国家投资土地开发整理项目分为重点项目、示范项目和补助项目三种类型。重点项目是指国家以增加耕地面积为主要目的，集中资金成规模进行耕地开发的土地开发整理项目。示范项目是指国家在耕地开发中，为完成有关土地开发整理管理与技术等方面的改革、创新，具有示范作用的土地开发整理项目。补助项目是指国家对特定地区耕地开发给予适当资金补助的土地开发整理项目。

补助项目申报条件为：项目位于贫困地区、少数民族地区、革命老区、受灾地区。通过项目建设，能增加耕地面积，改善农业生产条件，发展当地经济。对于补助项目，国家根据项目建设需要给予适当资金补助。其余资金由各省(区、市)根据地方各级财力自行解决。

六、项目性质的确定

前面已介绍了土地开发、土地整理、土地复垦的基本概念和内涵。在根据上述概念界定一个具体项目的性质时，应注意综合性质的问题。

《关于进一步规范国家投资土地开发整理项目申报工作有关问题的通知》（国土资厅发〔2002〕68号）规定："国家投资项目区的片块一般应是土地开发、整理、复垦的同一性质。耕地后备资源不足的地方，可以将不同性质的若干片块组成一个项目进行申报，名称可定为土地整理复垦项目、土地开发整理项目或土地开发复垦项目等，但新增耕地率、投资估算等应按片块分类计算，并分别符合规定要求。"

《关于2003年国家投资土地开发整理项目申报工作有关问题的通知》（国土资厅发〔2003〕96号）规定："如果某一项目片块既有农用地整理，又有成片废弃地复垦和成片未利用地开发面积20公顷以上的，则应区分土地整理、土地复垦和土地开发性质，每种性质的新增耕地率应符合规定要求。"

第三节 土地整理项目可行性分析的主要内容

一、自然条件分析

（一）地形地貌

地形地貌通过土壤、气候、水文的再分布影响着土地资源的类型及其特性。不同的地区由于具有不同的海拔高度、地势起伏、地面坡度和坡向特征，因而有了特征各异的地形地貌、不同的地表通过对热量、水分的再分配制约着农林牧用地的分布及其利用方式。同时地表的起伏程度是影响项目工程量的主要因素。地形地貌与土地利用的关系主要从以下两个方面进行分析。

1. 地势起伏

不同的地表起伏即相对高差，对农林牧用地方式和土地利用措施有着显著的影响。一般而言，地势起伏越小，越有利于耕地集中连片，以及水利化和农业机械化的实现。而较大的地势起伏，则影响着热量、水分条件的分布，从而影响农林牧业用地的布局。例如，在黄淮海平原地区分布有大大小小的平浅洼地和古河道自然堤的带状缓岗，其间又存在大面积的缓坡地（称二坡地），形成岗、坡、洼交错分布的微地形，其相对高差不过3.5 m，甚至只有1.2 m，对耕地类型、作物种植、旱涝盐碱状况及其治理措施具有明显的影响。如平浅洼地，地势低，土壤黏重，排水不畅，适宜种植高粱、大豆、小麦，以防涝措施为主；岗地地势偏高，易旱无涝，土壤为砂壤土，适宜种植小麦、玉米，以防旱为主；缓坡地处于两者之间，旱涝碱交替，主要种植棉花和粮食作物，以旱涝碱综合治理为主。又如黄土高原丘陵地区，地形复杂，地势起伏大，具有"七沟、八梁、十面坡"的地形特点，土地被切割、分散，耕地不易集中连片，水利化和机械化也较困难。由于不同地形部位的土地质量、水分状况和水土流失程度不同，使得土地利用方向或方式也不同，河谷为高产粮田，坡梁为梯田旱地，陡坡和坡顶为林草地，形成分层次的土地利用格局。我国南方，由于丘陵起伏比较平缓，相对高差多在100～200 m以下，对农垦的限制性较山地小，因而丘陵成为重要的农业区。四川盆地丘陵、两湖丘陵、苏皖丘陵、南沿海丘陵都是我国农垦最盛的地区，多数丘陵形成层层的梯田，由山脚修到山顶，垦殖指数可高达30%～50%。如苏南宁镇丘陵区，虽然大部分起伏不超过50 m左右，在利用上却随地形部位的不同，形成了岗(丘陵)、旁(丘坡)、冲(丘间谷地)组合的耕地类型，由于各类型的水源状况、灌排难易、抗旱能力、保收程度存在很大差别，从而直接影响到水、旱作物的布局及早、中、晚稻的种植比例。南方丘陵坡地更大的潜力还在于经济林，由于有一定的起伏和坡度，有利于排水防涝和通风透光，加之海拔不高，热量限制小，一般土层较厚，因而种植经济林、果树的条件比平原更为有利。我国主要经济林木和果树，如茶叶、油条、泊桐、柑橘、苹果等绝大部分分布在低缓的丘陵山区。

地势的起伏变化还导致热量、水分条件的变化，从而影响了土地利用状况。例如西北山地避风向阳的南坡及谷地是主要的牲畜冬营地。在西南山地丘陵之间常有面积较小的盆地(坝子)，地势平坦，土层深厚，水热条件较好，成为当地重要的农业基地。

2. 地面坡度和坡向

不同的地面坡度直接影响农林牧用地分布、水土流失状况、农田基本建设的难易程度。地面坡度大小与土地利用关系很大。一般坡度小于2°情况下，无明显侵蚀发生；2～6°有发生侵蚀的可能，开发时一般需采取一定的水土保持措施；6～15°有土壤侵蚀，需采取水土保持措施才可开发；大于15°一般不宜开发，但在土层深厚的黄土地区和紫色土区，以及土层厚度大于70 cm的其他山地丘陵区，建设水平梯田的条件较好，可放宽至25°；大于25°的坡地严格禁止开发。

山区地面坡度还影响耕地利用程度，如北京市山区，5～10°的坡耕地净利用率为80.7%，10～15°为78.2%，15～20°为70.6%，20～25°为64.6%。为防止水土流失与进行机械耕作，坡耕地一般需要修梯田，而且修梯田需要开挖的土石方量还受到坡度及田面宽度的影响。因此，地面坡度对丘陵山区耕地的利用和农田基本建设影响很大。即使在平原地区，地表坡度也直接影响到排灌条件。地面坡度大于3°，则排水通畅；1～3°易受轻微涝害；小于1°成涝机会较多，则必须建立排水系统。灌溉要求田面坡度较小，一般沟灌要求在0.3～0.8°，畦灌要求0.2～0.7°，水稻田要求0.1%，最好为0.05%；而当地面坡度大于2%时，进行灌溉较为困难。

地面坡度对道路建设和机械使用有多方面的影响。地面坡度对交通道路的选线、纵坡的确定及土石方工程量的影响尤为明显。一般大、中型拖拉机只能在坡度15°以下作业，而手扶拖拉机最大可在17°以下坡地作业。

地面坡向通过影响热量状况而影响农林牧用地布局。例如阳坡光温条件优于阴坡，而水分条件次于阴坡，林木生长状况不如阴坡，而牧草生长尚好，往往是牲畜的冬牧场。阳坡人类活动比较频繁，植被破坏较严重，水土流失和干旱程度大于阴坡。相反，阴坡植被生长和保存较好，但阳光不足，适宜耐阴林木生长。

（二）气候条件

气候条件对土地资源及其开发利用的影响显著，特别是对农业土地资源开发利用有着十分重要的作用。农业生产受自然条件的影响很大，其中最基本与最重要的是气候和土壤两个因素。通常农作物的产量是作物、气候、土壤三者综合作用的结果。气候则对农作物种类和品种的分布、各地区的耕作制度、栽培方式以及农作物的产量与品质有着极为深刻的影响。

1. 太阳辐射

太阳辐射不仅以其热效应给予动植物一个适宜的环境温度条件，更重要的是在光的作用下，绿色植物实现了光合效应、光形态效益和光周期效应而生长发育，为一切生物(包括动物、人类和植物自身)制造有机物。

农作物总干物质中有 90%～95% 是通过光合作用得来的，只有 5%～10% 来自土壤养分。因此，太阳光能的多少和利用率的高低，与一定区域内的作物产量与品质关系极大。日照时数在很大程度上反映了一个地区的太阳辐射的多少和强弱，对植物的生长发育与光合作用影响极大。

2. 热量条件

热量是影响农业土地利用的重要因素，主要包括生长期、无霜期、积温、最冷和最热平均温度、极端最低和极端最高多年平均温度等方面。热量的多少不仅影响着农作物、牧草、林木等的生长发育、产量和质量以及作物本身的全部生命过程，而且也影响其分布界限、种植制度和栽培方式等。

热量对农作物栽培以及熟制的影响参见表 3-2 与表 3-3。

表 3-2 积温与宜种作物表

≥10℃积温	可栽培的作物
1 000℃以下	基本无作物栽培
1 000～1 500℃	早熟马铃薯、早熟大麦(青稞)、早熟燕麦(莜麦)、早熟春小麦、早熟荞麦、早熟甜菜、早熟根菜类蔬菜等
1 500～2 000℃	马铃薯、大麦、小麦、燕麦、油菜、胡麻、豌豆、荞麦、早熟糜子、甜菜、各种喜凉作物
2 000～2 500℃	特早熟水稻、早熟玉米、早中熟谷子、早熟高粱、早熟大豆、甜菜、各种喜凉作物
2 500～3 000℃	早熟水稻、中晚熟玉米、中晚熟高粱、中晚熟谷子、中晚熟大豆、早熟芝麻、甜菜、向日葵、各种喜凉作物
3 000～3 500℃	特早熟水稻、早熟玉米、早中熟高粱、中晚熟谷子、中晚熟大豆、中晚熟芝麻、甜菜、向日葵、各种喜凉作物、各种蔬菜
3 500～4 000℃	早中熟陆地棉、中晚熟水稻、甘蔗、芝麻、各种中温作物、各种喜凉作物、各种蔬菜
4 000～4 500℃	中熟陆地棉、晚熟水稻、特早熟细绒棉、喜温作物、中温作物、喜凉作物、各种蔬菜
4 500～7 500℃	中晚熟陆地棉、早中晚熟细绒棉、双季连作稻、各种喜温作物、中温作物、喜凉作物
7 500℃以上	水稻一年可三熟、玉米、甘蔗可冬种，不宜喜凉作物(小麦、油菜、马铃薯等)

表 3-3 积温与作物熟制

≥10℃积温	可采用的熟制
3 400℃以下	基本一年一熟
3 400～4 000℃	两年三熟或者一年两熟(冬小麦复种早熟糜子、荞麦)
4 000～4 800℃	一年两熟(冬小麦复种玉米、谷子、甘薯、大豆或稻麦两熟)
4 800℃以上	一年三熟制(双季稻加冬作油菜、大麦或小麦)

(三) 土壤质地

土壤是构成土地的要素之一,也是植物生长的基础。土壤质地对土壤的各种性状如养分含量、通气透水性、保水保肥性以及耕作性状等都有很大的影响,特别是目前我国耕作土壤有机质含量不多的情况下,质地对土壤各种性状的影响更为明显。因此,实施土地开发整理项目要对土壤质地进行详细的分析,以便采取必要的工程措施对土壤进行改良。同时因土地开发整理项目在地表进行,对土质的工程分类也必须进行必要的说明,因为它是影响工程量的一个很重要的因素。

我国土壤质地分类见表 3-4。

表 3-4 我国土壤质地分类

质 地	质地名称	不同粒级的颗粒组成/%		
		沙粒 1～0.05 mm	粗粉粒 0.05～0.01 mm	细黏粒 <0.01 mm
沙 土	粗沙土 细沙土 面沙土	>70 60～70 50～60	— — —	<30
壤 土	沙粉土 粉 土	>20 <20	>40	
	沙壤土 壤 土	>20 <20	<40	
	沙黏土	>50		≥30
黏 土	粉黏土 壤黏土 黏 土 重黏土	—	—	30～35 35～40 40～60 ≥60

在我国现有耕地中,土壤耕层过沙过黏、夹沙夹黏、通体沙、通体黏等土体构型,均不能满足作物对水、肥、气、热的协调供应,需加以改良。其改良途径和措施包括以下几类。

1. 掺沙掺黏,客土调剂

一般要就地取材、因地制宜。在沙地附近有熟土、胶泥土、河泥,可采用搬黏掺沙的办法,黏土地附近有沙土、河沙可采取搬沙压淤的办法,逐年客土改良,使之达到三泥七沙或四泥六沙的壤土范围。

2. 翻淤压沙或翻沙压淤

沙土层下浅层处有淤泥层,黏土层下浅层处有沙土层,可以采用深翻,或"大揭盖"将沙、黏土层翻至表层,经耕、耙使上下沙黏掺混,改变其土质。

3. 引洪漫淤或引洪漫沙

洪水中所携带的淤泥是冲蚀地表的肥土,含养分丰富。把洪水有控制地引入农田,使淤泥沉积于沙土表层,既可增厚土层,改良质地,又能肥沃土壤,农民说"一年洪水三年肥"。"引洪漫沙"亦有改良黏质土的效果。其方法是漫沙将畦口开低,漫淤则将畦口抬高,每次漫沙漫淤不能超过 10 cm,逐年进行,可使大面积的沙土地或黏土地得到改良,这种方法实质上也是一种"客土法"。

4. 增施有机肥,改良土性

每年大量施用有机肥,不仅能增加土壤中的养分,而且能改善过沙过黏土壤的不良性质,增强土壤保水、保肥性能。因为有机肥施入土壤中形成腐殖质,可增加沙土的黏熟性和团聚性,降低黏土的联结性,促进土壤中团粒结构的形成。因此,施用有机肥对沙土或黏土都有改良作用,它是一种后效长的改良措施,其改良效果黏土大于沙土。这是因为腐殖质在黏土中容易积累,而在沙土中容易分解的缘故。

总体来说,土壤质地与农业生产具有较为密切的关系,土壤黏或沙的简要鉴别方法可以参见表 3-5。

表 3-5 土壤质地与工程分类

土壤分类	土 壤 名 称	鉴别方法
一类土 (松软土)	1. 略有黏性沙土;2. 腐殖质及疏松的种植土;3. 泥炭	用锹,少许用脚踩或用板锄挖掘
二类土 (普通土)	1. 潮湿的黏性土和黄土;2. 软的盐土和碱土;3. 含有建筑材料碎屑、碎石、卵石的堆积土和种植土	用锹、条锄挖掘,需要用脚蹬,少许用镐
三类土 (坚土)	1. 中等密实的黏性土或黄土;2. 含有碎石、卵石或建筑材料碎屑的潮湿的黏性土或黄土	主要用镐、条锄挖掘,少许用锹
四类土 (沙砾坚土)	1. 坚硬密实的黏性土或黄土;2. 含有体积在 10%~30%、重量在 25 kg 以下的碎石、砾石的中等密实黏性土或黄土;3. 硬化的重盐土	全部用镐、条锄挖掘,少许用撬杠挖掘

二、水资源供需分析

土地开发整理首先要考虑水资源的供需问题,特别是对于缺水的干旱地区,水资源是决定土地开发整理面积大小的主要因素。在项目可行性研究中,要摸清项目区的各种来水量和可供水量,根据农业、工业、生活远景的需水要求,进行水资源供需分析计算,以求得水资源供需平衡,达到合理利用的目的。

水资源供需分析计算,要分析来水和用水两个方面。来水包括项目可以利用的一切水源;用水主要包括农业灌溉用水、工业用水、生活用水等。把用水总量与来水总量相比较,即可看出水量的余缺情况,据此考虑工程措施规划。如来水量不足,可采取措施挖掘水源的潜力或调整用地结构、作物种植结构等,以求来水与用水平衡。

(一) 灌溉水源的分析计算

1. 河川径流

河川径流指江河、湖泊来水,计算河流来水量要区别水源的调节形式和取水方式。水源的调节形式,一般分为有调节和无调节两种形式。水源有调节形式是指通过工程措施(如修建水库、塘坝、山塘等)对水源进行调节后加以利用。无调节形式是不经控制,直接从水源取水。取水方式在自流引水方式中,又分无坝渠首引水和有坝渠首引水两种形式。无坝渠首引水,是指当河流水位、流量均能满足灌溉要求,在渠首无需筑坝,直接选择适宜的位置作为取水口,修建进水闸,进行引水的自流灌溉。有坝渠首引水,系当河流水位不能满足灌溉要求时,须在河道上修筑拦河坝或建闸,以抬高水位,壅水入区,然后才能进行自流灌溉。

2. 当地地表径流

当地地表径流指由当地降水产生的径流。为了充分利用地表径流,应当在适当地点修筑水库、塘坝或者蓄水池等。

3. 地下径流

地下径流分为浅层水(潜水)与承压水(层间水)两种。浅层水是指地表和第一个不透水层之间的水,补给来源主要是大气降水和地表水的渗入。承压水是指埋藏在两个不透水层之间的地下水,水流主要来自水源补给区的地表径流或者浅层水。潜水埋藏较浅,受气候特别是降水的影响较大,流量不稳定,容易受污染,水质较差;承压水埋藏较深,直接受气候的影响较小,流量稳定,不易受污染,水质比较好。

地下水资源又可分为天然资源和开采资源。天然资源是指天然状态下,在一定时间内含水层中地下水的数量;评价地下水的天然资源,一般应分析其三个组成部分,即贮存量、调节量和径流量。开采资源是指在一定的开采条件下,在一定时期内既有补给保证,又能取出来的稳定开采量。

各种灌溉水源分析的计算公式这里不再赘述,详细内容请参见水利技术相关标准。

(二) 需水量预测

需水量预测包括对农业灌溉需水量、当地工业生产需水量、当地居民生活需水量、畜牧业需水量、林业需水量和渔业需水量的预测。这里只介绍农业灌溉需水量预测方法。

农业灌溉需水量为灌溉面积乘以综合灌溉定额。在规划水平年,计算出不同保证率的农业灌溉需水量。

(1) 灌溉面积。灌溉面积的预测很复杂,合理地确定灌溉规模是计算灌溉用水量的基础。

(2) 农业灌溉用水定额。计算农业灌溉用水,要制定农作物灌溉制度。灌溉制度是指按作物需水要求和不同灌水方法制定的灌水次数、灌水时间、灌水定额及灌溉定额的总称。它是在一定气候、土壤和农业耕作技术条件下,为了保证农作物丰产,满足农作物在各个生育阶段对水分的需求所规定的适时、适量灌水的制度。灌水定额是指每次灌入农田的水量，一般用单位面积上的灌溉水量来表示（m³/亩，m³/hm²）。灌溉定额是指作物播种前灌水（包括水田插秧前泡田灌水）和全生育期内单位面积上的总灌水量，即各次灌水定额之和。

(3) 灌溉设计保证率。水量供需平衡计算，还要考虑灌溉设计保证率的大小。灌区用水量在多年期间能够得到充分满足的概率称为保证率。灌溉设计保证率可根据水文气象、水土资源、作物组成、灌区规模、灌水方法及经济效益等因素，按表3-6确定。

表3-6 灌溉设计保证率表

灌水方法	地 区	作物种类	灌溉设计保证率/%
地面灌溉	干旱地区或水资源短缺地区	以旱作为主	50～70
		以水稻为主	70～80
	半干旱、半湿润地区或水资源不稳定地区	以旱作为主	70～80
		以水稻为主	75～85
	湿润地区或水资源丰富地区	以旱作为主	75～85
		以水稻为主	80～95
喷灌、微灌	各类地区	各类作物	85～95

注：① 作物经济价值较高的地区，宜选用表中较大值；作物经济价值不高的地区，可选用表中较小值。
② 引洪淤灌系统的灌溉设计保证率可取 30%～50%。
资料来源　水利部国际合作与科技司：《水利技术标准汇编·灌溉排水卷》，北京：中国水利水电出版社，2002年。

灌溉设计保证率可采用经验频率法，按下式计算，计算系列年数不宜少于30a。

$$P = \frac{M}{N+1} \times 100\% \tag{3-2}$$

式中：P——灌溉设计保证率，%；
M——灌溉设施能保证正常供水的年数，a；
N——计算总年数，a。

(三) 可供水量预测

以现有蓄、引、提各种水利工程可提供的水量为基础，并将不同发展水平年规划期间可能新建的工程设计供水量，计入可供水量。预测时，应把地表水和地下水分别计算，预测结果列入表3-7。

表3-7 可供水量预测　　　　　　　　　　　　　　　　　　　　　单位：万 m³

分区	现 状			远 景					
				$P=75\%$			$P=50\%$		
	地表水	地下水	合计	地表水	地下水	合计	地表水	地下水	合计

（四）水资源供需分析

1. 现状水平

按不同保证率年份分析总需水量及可供水量,进行供需平衡计算,得出余缺水量。随着保证率的提高,余水将逐渐减少,缺水将逐渐增大。

2. 远景水平

按不同保证率年份分析总需水量,算出在现状基础上增加的需水量。在总需水量中列出农业灌溉需水量、当地工业生产需水量、当地居民生活需水量、畜牧业需水量、林业需水量和渔业需水量,经过供需平衡汇总后,算出余缺水量。

三、土地利用现状分析

《关于2003年国家投资土地开发整理项目申报工作有关问题的通知》(国土资厅发〔2003〕96号)对"土地利用现状"的概念进行了界定:"土地利用现状是指项目区内的土地利用现状,除不动工面积外,各利用现状面积之和应等于项目建设规模。"

土地利用现状分析的目的是明确项目实施以前土地利用的实际状况和特征。土地利用现状分析是在土地利用现状调查的基础上进行的,通过土地资源的数量与质量、结构与分布,以及利用潜力等方面的分析,明确项目区内土地资源的优势与劣势,揭示各种土地资源在地域组合、结构和空间配置上合理与不合理、匹配与不匹配的关系,为制定项目规划提供科学依据。通过分析应掌握以下情况:① 土地利用现状结构和布局特点;② 土地开发利用程度;③ 土地利用的效果;④ 土地利用中存在的主要问题。

土地利用现状分析的内容主要包括土地利用结构分析、土地开发利用程度分析、土地利用经济效果分析。

1. 土地利用结构分析

首先分析已利用土地(农用地与建设用地)和未利用土地的数量及其占项目区土地总面积的比重;其次分析各类地貌类型、土壤类型和不同坡度等自然状况下的土地资源数量。土地利用结构必须根据最新地籍变更结果,按新的土地分类进行统计,权属单位要统计到村或组,可以根据实际情况调整土地利用现状表中的项目,做到图、文、表的对应。

2. 土地开发利用程度分析

(1) 土地垦殖率,即耕地面积与项目区土地总面积之比,反映土地开发程度和种植业发展程度。

(2) 土地利用率,即已利用的土地面积与项目区土地总面积之比,反映土地利用程度。

(3) 耕地复种率,即全年农作物总播种面积与耕地面积之比。

(4) 草原载畜量,即每平方千米草原所放养畜牧的头数,反映草原开发利用程度。

(5) 水面利用率,即已利用水面占水面总面积的百分比,反映水面开发利用程度。

3. 土地利用经济效果分析

反映土地利用经济效果的指标是土地生产率。土地生产率是指土地在现有利用水平(包括投入水平)下土地的生产能力。土地生产率可用实物型(即单位面积产量)表示,也可用价值型(即单位面积产值)表示,价值型也可用单位面积净产值(产值－消耗的生产资料价值)或单位面积纯收入(产值－生产成本)表示。

对项目区土地利用现状进行全面的综合分析和评价,找出土地利用中存在的问题,发掘提高土地利用率以及生产率的潜力,是做好项目规划的重要依据。

四、新增耕地潜力分析

现阶段土地开发整理的主要目的是增加耕地面积,提高耕地质量,以补充建设对耕地的占用以及自然灾害损毁、退耕还林还草对耕地的减少,促进耕地总量动态平衡目标的实现。因此,新增耕地面积是土地开发整理潜力分析的重点。

(一)新增耕地潜力分析的内涵

新增耕地潜力分析是指在综合项目区土地利用现状分析、土地适宜性评价、限制因素分析的基础上,分析项目区土地开发整理后的土地利用结构,对比开发整理前后各类用地面积,从而得出项目区新增耕地面积,并对新增耕地的质量进行科学评价,测算出新增耕地潜力。

(二)新增耕地潜力的计算

新增耕地面积的计算要依据项目区开发整理前后土地利用分类面积比较。对土地开发和土地复垦来讲,由于其项目土地利用现状结构简单,因此新增耕地面积的计算也较为容易,但土地整理新增耕地面积的计算则要复杂得多。依据《耕地后备资源调查与评价技术规程》(TD/T 1007—2003),土地整理新增耕地面积可依据下面的公式进行计算:

$$M_z = (1 - R_2) \times (M_1 - M_2) + (R_1 - R_2) \times M \tag{3-3}$$

式中:M_z——整理后净增耕地面积,hm^2;

　　　M——待整理农地区的原耕地面积,hm^2;

　　　R_1——待整理农地区的原田坎系数;

　　　R_2——整理后的田坎系数(视当地实际情况和整理区类型确定);

　　　M_1——待整理农地区非耕地面积总和(含沟渠、道路、园地和林地),hm^2;

　　　M_2——待整理农地区后必须保留的非耕地面积总和,hm^2(含沟渠、道路、园地和林地等)。

上面的计算公式也表明,土地整理新增耕地来源主要有两个途径:一是对整理前的耕地而言,通过减低田坎系数增加一部分土地;二是通过减少非耕地总面积来增加一部分耕地。

(三)对新增耕地的界定

根据《第二次全国土地调查土地分类》对耕地的定义,耕地是指种植农作物的土地,包括熟地,新开发、复垦、整理地,休闲地(含轮歇地、轮作地);以种植农作物(含蔬菜)为主,间有零星果树、桑树或其他树木的土地;平均每年能保证收获一季的已垦滩地和海涂。耕地中还包括南方宽小于1.0 m、北方宽小于2.0 m的沟、渠、路和田埂;临时种植药材、草皮、花卉、苗木的耕地以及其他临时改变用途的耕地。

顾名思义,新增耕地是指新增加的种植农作物的土地。《关于2003年国家投资土地开发整理项目申报工作有关问题的通知》(国土资厅发〔2003〕96号)曾对项目新增耕地面积作了一些补充规定:"申报国家投资项目的新增耕地率必须符合规定要求。为使土地开发整理适应农业生产结构调整需要,按照《关于搞好农用地管理促进农业生产结构调整工作的通知》(国土资发〔1999〕511号)和《关于报国务院批准的土地开发用地审查报批工作有关问题的通知》(国土资发〔2002〕404号)等有关要求,并参照《关于印发试行〈土地分类〉的通知》(国土资发〔2001〕255号)规定,新增耕地面积除新增耕地外,还包括新增可转为耕地的园地、人工草地、养殖水面等(项目可行性研究报告中应分别说明)。""可耕地"概念的提出实际扩展了"新增耕地"的概念。

需要指出的是,在我国当前必须保有足够数量的耕地面积,保障国家粮食安全的大形势下,此项规定是不妥当的。《土地开发整理若干意见》出台以后,与"国土资厅发〔2003〕96号"文件中关于新增耕地的规定在政策上相冲突,所以"国土资厅发〔2003〕96号"文件已经自动废止。根据国土资源部地籍司土地利用变更调查统计口径,新增可调整园地可视为新增耕地,所以在组织项目中,对项目新增耕地潜力进行分析时,项目区新增可调整园地可以统计为新增耕地,但要说明"可调整"的理由,如土壤质地、耕层厚度等基本要素是否满足耕作的要求。

五、土地适宜性评价

(一) 土地适宜性评价的概念

土地适宜性评价就是评定土地对于某种用途是否适宜以及适宜的程度,它是进行土地利用决策、确定土地利用方向的基本依据。进行土地适宜性评价,就是要通过评定,把土地利用现状与土地的适宜用途进行比较,以便对土地用途是否应该调整、调整后的土地用途可能会产生怎样的后果和影响、应如何进行调整等进行科学决策。

土地的适宜性是针对土地的用途来说的,不同的用途对土地质量有不同的要求,同一块土地对不同的用途有不同的适宜性。土地开发整理项目土地适宜性评价针对的土地用途主要为耕地。土地的适宜性不仅与土地的自然属性有关,也受到其社会经济条件的影响,如自然属性相似的两块土地,位于城镇郊区的适宜于蔬菜种植,而远离公路的偏僻地块则宜于种植粮食。

一般而言,土地适宜性评价应对一定区域范围内全部土地和相应的各种土地利用方式进行评定。但是由于评价的工作量较大,为工作的需要,实践中应重点对耕地后备资源进行土地适宜性评价。

值得强调的是,土地开发、复垦、整理都需要进行土地适宜性评价,只是所采用的评价方法和指标各有侧重,其中重点是对土地开发项目和土地复垦项目进行适宜性评价。《关于组织申报国家投资土地开发整理项目有关事项的通知》(国土资厅发〔2001〕64号)关于"土地整理和复垦项目可不进行土地适宜性评价"的规定已自动废止。

（二）土地适宜性评价的原则

根据土地属性对耕地利用的适宜程度及其对土地开发、复垦和整理可能产生的限制影响类型和强度，应参考土地形态和目前的开发水平以及进一步开发的可能性，采取综合分析和主导因子（主导限制因子）相结合的方法进行评价。评价时应遵循以下几大原则。

1. 合理利用原则

要针对特定的用途种类进行土地适宜性评价和分类。这是因为不同的土地用途种类对土地的性状有不同的要求。例如，水稻需要一定的淹水条件，排水困难的冲积泛滥平原就适宜种水稻，而不适宜种小麦、果树，因为水稻必须有一定条件的淹水，而果树的根则不能生长在地下水位以下。因此，土壤水分的有效性、高低旱涝程度等都是对每种用途的要求比较而言的。

2. 效益最佳原则

土地适宜性评价要求对不同的土地类型在可能获得的利益和需要的投入之间进行比较。所有土地利用都需要投入，投入和产出分析可以比较不同的土地类型的好坏，这是土地适宜性评价的一个重要的指标。例如，在坡地种植小麦，为防止水土流失或便于灌溉，就必须修建梯田，尽管最后可以获得跟平地一样的产量，但由于修筑梯田需要较大的投入，便可以认为坡地没有平地适宜于种植小麦。由于投入总是有限的，因此人们总是希望用有限的投入获得最大的收益，即将投入放在最适宜的土地类型上。

3. 因地制宜原则

评价要切合当地的自然、经济和社会条件。土地适宜性评价时，必须同时考虑各种土地因素，以及与当地土地条件有关的因素。这些因素包括自然因素，如气候、地质、地貌、水文、土壤、植被、畜禽等；经济和社会因素，如居民素质和生活水平、劳力供应状况和劳动费用、交通与通讯、市场与销售、科学与文化、政策等。不同的地区，这些因素的变化很大，由于实际情况和技术上的需要，评价中不可能将所有因素都作为评价的因子。但对那些没有做评价的因素也要认真分析，否则可能会造成很大的失误。如在半干旱、干旱地区，认为灌溉条件下适宜于种小麦就大面积推广，而没有对该地区的地表水及地下水源做认真分析论证，或灌水技术方式选择不当，便可能造成几年之后再没有水可灌溉的结果。在偏远地区推广种桃，便会造成由于没有保鲜技术和交通不便使桃子原地烂掉。又如长江中下游平原、黄淮海平原自然条件适宜于种粮食，是我国的主要粮食产区，对国民经济的发展起到重要作用，若再进行宜农、宜林、宜牧的适宜评价，就没有实际意义了。所以，土地适宜性评价要因地制宜，充分分析当地的自然、经济和社会条件，使评价结果具有科学性和实用性。

4. 可持续利用原则

随着时间的推移，土地及其环境有一个演变过程，人为的扰动会改变或加速这种演变。土地及其环境的演变又改变土地的性状及土地的生产能力，进而影响土地的利用。因此，在改变土地的生产行为时，必须仔细分析这种扰动带来的演变过程，尽量使之朝着有利于生产的方面发展，避免不利的发展趋势。只有这样，才能保持土地的可持续利用性，才确定这种土地利用方式是适宜的。应该注意土地利用的长效性，如在坡度较大的地上毁林造田，1～

2 a内可能获得较满意的收成,但3~5 a之后坡地上的土壤会受到严重的侵蚀而流走,使坡地变成基岩裸露的不毛之地,其造成的损失远远大于短期内所获得的利益。

5. 可靠性原则

有些影响土地适宜性的因素是固定不变的,而另一些是经过努力可以改变的。在土地适宜性评价过程中,应该确定各项改良措施的成本,以便能够预测开发的经济和环境后果。土地固定性特征有温度、土壤质地、基岩深度和宏观地形;可改变的特征包括植被、盐渍度、地下水深度、微地貌及社会和经济条件。

评价要在几种用途之间进行比较。土地适宜性评价的主要目的是分析各种土地用途的优劣,以便在土地利用规划中,为选择最佳的土地利用方式提供依据。如一块肥力较差的地,不管种什么产量都比较低,种谷子能达到二等适宜性,而种小麦只能达到三等适宜性或不适宜性,比较说明种谷比种小麦好。还可在当前用途与设想用途之间,或在不同作物和不同灌溉方法之间进行比较。通过比较若干供选方案的投入和产出,可以提高评价的可靠性,以保证所选土地用途不仅是适宜的,而且是适宜供选方案中最佳的。

(三)土地适宜性评价系统

土地适宜性评价应在对项目区内的未利用地、毁损废弃地和需整理土地进行调查的基础上进行,采用类、等、型三级划分的评价体系,如表3-8所示。

表3-8 土地适宜性评价系统

类	等	型
宜耕地(A)	一等地(A_1)	无限制(A_{100})
	二等地(A_2)	水分限制(A_{201})
		温度限制(A_{202})
		质地限制(A_{203})
		盐碱限制(A_{204})
		……
	三等地(A_3)	水分限制(A_{301})
		温度限制(A_{302})
		质地限制(A_{303})
		坡度限制(A_{304})
		盐碱限制(A_{305})
		……
不宜耕地	不续分	

1. 适宜类

分宜耕地和不宜耕地两类。宜耕地类是指按照有关规程定义的各相关地类评价指标和方法评定为宜耕种的土地。

2. 质量等

仅对宜耕地类划分质量等级,按有关规程评价分等指标,将耕地后备资源划分一等地、二等地和三等地。

(1) 一等地:开发、复垦和整理条件好,无或仅有一种限制因素,且限制程度低,不需或需低成本改良;开发、复垦和整理后作物产量高,供食用的农副产品能够达到国家食用卫生标准(含饲料作物,下同),非食用的作物产品质量合格;在正常利用下,不会产生土地退化和给邻近土地带来不良后果。

(2) 二等地:开发、复垦和整理条件中等,有一两种限制因素,限制强度中等,需要采取一定改良或保护措施,成本中等;开发、复垦和整理后作物产量中等,供食用的农副产品能够达到国家食用卫生标准,非食用的作物产品质量合格;如利用不当,对生态环境有一定的不良影响。

(3) 三等地:开发、复垦和整理条件较差,有多种限制因素,且限制强度大,改造困难,需要采取复杂的工程或生物措施,成本较高;或开发、复垦和整理后作物产量低,供食用的农副产品能够达到国家食用卫生标准,非食用的作物产品质量合格;如利用不当,对土地质量和生态环境有较严重的不良影响。

六、土地利用的限制因素分析

项目区土地利用限制因素分析是指对项目区影响土地有效利用的自然因素和社会经济因素进行的分析,目的是通过分析找出影响项目区土地有效利用的主要问题,并提出相应的解决对策。土地利用限制因素分析的重点是对可以通过工程措施加以改善的自然限制因素进行分析。一般情况下,可以通过工程措施加以改善的自然限制因素包括以下几类。

(一) 旱灾

旱灾是我国涉及地区最广、危害最严重的自然灾害。严重的干旱,可使水源干涸、田地龟裂、草木枯萎,甚至人畜饮水都发生困难。特大旱灾对农业生产的破坏性很大,对整个国民经济的发展也有较大的影响。

一般采取的改良措施为开发水源,包括开采地下水、兴建蓄水工程等。

(二) 涝灾

涝灾是指洪涝灾害,范围虽不如旱灾广,但危害程度是严重的。轻灾会造成减产,重灾则使农田绝收,甚至冲毁田园,危及人民的生命安全。洪涝灾害按雨涝发生的季节可分为春涝、春夏涝、夏涝夏秋涝。春涝和春夏涝主要发生在华南及长江中下游一带,多由连阴雨造成。使农作物遭受湿、渍害,引起小麦、油菜烂根、早衰、结实率和千粒重降低和病虫害(如小麦锈病、赤霉病、油菜菌核病、棉花枯病、炭疽病等)的流行。早稻育秧期间的连阴雨和低温,可引起大面积烂秧。夏涝发生的地区较广泛,黄淮海平原、长江中下游、华南、西南、东北等地发生的概率都较高,多由暴雨或连日大雨造成,常形成涝灾或湿渍害,影响夏收夏种,引起麦子倒伏,麦粒发芽、霉烂,棉花蕾铃脱落,水稻倒伏,结实率降低而减产。夏秋涝以西南、华南和长江中下游地区发生的概率最多,其次是江淮地区和华北。多由暴雨和连绵阴雨造成,常形成涝渍害,对水稻、玉米、棉花、谷子等作物的产量影响很大。

一般采取的改善措施包括:一是因地制宜地安排防涝排水系统工程用地,农田开挖排水渠道,大江、大河以及沿海兴建堤防工程,丘陵山地兴建渠道工程;二是要根据水涝灾害特点调整作物种植结构。轻涝的平地适宜种植耐涝的作物高粱,而不宜种怕涝的棉花、玉米等作物;重涝的洼地往往实行一水一麦,麦收后休闲,一年一熟。

(三) 风害

风速大于等于 17 m/s 即 8 级以上称为大风,北方多于南方,沿海多于内陆,高山隘口多于盆地河谷。绝大多数地区春季大风最多,夏季最少,秋季与冬季相近。东南沿海受台风影响大,风也较多。大风对农业的直接危害包括风蚀、对植物的机械损伤、对农业设施的破坏、加剧蒸腾失水和冻害等。我国西部地区风力侵蚀十分严重,主要发生在内蒙古、新疆、甘肃和宁夏等省区,以内蒙古最为严重,其南部的农牧交错带是全国土壤风蚀最严重的地区。土壤风蚀使表层土壤有机质被连续吹失,造成土壤肥力下降。

风沙是大风造成的一种恶劣天气,能埋没农作物,造成机械损伤或污染农产品,风沙还侵蚀土壤,使土壤肥力下降,淤塞水库、塘坝、水井。

一般采取的改善措施为兴建防护林。

(四) 水土流失

水土流失是农业地质灾害的一种。全国因水土流失进入江河的泥沙量至少有 50 亿 t 以上,占世界流失总量的 1/5,以黄土高原最为严重。水土流失与干旱、暴雨等自然因素有关,更重要的是与人口和资源不足的矛盾加剧和掠夺式的经济活动造成植被破坏。

一般采取的改善措施包括丘陵坡地梯田化,横坡耕地,带状种植,实行带状、块状和穴状间隔造林,构筑生物篱,并辅以鱼鳞坑等高埂等田间工程。

(五) 土壤潜育化

土壤潜育化是土壤处于地下水长期浸润状态下,得不到通气与氧化,同时,在易分解的有机物还原影响下,使土壤及积滞水的 pH 值下降,土壤矿质中的 Fe 和 Mn 处于还原低价状态,土体显青色或青黑色。土壤次生潜育化是指因耕作或灌溉等人为原因,土壤(主要是水稻土)从非潜育型转变为高位潜育型的过程。常表现为 50 cm 土体内出现青泥层。我国南方有潜育化或次生潜育化稻田多半为冷浸田,是农业发展的又一障碍。

一般采取的改善措施为:开沟排水,消除渍害,在稻田周围开沟,排灌分离,防止串灌。明沟成本较低,但暗沟效果较好,沟距以 6~8 m(重黏土)和 10~15 m(轻黏土)为宜。

(六) 土壤盐渍化

土壤中可溶性盐类随水向土壤表层运移累积,从而达到影响一般植物的正常生长的含量(超过0.1%)的过程,称为土壤盐渍化。在自然条件下的土壤盐渍化称为原生盐渍化。由于人为活动不当,使原来非盐渍化的土壤发生了盐渍化,或增强了原土壤的盐化程度,或已经改良好的盐渍化的土壤再次发生盐渍化,称为次生盐渍化。

西北干旱、半干旱地区是土壤盐渍化较严重的地区,近年来,这一地区的盐碱土耕地面积有所增加,其中多数是由于土壤发生次生盐渍化的结果。由于西北地区的渠系不健全,田间工程不配套,缺少排水系统,在灌溉定额过高的情况下,易抬高地下水位,既浪费了水资源,又由此导致次生盐渍化的发生。土壤盐渍化引起的土地退化,是土地荒漠化产生的原因之一。

一般采取的改善措施包括以下几方面。

(1) 排水体系是防止土壤次生盐渍化的基本设施,在排水体系中排水沟是防止土壤次生盐渍化极为重要而不可代替的保证措施。排水沟不但可以排除灌溉退水、降雨所产生的地表径流,而且还可以排除灌溉渗漏水、淋盐渗水和部分地下水。在排水的同时,也排走了溶解于水中的大量盐分。

(2) 合理灌溉也是防止土壤次生盐渍化的重要保证,因此,地面灌溉要避免大水漫灌,确定合理的灌溉定额,以免大量水分渗漏抬高地下水位,造成土壤积盐或返盐。因作物制宜地采用节水农业措施,提高节水灌溉技术,如小麦宜用畦灌,棉花、玉米等作物可采用沟灌或隔垄沟灌,做到既高产又节水,减少对地下水的补给。

(3) 在地面水引水不便的地区,可以利用浅井水灌溉。抽取地下浅层水还可以降低水位,有助于防止土壤返盐。干旱、半干旱地区河流在雨季、旱季、涝年、旱年流量变化很大,而作物需水量大的季节,往往正是河道枯水时期,水源供应不足。因此,实行井渠结合,互补余缺,可以解决抗旱与除涝防盐的矛盾。但是,使用地下水灌溉,要注意地下水的矿化度,避免用高矿化度的地下水灌溉。

(4) 土地不平整是形成盐斑地的重要原因之一。在微地貌上,盐斑出现在平原地形突起部位,这里暴露面大,蒸发强烈,土壤水分散失快,在毛管上升水流和毛管侧向水流的补给下,导致盐分的局部聚积。平整土地,消除盐分富集的微域地形条件,使土壤在降雨和灌溉时受水均匀,蒸发也趋于一致,这也是防止土壤次生盐渍化的重要田间措施。

七、公众参与分析

近年来,无论是项目论证还是规划决策,认为纯粹是政府部门或单纯是一项技术性活动的观点已转变为是一项反映人民意愿的,政府与大众共同管理,彼此协商、交流的活动。在经济活动中,政府部门在资源分配中的作用越大,就越有必要采取措施,让更多的民众参与到投资决策和项目规划中去,以保证决策来源于不同的利益群体,更好地发挥当地人民群众的创造性。随着"以人为本"、"福利经济"、"民主参与"等现代决策理念逐步融入我国政府决策和项目决策体系,对公众参与的理解也基本上形成了一个共识,那就是公众参与是人本主义与民主化的体现。目前,我国的公众参与决策无论是理论研究还是实践都还处于起步阶段,对土地开发整理公众参与的专题研究几乎还是空白。

(一)土地开发整理项目公众参与的概念

土地开发整理项目既是农村发展的微观项目,也是促进土地可持续利用的社区性项目。

根据国内外有关公众参与定义的种种表述,结合土地开发整理项目的特点,可将土地开发整理项目公众参与作如下定义:公众参与是指土地开发整理项目影响区域的各阶层、各相关利益群体对土地开发整理微观项目决策的介入过程。

公众参与土地开发整理项目的提出是为了保护、尊重公众利益和有效限制行政部门过多的权力,从而体现项目决策的合理与公正。也就是公众参与所追求的"有限的政府权力与有效的公众责任"。

（二）土地开发整理项目公众参与的内容

土地开发整理项目决策和实施中公众参与的内容是丰富多样的,主要包括接受相关知识的宣传教育、参与决策、积极参与项目实施、能力建设、利益分享等方面。

1. 接受宣传教育,传播相关知识和技术

让公众接受有关土地开发整理方面的科学知识、法律制度、政策方针的各种形式、各种渠道的宣传教育。充分行使公众的知情权,为其他内容的参与奠定知识基础。同时,将自己接受的相关法律法规、土地开发整理的相关技术以及土地开发整理对区域社会经济发展和生态环境保护与建设的影响和作用进行广泛的传播、扩散。

2. 参与各种层次的土地开发整理项目综合决策

将公众对所在区域的可持续发展的关心落实到具体的土地开发整理项目的决策上,包括项目实施的范围、项目实施的内容以及土地权属调整等各方面的决策,通过正规渠道提出自己的合理化建议。此外,参与土地开发整理项目的效益评价是公众参与决策的重要内容。

3. 参与项目实施过程

参与项目实施过程,即在项目实施过程中发挥积极作用,主要包括以下方面:一是在土地开发整理过程中积极进行投工投劳的投入式参与;二是监督地方政府及其职能部门、工程承担单位、所在社区家庭和个人等行为主体在土地开发整理项目实施过程中的行为,促使项目实施的经济效益、社会效益和生态效益目标顺利实现。

4. 能力建设

参与土地开发整理活动中人力资源建设是不可缺少的内容。公众不仅要在土地开发整理项目决策和实施中作出贡献、提供技能,而且应充分考虑人力资源建设,使人们积极地参与项目,并不断提高参与的意识和参与的能力,进而提高项目的成功率。因此,农村参与式发展、参与式项目决策的重要目标之一就是让农村广大群众通过参与发展活动和项目,不断学习、不断接受培训,从而提高他们自身的能力,加强其自身的能力建设。只有这样,他们才能更清晰、更正确地分析和判断自己的情况,更好地组织自己,从而对社区的发展起到创新性的作用。

5. 利益分享

参与不只是指地方群众在项目决策活动中的建议和项目实施过程中参与投入,还应该包括他们从参与的项目决策活动和项目中分享利益。这里指出的利益既包括直接利益也包括间接利益。在中德合作造林项目中,特别要求农民要与项目机构签订合同,以这种形式体现并从法律上保证农民参与项目的利益分享权。

（三）土地开发整理项目公众参与的途径

公众参与的内容确定之后，就要决定采取什么样的参与途径和方法。当地政府部门必须尽可能全面考虑：从与个人或社区的交流到与公众共同参与信息的收集和分析，共同分享信息。土地开发整理项目的公众参与可以采用多种途径的结合。其中，与个人、社区或有代表性的非政府组织等的咨询式交流是土地开发整理项目公众参与的主要途径。

1. 与个人交流

与个人交流是在项目区群众个人基础上的公众参与，通过个人而不是群体、组织获得信息。通过非正式访谈，与当地农户进行交流，可获得有关信息，如耕作制度、耕作方式、作物产量等。

2. 与社区和组织领导交流

项目区社区和组织领导代表着社区和组织，具有某些法定的权利，对当地群众关心的发展问题非常敏感，而且对项目的背景较为熟悉，与他们交流，可以获得大量富有成效的信息。与社区领导交谈，既可以减少政府部门与广大群众交流的频率和时间，又可以促进与他们在项目决策和实施中的合作。有时，所选择的社区领导只代表该地区某些人的利益。社区领导是否具有代表性可以通过观察领导与社区交流和对当地农户的访谈情况进行评估。

3. 会议交流

会议交流就是以会议的形式讨论土地开发整理项目的可行性以及组织对项目的意见和建议。组织会议讨论相关问题并获得关于当地需求的反馈信息是一种应用广泛的公众参与方法。这种途径可以用于各种不同的场合，如用在项目形成的初期、中期或末期。它需要定期或不定期召集、协助或主持会议，与广大群众或特殊群体进行交流，同时，可以采用"名义小组"技术(nominal group technique)进行。在协商和讨论过程中，尤其需要对问题进行排序时，还要请一些专家参与。

（四）公众参与制定土地权属调整方案的规定

《土地开发整理若干意见》对公众参与项目区土地权属调整方案的制定作了明确规定："尊重土地权利人意愿，编制和落实土地权属调整方案。土地开发整理前，土地权属调整必须经村民会议三分之二以上成员或者三分之二以上村民代表的同意，签订协议。项目建设完成后，应按照调整方案和协议，及时做好土地变更调查和登记工作。"

第四节　土地整理项目的规划方案与建设内容

项目规划方案是项目可行性研究的主要内容，项目规划的核心内容是规划方案的拟定，它是根据有关要求，科学、合理地进行田、水、路、林、村的规划布置，在几种方案中进行比较和选优，最后确定规划方案的过程。

可行性研究阶段应基本确定项目区工程整体规划和总体布置方案，引水枢纽及泵站等其他水源工程主要建筑物的规模和主要参数，干支渠及交叉建筑物的位置、设计规模以及项目区内部调蓄、排洪、排水、防止盐碱化、交通等工程的主要参数。同时，可行性研究应提出典型区田间灌排渠系布置规划，并估算土地平整及其他田间工程的工程量。

一、规划的原则与依据

（一）规划原则

1. 合理利用原则

要根据项目区土地利用现状分析、适宜性评价和限制因素分析等，合理确定项目区土地利用结构布局和工程布局，实现对项目区土地的合理利用。这是因为不同的土地用途种类对土地的性状有不同的要求。

2. 可持续利用土地

土地及其环境有一个演变的过程，人为的扰动会改变或加速这种演变。土地及其环境的演变又反过来改变土地的性状乃至土地的生产能力，进而影响土地的利用。因此，在改变土地的利用方式时，必须充分预测这种改变所带来的后果，应尽量使之朝着有利于长期利用的方向发展，避免不利的发展趋势。只有这样，才能保持土地的可持续利用。

3. 可行性原则

规划目标确定以后，就要制订具体规划方案，考虑采取什么工程措施和生物措施达到这些目标。规划方案可行一般包括以下几方面的含义：① 项目规划要因地制宜，充分考虑当地自然条件、资源条件和社会经济条件；② 规划要坚持"完整性"原则，要具有前瞻性，避免"只见树木、不见森林"的现象，减少规划的失误，如南方丘陵区某土地开发整理项目，在规划排水系统时只考虑了项目区内的排水，未考虑容泄区的合理性，结果从项目区内排出的水冲毁了项目区外的耕地，产生了一些预想不到的矛盾；③ 所采用的工程技术具有可操作性，可以实现预期目标；④ 规划方案在经济上是合理的，即成本在可以承受的范围内，产出投入比较高；⑤ 规划要坚持"缺什么、补什么"的原则，充分利用现有的农田基础设施工程；⑥ 权属调整方案可操作性强，不会引起权属纠纷。

（二）规划的依据

(1)《中共中央国务院关于进一步加强农村工作提高农村综合生产能力若干政策的意见》(2005年中央一号)；

(2) 土地利用总体规划(土地开发整理规划)；

(3) 土地利用年度计划；

(4) 有关土地开发整理的政策、法规；

(5) 有关规划理论和方法；

(6)《土地开发整理标准》；

(7) 相关部门的技术标准；

(8) 其他有关技术规范。

二、项目规划方案的比选

项目最终方案只有一个,为使规划方案的科学性和可操作性更强,必须在可供选择的方案中,组织有关专家对各规划方案进行评价论证,比较选优,最后确定项目的规划方案。方案比选可以是总体布置方案的比选,也可以是单项工程设计方案的比选,这要根据项目的实际情况具体分析确定。

（一）规划方案比选的原则

1. 技术可行性分析

技术可行性分析包括项目规划的技术可行性分析和实施项目规划拟采用的技术可行性分析。

（1）规划的技术可行性分析。对规划所采用的各项技术参数和指标是否准确可靠,规划是否符合土地利用总体规划,土地开发整理规划要求以及规划方案能否完成规划目标、任务和要求等方面进行分析。

（2）实施项目规划拟采用技术的可行性分析。对土地开发整理中投入的人力、物力和技术保障体系(如道路修筑、表土处理、排灌工程以及建筑物修筑、生物措施等)以及规划项目目标实现的保障程度等方面进行分析。

2. 效益评价

要从社会效益、生态效益、经济效益三个方面进行分析,作出预测和评价。关于效益评价指标和方案本书已有论述,此处不再赘述。

（二）规划方案比选的内容

规划方案的比选主要有以下几点内容：

（1）土地利用布局方案的比选；

（2）土地平整方案的比选；

（3）取水方案的比选；

（4）灌水方案的比选；

（5）排水方案的比选；

（6）田间道路布局的比选；

（7）土壤改良方案的比选；

（8）其他工程方案的比选。

三、土地整理项目的布局

（一）土地整理项目的总体布局

项目的总体布局应在综合分析项目区各种自然、资源条件和社会经济条件的基础上,按照土地开发整理的要求和各种自然灾害治理的原则,对田、水、路、林、村统一规划,合理利用水土资源。对土地平整工程、水源工程、灌溉工程、排水工程、各种建筑物、承泄区、道路、林带、居民点、输电线路、通信线路、农田防护工程、水土保持工程、管理设施等进行合理布局，绘制项目区的总体规划布置图。项目的总体布局一般要解决以下六个方面的问题。

(1) 根据项目区地形、地貌特点，农业生产条件，社会经济发展需要和生态环境要求等，对项目区内耕地、园地、林地、牧草地及田间道路、农田水利用地、养殖水面等各类用地进行统一规划，确定用地比例、面积和具体位置，选定土地利用结构的最佳方案，确定各种地类的布局及分布范围。

(2) 在征求当地农业部门意见的基础上，根据当地气候、土壤、种植习惯、水土资源、劳动力等条件，按照市场经济发展需要和国家宏观调控要求，采用按作物种类及重要性，依次安排，逐步调整的方法，分区确定各种作物的种植面积和复种指数，选定作物种植结构的最佳方案。

(3) 根据项目区及其外围的水文条件和水资源情况，以及已有的水利设施，确定水利设施建设的数量、等级和位置。

(4) 根据项目区外围已有的交通设施状况和区内地形、水利干沟渠布局情况，确定区内交通道路的类型和位置。

(5) 根据当地的气候条件、主导风向和风的强度，确定生态防护林的布局、规模、结构、树种和数量。

(6) 根据当地土地利用总体规划的要求，确定村镇用地及工矿用地的数量、规模、位置和发展方向。

(二) 土地整理项目的分项布局

土地整理项目的分项布局包括耕作田块布局、农田水利工程布局、田间道路工程布局和其他工程布局。

1. 耕作田块布局

耕作田块是末级固定田间工程设施所围成的地块，是田间作业、轮作、工程建设和管理的基本单元。田块的规模、长度、宽度、方向、形状等基本要素规划合理与否，直接影响到灌排渠系、防护林带、田间道路等作用的发挥以及生产效率和管理的便利性。

田块布局应有利于作物的生长发育，有利于田间机械作业，有利于水土保持，满足灌溉排水要求和防风要求，便于经营管理。

2. 农田水利工程布局

农田水利工程是指在对洪、涝、旱、渍、盐、碱等进行综合治理和水资源合理利用的原则下，对水土资源、灌排渠系及其建(构)筑物等进行的改造。主要包括排灌工程、微喷灌工程、竖井(机电井)工程、排灌电气工程等。

3. 田间道路工程布局

在乡镇范围内的农村道路一般可分为干道、支道、田间道和生产路四级，即三道(通行机动车辆)一路(人行大路或通行非机动车)。田间道路工程主要是指直接为农业生产服务的田间道路和生产路。

项目区的农村机耕道路(包括支道、田间道路等)一般沿斗、农级灌排沟渠布置。沟渠路林的配合形式应有利于排灌，有利于机耕、运输，有利于田间管理和不影响田间作物光照条件。

4. 其他工程布局

其他工程包括农田防护工程、水土保持工程和固沙工程。农田防护工程包括种树和种草；水土保持工程包括修建截流沟、谷坊、水窖、沉沙池、集水池、护坡等；固沙工程包括固沙和沙障等。

农田防护林布置具体应考虑以下几点。

（1）防护林应与林业生产相结合，形成一个完整的防护林体系。

（2）主林带应与主害风方向垂直或偏角不大于 30°，副林带与主林带要垂直。林带尽量沿着田块的边界进行布置，做到与渠、路、埂相结合。在地势起伏不平的情况下，林带要沿着等高线的方向布置。主林带间距为树高的 15～20 倍；副林带间距要根据地形和田块布置情况确定，以能适应机械化耕作为原则。

（3）林带的宽度应本着因害设防的原则来确定。一般通过田间的林带应窄些，在农田和沙地、河流、村庄、渠道相接的地方应宽一些。

四、土地整理项目工程进度的安排

项目工程进度计划是指结合当地的气候、农时以及资金的到位情况，对施工进度按月进行的施工安排。建设进度安排要合理。报告中须附项目工程进度计划表，一般以横道图的方式表示，例如表 3-9。

表 3-9 项目工程进度计划

	×××1 年		×××2 年											×××3 年
	…	12	1	2	3	4	5	6	7	8	9	10	11	12	…
土地平整	━━	━━													
农田水利	━━	━━	━━	━━	━━	━━	━━	━━	━━	━━	━━				
道路工程				━━	━━	━━	━━	━━	━━	━━	━━				
防护林网					━━	━━									

重点和示范项目规划建设期不超过 3 a，补助项目规划建设期一般为 1 a。

第五节 土地整理项目投资概算

一、项目投资估算的基本概念

投资估算是指在对项目建设规模、技术方案、工程方案、设备材料方案及项目实施进度等进行研究并基本确定的基础上，估算项目投入的总资金并测算建设期内分年资金需要量。估算总投资是相对客观地反映实现项目任务所预计需求的资金额度。

投资估算是项目建设全过程的重要环节之一,也可以说是项目实施全过程工程造价管理的龙头,投资估算准确与否,对项目规划方案优化、减少和避免投资决策失误具有重要意义。投资估算是对项目进行经济评价,以及编制初步设计概算的依据。

(一) 项目投资估算编制的依据

投资估算应做到方法科学、依据充分。土地开发整理项目投资估算编制的依据主要是国家及有关部门的政策性文件、项目规划方案、预算标准和其他相关资料等。主要包括:

(1)《土地开发整理项目资金管理暂行办法》(国土资发〔2000〕282号);
(2)《国家投资土地开发整理项目管理暂行办法》(国土资发〔2000〕316号);
(3)《土地开发整理标准》(TD/T 1011-1 013-2000);
(4)《土地开发整理项目预算编制暂行办法》(财〔2001〕41号);
(5)《关于组织申报国家投资土地开发整理项目有关事项的通知》(国土资厅发〔2000〕64号);
(6)《关于进一步规范国家投资土地开发整理项目申报工作有关问题的通知》(国土资厅发〔2002〕68号);
(7)《关于2003年国家投资土地开发整理项目申报工作有关问题的通知》(国土资厅发〔2003〕96号);
(8) 土地开发整理项目预算定额标准;
(9) 国家或省最新颁布的水利水电工程概(预)算定额、电力工程概(预)算定额、水土保持生态工程概算定额、建筑安装工程概(预)算定额等标准及有关文件;
(10) 水利水电工程、水土保持生态工程设计概(估)算编制办法及费用标准;
(11) 拟建项目各单项工程的建设内容及工程量;
(12) 其他相关资料。

(二) 项目投资估算编制的基本要求

项目投资估算具有较强的综合性和时效性,且必须达到一定精度。因此,项目投资估算应满足以下基本要求:

(1) 投资估算的编报应符合国家相关规定的要求;
(2) 投资估算要坚持实事求是的原则;
(3) 工程量的估算应尽量准确和符合实际需要;
(4) 投资估算依据标准的选择及确定要合理;
(5) 工程内容和费用构成齐全,计算合理,不重复计算,不提高或者降低估算标准,不漏项,不少算;
(6) 选用指标与具体工程之间存在标准或条件差异时,应进行必要的换算或调整;
(7) 投资估算精度应能满足控制初步设计概算的要求,前面已提到,初步设计概算与投资估算的误差应控制在±10%以内。

《关于2003年国家投资土地开发整理项目申报工作有关问题的通知》(国土资厅发〔2003〕96号)对投资估算提出了明确要求:"项目投资估算,应按照有关要求,结合当地实际建设标准,同时参照亩均标准进行编制,说明工程建设标准,并提供估算指标编制的依据。"

二、项目投资估算的内容

（一）投资估算部分主要组成内容

（1）项目投资估算说明。包括估算依据、原则、主要建设工程内容和主要设备购置数量、拆迁补偿原因和规模、已有工程内容需完善情况及配套基础设施建设情况等。

（2）项目资金来源或筹措情况。包括申请中央资金和其他投入、基础设施配套资金落实情况。

（3）项目投资估算过程及计算书、汇总表。

（4）项目投资经济效益评价初步分析。

（5）其他需要补充说明的问题。

（二）投资估算费用的基本构成

土地开发整理项目资金的开支范围为组织、实施、管理土地开发整理项目发生的各项支出，项目费用由工程施工费、设备费、其他费用和不可预见费组成。

1. 工程施工费

工程施工费，指实施土地平整、农田水利和田间道路等各项土地开发整理工程发生的支出，由直接费、间接费、利润和税金组成。

（1）直接费。

直接费，指工程施工过程中直接消耗在工程项目上的活劳动和物化劳动，由直接工程费、措施费组成。

① 直接工程费，包括人工费、材料费、施工机械使用费。

a. 人工费，指直接从事工程施工的生产工人开支的各项费用。包括基本工资、辅助工资和工资附加费。

b. 材料费，指用于工程项目上的消耗性材料费、装置性材料费和周转性材料摊销费。

c. 施工机械使用费，指消耗在工程项目上的机械磨损、维修和动力燃料费用等。包括折旧费、修理及替换设备费、安装拆卸费、机上人工费和动力燃料费等。

② 措施费，指为完成工程项目施工，发生于该工程施工前和施工过程中非工程实体项目的费用。主要包括临时设施费、冬雨季施工增加费、夜间施工增加费、施工辅助费和特殊地区施工增加费。

（2）间接费。

间接费由规费、企业管理费组成。

① 规费，指政府和有关权力部门规定必须缴纳的费用，包括工程排污费、工程定额测定费。

② 企业管理费，指施工企业组织施工生产和经营活动所需费用。

（3）利润。

利润，指施工企业完成所承包工程获得的盈利。

（4）税金。

税金，指国家税法规定的应计入工程造价内的营业税、城市维护建设税和教育费附加等。

2. 设备费

设备费,即设备购置费,包括设备原价、运杂费、运输保险费和采购及保管费。

(1) 设备原价。

① 国产设备,其原价指出厂价。

② 拆装设备分别运至工地后的组装费用,应包括在设备原价内。

(2) 运杂费。

运杂费,指设备由厂家运至工地安装现场所发生的一切运杂费用,包括运输费、调车费、装卸费、包装绑扎费及可能发生的其他杂费。

(3) 运输保险费。

运输保险费,指设备在运输过程中的保险费用。

(4) 采购及保管费。

采购及保管费,指项目实施单位和施工企业在负责设备采购、保管过程中发生的各项费用。

3. 其他费用

其他费用由前期工作费、工程监理费、竣工验收费、业主管理费和拆迁补偿费组成。

(1) 前期工作费。

前期工作费,指土地开发整理项目在工程施工前所发生的各项支出,包括土地清查费、项目可行性研究费、项目勘测费、项目设计与预算编制费、项目招标费和重大工程编制费。

前期工作费按不超过工程施工费的6%计算,计算公式为:

$$前期工作费 = 工程施工费 \times 费率 \qquad (3-4)$$

① 土地清查费,指土地开发整理对土地的权属调查、土地评估所发生的费用,按不超过工程施工费的0.5%计算。

② 项目可行性研究费,指项目承担单位委托有资质的单位对土地开发整理项目进行可行性研究时,按工程施工费的0.3%~0.5%计算。

③ 项目勘测费,指土地开发整理地籍测绘、项目勘察所发生的费用,按不超过工程施工费的1.5%计算(项目地貌类型为丘陵、山区的可乘以1.1的系数)。

④ 项目设计及预算编制费,指项目承担单位委托具有资质的单位对土地开发整理项目进行规划设计及预算编制时应支付的费用,按工程施工费的1.6%~2.4%计算(项目地貌类型为丘陵、山区的可乘以1.1的系数)。

⑤ 项目招标费,指土地开发整理项目在市场经济条件下进行工程建设项目的发包与承包所发生的费用,以工程施工费的0.3%~0.5%计算。

⑥ 重大工程规划编制费,按不超过工程施工费的0.6%计算(仅限国家确定的重大工程计取)。

(2) 工程监理费。

工程监理费,指项目承担单位委托具有工程监理资质的单位,按国家有关规定进行全程的监督与管理所发生的费用,按工程施工费的1.5%计取。

(3) 竣工验收费。

竣工验收费,指土地开发整理项目工程完工后,因项目竣工验收、决算、成果的管理等发生的各项支出,取费基数为工程施工费,费率为3％,包括项目工程验收费、项目决算编制与审计费、整理后土地的重估与登记费、基本农田补划与标记设定费等费用。

(4) 业主管理费。

业主管理费,指项目承担单位为项目的组织、管理所发生的各项管理性支出,主要包括项目管理人员的工资、补助工资、其他工资、职工福利费、公务费、业务招待费。

业主管理费按不超过工程施工费、其他费用合计的2％计算,计算公式为:

$$业主管理费＝(工程施工费＋其他费用)×费率 \quad (3-5)$$

(5) 拆迁补偿费。

拆迁补偿费,指土地开发整理项目实施过程需拆迁的零星房屋、林木及青苗等所发生的适当补偿费用。

4. 不可预见费

不可预见费,指在施工过程中因自然灾害、设计变更及不可预见因素的变化而增加的费用。不可预见费按不超过工程施工费、设备购置费和其他费用之和的2％计算。计算公式为:

$$不可预见费＝(工程施工费＋设备购置费＋其他费用)×费率 \quad (3-6)$$

三、土地整理项目投资估算的方法

(一) 估算的基本方法

工程施工费投资估算一般采用以下方法。

单位工程投资估算法,以单位工程量的投资金额乘以工程总量计算。

单位实物工程量投资估算法,以单位实物工程量的投资乘以实物工程总量计算。

(二) 设备购置费估算方法

设备购置费估算应根据项目主要设备表及价格、费用资料编制。对于价值较高的设备应按单台(套)估算购置费;价值较小的设备可按类估算。国内设备和进口设备的设备购置费应分别估算。土地开发整理工程建设一般不需要进口设备。

国内设备购置费为设备出厂价加运杂费。设备运杂费主要包括运输费、装卸费、仓库保管费等,运杂费可按设备出厂价的一定百分比计算。

(三) 安装工程费估算方法

安装工程费通常按行业或专门机构发布的安装工程定额、取费标准和指标估算投资。

(四) 工程建设其他费用估算方法

工程建设其他费用按各项费用科目的费率或者取费标准估算。

(五) 不可预见费估算方法

不可预见费也称基本预备费,是指在项目实施中可能发生难以预料的支出,需要事先预留的费用,主要指设计变更及施工过程中可能增加工程量的费用。不可预见费以工程施工费、设备购置费、其他费用之和为基数,乘以费率计算。

第六节 土地整理项目可行性研究申报材料的编制

一、可行性研究报告的编制

（一）项目概况

1. 项目提出的缘由,建设的必要性和意义
2. 项目简介
(1) 项目类型。明确是重点项目、示范项目还是补助项目,并说明原因。
(2) 项目性质。说明是土地开发、复垦还是整理。如果是综合项目,应明确各类性质的具体面积。
(3) 项目位置和范围。项目区的四至关系,用文字描述和经纬度坐标表达。
(4) 项目规模。建设规模和投资规模。
(5) 项目工期。
(6) 项目任务与目标。主要是项目的预计新增耕地率和所能达到的对农业生产条件改善的程度以及对生态环境的保护与改善程度。

（二）报告编制的依据

1. 项目区地籍及踏勘基础资料
2. 土地利用总体规划(土地开发整理规划)
3. 土地利用年度计划
4. 农业、林业、水利、环保等部门规划
5. 土地开发整理相关的法律、法规和规章

相关的法律、法规和规章包括《中华人民共和国土地管理法》、《中华人民共和国土地管理法实施条例》、《中华人民共和国农业法》、《中华人民共和国水法》、《中华人民共和国环境保护法》、《中华人民共和国水土保持法》、《中华人民共和国农村土地承包法》、《基本农田保护条例》、《土地复垦规定》、《土地开发整理若干意见》等,以及地方制定的相关法规和规章。

(1) 土地开发整理相关政策文件。包括《国家投资土地开发整理项目管理暂行办法》、《土地开发整理项目资金管理暂行办法》、《关于做好土地开发整理权属管理工作的意见》(国土资发〔2003〕287号)等。

(2) 土地开发整理技术标准、规范、定额。包括《土地开发整理标准》、《土地开发整理项目预算定额标准》,农业、水利等相关行业技术标准、规范,及地方制定的相关技术标准、规范。

(3) 编制可行性研究报告的委托合同。

(4) 其他相关资料。

(三) 项目区概况

1. 自然条件

(1) 地形地貌。应明确项目所在地自然地貌类型和项目区微地貌类型。地貌类型一般分为三种：平原、丘陵和滩涂。

(2) 土壤。应说明土层厚度、土壤类别、土壤质地和土壤基本属性。

(3) 水文地质与工程地质。

2. 资源条件

(1) 农业气候资源(光照、温度、降水)。

(2) 水资源。应说明可供项目区利用水资源，并按照有关要求进行详细的水资源平衡分析。

(3) 生物资源。

3. 社会经济状况

(1) 人口情况。

(2) 经济发展水平。

(3) 科技发展水平。

4. 土地利用现状

(1) 土地利用结构。

(2) 土地开发利用程度。

(3) 土地利用经济效果。

5. 基础设施条件

(1) 交通基础条件。

(2) 排灌系统骨干设施状况。

(3) 电力基础设施状况。

(4) 其他基础设施状况。

6. 农业生产状况及农田基础设施现状

(1) 农业生产状况。

(2) 农田基础设施现状。

(四) 项目分析

1. 项目合法性分析

(1) 法律、法规对项目的要求。

(2) 土地利用总体规划和土地开发整理规划对项目的要求。

2. 新增耕地潜力分析

(1) 新增耕地来源说明。

(2) 新增耕地面积计算。

3. 水土资源平衡分析

(1) 灌溉水源的分析计算。

(2) 需水量预测。

(3) 可供水量预测。

(4) 水资源供需平衡分析。

4. 土地利用限制因素分析

(1) 土地利用主要限制因素(主要是自然与社会条件的限制因素)。

(2) 主要对策。

5. 土地适宜性评价

6. 公众参与分析

(1) 可行性研究阶段公众参与情况。

(2) 公众对项目的主要意见。

(3) 项目申报后公众参与方案。

(五) 项目规划方案及建设内容

1. 规划依据

2. 规划原则

3. 项目规划方案比选

4. 项目总平面布置说明

(1) 土地利用布局。

(2) 农田水利布局。

(3) 田间道路布局。

(4) 其他工程布局。

5. 项目主要工程内容

(1) 土地平整工程。

(2) 农田水利工程。

(3) 田间道路工程。

(4) 其他工程。

(5) 工程量估算。

6. 项目工程进度计划

(六) 投资估算

1. 投资估算的依据

2. 投资估算编制说明

3. 投资费用的构成

4. 年度计划

(七) 项目区土地权属调整工作方案

1. 土地权属及其利用现状报告

2. 土地权属调整范围

3. 土地权属调整程序

(八) 项目组织实施管理

1. 组织机构与人力资源配置
(1) 项目法人。
(2) 组织机构设置方案。
(3) 组织机构适应性分析。
(4) 人力资源配置。
2. 项目实施进度
(1) 建设工期。
(2) 实施进度计划。
3. 项目实施过程控制措施
(1) 项目进度控制措施。
(2) 项目质量控制措施。
(3) 项目资金控制措施。
4. 项目建设后运行管护方案
(1) 管理责任主体。
(2) 管护措施。
(3) 经费筹措。

(九) 效益评价

1. 社会效益评价
2. 生态环境效益评价
3. 经济效益评价

(十) 风险分析

1. 项目主要风险因素
2. 风险程度分析
3. 防范和降低风险措施

(十一) 可行性研究结论与建议

1. 结论
2. 建议

(十二) 附图、附表、附件

1. 附图
2. 附表
3. 附件

二、可行性研究报告摘要书的编制

编制项目可行性研究报告摘要书的目的是将可行性研究报告的关键内容进行高度提炼,形成报告的缩本,能够发挥提纲挈领的作用,使阅读人对项目基本情况很快就有一个大致的了解。《关于组织申报国家投资土地开发整理项目有关事项的通知》(国土资厅发〔2001〕64号)规定了土地开发整理项目可行性研究报告摘要书编写参考提纲。《土地开发整理项目预算定额标准》对可行性研究报告摘要书的基本内容也作了规定。可行性摘要书的具体格式参见本章的附表1。

(一) 摘要书的内容

项目位置和范围、地貌类型、项目建设规模、土地利用现状、新增耕地面积、建设任务等关键内容,必须与可行性研究报告保持一致。

(二) 有关栏目填写说明

(1) 项目性质。填写项目性质时,除了要明确项目为何种性质,还要明确每种性质的具体面积。例如某项目为整理复垦项目,其中整理 100 hm^2,复垦 200 hm^2,则在项目性质一栏填写:整理,100 hm^2;复垦,200 hm^2。

(2) 项目区土地利用现状。指项目建设范围内的土地利用现状,各地类面积之和应等于项目建设规模。地类面积的统计方式和数据要与可行性研究报告土地利用分类面积统计表一致。

(3) 项目区的经纬度坐标范围。填写格式为:

东经×××°××′××″~×××°××′××″;北纬××°××′××″~××°××′××″

(4) 项目所涉及行政乡(镇)、村。填写格式为:项目涉及××个乡(镇)共××个村,包括甲乡(镇)1村、2村……乙乡1村、2村……

(5) 地貌类型。应分别填写项目所在县自然地貌类型和项目区微地貌类型。地貌类型分为三种:平原(平坝)、丘陵(山地)和滩涂。

三、图件的编制

(一) 土地开发整理项目现状图基本要求

(1) 现状图应以不小于 1∶10 000比例尺的地形图为底图绘制,能够清晰表达项目区地形变化情况。

(2) 现状图上应标注以下内容:

① 项目建设区边界、基本农田保护区界线、地类界及符号、土地权属界限、所涉及行政乡镇和村庄的名称;

② 项目建设区边界上的主要控制点应有明确的经纬度坐标;

③ 项目建设区土地利用分类面积统计表;

④ 项目建设区水源、现有的主干道路、主干排灌渠系、堤坝、电力等基础设施及其他主要地物；

⑤ 项目建设区与周边的相对关系，如项目建设区内的排灌沟渠、道路等与外界的联系；

⑥ 土地利用变更日期，现状图应能反映项目建设区最新的土地利用现状，并和变更后的土地统计台账对应。

(3) 土地开发整理项目现状图的制作要符合一般的制图要求，有图例、制图单位和制图日期等要素，图例应符合《土地利用现状调查技术规程》及 GB/T7929，GB/T5791。

(4) 项目建设区地类面积统计表应按新土地分类(试行)进行统计，要求统计到三级类。土地利用结构统计数据应做到文、图、表相符。

(5) 应使用统一坐标系，不能使用自由坐标系。如果使用直角坐标系(如1954北京坐标系)，则必须注明项目区所在地区的带号。

(二) 土地开发整理项目规划图的基本要求

(1) 规划图应以现状图为基础进行编制，因此项目建设区边界必须完全一致，土地权属界限、所涉及行政乡镇和村庄名称保留。

(2) 等高线应做淡化处理。

(3) 沟、路、林、渠、建(构)筑物、机井、输变电线路、田块布置等各项工程总体布局要明确，单项工程要有编号，工程内容要文、图相符。

(4) 灌排沟渠(管)布局应合理，不同级别渠系之间应能合理连接，所有沟渠都要标注水流方向。

(5) 项目建设区外附近的主要道路、沟渠、排水容泄区应在图上明确显示，并与区内相应道路、沟渠相连。

(6) 田间道、生产路的布局应合理，不同级别道路之间应能合理连通。

(7) 主要渠系建筑物(如桥、涵、闸、渡槽、泵站等)、机井、小型蓄水工程布局及供水线路布置要合理。

(8) 规划田块大小、方向的布置要结合项目建设区地形条件，并符合土地利用要求。要清晰标注田块设计高程。

(9) 各级排灌沟渠和道路的相互关系与配置要合理。

(10) 防护林的布置应考虑与主害风方向的关系，布局要合理。

(11) 应附规划前、后项目建设区土地利用结构调整表。有关统计表的要求同对现状图附表的要求。

(12) 图例应符合规范。

本章小结

土地整理项目的可行性研究是土地整理项目规划设计与施工设计前的需详细论述的内容之一，它关系到具体土地整理项目是否可以立项，进入项目备选库的重要环节。本章主要介绍土地整理项目前期可行性研究的相关内容,第一节介绍了土地整理项目可行性研究的基本概念与编制程序;第二节详细论述了土地整理项目区的选择的原则、具体要求与具体方法;在第三节中,主要介绍了土地整理项目可行性研究的主要内容,包括自然条件分析、水资源供需分析、土地利用现状分析、新增耕地潜力分析、土地适宜性评价、土地利用限制性分析和公众参与分析;第四节阐述了土地整理项目可行性研究的规划方案及比选与确定方法,并介绍了土地整理项目的布局与施工进度安排;第五节详细论述了土地整理项目估算的基本组成与各类费用的构成;第六节简要介绍了土地整理项目可行性研究报告和摘要书的编制内容。

关键词

可行性　项目区范围划定　自然条件分析　资源供需分析　土地利用现状分析　新增耕地潜力分析　土地适宜性评价　土地利用限制性分析　公众参与分析　规划方案　建设内容　投资估算　可行性研究报告　可行性研究报告摘要

复习思考题

1. 简述土地整理项目区的选择原则。
2. 简述土地适宜性评价的概念与原则。
3. 如何选择与确定土地整理项目的具体范围?需要注意哪些事项?
4. 土地整理项目投资估算中的工程施工费与其他费用由哪几个部分组成?
5. 论述如何在土地整理项目可行性研究中引入公共参与机制。

附表1　可行性研究报告摘要书　　　　　　　　　　　单位:hm²,万元

一、基本情况

项目名称	××省(区、市)××县(市)××乡(镇)土地整理(开发、复垦)项目	
项目申报单位基本情况(公章)	(单位名称、地址及邮编、联系电话、联系人等)	
可行性研究报告编制单位基本情况(公章)	(单位名称、地址及邮编、联系电话、法人代表姓名、资质等级)	
合作单位的项目负责人基本情况	(同上),如没有合作单位,该栏可以不填	
编制单位的项目负责人基本情况	(姓名、职务、职称、专业、联系电话、与项目有关的主要业绩)	
项目所在地(市)、县(市)		
项目区地理位置和范围	项目区经纬度坐标范围	
	项目所涉及行政乡(镇)、村	

续表

一、基本情况			
项目申报类型		（重点、示范、资助）	
项目性质		（开发、复垦、整理）	
土地权属情况		（所有权、使用权）	
地貌类型	项目所在县的自然地貌		
	项目区微地貌		
项目建设规模			
项目区土地利用现状		（描述建设规模内各地类面积构成所占比例）	
土地权属情况		（所有权、使用权）	
项目所涉及行政乡(镇)、村			
新增耕地面积/亩		新增耕地率/%	
项目建设期/年			
项目投资估算		亩均投资/元/亩	
建设任务	（主要工程内容与数量）		
项目预期目标	（预期总目标和阶段性目标）		
项目预期收益	（社会效益、生态环境效益、经济效益指标）		
项目总投入	（人、财、物等方面）		

二、必要性与可行性	
项目背景	（项目受益范围、是否符合相关政策、是否属于优先支持的领域与范围）
项目实施的必要性	（项目实施对促进事业发展和完成行政工作任务的意义与作用）
项目实施的可能性	（工作思路、预算的合理性可靠性；预期的效益分析；同类别的项目对比分析）
项目风险与不确定性	（项目实施中的主要风险与不确定性；风险防范的措施）

三、项目实施条件	
人员条件	（项目实施单位负责人组织能力；项目主要参加人员姓名、职务、专业、对项目的熟悉情况）
资金条件	（资金投入总计及投入计划；对财政预算资金的需求；其他资金来源的说明）
基础条件	（实施单位与合作单位已具备基础条件,重点说明所具备的设施条件）
其他相关条件	

四、项目实施进度安排

五、可行性研究主要内容

附表2 土地利用结构统计表 单位：hm²

项目分镇(村)		土地利用分类									合计
		耕地		园地	水域及水利设施用地			住宅用地	交通运输用地	特殊用地	
		水田	旱地		沟渠	坑塘	田坎	水库水面	农村宅基地	农村道路	殡葬用地	
××镇	××村											
	××村											
	××村											
××镇	××村											
	××村											
	××村											
……	××村											
	……											
合计												

注：1. 根据项目区实际的土地利用现状编排此表，适当增减地类项。
　　2. 此表下还应注明项目区总面积、项目区建设规模、不动工面积。

附表3 土地整理项目前后土地利用结构面积对照表（公顷） 单位：hm²

地类			整理前		整理后		拟增减	
			小计	比例	小计	比例	小计	比例
土地利用	耕地	水田						
		旱地						
	水域及水利设施用地	湖泊水面						
		坑塘水面						
		沟渠						
		内陆滩涂						
	特殊用地	殡葬坟地						
合计								

注：根据项目区实际的土地利用现状编排此表，适当增减地类项。

附表4 项目效益测算表

效益指标		单位	指标值
社会效益	新增耕地面积	hm²	
	新增耕地可供养人数	人	

续表

效益指标		单位	指标值
社会效益	土地利用率提高百分比	%	
	生产力效果(农业劳动生产率增量)	元/人	
	粮食产量水平(单产)	kg/hm²	
	农民收入水平(人均年纯收入增量)	元/人	
	就业效果(单位投资增加就业人数)	%	
	扶贫效果(贫困发生率减低百分比)	%	
生态环境效益	林草覆盖率提高百分比	%	
	绿色植被覆盖率提高百分比	%	
	防护林保护面积	hm²	
	防风固沙林保护面积	hm²	
	水土流失治理面积	hm²	
经济效益	每万元投资新增耕地数量	hm²/万元	
	单位面积投资	万元/hm²	
	新增耕地单位面积投资	万元/hm²	
	基础设施运营成本	万元/a	
	基础设施运营成本率	%	

第四章　土地整理项目规划

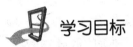 学习目标

通过对本章的学习,应该能够:
1. 了解土地整理项目规划设计的原则与主要内容;
2. 了解基于景观生态与景观安全格局的土地整理工程布局的基本方法;
3. 掌握不同地貌类型土地平整的规划方式;
4. 掌握田间灌排系统的各组成要素和田间灌溉系统的规划布局;
5. 掌握田间道路工程规划的主要内容与布局方式;
6. 了解土地整理工程其他田间工程规划的内容与规划布局方式;
7. 了解土地整理规划设计中权属调整与效益评价的主要内容。

　　土地整理作为一项巨大而复杂的系统工程,整理过程中涉及诸多内容。若缺乏系统科学的规划与设计,很可能会顾此失彼或因小失大,造成项目工程难以发挥效益,影响到土地整理的最终效果。因此,在实施土地整理项目之前必须做好工程的规划与设计工作。

　　土地整理项目规划可以理解为在该区域土地利用总体规划和土地开发整理规划的指导和控制下,通过对项目区土地利用现状、问题、适应性和土地整理潜力的调查、分析,合理安排项目区各类用地和工程布局,制定实施土地整理和土地分配的各项方案。土地整理工程设计是在工程规划的基础上,根据规划的工程类型与特点,有针对性地搜集资料,然后按照各工程的性质,根据工程标准进行设计,它是土地整理过程中技术性最强的一个环节。

第一节 项目规划的内容与程序

一、项目规划的原则

(一) 有利于提高土地利用率与产出率

"人多地少"是我国的基本国情,如何靠我们自己有限的土地养活占全球约 1/5 的人口？集约利用土地、努力提高土地利用率与产出率是重要的也是唯一有效途径。从这种意义上讲,我国土地整理的过程也就是提高土地利用率与产出率的过程。土地经营粗放是我国部分地区土地利用的主要问题,而土地利用率低的区域是土地整理的对象和重点。提高土地利用率就是要减少未利用的荒地、沙地、盐碱地、废弃地以及闲置低效用地等的数量,扩大可利用土地的规模。土地产出率是土地质量的根本体现,提高土地产出率是我国土地整理的实质。

(二) 与土地利用总体规划相衔接

土地利用总体规划是较长时间内,根据国民经济建设和发展的需要以及土地本身的适宜性,对一定区域内土地资源在各部门之间的分配与土地的开发、利用、整治、保护进行统筹安排的战略性规划。土地整理工程规划则不同,它是在对某一项目区土地整理潜力分析的基础上,统筹安排项目区内各用地面积,并制定土地整理的具体实施方法与措施的过程。从两者的关系看,土地整理工程规划应该以土地利用总体规划为指导,受到土地利用总体规划的约束和控制,完成土地总体规划下达的各项指标的分解任务。土地利用总体规划确定的土地用途必须通过土地整理工程规划调整土地利用结构。因此,要达到土地整理工程规划的合理性,就必须与土地利用总体规划保持一致。

(三) 社会、经济和生态效益相统一

土地整理工程规划设计要遵循自然规律和社会生态规律,建成以农田为中心的生态系统,综合利用农业资源并发挥其应有的效益。在短期内,土地整理的三大效益可能产生矛盾,但从长远来看,应保持一致。当前,土地整理的生态与社会效益还难以进行定量分析,在进行土地整理工程规划设计时,应该对规划方案的社会和生态效果作出一个定性的科学评判;与此同时应该努力探求三者之间的相互关系,通过选取合理的量化指标,把社会、经济和生态三大效益高度统一起来,创建土地整理效益的综合评判模型,寻求最有利于农地的利用方式和适度规模。在综合三大效益的同时,编制土地整理项目规划设计还应该结合地区实际情况,根据土地整理发展时期的不同,确定整理效益的侧重点,制定满足要求的规划设计方案。

(四) 因地制宜,切实可行

土地整理项目规划设计必须从实际出发,通过土地利用效率、土地利用的资源环境效

应、土地利用与土地资源各自然要素的匹配关系等方面的调查、评价及对比分析,结合各地不同的社会经济和发展需求,确定规划的主要目标、工程措施等。我国地域辽阔,土地整理工程规划设计应充分考虑项目区的土地利用现状和特点,确定土地整理工程规划的重点,因地制宜地制定各项规划实施措施,确保规划切实可行。如我国西南地区,山高坡陡,生态脆弱,坡耕地多,其土地整理工程规划设计的主要任务是通过制定各项规划方案与措施,改善农业生产条件和生态环境,提高耕地质量和生产的稳定性,而不是以增加耕地面积为主;而我国西北地区,土地利用程度较低,后备耕地资源也相对丰富,规划的重点是在保证生态环境得到改善的前提下,增加耕地面积。

(五) 与相关部门规划相协调

土地整理工程规划设计涉及土地、农业、交通、水利、林业等多个部门,各个部门又都有各自的规划要求。因此,在进行土地整理工程规划时,应认真了解各部门的相关规划,如环境保护规划、水土保持规划、道路交通规划、农业发展规划等。在进行土地整理工程规划设计时,要注重田块的规划用途是否符合土地利用总体规划的用地分区要求,是否与农业规划确定的农业结构调整方向相一致,项目区农田水利设施规划布置是否符合当地水利规划的标准。当项目规划与相应规划不能一致时,应充分听取有关部门的意见,并做好协调工作,否则土地整理工程规划的实施将会遇到很多障碍。

(六) 政府决策与公众参与相结合

土地整理关系到广大群众的切身利益,因此,在土地整理项目规划设计过程中,不仅要广泛听取各部门的意见,还应该广泛听取和吸纳项目区社会公众的意见和建议,争取他们的认可和支持,保证项目规划设计方案的合理、可行,使土地整理方法与措施能够顺利付诸实施,达到预期的整理效果。

二、项目规划目的

按照土地利用总体规划和土地开发整理专项规划,依据自然、社会、经济、土地利用及农业生产现有条件,以优化土地利用结构、提高土地利用效率、建设高标准农田为目标,通过土地开发整理,实现田、水、路、林、村综合整治,增加有效耕地面积,提高耕地质量,提高农业基础设施配套水平,改善农业生产条件和生态环境,提高机械化耕作水平,提升农业综合生产能力,促进土地资源合理利用和经济社会可持续发展,推进社会主义新农村建设。

具体目标包括:项目建设目标、工程建设等别、耕地数量增加目标、耕地质量提高目标、综合效益提高目标。

三、项目规划内容

土地整理项目规划主要包括以下内容。
(1) 确定项目建设目标,包括项目建设规模、新增耕地面积、建设标准等;根据土地适宜性评价、水土资源分析与土地整理潜力分析结果,确定土地利用方向、结构和布局。

(2) 根据土地利用方向与布局、土地利用中存在的主要问题,确定与土地利用方式相匹配的各类工程布局方案。

(3) 根据土地利用结构、土地权属现状和规划后的土地利用结构,提出土地权属调整初步方案。

(4) 根据当地有关工程定额,初步估算项目投资总额和项目效益。

(5) 根据项目建设规模、工程内容及复杂程度,确定建设期限。

(6) 进行项目规划方案评价与效益分析。

(7) 提出项目实施计划与措施。

四、项目规划程序

(一) 准备阶段

工程规划准备阶段的工作包括成立组织机构、制定工作计划、进行实地踏勘、搜集工程规划所需资料等。

(二) 分析与评价

分析与评价主要包括土地利用现状分析、相关规划对项目区土地利用的影响分析、土地适宜性评价、水土资源平衡分析等。

(三) 提出规划方案

土地整理工程规划涉及的内容较多,包括土地利用结构的调整与布局、土地平整、土地利用工程配置、土地权属调整或土地分配等。

(四) 评价与确定规划方案

评价与确定规划方案一般包括技术可行性、效益评价和规划方案的确定。技术可行性评价主要从两方面考虑,即对规划技术可行性进行分析以及对实现项目规划方案的保障程度进行分析。规划方案效益评价主要包括社会效益、经济效益和生态效益三个方面。确定规划方案的过程实际上是不同规划方案的比较与择优过程。

(五) 编制项目工程规划

项目工程规划编制一般包括项目规划报告及规划说明的编写和项目规划图件的编绘。项目规划报告主要包括前言、项目概况、项目分析、项目规划方案、规划方案评价、项目实施措施、项目规划图件。

(六) 审批与实施项目规划

土地整理项目工程规划应由项目立项批准单位审批。工程规划审查主要包括技术审查和投资审查两个方面。在工程规划方案审查通过的基础上,可以批准项目实施。

第二节　土地整理项目景观生态规划

一、生态景观规划概述

传统型土地整理规划围绕平整土地、农田水利、农田道路和农田防护等工程展开,重点在于农田系统。这种土地整理项目规划的弱点是割裂了农田生态系统、自然生态系统和人居生态系统(农村居民点)的区域性和整体性,很少考虑这样一种割裂的景观结构是否能形成一个稳定的农业生态环境,是否能维持农业生态系统与外界环境的一个稳定的生态平衡联系,以至最终可否实现农业生产的持续发展。

景观生态学的发展从一开始就与土地规划联系密切,它注重如何利用土地影响物质流和能量流,注重结构和过程的相互关系分析,使其在空间土地利用规划中得到广泛应用。因此,景观生态学也被称为土地生态学。随着景观生态学理论和方法的不断完善,景观生态学与土地规划的结合被认为是走向可持续规划最令人激动的途径,也是在一个可操作界面上实现人地关系和谐的最合适的途径。

从景观生态学的角度分析,现行土地整理规划存在以下缺陷。

(一) 强调地块单元内的生态关系,而忽视了水平生态过程

1. 重耕作田块内部规划,轻乡村景观总体布局

现行土地整理规划的主要目标是增加耕地面积和提高耕地质量,规划的中心任务是耕作田块的规划,项目的四大工程(土地平整、农田水利、田间道路和其他工程)也主要是围绕如何方便田块生产进行。加上部分地区土地整理过程中一味追求"高标准",灌排沟渠、田间道路的硬化更割裂了耕作田块之间、田块与其他地块之间的有机联系。

2. 重数量指标,轻结构保护

土地整理强调出地率,即新增耕地的比率,导致实践中大量的草地被开垦,坑塘被填埋,忽视了对典型土地利用功能组合的结构保护。

(二) 缺乏对空间关键地段的识别及控制

景观生态学认为,通过对空间某些位置和局部的控制,能更有效地维护或控制某种生态过程。景观生态学将这些关键性的点称为景观战略点,并认为通过景观战略点的判别、改变及管理将有效地维护和控制某种生态过程。在 Forman 构建的土地利用空间格局优化模式中,关键地段的识别也是重要的一个环节,他提出应对那些具有关键生态作用或生态价值的景观地段给予特别重视。然而,现行土地整理规划往往缺乏这一环节,忽略了空间关键地段的作用。

(三) 忽略了乡村农地景观的多重价值

景观生态学不仅关注景观的经济价值和生态价值,而且还关注景观的美学价值。景观

生态学认为，景观是众多景观要素组成的景观客体，人既是景观的组成部分，同时也是感受景观的主体；在特定的美学价值观的支配下，必须对周围景观环境形成美学价值判断，获得自然或人文的美的感受；要求规划的目标和采取的措施应符合当地居民的生活习惯和审美要求。现行的土地整理在保障粮食安全的大前提下往往专注于农地的生产功能，而忽略了农地的生态价值和美学价值。

二、基于景观生态分析的土地整理项目规划方法

景观生态型土地整理规划与常规的土地整理规划一样，其技术路线包括项目区现状分析、项目区规划布局和单项工程设计三个主要环节。不同的是：其一，景观生态型土地整理的项目区现状分析既包括常规的土地利用现状分析和社会经济发展现状分析，也包括景观资源现状分析。在分析的过程中，对项目区典型的地貌遗产、乡土植被群落、稀缺物种栖息地和独特水文关系等自然特征，以及具有历史意义的建筑物、自然村落布局、风水林、典型土地利用功能组合模式等人文元素、结构进行识别和评估，并关注对乡村空间景色具有支配作用的那些特殊场所，如独特的建筑物或构筑物、孤植的老树、有历史意义或文化价值的小品、别致的农田地块结构等，用以指导工程规划布局和工程设计。其二，景观生态型土地整理的工程规划布局建立在项目区景观空间格局构建的基础上，即在进行土地平整工程、农田水利工程、田间道路工程和其他工程布局之前，应先进行项目区景观整体意象规划、景观分区和项目区关键地段识别等工作，作为土地整理工程规划布局的指导依据，使土地整理规划放眼于项目区景观整体性与和谐性。其三，景观生态型土地整理的单项工程设计需综合考虑工程的实用性和生态性，将工程设施的景观生态功能作为设计的目标之一。景观生态型土地整理规划技术路线见图4-1。

土地整理项目区景观类型，以农田为基质，村庄、林地和坑塘为斑块，河流和道路为廊道。一般来说，我国耕地普遍存在地块破碎化问题，故而项目区景观较为破碎，景观的连续性不强，生物栖息地破坏严重。因此，土地整理规划应加强景观的连续性布局，保护林地和坑塘嵌块体，与景观多样性、建立生态化水系和道路廊道网络、体现传统人文景观与自然景观的融合等。

景观分区是基于对景观生态系统的认识，依据景观功能的相似性和差异性对景观单元划分及归并的工作过程和结果。景观分区应建立在充分理解景观与自然环境的特性、生态过程及其与人类活动的关系基础之上，其目的是进一步认识景观内部结构、生态过程及人与自然关系的宏观分布特征，加强土地整理规划与设计的针对性和可操作性。

在土地整理规划中，需要识别和控制的关键地段包括两类：一是生态脆弱的关键部位，如各类生态交错带，包括水陆交错带、林农交错带、矿农交错带等，以及各类生态保护地，如湿地、物种栖息地等；二是文化遗产和乡村景色保护地段，如具有重大考古文献价值的乡村自然村落、典型田园风光等。关键地段有以下几种。

（1）生态坑塘。对项目区中具有物种栖息地功能或农田污染降解功能的生态坑塘加以保留和保护，有条件的地段，设置以灌木或牧草为植被的缓冲区。

（2）林地斑块。对项目区林地斑块全部加以保留，并通过道路或沟渠布局尽量形成连接各林地斑块的生态廊道。

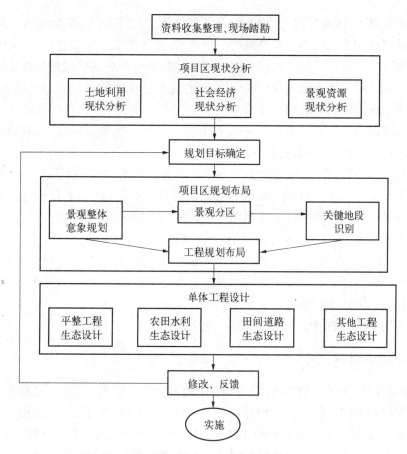

图 4-1 基于景观生态分析的规划方法技术路线

（3）河流交汇处。对项目区河流交汇处进行生态护岸处理。

项目区工程规划布局以项目区景观空间格局构建、景观分区和关键地段识别为指导。在农田水利系统布局时，对支沟渠维持现状或适当清淤，以保护生物栖息地和生物多样性。

对斗级以下沟渠遵循以下原则处理。

（1）对现有灌排合一沟渠损坏严重或体系不健全、有条件进行灌排分离的地区，尽量实行灌排分离。

（2）对现有灌排合一体系较为完善、沟渠在近年得到一定程度维护而运行状况良好的地区，为节省投资保持灌排合一的方式。

（3）出于生物栖息地和生物多样性保护的需要，需保持灌排合一方式的地区，采用灌排合一的方式。在田间道路系统布局时，对现有田间道主要以现状路基为基础进行拓宽和修复，新修田间道主要考虑连接现有主要村庄，并与现有道路和田间道相连接，形成完善的田间道网络。生产路的布局尽量考虑到田间道与田块之间的有机联系。

三、基于景观安全格局的土地整理项目规划方法

景观安全格局的理论基础来源于景观生态学的基本原理和系统论思想，即：任一农田景

观都是一个开放系统,该系统与外界、系统中各斑块及廊道间都存在着物质和能量流动。景观安全格局是判别和建立生态基础设施的一种途径,以景观生态学理论和方法为基础,基于景观过程和格局的关系,通过景观过程的分析和模拟,来判断对这些过程的健康和安全具有关键意义的景观过程。建立农田景观安全格局,首先是优化不同景观尺度上的土地配置;其次按照景观生态学提供的等级理论逐步解决不同尺度上的土地利用问题;然后根据实际需要配置生态基础设施。基于农田景观整体性原理,在开展土地整理时,应该将组成农田景观的各要素看成是一个整体,统筹规划,综合整治。

基于景观安全格局的土地整理规划的基本思路是:首先,在整理区范围的划定上,以完整的流域面积为单元,将区内耕地、林地、园地、居民点、水域、道路、未利用地等全部纳入待整理范围,分析景观过程和格局(土地利用过程),按照土地承载力确定各类用地面积;其次,从影响耕地生产的各因素着手,分析主要因子(一般为水体)的特点,并基于水土安全分析结果,确定土地利用主要方向和区域,划定土地平整的重点区域,拟定土地整理工程方案,调整不合理的基质和斑块;第三,从维护区域内农田景观安全格局出发,修建灌溉、排水和防洪基础设施,安排区内交通设施,修建必要的水土保持设施。

基于景观安全格局的规划方法技术路线见图4-2。

(一)土地利用过程分析

对土地利用过程分析主要从耕地开发利用、植被分布与扩散、村镇历史演变三个方面进行分析。耕地与林地的发展过程是相互侵占的,人口的增加带来了更大规模的耕地开发,同时大量的耕地开发受到当地资源环境的约束。耕地开发利用程度,主要受到地面坡度、土壤质地、土层厚度、水资源供给能力、耕作难易性、水土流失强度等因素影响。

(二)水体安全分析

从土地利用过程分析,暴雨是造成水土流失的根本原因。基于水体安全考虑,主要是两个方面:一是消除暴雨对地表土的破坏能力,二是扩大水资源供给能力。

对于消除暴雨对地表的破坏,首先分析降雨过程、降雨量、降雨历时等,然后计算降雨后的径流过程和径流量,以及评价暴雨后产生洪水危害的可能性。对于可能形成洪水的部位,重点研究防范措施;对于居民点等永久设施,应避免洪水可能造成的冲刷。

对于水资源供给能力分析,主要分析供水对象、供水途径、可供给水量等,由水资源可供给量确定土地承载力。

(三)土地利用分区

根据土地利用过程分析、水体安全分析等结果,依托土地利用现状,将土地整理项目区划分为耕地系统、林(园)地系统、居住系统和水系统,各系统之间布置生态廊道进行连接,各类土地利用满足不同的功能要求。

(四)构建生态基础设施

传统的土地整理工程包括土地平整、农田水利、道路和农田防护等,除土地平整工程外,

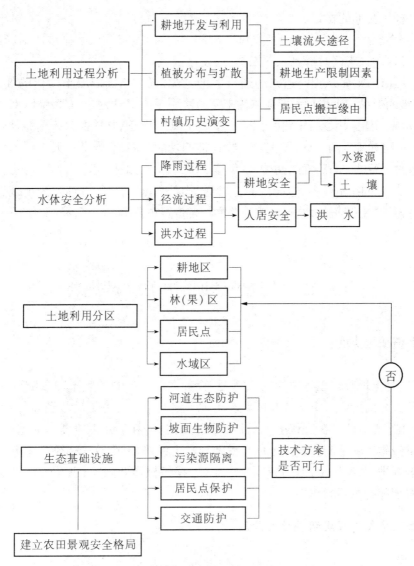

图 4-2 基于景观安全格局的规划方法技术路线

其他工程均以线性工程反映。这些线性工程是农田景观中的廊道,承担着维护基质安全、斑块稳定、物种交流的功能,同时保证农田区正常的作业功能。强调农田景观安全格局的意义,不仅仅要对土地利用中的各个斑块进行科学规划,而且更加强调农田水利、道路和农田防护林等线性工程的完整性,确保农田中各系统的有机联系和正常运转。

河道是生态环境的重要载体,是水生生物生存的栖息地。为了给水生生物创造良好的栖息繁衍环境,同时防止河道冲刷,河道边坡护砌选用自嵌式植生挡土墙,其结构本身设计了多个孔洞,孔内填充土壤后用于种植水生植物,既保持了河道的原生态性,又有利于改善河道的输水条件,减少水流对河道断面的冲刷。

土是植物赖以生存的另一个基本要素,是维持农田景观的重要载体。从水动力学角度来看,水的流动会带来土壤的转移,不恰当的土壤转移会造成新的水土流失。因此,保证水体安全的另一项任务是水土保持,即通过修建土壤安全设施,将水、土控制在一定范围内流动,以此维持梯田台面的稳定。

居民点安全包括:保护居民点免受洪水冲刷,减少居民点污染物排放。对新建居民点,其选址应避开地质灾害(包括滑坡、泥石流等)发生区域。

传统的交通设计,多从提高道路的通行能力考虑,增加路面混凝土硬化的数量,而忽略对生物栖息地的保护。考虑到主要道路往来交通繁忙,避免扬尘对空气的污染,对主要道路采取硬化。环水库道路采用混凝土路面,上山道路采用砌石路面,其他道路采用泥结碎石路面或土路。另外,道路和排水沟一样,承担着生物迁徙的功能。因此,为了扩大道路的生态廊道功能,在硬化道路和泥结碎石路面的两侧,各种植一排路林;在路林外侧各设置一条土质排水沟,即承担路面和田面的排水任务,也起到养分输送、物种交流的作用。同时,为了减少交通对生物的干扰,也为了方便田间排水,在环山道路的一定位置布置排水涵洞,涵洞侧墙用石头砌筑。

第三节 土地整理项目单项工程规划

一、土地平整工程规划

土地平整是土地整理工程中的一项重要内容,土地平整的精度不但影响到整理后的土地质量,而且关系到投资大小与效益问题。土地平整的中心任务是平整土地,使土地更适合种植或其他用途的需要。在进行土地平整工程设计时,应在满足灌排要求的基础上,合理调配土方,尽量做到挖填平衡;同时,土地平整要与水土保持、土壤改良措施相结合。搞好土地平整,对合理灌排,节约用水,提高劳动生产率,发挥机械作业效率,以及改良土壤,保水、保土、保肥等方面都有重要的作用。

(一)土地平整工程规划设计的原则

1. 因地制宜

首先,土地整理工程规划设计受到项目区地形、地貌、土壤等自然因素的制约,不同地区自然特性与土地利用条件不同,规划的重点也不一样。其次,不同地区社会经济条件不同,平整工程规划也呈现不同的特点。最后,不同地区的农业耕种习惯与农业基础设施不同,也会影响到土地平整工程规划的内容。因此,土地平整工程规划不可拘泥于固定形式,应该结合项目区实际条件,因地制宜地进行。

2. 综合考虑

作为土地整理项目规划的一部分,土地平整工程必须与道路工程、灌排工程、农田防护工程等规划相衔接,进行综合考虑,统筹规划,为其他工程顺利实施创造良好条件,确保规划的科学可行。

3. 远近结合

自然条件与社会经济状况是不断变化发展的,在进行土地平整工程规划时,应该树立动态观念,既要满足当前需要,又要与未来的发展趋势相衔接,实现可持续发展。

4. 效益最佳

从经济上讲,土地平整工程规划应该合理设计田面高程,尽量减少挖填土方量。合理确定田块长宽与形状,尽量减少不必要的机械消耗与磨损。合理布置田块方向,提高作物的光能利用率,加速作物物质积累等;从生态上讲,土地平整与田块的布置应该有利于防止风害、保持水土、防涝排渍等,改善农田生态环境;从社会上讲,土地平整规划应该有利于土地的集约利用与农民增收,促进社会稳定。因此,土地平整规划应从经济效益、生态效益、社会效益三个角度考虑,确保规划的经济有效性、生态合理性与社会可接受性。

5. 权属完整

规划过程中对田块的分割合并必然涉及诸多利益主体的相互关系,规划过程中如果忽略权属问题,会造成权属混乱或权属纠纷,导致农民集体与个人的利益受损,规划就不可能得到顺利实施,甚至影响到社会稳定。因此,土地平整工程规划过程中应该尽量保持权属界限的完整性,使同一户农民承包的土地尽量集中在同一田块上,方便田间管理与作业。

(二) 土地平整工程规划的内容

田块长度、田块宽度、田块形状和田块方向的规划参见农田斑块规划设计部分。田块高程规划如下:田块高程设计的合理与否直接影响着田间平整工程量的大小以及灌排渠沟的布局,其设计应该本着节约成本、有利灌排的原则。不同地区,田块平整高程设计应该因地制宜。如地形起伏较小、土层深厚的旱涝保收田的田面设计高程应重点依据填挖土方量的要求来确定;地形起伏大、土层浅薄的坡耕地田面高程设计在考虑平整工程量的同时,应根据地形特点,尽量满足灌排设施布置的要求;地势较低的低洼地,田面实际高程还应考虑到水位要求,平整后的高程应高于常年涝水位0.2 m以上;地下水位较高的农田,田面设计高程应高于常年地下水位0.8 m以上等。

(三) 土地平整的基本方法

根据不同情况,土地平整可有各种方法。

1. 地形纵向变化

根据地形纵向变化情况,田块平整有平面法、斜面法和修改局部地形面法三种方法(见图4-3)。

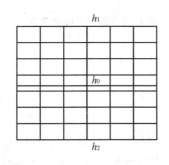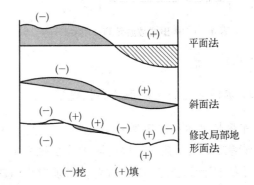

图4-3 田块平整方案示意

(1) 平面法,即是将设计地段平整成一近似水平面。一般多用于水稻田的平整,土方量大。

(2) 斜面法,即是将设计地段平整成具有一定纵坡的斜面。坡度方向与灌水方向一致,并达到灌水技术要求。用斜面法平整,地段纵向坡度一致,对沟、畦灌有利,土方量也较大。

(3) 修改局部地形面法,即是对设计地段进行局部的适当修改,而不是全部改变其原有地形地貌,只是将过于弯曲、凸凹的地段修直平顺,把阻碍灌水的高地削除、低地填平、倒坡取削,但不强调纵坡完全一致,能实现畦平地不平、对灌水无阻碍就可以。这种方法适用于面积较大、地形变化较多的地区,优点是大大减少土方量。

2. 平整精度

根据平整的精度又可分为大平、粗平、细平三种。

(1) 大平,也就常说的"大平大整",这是平整土地中用工最多、土方量最大的工程。诸如削平土岗、填沟补洼等都属于大平大整的范围。

(2) 粗平,是平整土地最广、范围较大的一项工程,可分为取高垫低、合并地块、修改地轸(即田埂)等多项内容。搞好土地粗平,是完成平整土地的基础。

(3) 细平,就是在粗平的基础上对土地进行精细的平整,方法多种多样,诸如插花锨、耕地与擦地平整、上水平、对条田的平整等。细平是建设高标准园田化农田的基础工程。

3. 平整方式

按平整的方式又可分为结合耕作平整、大平大整、放淤平整和机械平整四种。

(1) 结合耕作平整。对高低相差不大的条田,主要结合深耕、深翻和用土等进行平整。在翻地时,有计划地移高填低,逐步达到平整。根据不同的情况可采取不同的方法。

(2) 大平大整。不同的地形有不同的方式。其主要原理类似于全面平整和平面法。

(3) 放淤平整。适用于引黄灌区,因引黄灌区有许多湖坑、洼地,采用放淤改土治碱,同时淤高了地面,也平整了土地。放淤区布置见示意图 4-4 与图 4-5。

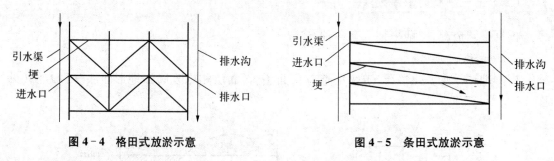

图 4-4 格田式放淤示意　　　　图 4-5 条田式放淤示意

(4) 机械平整。

(四) 不同地区的土地平整高程规划

1. 平原地区水稻格田规划

我国南方绝大多数平原地区以种植水稻为主,其生理代谢和生长发育都与水密切相关,需水量较大,因此,在进行田块规划时必须重点考虑田间灌溉的要求。通常情况下要将种植水稻的田块进一步规划成面积较小的格田,以便于进行精细的土地平整,满足稻田灌溉排水和田间作业的要求。

在水稻格田的规划过程中要求通过土地平整,确保格田内部高差在 3 cm 以内。格田之间以田埂为界,埂宽一般在 30~40 cm,埂高以 20~30 cm 为宜。一般格田长度保持在 100 m 左右,宽度保持在 20 m 左右较为恰当。但是在机械化程度较高的地区,格田长度和宽度可以适当长些,一般长度为 100~300 m,宽度为 50 m 左右,面积在 0.5~1.5 hm^2 时较为合适;而在地形起伏较大,且人力、畜力作业为主的地区,格田规模与长宽应该小些。

2. 沟洫田畦和台田规划

沟洫田畦和台田主要出现在低洼易涝和盐碱化程度严重的地区。两者都是通过在田块四周开挖沟洫,将挖出的泥土修筑田埂,垫高田面,形成设计田块的过程。所不同的是,沟洫畦田的田面不垫土或者垫高不多,而台田田面则垫土较高,挖沟也较深。沟洫畦田又称为大地畦田,适用于旱涝交叉的平原洼地上游地区,但在雨量多且盐碱化严重的地区不宜采用,应该考虑将田块规划平整成台田形式,尽量抬高田面以降低地下水位,同时起到排涝的作用。

规划沟洫畦田时,应该重点考虑排水系统布置要求。田块长度由上一级排水沟的间距大小确定,一般在 300 m 左右较为合适,而田块宽度则依末级固定排水沟的间距来定,一般在 50~100 m 之间。具体设计可根据地下水与项目区土壤质地等条件确定。

规划台田时,如果项目区降水较大,应考虑排涝洗盐。因此,规划过程中应该极力抬高田面,一般田面平整高程应该高于常年涝水位 0.2 m 左右。土质轻的台面边坡可以缓些,土质黏的则可以陡些。一般田块周围挖沟取土以垫高田面,沟深和沟宽各地不一,主要由地下水位和项目区降水情况决定,同时与毛沟、支沟、干沟等组成排水系统,确保排水通畅。

3. 丘陵山区梯田规划

在山区和丘陵地区的坡埂地上,为搞好水土保持,田块规划建设的主要形式通常是修筑梯田。梯田主要有坡式梯田与水平梯田两种。由于前者保水保土效果较差,因此,在山区进行土地整理,应以修筑水平梯田为主。

梯田断面要素包括:地面坡度、埂坎高度、埂坎坡度、田面净宽、埂坎占地、田面毛宽和田面斜宽等。规划梯田首先应对梯田建设区在平面上进行总体部署。在宽阔的缓坡地区一般以道路或者灌排渠系骨架布设梯田耕作区,道路应与等高线平行或正交,尽量和渠沟结合纵横交织成棋盘状,将耕作区规划成方形、矩形或梯形。耕作区长度一般为 100~200 m,面积在 5~6 hm^2 为宜。山丘陡坡地区,通常以同坡向的坡面为单元或者以侵蚀沟的沟缘线来划分耕作区,耕作区的形状因地势而异。沿侵蚀沟沟缘线规划耕作区的,道路应该沿沟边布设。

在确定梯田耕作区后,根据地面坡度、土壤质地、耕作要求等需要沿等高线规划梯田田块。梯田田块应规划成方形、长方形或者长条带状,以节省梯田田块平整工程量。梯田间修筑田埂,田埂线应沿等高线布设,确保田埂等高、田面水平。田块宽度可以根据项目区的坡度与土层厚度,按照"便利耕作,修筑省工"的原则确定。坡度较缓土层较厚的地区,田块宽度可大些,坡度较陡土层浅薄的地区,田块则不宜过宽。田块的长度则根据项目区地形条件和梯田用途确定,如水稻梯田应尽可能长些,而旱作梯田则可以短些。为满足灌溉行水的需要,梯田纵向一般按照"不冲不淤"的原则,保留 1/300~1/500 的坡度。

二、田间灌溉工程规划

（一）灌排工程规划原则

1. 纵观全局，科学规划

灌排工程，尤其是田间渠道沟系，应该树立整体与全局的观念，科学规划，统筹布局。具体来讲，就是要综合考虑各地区、各部门、各类用地对排灌工程设施的布置，协调好各主体间的相互关系。如在低洼易涝且雨量较多的地区，容泄区兼有滞洪蓄洪任务，在选择容泄区和进行排水系统规划时，不仅要考虑项目区本身的排水问题，还应该考虑到项目区所在区域的防洪排涝要求，防止地区蓄洪行洪能力受损而引起洪水泛滥，导致社会、人、财物的巨大损失等。

2. 因地制宜，讲求效益

灌排工程规划具有很强的地区特点，因此，规划时必须紧密结合项目区实际情况，因地制宜地进行渠沟系统以及各水工建筑的规划布置，使工程量和工程费用最小。如干、支渠道规划，一般来说，渠线应尽可能短直。但在山区、丘陵地区，岗、冲、溪、谷等地形障碍较多，地质条件比较复杂，若渠道沿等高线绕岗穿谷，可减少建筑物的数量或减小建筑物的规模，但渠线较长，土方量较大，占地较多；如果渠道直穿岗、谷，则渠线短直，工程量和占地较少，但建筑物投资较大。究竟采用哪种方案，要通过经济比较才能确定。

3. 充分利用现有灌排设施

解放初期至今，总的来说，我国对于农田水利设施的投资还是相当重视的。尽管由于年久失修、缺乏维护，现阶段已经有许多水利设施遭到破坏或已经毁损，但是农田水利设施还是有一定的基础。因此，进行灌排工程规划时应该充分尊重现有基础设施条件，在充分利用现状的前提下进行灌排设施的规划布置。只有这样，才能避免重复建设，最大限度地节约建设成本；同时，还有利于灌排设施的相互衔接，提高灌排设施的利用率与利用效率。

4. 节约用水

水量时空分配不均是我国水资源的基本特点之一，而农业生产中水资源又是必不可少的重要生产要素之一。因此，在我国广大缺水地区，要协调水资源的供需矛盾，就应该本着节约用水的原则进行灌排工程规划。具体来说，包括使用节水灌溉技术，如喷灌、管溉、滴灌等。充分挖掘水资源潜力，如合理开采地下水资源等。具体规划时就应根据这些要求布置排灌系统，对管道的布设形式、机井的数量与分布、喷头的间距与布置等进行妥善安排。

（二）灌排工程规划的主要内容

灌排工程规划主要包括骨干渠沟的规划、田间渠沟规划、喷灌工程规划、低压管道输水工程规划和机井工程规划等。

1. 骨干渠沟的规划

（1）骨干渠沟规划布置要求：骨干渠沟包括干、支级灌排渠沟，它们是整个排灌系统的骨架。在骨干渠沟规划布置过程中应该注意以下几点要求。

① 在容泄区和水源水位既定时，应该使排水和灌溉渠沟获得最大的自流排水与灌溉面

积。排水干沟一般布置在地面较低的部位,灌溉干渠应尽可能布置在灌区的最高部位或者分水岭。在具体规划布置时,排水沟并非越低越好,如果过低可能导致沟内积水难以快速排入容泄区;而灌溉渠道也并非越高越好,如果过高可能导致水源引水困难,从而增加灌溉成本。

②灌溉骨干渠道要与排水骨干系统综合考虑。一般情况下,灌溉与排水系统要分开布设,以便水利管理与降低地下水位,尽量避免相互干扰。在平原地区规划灌溉渠系时,应在原有河沟和排水设施基础上进行配置,避免沟渠与河沟交叉,保障排水通畅。在丘陵地区,还应重点考虑山坡来水与山洪排泄的要求,确保沟渠安全。

③渠沟的布置要尽量减少工程量、水量损失,保证工程安全;对田块、道路、林带综合考虑,合理组合,尽量不占或者少占耕地,提高土地利用率与工程治理效果。

(2) 骨干灌排渠沟的布置方法:骨干灌排渠沟的布置主要取决于地形条件,分为山丘区、平原区和圩垸区。由于规划时骨干灌排渠道要与干沟排水系统一考虑,下面着重论述骨干灌排渠道规划(图4-6)。

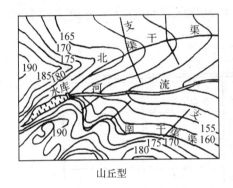
山丘型

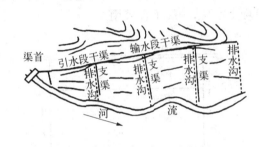
平原型

图 4-6 灌区干、支渠布置示意

① 山丘型灌区。山丘区地形比较复杂,地面起伏大,岗冲交错,坡度较陡,河床切割较深,比降较大,农田分散,地高水低。一般需要从河流上游引水灌溉,输水距离较长。所以,这类灌区干、支渠道的特点是:渠道高程较高,比降平缓,渠线较长而且弯曲较多,深挖、高填渠段较多,沿渠交叉建筑物较多。渠道常和沿途的塘坝、水库相连,形成长藤结瓜式水利系统,以求增强水资源的调蓄利用能力和提高灌溉工程的利用率。山丘区的干渠一般沿灌区上部边缘布置,大体上和等高线平行,支渠沿两溪间的分水岭布置。在丘陵地区,如灌区内有主要岗岭横贯中部,干渠可布置在岗脊上,大体和等高线垂直,干渠比降视地面坡度而定,支渠由干渠两侧分出,控制岗岭两侧的坡地。

② 平原型灌区。平原型灌区大多位于河流中、下游地区的冲积平原,地形平坦开阔,耕地集中连片。山前洪积冲积扇,除地面坡度较大外,也具有平原地区的其他特征。河谷阶地位于河流两侧,呈狭长地带,地面坡度倾向河流,高处地面坡度较大,河流附近坡度平缓,水文地质条件和土地利用等情况和平原地区相似。这些地区的渠系规划具有类似的特点,干渠多沿等高线布置,支渠垂直于等高线。

③ 圩垸型灌区。主要分布在沿江、滨湖的低洼地区,地势平坦,河湖港汊密布,洪水位高于地面,必须依靠筑堤圈圩才能保证正常的生产和生活。一般没有常年自流排灌的条件,普

遍采用机电排灌站进行提排、提灌。面积较大的圩垸,往往一圩多站,分区灌溉或排涝。圩内地形一般是周围高、中间低。灌溉干渠多沿圩堤布置,灌溉渠系通常只有干、支两级。

2. 田间灌排渠沟规划

田间灌排渠沟规划是对田间斗、农两级固定渠沟以及田块内的临时渠沟进行布置。

(1) 平原地区田间灌排渠沟布置。

① 平原地区末级固定渠沟即农沟和农渠的规划布置主要有以下三种形式。

a. 灌排相间布置。这种布置形式适用于地形有一定起伏的地区,一般采用农渠向两侧灌水、排水沟承泄两侧排水的形式。通常情况下农渠布设在高处,而排水沟则布设在低处,具体布置形式如图 4-7(a)所示。

b. 灌排相邻布置。在地面向一侧倾斜的地区,渠道只能向一侧灌水且只能接纳一边的径流,灌溉渠道和排水沟道只能并行,灌溉渠道与排水沟系相互邻接,上灌下排,互相配合。具体布置情况如图 4-7(b)所示。

c. 灌排合渠布置。采用灌溉渠道与排水沟系共用一条渠道的形式,该种布置形式有利于节约占地,提高土地利用效率,通常布设在沿江、滨湖地区,但在广大旱作地区由于不便于控制地下水位,一般不宜采用。

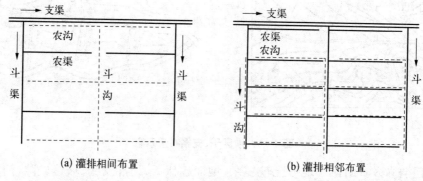

图 4-7 沟渠布置示意

② 平原地区耕作田块内部田间临时渠系的配置形式主要有纵向布置与横向布置两种形式。

a. 纵向布置。毛渠布置与灌水沟、畦的方向一致。当地面坡度较小,灌溉水从毛渠经输水沟,进入灌水沟、畦。布置毛渠时要注意利用有利地形,保证正常输水。按照地形条件,毛渠可以布置成双向控制,即沿毛渠两侧布设输水沟;或单向控制,即沿毛渠的一侧布设输水沟。毛渠一般垂直于等高线方向布置,使灌水方向与最大地面坡度一致,为灌水创造有利条件,如图 4-8(a)所示。在采用畦灌方式灌水,地面坡度大于 1%的地块,为避免冲刷,毛渠也可与等高线斜交,沿较小坡度方向布设。

b. 横向布置。当地面坡度较大且农渠平行于等高线布置,或地面坡度较小而农渠垂直于等高线时,其灌水方向应与农渠平行。这种情况下,只需一级临时毛渠就可直接向沟(畦)灌水,灌水沟(畦)与临时毛渠垂直,因此称这种布置方式为横向布置,如图 4-8(b)所示。

(2) 丘陵山区田间灌排渠沟规划。

丘陵山区的田间渠沟,应该依据耕地的特点与其所处的部位加以布置,注意解决旱、洪、

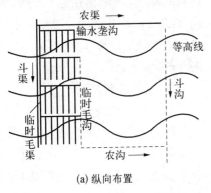 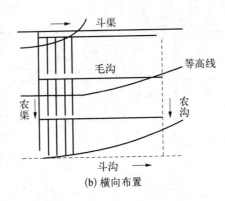

(a) 纵向布置　　　　　　　　　(b) 横向布置

图 4-8　田间渠系布置形式

涝、渍等危害。山丘区的农田，按其所处的位置，可分为岗田、塝田和冲田三种类型。岗田是位于低丘或山冈顶部的田块，塝田是位于丘陵山地两侧坡地上的梯田，冲田是位于丘陵谷地间地势低洼处的农田。

① 在岗田区，一般采用沿丘陵的山脊方向在岗田中间布置斗渠，在斗渠两侧布设农渠，达到排灌结合。对于地块较宽的岗地，可采用垂直于等高线方向布设农渠，沿等高线呈水平方向布置毛渠，格田呈长方形；而对于地块较为狭长的岗田，则采用垂直等高线方向布置农渠，沿等高线顺弯就势布置毛渠，格田成扇形。

② 在塝田区，田块多为等高梯田，也存在缺水易旱问题，故田间渠沟的布置同样也应以灌溉为主，结合排水。一般采用平行于等高线方向布置斗渠，农渠则垂直等高线方向沿田块短边布置。因塝田的高差往往较大，故布置农渠时需考虑采用跌水相衔接，并采用双向控制，以防止灌溉水对农渠的冲刷而导致水土流失。

③ 在冲田区，由于地势低洼，地下水位较高，土壤存在易渍易涝问题，故田间渠沟布置应以排水为主，结合灌溉。冲田田间渠系的布置一般依地形条件而异，在比较狭窄的冲田区（山垄宽小于 100 m），通常在山坡来水较大的一侧，沿山脚布置排水沟，以排泄山坡径流、田面水和地下水；而在山坡来水较少、冲田地势较高的一侧，布置排灌两用渠，兼排水坡和塝田来水。在比较开阔的冲田区（山垄宽大于 100 m），除在两侧山脚布设排水沟外，可在冲田的中间加开一条灌排两用的中心渠，控制两侧冲田的排灌水。

(3) 稻田区田间灌排渠沟规划。

水稻田一般都采用淹灌方法，需要在田间保持一定深度的水层。因此，在种水稻地区，田间工程的一项主要内容就是修筑田埂，用田埂把平原地区的条田或山丘地区的梯田分割成许多矩形或方形田块，称为格田。格田是平整土地、田间耕作和用水管理的独立单元。

格田的长边通常沿等高线方向布置，其长度一般为农渠到农沟之间的距离。沟、渠相间布置时，格田长度一般为 100～150 m；沟、渠相邻布置时，格田长度为 200～300 m。格田宽度根据田间管理要求而定，一般为 15～20 m。在山丘地区的坡地上，农渠垂直等高线布置，可灌排两用，格田长度根据机耕要求确定。格田宽度视地形坡度而定，坡度大的地方应选较小的格田宽度，以减少修筑梯田的平整土地的工程量。稻田区不需要修建田间临时渠网。

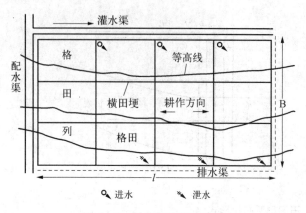

图4-9 格田渠系布设示意

在平原地区,农渠直接向格田供水,农沟接纳格田排出的水,每块格田都应有独立的进、出水口,格田渠系布设如图4-9所示。

3. 喷灌工程规划

(1) 喷灌系统的选择。

喷灌系统的类型很多,各种类型的喷灌系统都有其适用条件和特点,且投资造价、运行成本高低各异,生产效率、喷洒质量、对运行管理的要求也有区别。因此,应根据项目区的水源、地形、作物、能源及设备供应、管理体制、经济基础等条件,对可能适用的喷灌系统类型(一般要求2~3种)进行技术经济比较,从中择优选定。对于面积大或田间地形复杂的灌区,亦可分区选用几种不同类型。通常,在灌水次数频繁、地面坡地陡、地形变化复杂的丘陵山区,对于经济价值高的作物,可采用固定管道式喷灌系统。在地形平坦的大田作物区,可采用半固定管道式、移动管道式或小型机组式喷灌系统。在灌水次数较少情况下,对于适度规模经营的大田作物可采用卷盘式喷灌机。在有25 m以上自然水头的地方,应尽量采用自压喷灌系统。

(2) 管道系统布置原则。

根据喷灌区面积的大小、地形复杂的程度,管道系统可以分为两级(干管、支管)、三级(干管、分干管、支管)、或四级(总干管、干管、分干管、支管)。通常以给水栓为界把管道系统分为两部分:给水栓到水源之间的管道称为输配水管道系统;给水栓以下到田间的管道称为田间管道系统。喷灌管道系统布置一般应遵循以下原则。

① 管线的布置应与道路、林带、排水系统、供电系统及居民点的规划相结合。

② 管道布置应使管道总长度尽量短。

③ 安装给水栓的那一级管道布置是否合理,是输配水系统合理布置的关键。在山丘地区,应尽量使这些管道沿主坡方向布置,若只能盘山(平行等高线)布置时,应走在田块的上方。在平原地区,应尽量使这级管道沿路旁、田边布置,以便于用水和管理。当地块形状不规则时,这级管道应布置在能使支管场地一致、规格统一的位置上。

(3) 管道系统布置形式。

① 树枝状布置见图4-10(a)。这是目前我国喷灌系统管道布置中应用最普遍的一种形式。这种布置形式管线总长度比较短,水力计算比较简单,适用于土地分散、地形起伏的地区。但管道利用率低,当运行中某一处管道出现故障时,常会影响到几条甚至全系统的运行。

② 环状布置见图4-10(b)。这种布置在给水工程中应用较普遍,是由各级管道连接成的很多闭环组成的。它最大的优点是如果某一水流方向的管道出现了故障,可由另一方向管道继续供水,使发生故障的那段管道之外的其他管道正常运行。这种布置形式,管道利用率高,且形成多路供水,流量分散,可减小管径,但管线总长度比较大,是否经济需经过分析

比较确定,适用于地块连片面积上的固定管网。

③ 鱼骨状布置见图 4-10(c)。这种布置适用于山丘区的脊梁地形。一般骨干管道分为干管和分干管两级,干管沿山脊线布置,分干管在干管两侧顺坡布置。

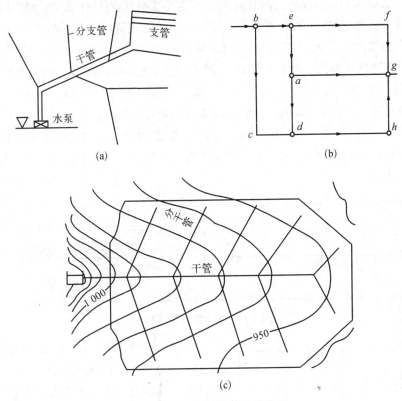

图 4-10　喷灌管道的布置形式

4. 低压管道输水工程规划

(1) 管道输水工程规划原则。

① 井灌区的管网宜以单井控制灌溉面积作为一个完整系统。渠灌区应根据作物布局、地形条件、地块形状等分区布置,尽量将压力接近的地块划分在同一分区。

② 规划时首先确定给水栓的位置。给水栓的位置应当考虑到灌水均匀。若不采用连接软管灌溉,向一侧灌溉时,给水栓纵向间距可在 40~50 m 之间;横向间距一般按 80~100 m 布置。在山丘区梯田中,应考虑在每个台地中设置给水栓以便于灌溉管理。

③ 在已确定给水栓位置的前提下,力求管道总长度最短。

④ 管线尽量平顺,减少起伏和折点。

⑤ 最末一级固定管道的走向应与作物种植方向一致,移动软管或田间垄沟垂直于作物种植行。在山丘区,干管应尽量平行于等高线、支管垂直于等高线布置。

⑥ 管网布置要尽量平行于沟、渠、路、林带,顺田间道路和地边布置,以利耕作和管理。

⑦ 充分利用已有的水利工程,如穿路倒虹吸和涵管。充分考虑管路中量水、控制和保护等装置的适宜位置。

⑧ 尽量利用地形落差实施重力输水,同时各级管道尽可能采用双向供水。

(2) 管道系统布置形式。

灌溉管道系统中的输配水管道,一般是指支管(或毛管)以上的管网。在布置时既要考虑路径的因素,又要考虑管网内压力的分布,以使支管(毛管)的出口压力一致,从而达到整个灌区灌水均匀的目的。当在支管进口安装压力调节系统后,管道布置就可少受管内压力分布因素的影响。

井灌区低压管道输水工程应符合下列要求:田间固定管道用量不应低于 90 m/hm²。支管间距,单向布置时不应大于 75 m,双向布置时不应大于 150 m。出水口(给水栓)间距不应大于 100 m,宜用软管与之连接进行灌溉。如果给水栓是单向控制的,则最大畦田长度应小于 100 m。如果给水栓是双向控制的,则最大畦田长度应小于 50 m。输水软管(或输水垄沟)最大长度应小于 75 m。给水栓控制的最大面积为 1.5 hm²。

① 单井出水量在 20~30 m³/h 之间时,控制面积 50~100 亩,可以在畦宽为 0.8~1.2 m 范围内同时只灌一个畦田。干管与支管为同一管径,管道可采用"一"字形或"L"形布置(如图 4-11 所示)。

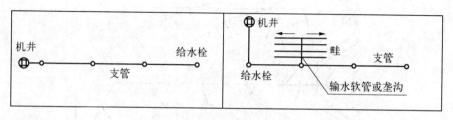

图 4-11 管灌管网布置形式 1

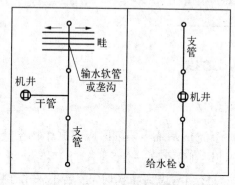

图 4-12 管灌管网布置形式 2

② 单井出水量在 31~60 m³/h 左右时,控制面积 100~200 亩,可以在畦宽为 1.2~2.5m 范围内同时只灌一个畦田。仍采用干管与支管为同一管径,管道可采用"一"或"T"形布置(如图 4-12 所示)。

③ 单井出水量在 61~100 m³/h 之间时,可以采用干管和支管为相同管径,如管径为 140 mm 或 160 mm;也可以采用管径为 140 mm 或 160 mm 的一条干管和管径为 110 mm 的两条支管组成的方案。要注意,采用后一方案时,同时灌溉畦田的数目不应取单数。支管与种植方向垂直,管道可采用"工"、"土"、"王"、"梳齿"或"E"形布置(如图 4-13 所示)。

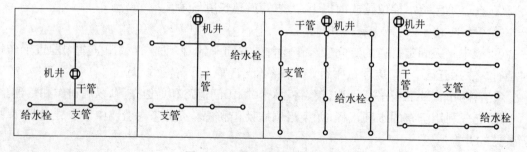

图 4-13 管灌管网布置形式 3

④ 为克服上述多种管网压力变化大的不足,环状管网也有较为广泛的应用,普遍采用的是单井单环网(如图 4-14 所示)。

⑤ 河灌区管灌系统的泵站大多位于河、沟、渠的一边,因此主要有两种布置形式(如图 4-15 所示)。

a. "梳齿"式,干管沿河(沟)岸布置,支管垂直于干管排列,与河(沟)垂直布置。

b. "鱼骨"式,干管垂直于河岸布置,支管垂直于干管,沿河(沟)方向布置。

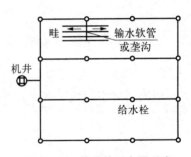

图 4-14 管灌管网布置形式 4

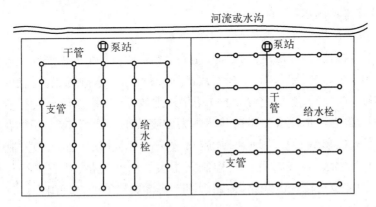

图 4-15 管灌管网布置形式 5

在平原井灌区,土地经过平整比较平坦,田面坡度很小。多数场合下都适宜将支管道和给水栓进行双向控制。只有在地形坡度较大的山丘区才采用单向控制。

5. 机井工程规划

机井工程规划的主要内容包括井数的确定、井的平面布置、井距、井位的确定等。

当浅层地下水多年平均补给量大于多年平均灌溉蓄水量,且以单井水量控制灌溉面积,布置的井距(L)大于井群抽水时单井的两倍影响半径 R(抽水时形成的降落漏斗边缘到井中心的距离),即 $L > 2R$ 时,按单井控制面积来进行布井。单井控制面积按以下公式计算:

$$F = \frac{QT\eta(1-\eta_1)}{m} \tag{4-1}$$

式中:F——单井控制灌溉面积,hm^2;

Q——单井出水量,m^3/h;

T——灌溉周期,d,一般为 7~10 d;

t——每日抽水时间,h,一般为 16~20 h;

m——灌水定额,m^3/hm^2;

η——渠系水利用系数,一般在 0.6~0.8 之间;

η_1——干扰抽水的水量削减系数。

对于方形布置,井间距 L 用下式计算:

$$L = 100\sqrt{F} \quad (4-2)$$

对于梅花形布置，井间距 L 用下式计算：

$$L = 107.6\sqrt{F} \quad (4-3)$$

根据各含水层地下水允许开采的模数 ε 和每个井的出水量 Q，可按以下的公式计算单位面积上的井数：

$$N = \varepsilon/QTt \quad (4-4)$$

式中：N——某含水层每 km^2 的开采井数；

$\quad\quad\varepsilon$——开采模数，m^3/km^2；

$\quad\quad Q$——单井平均出水量，m^3/h；

$\quad\quad t,T$——单井每日工作时数与每年工作天数，h，d。

进行井群平面布置时，在确定井数与井距后，考虑地形与地下水流向以及灌溉方式等因素，并与沟、渠、田、路、林相配合，尽量按直线排列成行，做到灌排顺当，并使实际井距在计算井距与二倍影响半径之间，以便充分发挥井灌、井排效益，节约基建与运行管理费用。水力坡度较大的地区，应沿等水位线交错布井。水力坡度较小的地区，应采用梅花形或方形网格布井。地面坡度大或起伏不平的地区，井应布置于高处，以便于输水和控制最大的灌溉面积。地面坡度平缓地区，井应布置在其控制区中央。沿河地带，井应平行与河流布置。此外，还要充分考虑井位与输变电线路、道路、井带、排灌渠道等的合理组合。

6. 渠系建筑物规划

按其用途可分为控制建筑物、交叉建筑物、泄水建筑物、衔接建筑物和输水建筑物等。

(1) 控制建筑物：其作用在于控制渠道的流量和水位，如进水闸、分水阀、节制闸等。

① 进水闸和分水闸。进水闸是从灌溉水源引水的控制建筑物，分水闸是上级渠道向下级渠道配水的控制建筑物。进水闸布置在干渠的首端，分水闸布置在其他各级渠道的引水口处(图 4-16)。斗、农渠上的分水闸常叫斗门、农门。

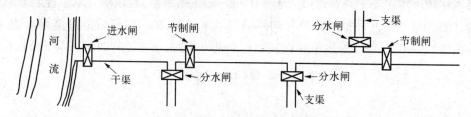

图 4-16 控制建筑物位置布置示意

② 节制闸。节制闸的主要作用有三：一是抬高渠中水位，便于下级渠道引水(图 4-16)；二是截断渠道水流，保护下游建筑物和渠道的安全；三是为了实行轮灌。节制闸应布置在下列地点：上级渠道水位低于下级渠道引水要求水位的地方；下级渠道引水流量大于上级渠道流量的 1/3 时；重要建筑物、大填方段和险工渠段的上游；轮灌组分界处。

(2) 交叉建筑物：渠道穿越河流、沟谷、洼地、道路或排水沟时，需要修建交叉建筑物，常见的交叉建筑物有渡槽、倒虹吸、涵洞和桥梁等。

① 渡槽。渡槽又称过水桥(图 4-17 上)，是用明槽代替渠道穿越障碍的一种交叉建筑

物,具有水头损失小、淤积泥沙易于消除、维修方便等优点。其适用条件是:渠道与道路相交,当渠底高于路面,而且高差大于行驶车辆要求的安全净空;渠道与河沟相交,渠底高于河沟最高供水位时;渠道与洼地相交,为避免高填方,或洼地中有大片良田时。

② 倒虹吸。倒虹吸是用敷设在地面或地下的压力管道输送水流穿越障碍的一种交叉建筑物(图4-17中)。其适用条件是:渠道穿过河沟、道路时,如果渠道水位高出路面或河沟水位,但渠底高程却低于路面或河沟洪水位时;或渠底高程虽高于路面,但净空不能满足交通要求时,就要用压力管道代替渠道,从河沟、道路下面通过,压力管道的轴线向下弯曲,形似倒虹。

③ 涵洞。涵洞是渠道穿越障碍时常用的一种交叉建筑物(图4-17下)。当渠道与道路相交,渠道水位低于路面,而且流量较小时,常在路面下面埋设涵洞。当渠道与河沟相交,河沟洪水位低于渠底高程,而且河沟洪水流量小于渠道流量时,可用填方渠道跨域河沟,在填方渠道下面埋设排洪涵洞。

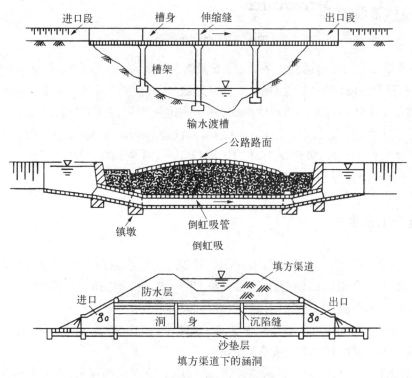

图4-17 交叉建筑物位置示意

(3) 泄水建筑物:为了防止由于沿渠坡面径流汇入渠道或因下级(游)渠道事故停水而使渠道水位突然升高,威胁渠道的安全运行,必须在重要建筑物和大填方段的上游及山洪入渠处的下游修建泄水建筑物,泄放多余的水量。常见的泄水建筑物有泄水闸、溢流堰、退水闸等。当渠道水位超过加大水位时,多余水量即自动溢出或通过泄水闸泄出去,确保了渠道的安全运行。泄水建筑物具体位置应根据地形条件确定,选在能利用天然河沟、洼地等作为泄水出路的地方,以减少开挖泄水沟道的工程量。

泄水闸是保证渠道和建筑物安全的水闸,一般应设在重要建筑物和大填方段的上游,渠首进水闸和大量山洪入渠处的下游。泄水闸常和节制闸联合修建,配合使用。为了退泄灌溉余水,需要在干、支、斗渠的末端设置退水渠。溢流堰应设在大量洪水汇入的渠段,其堰顶高程与渠道的设计水位相平,当洪水汇入渠道的设计水位超过堰顶高程时即自动溢流泄走以保证渠道安全。

① 衔接建筑物:当渠道通过地势陡峻或地面坡度较大的地段时,为了保持渠道的设计比降和设计流速,防止渠道冲刷,避免深挖高填,减少渠道工程量,在不影响自流灌溉控制水位的原则下,可修建跌水、陡坡等衔接建筑物,见图4-18。跌水不应布置在填方渠段,而应建在挖方地基上。在丘陵山区,跌水应布置在梯田的堰坎处,并与梯田的进水建筑物联合修建。

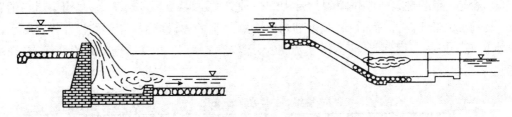

图4-18 跌水和陡坡

② 输水建筑物:当渠道遇到山冈,绕行或深挖工程量大,不经济时;或地质条件较差,开挖明渠施工和管理困难,影响渠道安全时,可修建隧洞。隧洞和涵洞的主要区别在于施工方法不同,隧洞是在山体中直接开凿衬砌而成;涵洞则是先明挖,后砌筑,再回填。在灌溉工程中,多采用无压输水隧洞,且洞底纵坡宜平缓,水流流速宜低。修建时,尽量布置在地形条件有利、地质条件较好的地段,要选择合理的进出口位置,隧洞轴线应力求短直,尽量少转弯,以减少工程量和取得良好的水流条件。

三、田间道路工程规划

田间道路系统规划是根据道路与田间作业需要对各级道路布置形式进行的规划。搞好道路规划,有助于合理组织田间劳作,提高劳动生产率。根据田间道路服务面积与功能不同,可以将其划分为干道、支道、田间道和生产路四种。

干道是乡镇联系的道路,以通行汽车为主,是整个项目区道路网的骨干,联系着农村居民点和各乡镇,承担着项目区的主要客货运输。

支道一般指村庄与村庄之间联系的道路,是村庄对外联系的通道,承担着运进农业生产资料、运出农产品的重任。

田间道是指联系村庄与田块,为货物运输、作业机械向田间转移及为机器加水、加油等生产服务的道路。

生产路是指联系田块、通往田间的道路,主要起田间货物运输的作用,为人工田间作业和收获农产品服务。

(一)田间道路工程规划原则

1. 因地制宜,讲求实效

由于道路工程规划受到地形地势、地质、水文等自然条件与土地用途、耕作方式等社会经济条件的影响,在制订不同地区的道路系统规划时,就必须根据当地的自然、社会和经济条件来确定其内容和重点。例如:在平原微丘地区,地形平缓,坡度变化不大,道路设计要力求短而直,应特别注意地面的排水设计,以保证路基的稳定性;在山区,短距离内,高程变化大,应充分利用地形展线,形成沿河线、越岭线、山脊线、山谷线,以减少工程量、降低费用,其重点是合理确定走向。

2. 有利生产,节约成本

道路工程的规划应该尽力使居民点、生产经营中心与各轮作区、轮作田区或田块之间保持便捷的交通联系,要求线路尽可能笔直且保持往返路程最短,确保人力、畜力或者农机具能够方便地到达每一个耕作田块,促进田间生产作业效率的提高。同时,道路系统的配置应该尽可能地节约建设与占地成本,在确定合理道路面积与密度的情况下尽量少占耕地,尽量避免或者减少道路跨越沟渠等,以最大限度地减少桥涵闸等交叉工程的投资。

3. 综合兼顾

在进行道路规划时,要结合当地的地貌特征、人文特征,使这个项目区内的各级道路构成一个层次分明、功能有别、运行高效的系统,以减少迂回运输、对流运输、过远运输等不合理运输。农村道路是为农业生产服务的,要从项目区农业大系统的高度来进行规划,田间道、生产路要服从田块规划,与渠道、排水沟、防护林结合布局,不能为了片面追求道路的短与直,而破坏田块的规整。

4. 长远规划

由于道路系统是与人们生产生活息息相关的重要设施,随着社会经济的发展,人们对道路的功能需求越来越高,等级档次也呈不断提升态势,因此,道路系统的规划应该留有余地,为今后的发展留有空间。

(二)田间道路工程规划的主要内容

1. 干道、支道

干道、支道是项目区的主要运输路线,是村庄对外联系的血脉,一般来说农村干道、支道的规划应结合村镇规划综合考虑。

对于路线的选择,如果现有道路基本符合项目规划要求,可在此基础上进行一些改进;如果现有干道、支道不能满足项目区内人流物流运转的需要,则要考虑重新选线。选线的基本步骤如下。

(1)依据交通量和货运方向,确定线路的起点、终点、中间控制点的具体位置:交通量是指某道路横断面上单位时间(每小时或每昼夜)内通过车辆的往返数量。交通量的大小,在农村主要取决于来往货物的多少。由于农村运输的季节性很强,往往运输工作集中在某一时段内,在计算交通量时,应考虑满足旺季交通量的要求,一般按下式计算:

$$A = \frac{2N}{dP} \tag{4-5}$$

式中:A——昼夜平均交通量,辆/昼夜;
　　　N——货运强度,净吨数,t;

d——汽车运输期,d;

P——每辆汽车的载重量,t。

(2) 拟定干道、支道上桥的位置及桥型,确定它与其他交通线和管道的交叉方法:本着"大、中桥服从线路总方向,路、桥综合考虑,小桥涵洞要服从线路走向"的原则,跨越位置最好选在河流不宽、水流通畅、地质条件好、河床稳定处,且应使两岸桥头引道土石方较少,这样可缩短桥长,减少工程费用。当桥位遇有支流汇合时,应选在距离汇合处下游至少1.5~2倍于河宽的地方。距离过近,对桥墩不利。线路跨河湾时,尽可能将桥位选在急湾上游,当限于线路和地形不能设在上游时,也可设于下游,但应尽量远离急湾,一般最好在河宽的1~1.5倍以外。干道、支道与其他交通线和管道一般应力求正交,在不能正交时,交角不应小于45°,交角附近要有一段平直的路线,要保证规定的最短视距。

(3) 确定线路如何连接沿线的居民点、工矿区、农田、林带等:干道、支道要"靠村不进村,利民不扰民",沿村庄边缘过。线路应选在地势平坦开阔、土质坚硬的地方,避免通过易被洪水淹没的地方,在丘陵地区要沿分水岭布置。

2. 田间道和生产路

田间道和生产路同农业生产作用过程直接相联系,一般在农地整理的田块规划后进行布设。田间道和生产路规划应有利于灌排、机耕、运输和田间管理,少占耕地。

(1) 田间道:田间道是由居民点通往田间作用的主要道路。除用于运输外,还起田间作业供应线的作用,应能通行农业机械,一般设置3~4 m,田间道又可分为主要田间道和横向田间道。

主要田间道是由农村居民点到各耕作区的道路。它服务于一个或几个耕作田区,如有可能应尽量结合干道、支道布置,在其旁设偏道或直接利用干道、支道;如需另行配置时,应尽量设计成直线,并考虑使其能为大多数田区服务。当同其他田间道路相交时,应采用正交,以方便畜力车转弯。

横向田间道亦可称为下地拖拉机道,供拖拉机等农机直接下地作业之用,一般应沿田块的短边布设。在旱作地区,横向田间道也可布设在作业区的中间,沿田块的长边布设,使拖拉机两边均可进入工作小区以减少空行。在有渠系的地区,要结合渠系布置。常用方案有以下几种。

① 田—路—沟—林—渠:这种布置形式可利用挖排水斗沟的土方填筑路基,节省土方量,并且拖拉机组可以直接下地作业,道路以后也有拓宽的余地。但是,如果横向田间道要穿越农沟,须在农沟与斗沟连接处埋设涵管或修建桥梁、涵洞等建筑物。埋设涵管时,如果孔径不足,势必影响排水,在雨季田块易积水受淹。并且在这种情况下,道路位置较低,为避免被淹,必须在路旁修筑良好的截水路沟。如果居民点靠斗沟一侧,可用该形式,见图4-19(a)。

② 田—沟—路—渠—林:这种布置形式便于渠沟的维修管理,道路与末级固定沟渠都不相交。但今后拓展有困难。拖拉机组进入田间必须跨越排水斗沟,需要修建较多的交叉建筑物。在降水较多的地区,排水斗沟断面较大,如采用这种形式基建投资较大。在降雨量较小的北方地区,可以采用这种形式,见图4-19(b)。

③ 沟—林—渠—路—田:这样的布置形式对于农业机械入田耕作比较有利,而且拓宽

比较容易,但田间道路要跨过所有的农渠,必须修建较多的交叉建筑物,见图 4-19(c)。同时还要在渠道之间植树两三行或开挖路沟,以便截排渠边渗水,保证路面干燥。

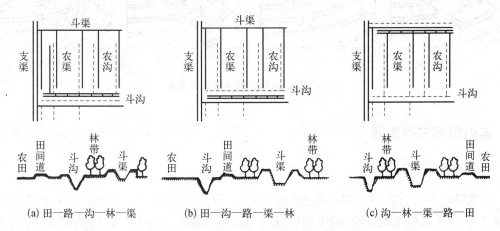

图 4-19　田间道路与沟、渠布置结合形式

(2) 生产路:生产路的规划应根据生产与田间管理工作的实际需要确定。生产路一般设在田块的长边,其主要作用是为下地生产与田间管理工作服务。

① 旱地生产路规划:平原区旱地田块宽度一般为 400～600 m,宽的可达 1 000m。在这种情况下,每个田块可设一条生产路。如果田块宽度较小,为 200～300 m,可考虑每两个田块设一条生产路,以节约用地,如图 4-20 所示。

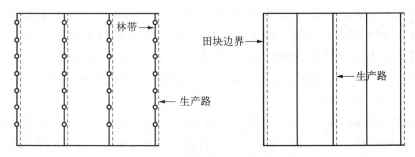

图 4-20　旱地生产路的布置形式

② 灌溉区生产路规划:生产路设置在农沟的外侧与田块直接相连。在这种情况下,农民下地生产与田间管理工作和运输都很方便。一般适用于生长季节较长、田间管理工作较多,尤其以种植经济作物为主的地区;生产路设置在农渠与农沟之间,这样可以节省土地,因为农沟与农渠之间有一定间距。田块与农沟直接相连有利于排除地下水与地表径流,同时可以实现两面管理,各管理田块的一面,缩短了运输活动距离。一般适用于生产季节短、一年只有一季作物且以经营谷类为主的地区。

(3) 梯田的田间道与生产路:梯田田间道路的布局应按照具体地形,采取同梁联帮、沿沟走边的方法布设。田间道多设置在沟边、沟底或山峁的脊梁上,宽 2 m,转弯半径不小于 8 m。为防止流水汇集冲断田坎,沟边的路应修成里低外高的路面,并每隔一段筑以小土埂,将流水引入梯田。生产路也应考虑到通行小型农机具的要求,如山底坡缓,路呈斜线形;如山高坡陡,路可成"S"形、"之"字形或者螺旋形迂回上山(图 4-21)。

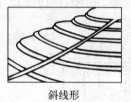 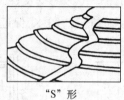  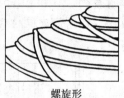

　　斜线形　　　　　　"S"形　　　　　　"之"字形　　　　　　螺旋形

图 4-21　梯田田间道路布置形式

四、其他田间工程规划

(一) 农田防护工程规划

土地整理中农田防护主要包括生物防护和工程防护两大类。生物防护是通过合理规划,利用植物发达根系的固沙、固土作用以及高大繁茂的秆茎枝叶所起的防护效果,为需要保护的农田生态系统提供一道生物防护屏障。工程防护是根据项目区地形、地质、土壤等特点和建设需要,安排合理的工程建设,如治坡工程、治沟工程、治滩工程等目的,以改变项目区的局部地形与局部构造,从而达到影响水流方向、保持水土、阻挡风沙、防止盐碱等目的。两种防护措施各有优缺点,一般两者结合实施。

1. 规划原则

(1) 因地制宜,因害设防。

农田防护工程是根据项目区的抗灾防灾、生态建设与环境保护的要求进行的生物与工程设施建设。因此,根据不同地区抗灾防灾的具体要求,农田保护工程林业呈现不同的特点。即使同一地区,由于地形、植被、土地利用等状况不同,对农田保护的要求也不一样。因此,农田保护规划应该本着因地制宜、因害设防的原则,进行科学合理的规划布置。

(2) 全面规划,综合治理。

农田防护工程规划是对农田生态环境的改善与治理,因此,应该从系统的角度进行生态环境保护工程的规划。一个方面的变化可能并不是简单形成的,有其他方面的原因制约。农田防护工程规划既要处理好整体与局部的关系,大、中、小项目结合,大到防护林系统,小到各个地区、各个田块的护田林带,都要合理规划,从外到内,层层设防;又要处理好局部之间的关系,真正做到统筹兼顾,达到全面规划、综合治理的效果。

(3) 工程与生物措施结合。

工程保护措施耗时短、见效快,但由于一次性投资较大,且没法从根本上消除不良因素对环境的影响,因此往往需要结合生物措施。这样,在规划过程中就应该通过生物与工程保护措施的结合,既对短期的环境改善与土地质量提高产生积极效果,同时也保证了环境改善的长期性与持久性。

(4) 与其他规划相协调。

农田防护工程是农田基本建设的一个重要组成部分,它的规划应该结合其他农田基本建设的规划,进行统筹安排,综合协调。在满足田、水、路、林、村综合规划要求的同时,达到"田成方、路成网、渠相连、林成行"的规划效果。

2. 农田防护工程规划的主要内容

农田防护林是布置在农田四周,以降低风速、阻滞风沙、涵养水源以及改善农田生态小气候等为目的的林网或者林带。农田防护林规划的主要内容包括:林带结构、林带方向、林带间距、林带宽度的确定以及树种的选择与搭配等。

(1) 林带结构。林带结构是指田间防护林的类型、宽度、密度、层次和断面形状等的综合,一般采用林带的透风系数作为划分林带结构类型的标准。林带透风系数是指林带背风面林缘 1 m 处带高范围内平均风速与旷野的相应高度范围内平均风速之比。根据林带透风系数可以将林带结构划分为 3 种类型:紧密型(透风系数≤0.35)、疏透型(0.35<透风系数<0.60)和透风型(透风系数≥0.60)。

① 紧密型结构由乔木、亚乔木和灌木组成,是一种多行宽林带结构,一般由三层树冠组成,上下枝叶稠密,几乎不透风。该结构相对有效防风距离较短(仅为树高的 10 倍),且风积物易沉积于林带前和林带内,不适宜于田间防护林带所采用。

② 疏透型是由数行乔木、两侧各配置一行灌木所组成,在乔木和灌木的树干层间有不同程度的透风空隙,林带上下透风均匀,相对有效防风距离较大(为树高的 25 倍),防风效果较好,且不会在林带内和林缘造成风积物的沉积。因此,该结构适宜于风害较为严重地区的农田防护林带。

③ 透风型结构是指由乔木组成不搭配灌木的窄林带结构,一般由单层或两层林冠所组成。林冠部分适度透风,而林干部分大量透风,风害较轻地区的防护林可以采用该种结构。

(2) 林带方向。农田防护林的方向一般根据项目区的主要风害(5 级以上大风,风速不低于 8 m/s)方向和地形条件来决定。一般要求主林带的方向垂直于主害风方向并沿田块的长边布置,而副林带沿田块短边布置。在地形较为复杂的地区,当主林带无法与主害风方向垂直时,可与主害风方向呈 30°夹角布置,最大时夹角不应超过 45°,否则严重削弱防风效果。

(3) 林带间距。林带间距的确定主要取决于林带的有效防风距离,而林带的有效防风距离与树高成正比例关系,同时与林带结构密切相关。一般林带的防风距离为树高的 20~25 倍,最多不超过 30 倍。因此,林带间距通常以当地树种的成林高度为主要依据,结合林带结构综合确定。

(4) 林带宽度。林带宽度一般应在节约用地的基础上,根据当地的环境条件和防风要求加以综合分析确定。林带的防风效果最终以综合防风效能值来表示,即以有效防风距离与平均防风效率的乘积来表示。综合防风效能值越大,林带宽度越合理,防风效果也越好,反之则差。不同宽度林带综合防风效能值如表 4-1 所示。

表 4-1 不同带宽综合防风效能值

林带宽度/m	有效防风距离/m	平均防风效率/%	综合防风效能值/m
2	20	12.9	258.0
3	25	13.8	345.0
5	25	25.3	632.5
9	25	24.7	617.5
18	15	27.3	409.5

对于一般地区,田间防护林带以5～9行树木组成的林带宽度为宜。

(5)树种的选择与搭配。树种的选择应该按照"适地适种"的原则,选择最适宜当地的土壤、气候和地形条件且成林速度快、枝叶繁茂、不窜根、干形端直、不易使农作物感染病虫害的树种。

树种搭配上要注意,同一林带树种只能选择单一的乔木树种,避免混交搭配。

3. 治坡工程规划

坡面是水土流失的起源,治坡是治理水土流失的关键。治坡工程总的来说就是在坡面上沿等高线开沟、筑埂,修成不同形式的台阶,用于截短坡长、减缓坡度、改变小地形,起到蓄水保土的作用。根据修筑形式、适应条件及适用材料的不同分为:坡地梯田工程、坡地蓄水工程。

(1)坡地梯田工程。在25°以下的坡耕地上,一般应修梯田,包括水平梯田、隔坡梯田和坡式梯田;对坡耕地上土层较厚、当地劳力充裕的地区,尽可能一次性修成水平梯田;对坡耕地土层较薄、当地劳力较少的地区,可以先修筑坡式梯田,经逐年向下方翻耕,减缓田面坡度,逐渐变成水平梯田;在地多人少、劳力缺乏,同时降雨量较少,耕地坡度在15°～20°的地方,可以采用复式梯田,平台部分种庄稼,斜坡部分种牧草。

(2)坡地蓄水工程。一般包括截留沟、蓄水池、水窖等工程,用于拦蓄地表径流,减缓流速,保护农田,同时还能有助于涌洪涌沙,变害为利。应与梯田及其他保水保土措施统一规划,同步实施,以达到在出现暴雨时能保护梯田区和保护耕作区的安全,保护林草措施的安全。坡地蓄水工程应进行专项总体布局,合理地布设截留沟、排水沟、沉沙池、蓄水池、水窖等。

① 截留沟:当坡面下部是梯田或林草、上部是坡耕地或荒坡时,应在交界处布设截留沟。如为无措施坡面且坡长很大时,应布设几道截留沟,根据地面坡度、土质和暴雨径流情况具体设计,一般截留沟的间距为20～30 cm。截留沟又分为蓄水型和排水型:蓄水型截留沟基本沿等高线布设;排水型截留沟应与等高线取1‰～2‰的比降,一端应与坡面排水沟相连,并在连接处做好防冲措施。如果截留沟不水平应在沟中每5～10 m修20～30 cm的小土挡,防止冲刷。在具体设计时截留沟应能防御10 a一遇的连续24 h的最大降雨量。

② 排水沟:排水沟一般布设在坡面截留沟的两端或较低的一端,用于排除截留沟不能容纳的地表径流,其终端连接蓄水池或天然排水道。当排水口的位置在坡角时,排水沟大致与坡面等高线正交布设;当排水口处在坡面上时,排水沟可基本沿等高线或与等高线斜交布设。梯田两边的排水沟一般与坡面等高线正交布设,大致与梯田两边的道路相同。土质的排水沟应分段设置跌水,其纵断面可同梯田区的大断面一致,以每台面宽为一水平段,以每台田坎高度为一跌水。各种布设应在冲刷严重的地方铺草皮或石方衬砌。

③ 蓄水池:一般布设在坡脚或坡面局部低凹处,应尽量利用高于农田的局部低洼天然地形,以便汇集较大面积的降雨径流,进行自流灌溉和自压喷灌、滴灌。蓄水池的分布与容量应根据坡面径流总量、蓄排总量和修建省工、适用方便原则,因地制宜地确定。一个坡面的蓄排工程可集中布设一个蓄水池,也可分散布局若干个蓄水池。蓄水池应选在地形有利、岩性良好(无裂缝、暗穴、沙砾层等)、蓄水容量大、工程量小、施工方便的地方,宜深不宜浅,圆形为最好。应根据当地地形和总容量,因地制宜地确定蓄水池形状、面积、深度和周边角

度。石料衬砌的蓄水池,衬砌中应专设进水口与溢洪口,土质的蓄水池进水口和溢洪口应进行石料衬砌。一般口宽 40~60 cm,深 40~60 cm。

④ 沉沙池:一般布设在蓄水池进水口的上游附近,排水沟(或排水型截留沟)排出的水,先进入沉沙池,泥沙沉淀后,再将清水排入蓄水池中。沉沙池可以紧靠蓄水池,也可以与蓄水池保持一定的距离。沉沙池一般为矩形,宽 1~2 m,长 2~4 m,深1.5~2.0 m,要求其宽度为排水沟宽度的两倍,并有适当的深度以利于水流入池后能缓流沉沙。

⑤ 水窖:水窖是黄土地区及严重缺水的石质山地的一种蓄水措施,一般布设在村旁、路旁有足够径流来源的地方。窖址应选在有深厚坚实的土层,距沟头、沟边 20 m 以上,距大树根 10 m 以上的地方,石质山区的水窖应修在不透水的基岩上。水窖分为井式水窖和窖式水窖,一般在来水量不大的路旁修井式水窖,单窖容量为 30~50 m³;在路旁有土质坚实的崖坎且要求蓄水量大的地方,修窖式水窖,单窖容量为 100~200 m³。应根据项目区人口数量、每年的人均需水量、总需水量,扣除其他水源可供水量,取当地有代表性的单窖容量,算出项目区的修窖数量,图 4-22 为瓮窖与缸窖的横断面图。

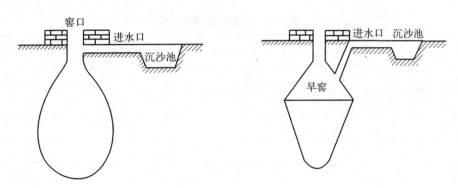

图 4-22 水窖横断面示意

4. 治沟工程规划

沟蚀是引起水土流失的重要原因,要彻底解决沟蚀,就必须采取治沟工程措施。治沟必须从沟头到沟底,层层设防。治沟工程一般包括以下三个部分。

(1) 沟头防护工程。修建沟头防护工程的重点位置是当沟头上有坡面天然集流槽,暴雨中地面径流由此集中泄入沟头,引起沟头剧烈前进的地方。其主要任务为制止坡面径流由沟头进入沟道或使之有控制地进入沟道,从而制止沟头前进,保护地面不被沟壑切割破坏。沟头防护工程分为蓄水型和排水型。

当沟头以上坡面来水量不大时,一般采用蓄水型。其又有两种形式:一是围埂式,即在沟头以上 3~5 m 处,围绕沟头修筑土埂,沟中每 5~10 m 修一小土挡,防止水流集中。围埂为土质梯形断面,埂高0.8~1.0 m,顶宽为 0.4~0.5 m,内外坡比各约 1∶1。二是围埂蓄水式,当沟头的来水量单靠围埂不能全部拦蓄时,在围埂以上低洼处,修建蓄水池,拦蓄坡面来水,配合围埂,蓄水池应距沟头 10 m 以上。

当沟头以上坡面来水相当大时,应采用排水型沟头防护。其有两种形式:一是跌水式,适用于沟头陡崖较小时,用浆砌块石修成跌水,下设消能设备,水流通过跌水完全进入大沟道;二是悬臂式,适用于沟头陡崖高差较大时,用木制水槽(或陶瓷管、混凝土管)悬臂置于土质沟头陡坎之上,将来水跳泄下沟,沟底设消能设备。

(2) 谷坊工程。谷坊是横筑于沟壑中的挡水建筑物,可以减缓沟床坡降,拦截径流和泥沙,制止沟底下切和发展,并可抬高沟床,抑制沟岸扩展,使沟底彻底川台化,变荒沟为生产的农田。谷坊一般布局在沟谷比降大(5%~10%)、狭窄、切割较深、难以耕作的地区。其防御标准定位为10~20 a 一遇3~6 h 最大暴雨,根据各地降雨情况,分别采用当地最易产生严重水土流失的短历时、高强度暴雨作为防治标准。谷坊应修在口小肚大的地方,以减少工程量,增大库容。由于修筑的材料不同,可分为土谷坊、石谷坊和柳谷坊。

① 土谷坊:一般修在土质山区、丘陵区的小支、毛沟中及广东、湖南、江西等地崩岗的沟底和沟口。土谷坊的断面尺寸,应根据谷坊所在位置的地形条件,参照表4-2设计。土谷坊的溢洪口应设在土坝一侧的坚实土层或岩基上,上下两座谷坊的溢洪口尽可能交错布设。对沟道两岸是平地、沟深小于3.0 m 的沟道、坝端没有适宜开溢洪口的位置,可将土坝高度修到超出沟床0.5~1.0 m,坝体在沟道两岸平地上各延伸2~3 m,并用草皮或块石护砌,使洪水从坝的两端漫至坝下农、林、牧地或安全转入沟谷,不允许水流直接回流到坝脚处。

表4-2 土谷坊断面设计表

坝高/m	顶宽/m	底宽/m	迎水坡比	背水坡比
2	1.5	5.9	1:1.2	1:1.0
3	2.5	9.0	1:1.3	1:1.2
4	2.0	13.2	1:1.5	1:1.3
5	2.0	18.5	1:1.8	1:1.5

注:在坝顶为交通道路时,按交通要求确定坝顶宽度。在谷坊能迅速淤满的地方,迎水坡比可取与背水坡比一致。

② 石谷坊:主要修在土石山区,就地取材做成,有的称为闸山沟。其目的除了提高侵蚀基点外,还可以提高水位,引水灌溉。因其坝顶能漫水,又称为滚水坝,不需在旁边另开溢洪道。一般有两种形式:一是阶梯式,通常坝高2~4 m,顶宽1.0~1.3 m,迎水坡1:0.2,背水坡1:0.8,坝顶过水深0.5~1.0 m,一般不蓄水,坝后2~3 a溢满;另一种是重力式,通常坝高3~5 m,顶宽为坝高的0.5~0.6倍,迎水坡1:0.1,背水坡1:0.5~1:1,还可蓄水用,质量要求较高,需做坝体稳定性分析。

③ 柳谷坊:有多排密植型和柳桩编篱型两种方式。多排密植即在沟中已定的谷坊位置,垂直于水流方向,挖沟密植柳杆(或杨干),沟深0.5~1.0 m,杆长1.5~2.0 m,埋深0.5~1.0 m,露出地面1.0~1.5 m,每处栽植柳(或杨干)5排,行距1.0 m,株距0.3~0.5 m。埋杆直径5~7 cm。柳桩编篱型即在沟中已定谷坊位置,打2~3排柳桩。桩长1.5~2.0 m,打入地中0.5~1.0 m。排距1.0 m,桩距0.3 m,再用柳梢将柳桩编织成篱,在每两排篱中填入卵石(或块石),最后用捆扎柳梢盖顶并用铅丝将前后2~3排柳桩联系绑牢,使之成为整体加强抗冲击力。

(3) 淤地坝工程。在沟道中修筑的主要用于拦泥淤地的小型石坝,坝后淤出的地称为坝地。淤地坝一般应选在口小肚大、沟道比降较缓处,通常修在支沟分岔的下方和沟底陡坡、跌水的上方,以求修坝工程量小、库容大、淤地多。坝端岸坡应有开挖溢洪道的良好地形和土质(或基岩);其两岸岸坡不应大于45°,不应有集流洼地或冲沟、不应有陷穴、泉眼等隐患。

根据坝高、库容、淤地面积,淤地坝分为以下三类:

① 小型淤地坝:一般坝高 5~15 m,库容 1×10^4~1×10^5 m^3,淤地面积 0.2~2 hm^2,修在小支沟或较大支沟的上中游,单坝集水面积在 1 km^2 以下。

② 中型淤地坝。一般坝高 15~25 m,库容 1×10^5~5×10^5 m^3,淤地面积 2~7 hm^2,修在较大支沟下游或主沟上中游,单坝集水面积 1~3 km^2。

③ 大型淤地坝。一般坝高为 25 m 以上,库容 5×10^5~5×10^6 m^3,淤地面积 7 hm^2 以上,修在主沟的中下游或较大支沟的下游,单坝集水面积 3~5 km^2 或更多。

坝系规划应以完整的小流域为单元,从支沟到主沟,从上游到下游,根据不同的地形和比降,全面系统地布设大、中、小型淤地坝,除地形不良的沟道外,尽可能将坝布满。

集水面积在 1 km^2 以下的小支沟,淤地坝的建设顺序为先从沟口或下游开始,修建第一座坝;淤平种地时,再修建第二座坝,在拦泥淤地的过程中,确保第一座坝安全生产;第二座坝淤平种地时,再修其上游的第三座坝,依次向上推移,直到将全沟修完。

集水面积在 3~5 km^2 或更大的支沟,淤地坝一般应从上游向中、下游依次修淤地坝,其坝高、库容等技术指标,应依次逐渐加大。也可在中游和下游同时各修一座中型以上的淤地坝,淤平以后逐步向上推移修坝。并在上、中游适当位置,选一坝址,作为治沟骨干工程,以保证坝地安全。

集水面积在 10~20 km^2 的主沟,淤地坝一般应在其上游和两岸支沟各坝建成后,再建中下游的淤地坝(一般为大型),以减轻洪水、泥沙负担,降低工程造价。要求单坝控制区的净面积在 6 km^2 以下,工程规模按大型淤地坝考虑,并于即将淤平前 1~2 a,在坝库上游的主沟或主要产洪支沟选择适当的位置,修治沟骨干工程,以保证坝地的安全生产。

(二) 电力工程规划

1. 电力工程规划原则

(1) 供配电系统设计原则:在设计中应遵循的一般原则主要有三个方面。① 安全要求;② 导线电缆截面的选择应符合允许载流量和允许电压降的要求(6 kV 以上线路),且固定敷设年最大负荷利用在 3 000 h 以上的路线,其截面应先按经济电流密度选择电缆并应以短路热稳定进行校验;③ 要进行技术经济比较,择优确定。

(2) 供电电压的确定:供电电压主要是根据负荷大小、供电距离以及地区电网可能供电的电源电压等因素确定。线路电压等级与输送容量及输送距离的关系见表 4-3。

表 4-3 线路电压等级与输送容量及输送距离的关系表

线路额定电压/kV	0.38	3	6	10
输送容量/MW	<0.1	0.1~1.0	0.1~1.2	0.2~2.0
输送距离/km	<0.6	1~3	4~15	6~20

(3) 配电方式:接线系统可分为无备用系统的接线和有备用系统的接线,其中无备用系统的接线有直接连接的干线式和串联型干线式,有备用系统的接线有双回路放射式、双回路干线式、环式和两端供电式。

无备用系统的接线简单、运行方便,易于发现故障;缺点是供电可靠性差,主要用于三级负荷和部分次要的二级负荷供电。土地整理项目的电力配载主要用于农田灌排,可以选择这种连线方式。

(4) 低压配电系统接地方式选择:对于 380 V/220 V 的低压配电系统,我国广泛采用中性点直接接地的运行方式,引出中性线 N 和保护线 PK。

2. 电力工程规划的主要内容

电力工程规划的内容主要包括合理布设变电站,确定主变容量和电压等级,确定馈线分布、负荷分配以及保护方式等。输、配电和低压线路布设,要与排灌、道路等工程相结合,按机井布局选定电力线走向及路径。规划中,要进行输、配电线输送容量、供电半径和导线截面积计算,其标准要满足电力系统安装与运行规程,保证电能质量和安全运行。井灌变压器要设在负荷中心及接近负荷处,供电半径要满足电压降规定值要求。当一台变压器负担多井时,变压器容量要适应送电综合距离的要求,保证电压降限值。

第四节 土地整理规划的权属调整

一、调整原则

土地产权调整的主要任务是使国家、集体和农户在土地整理后权益都得到有效保护,调整中一般要考虑群众意愿、土地经营的适度规模(划分最小地块面积)、尽量原位分配土地和兼顾原有面积等因素,对于分配到非原位土地的居民,要根据分配土地质量、条件与整理前土地质量条件的差异进行平衡或补偿。具体来说,必须坚持以下原则。

(一) 公开、公平、自愿原则

土地整理过程中的土地产权调整应实行公告制度,广泛征求各有关权利人意见;土地所有权和使用权的调整不得造成相关权利人的损失;整理后农民新承包耕地应与原承包耕地在数量和质量(可以土地价值作为衡量因素)上相同或有所提高;土地所有权和使用权的调整应在各有关权利人协商一致的基础上进行。

(二) 依法原则

土地整理项目区的土地产权调整必须依据土地管理法律法规,按照法律程序,通过申报、地籍调查、权属审核、注册登记和颁发土地证书等程序明确土地产权主体,核实、调整和确定土地所有权或使用权。依法改变土地权属和用途的应当办理土地变更登记手续。

(三) 大众参与原则

农村土地整理的直接利益主体是整理区内的农民,产权调整要让群众接受、满意,保护他们的切身利益。因此,土地整理后经营规模和方式应由集体经济组织决定,政府只进行宏观调控引导。土地权属的调整、调整承包地或由本集体经济组织以外的单位、个人承包经营的,必须经过村民会议 2/3 以上成员或者 2/3 以上村民代表同意,并依法报经有关部门批准。该原则充分体现了农民集体是我国农村土地所有权人这一基本土地制度,不仅要鼓励项目区农民主动参与土地整理的规划、设计、施工,而且要参与土地产权及土地收益的分配,切实保护每一位农户的正当权利。

(四) 土地流转方式多样化原则

土地整理的目的之一是提高农业的比较效益,土地权属调整也必须服从于和服务于这一目标,让没有耕作能力的农民通过转让、出租、抵押、典当等多种方式转移承包经营的土地,同时让有能力经营土地的农民可以通过受让、租赁等多种方式,扩大经营规模。土地权属的多种流转方式可以使农民以较低成本扩大经营规模。

(五) 土地适度规模经营原则

土地规模经营是社会劳动生产力提高的必然要求,是市场经济大农业替代落后小农经济的必然选择。土地流转方式的多样化,为土地的规模经营奠定了基础。在发达国家,对整理后土地的经营规模进行了一些规定,如法国规定土地整理后划定的新农场面积不能小于 22 hm^2,日本通过土地整理划定的方田最小面积为 10 hm^2。

(六) 合同约定原则

按照《合同法》有关规定,凡涉及调整的土地权属主体都要以书面形式签订权属认可或协议等合同书,明确各土地权属主体及其相邻主体之间的责权关系。如土地整理前应事先查清土地的权属和利用现状,签订土地利用现状权属认可书;通过土地整理规划设计,编制土地权属调整方案,签订土地权属调整协议书;项目竣工后按照协议重新分配土地权属,依法确认并办理土地所有权和土地使用权登记。

二、权属界定

(一) 国有土地所有权

国家所有的土地要根据《中华人民共和国土地管理法》、《中华人民共和国土地管理法实施条例》和《确定土地所有权和使用权的若干规定》等法律法规和有关政策的规定确认。属于国家所有的土地主要包括:城市市区的土地、农村和城市郊区中已依法没收、征收、征购为国有的土地;国家依法征用的土地;依法不属于集体所有的林地、草地、荒地、滩涂及其他土地;农村集体经济组织全部成员转为居民的,原属于成员集体所有的土地;因国家组织移民、自然灾害等原因,农民成建制地集体迁移后不再使用的原属于迁移农民集体所有的土地;土地所有权有争议,不能依法证明争议土地属于农民集体所有的。

(二) 农村集体土地所有权

按照《土地管理法》规定,农村集体土地有三种所有权主体形式:一是已经属于乡(镇)农民集体所有的土地,应依法予以确认;没有乡(镇)集体经济组织的,由乡(镇)政府代管,负责经营和管理。二是村农民集体所有的土地(如村管辖的公共事业用地、村办企业用地、村管理的部分荒山荒坡荒滩、村办农林牧渔、果园、学校、水利道路设施等土地)以及村平调各村民小组的土地,应承认现状,依法确认为村集体经济组织所有,由村农民集体经济组织或者村民委员会负责经营、管理。三是已经分别属于村内两个以上农村集体经济组织的农民集体所有的土地,由村内各级农村集体经济组织或者村民小组经营管理;鉴于有的村民小组组织形式弱化,其经营、管理可经村民小组内 2/3 以上成员同意,委托村委员会监管行使其产权。

(三) 土地承包经营权

农民集体所有的土地可由本集体经济组织的成员承包经营,从事种植业、林业、畜牧业、渔业生产。土地承包经营期限为 30 a。国有土地可以由单位或者个人承包经营,从事种植业、林业、畜牧业、渔业生产。农民集体所有的土地,可以由本集体经济组织以外的单位或者个人承包经营,从事种植业、林业、畜牧业、渔业生产,土地承包经营的期限由承包合同约定。发包方和承包方应当订立承包合同,约定双方的权利和义务。

根据土地利用总体规划和土地开发整理规划实施的需要,调整置换土地。调整承包或由本集体经济组织以外的单位或个人承包经营的,须经村民(或村民小组)会议 2/3 以上成员或 2/3 以上村民代表同意。

在符合土地利用总体规划和土地用途管制要求的前提下,坚持土地所有权与土地使用权、承包经营权相分离的原则,采取多种形式明确土地使用权,将土地承包权稳定在农户。在农户自愿的基础上,适当集中土地承包的经营权,实行土地的适度规模经营。

(四) 未利用地整理的土地权属确定

(1) 整理国有土地、国家征用的土地、工矿废弃地和未确定土地使用权的国有荒山、荒地、荒滩从事种植业、林业、畜牧业或者渔业生产的,可以采取国有土地使用权出让、租赁、作价出资或者入股的方式,按照"谁投资,谁受益"的原则,由县级以上人民政府土地行政主管部门与土地整理单位或个人签订土地开发整理合同书,经县级以上人民政府依法批准,可以确定给开发单位或者个人长期使用,使用期限最长为 50 a。

(2) 整理农村集体所有的"四荒"地(荒山、荒地、荒滩、荒水),其承包、租赁、拍卖"四荒"土地使用权的最长期限为 50 a。在规定的使用期限内,对于实行承包租赁和股份合作方式的,可依法继承、转让或转租;对于购买使用权的,依法享有继承、转让、抵押、参股联营、股份使用的权利。在进行转让、抵押、参股联营、股份合作时,要经农村集体经济组织同意,由乡(镇)人民政府审核,依法报经县级以上人民政府批准,同时办理土地使用权变更登记和抵押登记。

(3) 土地整理前,可以依法对集体所有的非农用地征用为国家所有,以国家投入为主进行成片开发整理为耕地和其他土地,由县级以上人民政府统筹安排,可以采取委托经营、出让、租赁等有偿使用方式,以逐步回收土地整理所投入的资金,形成土地整理资金良性循环机制。

三、调整形式

(一) 合并与分割

所谓权属合并就是为了满足土地整理后土地规模经营的需要,将相邻破碎的土地合并连成一片,土地使用权或所有权集中在一个或某几个业主手中。有些土地整理项目区地形比较破碎;土地承包到户后一块土地上的权属相当复杂,但土地整理客观上要求集中成片。这时就可采取权属合并的办法,农民将土地交由一个土地整理公司统一进行整理,统一进行经营,农民按照原有土地面积大小收取土地租金。

与权属合并相反的是权属分割。集中成片的土地整理后,可以按照事先约定的协议(如按照出资额的大小或者按照原来的权属界线等)进行权属的重新划定。

(二) 土地产权置换

(1) 相邻农村集体所有土地之间,为方便生产和生活,有利于本集体经济组织的统一经营、管理和集约化规模经营,可将原不同权属单位之间的"飞入飞出地"、权属界线走向相互交错或形状不整齐、不便于利用的土地,经双方协商,通过土地置换,调整原土地权属的分布位置、形状、范围和界线。

(2) 在同一权属主体的农村集体土地所有权内,对原有零星分散、相互交叉或插花土地通过土地开发整理后,不同用地类型通过归并、调整达到用途相对一致,集中成片,便于机械化耕作和集约利用。原有农户承包经营的土地位置、范围、面积与分布状况均应按规划设计和整理后的土地进行调整置换和重新分配。

(3) 支持国有企业改革,减轻企业经济负担。在征得农村集体经济组织同意,并经县级以上土地行政主管部门批准后,国有企业采用复垦国有废弃地增加的数量和质量相当的耕地置换因生产被破坏的农村集体耕地,原土地权属相应转移。置换后,被破坏的集体耕地属国家所有,不再征用,也不占当年建设占用耕地计划指标。

(4) 为促进不同权属单位内的农村居民点向中心村、集镇集中,乡镇企业向工业小区集中,可以通过土地置换、平调集中,在土地利用总体规划确定的建设用地区内选址建设。原土地权属可经原农民集体经济组织 2/3 以上成员同意,其产权依法转移或委托给上一级农民集体经济组织经营、管理。其他集体经济组织从相邻交界地段向中心村所在的集体经济组织划出其相应承担的占地面积作为补偿。中心村建设中公用事业占地由相关集体经济组织按比例分摊。公用事业占地可确定共有权,并依照规定办理土地变更登记手续。

(三) 土地用途置换

(1) 农用地之间的置换。通过土地整理,不断改善农业生产条件,保护和改善农业生态环境,按照土地利用总体规划分区实施土地用途管制的要求,合理调整土地利用结构,优化配置农用地资源。通过土地置换,应把园地、林地、鱼池和建设用地按土地用途重新配置,基本原则是对整理出的土地能作为耕地的不得用于其他用途,园地、林地上山,鱼池下滩。

(2) 建设用地之间的置换。将零星分散于耕地中的农村居民点用地、乡镇村工矿用地通过土地置换,调整到旧村改造和乡镇工业小区闲置土地内,其建设占地由集体经济组织统一安排,原宅基地或工矿用地复垦后的新增耕地由集体经济组织重新发包或补偿建设占地。农民建房向集镇集中,其建设占地可办理征用手续,原宅基地复垦后的新增耕地仍归集体经济组织所有。农民建房应及时申请土地登记,注销原宅基地集体土地使用证,领取新宅基地国有土地使用证。

(3) 建设用地与农用地之间的置换。按照土地利用总体规划,在确保项目区内建设用地总量不增加、耕地面积不减少并力争数量有所增加、质量有所提高的前提下,鼓励农民在中心村、集镇集中建房,乡镇企业搬迁入工业小区,在土地利用总体规划确定的村镇建设用地区内选址建设。新址占地面积应严格按照国家用地标准审批,不得占用基本农田。确需占用耕地的,经县级以上土地行政主管部门调查核实和批准,可以与腾出来的旧址(如旧宅、旧地)整理后增加的耕地进行置换,其建设用地可以不占用年度建设占用耕地计划指标。

四、产权分配方法

土地权属调整中土地分配的方式通常有面积法和价值法两种。但在实践中,通常是以一种分配方式为主,参考使用另外一种方法,即采取折中的方式比较多。

(一) 面积分配法

面积分配法就是依据土地整理前的土地面积和位置,确定分配土地的面积和位置。这种方法特别重视原位置分配原则,通常视为原位分配法。应用此方法计算分配面积时,不是依据整理前后土地价值的差异来决定整理后土地分配的面积和位置。权属调整是按原来的位置、修正后的面积进行分配的,面积分配的公式为:整理后分配面积=原有土地面积+个别条件优越带来的加算面积(如靠近水源、交通线路等)—个别条件低劣而带来的负担面积—按比例分摊的公共用地负担。

整理后分配剩余的增加土地主要用于抵付整理的工程费用,或者整体出租给农业大户经营。

(二) 价值分配法

价值分配法就是依据整理前后土地的评估价值,按比例分配土地的方法,即在决定权属价值时要使权属在整理前后价值在总额上一致,土地分配造成的价值差异以货币形式补足。

德国采用价值法,在进行土地产权调整时按交易价值指数和土地用途来决定,土地价值的差异通过面积盈亏来平衡;中国台湾采用的调整方法是面积法和价值法结合的折中方法;日本土地整理的产权调整则灵活采用了面积法和价值法两种,但在农地整理中通常以面积法为主,通过原地分配和抽签两种形式按原来面积分配土地,价值差异部分通过货币补偿。

目前我国农村土地整理中,由于人均耕地面积小,而在小范围内农用地在质量上只能表现出很小的差异,在土地的自然属性、排涝抗旱等水利基础设施、环境质量、交通条件等方面差别也不明显;农村宅基地虽然存在区位上的不同,但是由于村庄内部宅基地之间目前还未表现出显著的级差地租差异,因此现阶段农村土地整理的土地产权分配以面积法为主,坚持

"参与整理的各主体土地整理分配的原有位置和面积基本不变的原则"。

随着我国农村土地使用制度改革的深入,土地使用权市场交易趋向加强,土地整理中的产权调整应结合农村土地分等、定级和估价,从面积法为主发展到面积法和价值法并重。此外,由于土地整理过程中对土地(主要是建设用地和农用地)的再投入,实质上是资本与土地资源结合的过程,土地资产必然会有一定的价值增值。因此,在实际工作中应该考虑采用一套科学的工作体系和土地调整分配方法,在再分配土地面积和位置基本不变的基础上作适当的价值调整。

五、调整基本程序

国土资源部于2003年颁发了《国土资源部关于做好土地开发整理权属管理工作的意见》(国土资发〔2003〕287号),该文件对土地整理过程中的权属调整程序作了一般规定:
(1) 土地权属现状的调查核实;
(2) 制定土地权属调整方案;
(3) 公告权属调整方案;
(4) 签订土地利用权属现状协议书和土地整理权属调整分配方案合同书;
(5) 冻结土地权利变更登记,停止变更土地利用现状;
(6) 实施土地权属调整方案;
(7) 依法办理集体土地农业用地使用权登记发证手续。

六、进一步完善建议

(一)地籍管理部门要积极参与

一方面,应强化土地变更调查工作,保持地籍资料的现势性,达到图件、数据与实地严格一致;另一方面,耕保、整理中心、地籍等部门应加强配合和协作,实行会审制度。由地籍管理部门认真做好土地权属和利用状况的核查工作,保证申报情况与实地一致。为充分发挥地籍管理成效的作用,业务报件应包括集体土地所有证、土地利用现状图、土地整理规划图、村组地界调整协议和承包地调整协议等要件。

(二)规范权属调整行为

权属调整是土地整理中的敏感问题,必须依法规范进行。首先,应该规范权属调整的程序,按土地清查、登记造册、权属重划和变更登记的顺序进行;其次,根据《土地管理法》第十四、第十五条之规定,集体土地由外来业主或大户承包经营的,须经村民会议2/3以上成员或者2/3以上村民代表同意,并报乡(镇)人民政府批准,涉及农民承包地的,还须经县级人民政府批准。

(三)推进土地确权发证

土地开发整理中的确权包括项目开发前和完成后两个阶段的确权工作。项目开展前的确权发证有利于保障土地的原始产权,消除权属纠纷隐患。项目完成后的确权发证是对土地重划后产权归属的确认,有利于巩固土地开发整理的成果。因此,应以土地开发整理为契机,进一步推进农村集体土地的确权发证工作;另一方面,随着业主、大户融入农业领域和产业规模的扩大,要求对流转的成片承包地确权发证的现象逐渐增多,建议对这一问题予以关注。

(四)加强权属调整的全程监督

为确保土地权属调整成果的质量,应加强对几个关键环节的监督检查:对可行性研究阶段形成的土地权属现状进行检查和复核;对规划设计阶段形成的土地权属调整方案进行复核,使实施项目新增加的耕地能合理地分配给国家、集体,处理好各村社之间的土地重划和权属调整关系;项目竣工后,在土地重划和权属调整时进行监督检查,确保土地权属调整方案全面实施。

(五)出台权属管理规定

市场经济是法治经济,产权利益是市场经济的原动力。土地开发整理由于多方产权主体的参与,使得其中的权属确认和调整至关重要。为推动该项工作规范有序进行,建议由权威机构尽快出台相关规定,规范土地开发整理中的权属管理工作。从调研中我们发现,农村基层土地权属管理的方式方法丰富多彩,不拘一格,有的虽然不完全合法,或是有失公平,但符合当地实际,群众易于接受,行之有效,因此权属管理规定应主张土地产权确认、调整的原则和发展方向,而对其具体操作程序和方法不宜过多约束。

第五节 土地整理效益评价

一、经济效益

经济效益评价的重点是对通过土地整理的投入产出进行分析,一般可采用静态分析法,主要测算投入量、预期净产出和投资回收期等。

(一)土地整理投入量分析

可参照土地整理投资估算的方法进行。

(二)计算预期净产出

计算公式为:

$$R_i = S\Delta i r_i + S_i(r_i - r_o) + C_o \tag{4-6}$$

式中:R_i——土地整理后 i 类土地增加的年纯收入,万元;

$S_{\Delta i}$——净增加的 i 类土地的面积,hm^2;

r_i——整理后 i 类土地单位面积土地的年纯收入,万元;

S_i——整理前 i 类土地的面积,hm^2;

r_o——整理前 i 类土地单位面积土地的年纯收入,万元;

C_o——土地整理后 i 类土地利用中水、电、农资、劳动力等成本的节约量,万元。

土地整理项目实施后项目区全部土地增加的年纯收入是各种地类年纯收入的总和。

(三)计算投资回收期

投资回收期 T 的计算方法如下:

$$T = C/R \tag{4-7}$$

式中:C——土地整理投资,万元;

R——土地整理增加的年纯收入,万元。

在经济效益分析中,不同的土地整理内容衡量其经济产出的指标也不相同。如农用地整理可计算每单位面积土地利用的纯收益,但建设用地的整理可计算土地整理前后土地价格的增加值。

二、社会效益

土地整理的社会效益是指:在农村,通过土地整理后增加耕地可扩大农村剩余劳动力就业、降低生产成本、增加农民收入;土地经营规模化、集约化,可改善农业生产条件;改造旧村庄、归并居民点、节约基础设施建设,可改变农村环境,提高农民生活水平和生活质量。由于各地开展土地整理的内容不同,土地整理社会效益所采取的指标也不同。因此,各地可因地制宜采用定量分析与定性分析相结合的方法进行社会效益分析。

在一个县内的土地整理规划,文本中主要应阐述对耕地保有量的贡献、对劳动力就业的增加、农民经济收入的提高以及生活条件的改善等。

三、环境效益

土地整理环境效益是指:山区主要计算森林覆盖率(或植覆被度)和对水土流失治理的效应。平原地区应计算农田防护林网密度及其在防风固沙中的效果、农田污染改善程度、防洪除涝的作用及优化生态结构状况等。

本章小结

规划设计设是土地整理工程设计中的重要环节,所以本章内容涉及的内容也较为丰富。本章首先介绍了土地整理项目规划的内容与程序;第二节论述了基于景观生态学的思想进行项目区土地整理项目规划,在本节内重点论述了景观生态分析的规划方法与景观安全格局的规划方法,这不仅充实了原有规划设计的理论依据,也强调了规划的景观生态特性,促进了土地利用的可持续性;第三节详细介绍了土地整理项目规划单体工程的设计与布局,包括土地平整规划、田间灌排系统的规划、田间道路工程与其他田间工程的规划;第四节论述了土地整理规划的权属调整的原则、权属界定的方法、权属调整的集中形式与产权分配的基本方法;第五节简要介绍了土地整理三类效益的评价方法。

关键词

  项目规划设计 景观生态分析 土地平整工程 田间灌排工程 田间道路工程 其他工程 权属调整 产权分配 效益评价

复习思考题

  1. 土地整理项目规划的内容与原则是什么?
  2. 请论述基于景观生态分析的土地整理项目规划方法。
  3. 简述土地整理规划的权属调整的程序。
  4. 请分别论述平原地区与丘陵山区田间排灌沟渠的布设方式。
  5. 田间道的布设通常与田间的灌排系统相联系,请简述在有渠系的地区田间道路布设的几种类型与各自布设特点,并画出简要示意图加以说明。

第五章 土地整理项目工程设计

 学习目标

通过对本章的学习,应该能够:
1. 了解土地整理项目工程设计的内容、程序与标准;
2. 掌握方格网法、横断面法和散点法的适用范围、计算原理与计算公式;
3. 掌握田间道路的设计方式与梯田土方量的计算方法;
4. 了解田间排灌工程设计的主要内容和相关参数的计算方法;
5. 了解土地整理项目其他工程的相关内容。

第一节 土地整理项目工程设计的内容、程序与标准

一、土地整理项目工程设计的内容

(一)土地平整工程设计

土地平整工程设计包括土地工程布局、土地平整土方工程量计算和田间土方调配等内容。

(二)灌排工程设计

灌排工程设计包括水源工程设计、灌溉工程设计(渠道灌溉工程设计、低压管道输水灌溉工程设计和喷微灌灌溉工程设计)、排水工程设计和建筑物工程设计等内容。

(三)道路工程设计

道路工程设计包括道路的横纵断面设计。

(四)其他工程设计

其他工程设计包括农田防护林工程设计、水土保持工程设计、输配电线路设计、变电站设计和项目拆迁补偿等内容。

上述各项是有机的联系在一起的,在设计时必须综合解决。

二、土地整理项目工程设计的程序

(一)搜集资料

土地整理工程设计在工程规划的基础上,根据规划的工程类型与特点,有针对性地搜集资料。资料的可靠程度直接关系着设计成果的可靠性,因此,设计资料必须有高度的可信性和较长的时间序列。如果该地区一时缺乏某种资料(自然性资料),可以借鉴或利用类似地区的资料。

(二)设计单体工程

(1)单体工程的类型、位置、数量及建设标准都是由项目规划确定的,据此可以进行具体的结构设计和计算。

(2)单体工程的细部构造尺寸及配筋计算,要遵循相关行业的技术规范(标准),按照建筑物本身特征结合有关专业知识进行。

(3)绘制各单体工程设计图件及编制相应的设计说明书。

(三)成果汇总和提交

项目工程设计汇总与提交的成果主要是工程设计图纸和设计说明书以及设计资料、勘察报告等。

三、土地整理项目工程设计的标准

土地整理项目工程设计标准,是从工程项目建设的角度出发,提出对工程产品实现目标的规定要求。这种规定通常多以项目构成、结构参数规定等进行反映。建设标准的制定,应考察一定社会经济条件下,对这种标准的期望能力及对社会、经济的支持能力,即实现社会效益、经济效益等最优化。土地开发整理项目涉及多个行业、多项建设工程,其建设标准主要是以单项工程为单元进行规定的,如土地平整、灌溉与排水、田间道路、农田防护与生态环境保护等工程。

2000年10月,国土资源部发布了《土地开发整理标准》,包括:《土地开发整理项目规划编制规程》(TD/T 1011-2000)、《土地开发整理项目规划设计规范》(TD/T 1012-2000)、《土地开发整理项目验收规程》(TD/T 1013-2000),简称三项标准。

原标准存在以下问题。

(一) 土地开发整理项目设计内容不具体

原《规范》的项目设计主要是对单项工程提出的规定要求,但在单项工程设计规定中存在以下不足:一是单项工程的分类不清楚,设计内容不具体;二是单项工程的设计指标没有体现土地整理项目小型化的特点,部分标准的制定不符合项目实际;三是不同单项工程设计介绍的深度不统一,没有对工程形式、适用条件、设计参数、重要公式等进行完整、统一的规定;四是部分文字叙述错误。作为单项工程的设计规范,原《规范》缺少适用性和操作性。

(二) 引用标准不全面,部分标准已过时效期

原《规范》引用了建筑、水利、水土保持、公路、村镇规划、林业等行业标准 21 个,并构成本标准内容,但在标准引用上存在两个问题:一是引用标准的重点在水利行业,别处涉及较少;二是部分标准已过时效期,需要更新,如水利水电枢纽工程等级划分及设计标准(SDJ217-1987)、建筑地基基础设计规范(GBJ7-89)、渠道防渗工程技术规范(SL/T18-1991)等。

(三) 对土地开发整理工程建设标准规定不清楚

土地开发整理项目提出以"田、水、路、林、村"综合整治为重点的建设目标,它不但融合了农业、水利、林业、交通、水土保持、环境、电力、建筑等专业技术,而且在广泛吸收其他行业专业技术的基础上,逐步建立了属于该专业领域的工程技术。作为一门逐步发展起来的工程技术,要想取得长足发展,必须有自己的核心技术。《土地开发整理工程建设标准》是解决以上各专业组合后各单项工程的技术标准。显然,原《规范》没有对该问题解释清楚。

土地整理工程设计标准首先应吸收相关行业的技术标准内容,并结合土地开发整理项目管理的需要,提出适合本专业的技术规定;其次,结合土地开发整理项目的实施活动,总结本领域内技术管理成就,编制出具有本专业特点的技术标准。根据各标准之间的分工,应对土地开发整理项目构成、建设条件、结构指标参数等进行规定,具体内容包括土地平整、灌溉与排水、田间道路、农田防护和生态环境保护等单项工程建设技术,既包括单项工程建设标准,也包括组成单项工程之单位工程的建设标准,单项工程或单位工程内容应结合工程体系划分内容和现有行业标准的制定内容来确定。

第二节 土地平整工程设计

一、土地平整工程量计算方法

1. 方格网法

方格网法是计算土地平整工程量常用的一种方法。这一方法一般适用于比较复杂的地形,其特点是在田块平面形状较方正的情况下,计算精度较高。一般计算过程如下。

(1) 划分方格网。根据已有地形图(一般用 1∶500 的地形图)划分成若干方格网,使之

尽量与测量的纵、横坐标对应,方格大小一般采用 20 m×20 m 或 40 m×40 m。根据地形图上的高度,利用插值法确定方格顶点高程。

(2) 计算各桩点设计高程。根据各桩点高程,用下式计算田块平均高程:

$$\bar{h} = \frac{1}{n}\left[\frac{\sum h_\text{角}}{4} + \frac{\sum h_\text{边}}{2} + \sum h_\text{中}\right] \tag{5-1}$$

式中:$\bar{h}$——田块平均高程,m;

$\sum h_\text{角}$——各角点高程之和,m;

n——田块中方格总数;

$\sum h_\text{边}$——各边点高程之和,m;

$\sum h_\text{中}$——各中点高程之和,m。

对于没有纵坡的田块,田块平均高程即为各桩点设计高程;对于需要纵坡的田块,则以田块的平均高程作为田块中间断面的设计高程,按设计的地块纵坡计算沿地面各排桩点的设计高程。

将设计标高和自然地面标高分别标注在方格点的右上角和右下角。将自然地面标高与设计地面标高的差值,即各角点的施工高度(挖或填),填在方格网的左上角,挖方为正,填方为负。

(3) 计算零点位置。在一个方格网内同时有填方或挖方时,要先算出方格网边的零点的位置,并标注于方格网上,连接零点就是零线,它是填方区与挖方区的分界线,见图 5-1(a)。零点的位置按下式计算:

$$x_1 = \frac{h_1}{h_1+h_2}a, \qquad x_2 = \frac{h_1}{h_1+h_2}a \tag{5-2}$$

式中:x_1,x_2——角点至零点的距离,m;

h_1,h_2——相邻两角点的施工高度(均用绝对值),m;

a——方格网的边长,m。

在实际工作中,为省略计算,常采用图解法直接求出零点,见图 5-1(b),方法是用直尺在各角上标出相应比例,用直尺相连,与方格相交即为零点位置。

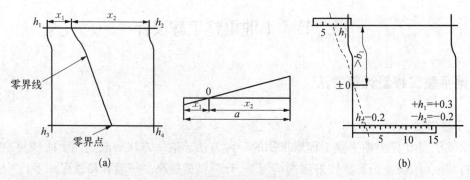

图 5-1 零点位置求解图

(4) 计算土方工程量。田块的挖填土方可用下式近似计算:

$$V_{填} = S_{方格}\left[\frac{\sum h_{角填}}{4} + \frac{2\sum h_{边填}}{4} + \frac{4\sum h_{中填}}{4}\right] \quad (5-3)$$

$$V_{挖} = S_{方格}\left[\frac{\sum h_{角挖}}{4} + \frac{2\sum h_{边挖}}{4} + \frac{4\sum h_{中挖}}{4}\right] \quad (5-4)$$

式中: $V_{填}$, $V_{挖}$——田块填(挖)土方量, m^3;

$S_{方格}$——方格网面积, m^2。

零点穿过的散格,按方格网底面积图形和表 5-1 中的公式分别计算挖(填)方量。

表 5-1 常用方格网点计算公式

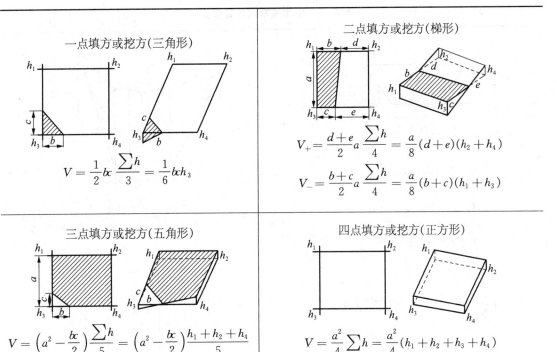

2. 横断面法

横断面法主要适用于地形起伏变化较大地区,或者挖填深度较大又不规则的地区,计算较为方便。计算步骤如下。

(1) 划分横断面。根据地形图,将要计算的场地划分成若干横断面。划分原则为垂直等高线或垂直主要建筑物边长,各断面间的间距可以不等,一般可用 10 m 或 20 m,在平坦地区可用大些,但最大不应大于 100 m。

(2) 绘制横断面图形。按比例绘制每个横断面的自然地面和设计地面的轮廓线。自然地面轮廓线与设计地面轮廓线之间的面积,即为挖方或填方的断面。

(3) 计算横断面面积。① 积距法:按表 5-2 所列出的 5 个公式,可计算每个断面的挖方或填方断面面积。② 求积仪法:用方格纸绘出横断面图后,用求积仪量出横断面积。

③ 计算机法：利用计算机辅助设计软件（如 AutoCAD）绘制横断面图后，利用软件计算面积的功能求出横断面的面积，这是目前较快也是较精确的求横断面面积的方法。

（4）计算土方量。

$$V = \frac{A_1 + A_2}{2} \times L \tag{5-5}$$

式中：V——相邻两横断面间的土方量，m^3；

A_1, A_2——相邻两断面的填（挖）土方量断面面积，m^2；

L——相邻两横断面的间距，m。

（5）计算总土方量。对不同断面的填挖土方量进行汇总，得出田块总的填、挖土方量。

表 5-2 常用横断面计算公式

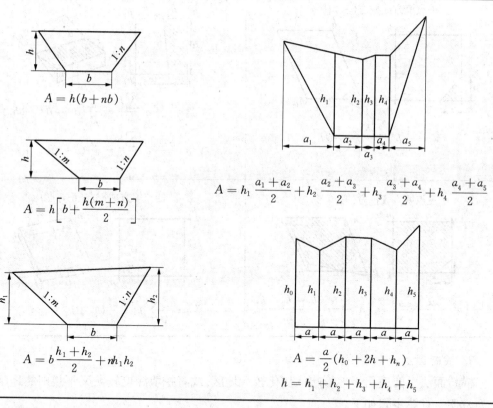

注：A 为断面面积，m^2；h，b 为断面高、宽，m；m，n 为边坡比；h_1，h_2，h_3，h_4，h_5，…，h_n 为高，m。

3. 散点法

散点法适用于地形虽然有起伏、但变化比较均匀、不太复杂的地形。这种方法的特点是测量不受限制，可以根据地形情况，布置测点。具体步骤如下：

（1）打桩。在田面的四角四边，田块的最高点、最低点、次高点、次低点以及一切能代表不同高程的各个位置上打桩，作为测点，并测出其高程读数 $H_1, H_2, \cdots, H_n$，共计 n 个高程点。

（2）计算田面平均高程。田面平均高程 H 均可以根据所测的各点高程得出：

$$H_{均} = \frac{1}{n}(H_1 + H_2 + H_3 + \cdots + H_n) \qquad (5-6)$$

各测点高程大于平均高程 $H_{均}$ 的是挖方,小于 $H_{均}$ 的是填方。算出各点与 $H_{均}$ 的差数作为施工时应掌握的挖填深度。

(3) 挖填方计算。

挖方区平均挖深 $h_{挖}$:

$$h_{挖} = \frac{\sum H_{填}}{m} - H_{均} \qquad (5-7)$$

挖方区平均填高 $h_{填}$:

$$h_{填} = H_{均} - \frac{\sum H_{挖}}{n} \qquad (5-8)$$

式中:$h_{挖}$——挖方区平均挖深,m;

$h_{填}$——填方区平均填高,m;

m——测点读数大于 $H_{均}$ 的测点数;

n——测点读数小于 $H_{均}$ 的测点数;

$\sum H_{填}$——测点读数小于 $H_{均}$ 的各点读数之和;

$\sum H_{挖}$——测点读数大于 $H_{均}$ 的各点读数之和。

挖方面积 $A_{挖}$:

$$A_{挖} = \frac{A_{总} \, h_{填}}{h_{挖} + h_{填}} \qquad (5-9)$$

填方面积 $A_{填}$:

$$A_{填} = \frac{A_{总} \, h_{挖}}{h_{挖} + h_{填}} \qquad (5-10)$$

式中:$A_{总}$——测量地块总面积,m^2。

(4) 计算挖填土方量。

挖方量 $\qquad\qquad\qquad V_{挖} = A_{挖} \, h_{挖}$

填方量 $\qquad\qquad\qquad V_{填} = A_{填} \, h_{填}$

二、土方调配

在土方的施工标高、挖填区面积、挖填区土方量算出后,应考虑各种变更因素(如土的松散率、压缩率、沉降量等),对土方进行综合平衡调配。其目的是在土方运输量或土方运输成本最低的条件下,确定填、挖方区土方的调配方向和数量,从而达到缩短工期和提高经济效益的目的。

进行土方平衡调配,必须综合考虑工程的现场情况、有关技术资料、进度要求和土方施工方法以及分期分批施工工程的土方堆放和调运等问题,经过全面分析后,才着手进行土方平衡调配工作。

1. 土方的平衡调配原则

(1) 挖方与填方基本达到平衡,在挖方的同时进行填方,减少重复倒运。

(2) 挖(填)方量与运距的乘积之和尽可能为最小,即运输路线和路程合理,运距最短,总土方运输量或运输费用最小。

(3) 取土或弃土应尽量不占农田或少占农田。

(4) 分区调配应与全场调配相协调、相结合,避免只顾局部平衡,任意挖填而破坏全局平衡。

(5) 调配应与地下构筑物的施工相结合,有地下设施需要填土,应留土后填。

(6) 选择恰当的调配方向、运输路线,做到施工顺序合理,土方运输无对流和乱流现象,同时便于机械化施工。

2. 土方平衡调配方法与土方调配图的编制

(1) 划分调配区。在平面图上先划出挖填区的分界线,并在挖方区和填方区适当划出若干调配区,确定调配区的大小和位置。划分时应注意:

① 调配区的划分应与房屋和构筑物的平面位置相协调,并考虑它们的开工顺序、工程的分期施工顺序;

② 调配区的大小应满足土方施工主导机械的行驶操作要求;

③ 调配区的范围应和土方工程量计算划分的方格网相协调,通常可由若干个方格组成一个调配区;

④ 当土方运距较大或场地范围内土方不平衡时,可考虑就近借土或弃土,此时一个借土区或一个弃土区可作为一个独立的调配区。

(2) 计算各调配区的土方量并标明在图上。

(3) 计算各挖、填方调配区之间的平均运距。挖填方调配区之间的平均运距就是挖方区土方重心至填方区土方重心的距离。取场地或方格网中的纵横两边为坐标轴,以一个角作为坐标原点(图5-2),按下式求出各调配区土方重心位置:

$$X_0 = \frac{\sum(x_i V_i)}{\sum V_i}, \quad Y_0 = \frac{\sum(y_i V_i)}{\sum V_i} \qquad (5-11)$$

式中:X_0,Y_0——挖方调配区或填方调配区重心坐标;

x_i,y_i——i 块方格重心坐标;

V_i——i 块方格土方量。

填挖区之间的平均运距 L_0:

$$L_0 = \sqrt{(x_{0填} - x_{0挖})^2 + (y_{0填} - y_{0挖})^2} \qquad (5-12)$$

式中:$x_{0填}$,$y_{0填}$——填方区的重心坐标;

$x_{0挖}$,$y_{0挖}$——挖方区的重心坐标。

一般情况下,可用作图法近似地求出调配区的几何中心(即形心位置)以代替重心位置。重心求出后,标于图上,用比例尺量出每对调配区的平均运输距离(L_1,L_2,L_3,…)。

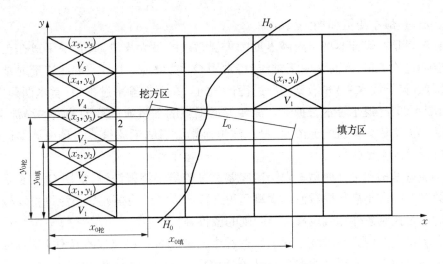

图 5-2 土方调配区间的平均运距

当填、挖方调配之间的距离较远,采用自行式铲运机或其他运土工具沿现场道路或规定路线运行时,其运距应按实际情况进行计算。

(4) 所有挖、填方调配区之间的平均运距都需要一一计算,并将计算后的结果列于土方平衡与运距表内。

(5) 确定土方最优调配方案。对于现行规划中的运输问题,可以用"表上作业法"来求解,使总土方运输量为最小值,即为最优调配方案。

$$V = \sum_{i=1}^{m} \sum_{j=1}^{n} L_{ij} V_{ij} \qquad (5-13)$$

(6) 绘出土方调配图。根据以上计算,标出土方调配方向、土方数量及运距(平均运距再加施工机械前进、倒退和转弯必需的最短长度)。

第三节 田间灌排工程设计

一、渠道灌溉工程设计

灌溉渠道按其使用寿命分为固定渠道和临时渠道两种。按控制面积大小和水量分配层次可以把灌溉渠道分为若干等级,一般为干、支、斗、农四级固定渠道。

明渠灌溉系统的一般设计程序为:灌溉方式及灌溉制度的确定→需水量计算→各级渠道设计流量的计算→确定渠道横断面尺寸→渠道纵断面设计(渠系建筑物设计、田间灌溉要求的水位推求)→绘制渠道纵断面图→渠首设计和其他建筑物设计→计算工程量。

(一) 灌溉渠道流量

渠道流量在一定范围内是变化的,在不同运行条件下的工作量用三种特征流量代表,分别为设计流量、最小流量和加大流量。

设计流量是在设计典型年内灌水期间需要通过的最大流量，或者说渠道在正常工作条件下需要通过的流量，因而又叫正常流量，常用 $Q_设$ 或 $Q_{正常设}$ 表示。设计流量通常是根据设计灌水模数（设计灌水率）和灌溉面积进行计算的。在渠道输水过程中，有水面蒸发、渠床渗漏、闸门漏水、渠尾退水等水量损失。需要渠道提供的灌溉流量称为渠道的净流量，计入水量损失后的流量称为渠道的毛流量，设计流量是指渠道的毛流量。它是设计渠道断面和渠系建筑物尺寸的主要依据。

最小流量是指在设计典型年内渠道需要通过的最小灌溉流量，常用 $Q_{最小}$ 表示。用修正灌水模数图上的最小灌水模数值和灌溉面积进行计算。应用渠道最小流量可以校核对下一级渠道的水位控制条件和确定修建节制闸的位置等。

加大流量是考虑到在灌溉工程运行过程中可能出现一些难以准确估计的附加流量，把设计流量适当放大后所得到的安全流量，常用 $Q_{加大}$ 表示。加大流量是设计渠堤堤顶高程的依据。在灌溉工程运行过程中，可能出现一些和设计情况不一致的变化，如改变作物种植计划、扩大灌溉面积等，要求增加供水量；或在工程事故排除之后，需要增加引水量，以弥补因事故影响而少引的水量；或在暴雨期间因降雨而增大渠道的输水流量。这些情况都要求在设计渠道和建筑物时留有余地，按加大流量校核其输水能力。加大流量的计算是以设计流量为基础，以设计流量乘以"加大系数"即得。按下列公式计算。

$$Q_{加大} = JQ_设 \tag{5-14}$$

式中：$Q_{加大}$——渠道加大流量，m³/s；

J——渠道加大流量系数，见表 5-3；

$Q_设$——渠道设计流量，m³/s。

表 5-3　渠道流量加大系数

设计流量/m³/s	<1	1~5	5~20	20~50	50~100	100~300	>300
加大系数	1.35~1.30	1.30~1.25	1.25~1.20	1.20~1.15	1.15~1.10	1.10~1.05	<1.05

（二）灌溉渠道水量损失

灌溉渠道的流量损失用以下两种方法计算。

1. 经验公式法

渠道输水损失流量可以按下式计算：

$$Q_损 = \sigma L \, Q_净 \tag{5-15}$$

$$\sigma = \frac{A}{100 Q_净^m} \tag{5-16}$$

式中：$Q_损$——渠道的渗水损失流量，m³/s；

σ——渠道每千米长度输水损失流量占净流量的百分数；

$Q_净$——渠道的净流量，m³/s；

L——渠道工作长度,km;
A——土壤透水性系数,可查表5-4;
m——土壤透水性系数,可查表5-4。

表5-4 土壤透水性系数

渠床土壤	透水性	A	m
重黏土及黏土	弱	0.7	0.3
重黏壤土	中下	1.3	0.35
中黏壤土	中等	1.9	0.4
轻黏壤土	中上	2.65	0.45
沙壤土及轻沙壤土	强	3.4	0.5

如果渠道受地下水位顶托和防渗透措施的影响,渠道输水量损失要作一些修正。

受地下水影响可采用下式:

$$Q'_{损} = \gamma Q_{损} \quad (5-17)$$

式中:$Q'_{损}$——受地下水顶托情况下每千米渠长渗水损失流量,m³/s;

$Q_{损}$——自由渗透情况下每千米渠长渗水损失流量,m³/s;

γ——受地下水顶托时输水损失修正系数,可从表5-5中查得。

表5-5 地下水顶托渗水损失修正系数

渠道流量 /(m³·s⁻¹)	地下水埋深度/m					
	<3	3	5	7.5	10	15
0.3	0.82					
1.0	0.63	0.79				
3.0	0.50	0.63	0.82			
10.0	0.41	0.50	0.65	0.79	0.91	
20.0	0.36	0.45	0.57	0.71	0.82	
30.0	0.35	0.42	0.54	0.66	0.77	0.94
50.0	0.32	0.37	0.49	0.6	0.69	0.84
100.0	0.28	0.33	0.42	0.52	0.58	0.73

采取防渗漏措施,可采用下式修正:

$$Q''_{损} = \beta Q_{损} \quad (5-18)$$

式中:$Q''_{损}$——衬砌渠道每千米渠长渗水损失流量,m³/s;

$Q_{损}$——自由渗透情况下每千米渠长渗水损失流量,m³/s;

β——衬砌渠道渗水损失修正系数,可从表5-6中查得。

表 5-6 衬砌渠道渗水损失修正系数

防渗措施	修正系数	备注
渠槽翻松夯实(厚度大于0.5 m)	0.3~0.2	
渠槽原状土夯实(影响厚度0.4 m)	0.7~0.5	
灰土夯实、三合土夯实	0.15~0.1	透水性很强的土壤,挂淤和夯实能使渗水量显著减少,可采取较小的值
混凝土护面	0.15~0.05	
黏土护面	0.4~0.2	
人工夯填	0.7~0.5	
浆砌石	0.2~0.1	
塑料薄膜	0.1~0.05	

2. 经验系数法

(1) 田间水利系数 $\eta_{田间}$。是指实际灌入田间的有效水量(对旱作农田,指蓄存在计划湿润层中的灌溉水量;对水稻田,指蓄存在格田内的灌溉水量)与末级固定渠道(农渠)净流量的比值。

$$\eta_{田间} = \frac{A_{农} m_{净}}{W_{农净}} \tag{5-19}$$

式中：$A_{农}$——农渠的灌溉面积,亩；

$m_{净}$——净灌水定额,m^3/亩；

$W_{农净}$——农渠供给田间的水量,m^3。

(2) 渠道水利用系数。是指某渠道净流量与毛流量的比值,用下式计算：

$$\eta_{渠道} = \frac{Q_{净}}{Q_{毛}} \tag{5-20}$$

(3) 渠系水利用系数。是指某渠道系统中所有末级固定渠道放入田间的净流量与该渠道系统中最上一级渠道引水口处的毛流量的比值,其公式为：

$$\eta_{渠系} = \eta_{干}\eta_{支}\eta_{斗}\eta_{农} \tag{5-21}$$

我国自灌区渠系水利用系数见表 5-7。

表 5-7

灌溉面积/万亩	<1.0	1.0~10	10~30	30~100	>100
渠系水利用系数/$\eta_{渠系}$	0.85~0.75	0.75~0.7	0.70~0.65	0.60	0.55

(4) 灌溉水利用系数 $\eta_{灌溉}$。是指灌入田间可被作物利用的水量(田间净流入量)与干渠渠首引水总流入量的比值,可用下式表示：

$$\eta_{灌溉} = \frac{Am_{净}}{W_{引}} \tag{5-22}$$

式中：A——全灌区的面积，亩；
$W_{引}$——渠首引入总水量，m^3。

(三) 渠道配水方式

渠道的配水方式一般分为续灌和轮灌两种，输水方式不同其设计流量的计算方法也不同。

1. 续灌

在一次灌水延续时间内，自始至终连续灌水的渠道称为续灌渠道，这种输水方式称为续灌。一般干、支渠多采用续灌。

2. 轮灌

同一级渠道在一次灌水延续时间内轮流输水的工作方式叫做轮灌。实行轮灌时，缩短了各条渠道的输水时间，加大了输水流量，同时工作的渠道长度较短，从而减少了输水损失水量，有利于农业耕作和灌输工作的配合，有利于提高灌水工作效率。但是，因为轮灌加大了渠道的设计流量，也就增加了渠道的土方量和渠道建筑物的工程量。一般较大的灌区，只在斗渠以下实行轮灌。

轮灌方式有集中编组和插花编组两种形式：① 集中编组，将邻近的几条渠道编为一组，上级渠道按组轮流供水。采用这种编组方式，上级渠道工作长度最短，输水损失最小，但可能引起灌水时劳力紧张。② 插花编组，将同级渠道按编号的奇数或偶数分别编组，上级渠道按组轮流供水。这种编组方式的优缺点恰好和集中编组的优缺点相反。

实行轮灌时，无论采用哪种编组方式，轮灌组的数目都不宜太多，以免造成劳动力紧张，一般以 2~3 组为宜。划分轮灌组时，应使各组灌溉面积相近，以利配水。

(四) 渠道设计流量推算

1. 轮灌渠道设计流量的推算
(1) 自上而下分配末级渠道的田间净流量。

假设支渠为末级单个定续灌渠道，斗、农渠集中编组轮灌，同时工作的斗渠有 n 条，每条斗渠同时工作的农渠为 k 条。

① 计算支渠的设计田间净流量：

$$Q_{支田净} = A_{支} q_{设} \tag{5-23}$$

式中：$Q_{支田净}$——支渠的田间净流量，m^3/s；
$A_{支}$——支渠的灌溉面积，万亩；
$q_{设}$——设计灌水模数，$m^3/s \cdot 万亩$。

② 计算斗渠的田间净流量：

$$Q_{斗田净} = \frac{Q_{支田净}}{n} \tag{5-24}$$

式中：$Q_{斗田净}$——斗渠的田间净流量，m^3/s；
n——同时工作的斗渠条数。

③ 计算农渠田间净流量：

$$Q_{农田净} = \frac{Q_{斗田净}}{k} = \frac{Q_{支田净}}{nk} \tag{5-25}$$

式中：$Q_{农田净}$——农渠的田间净流量，m^3/s；

   k——农渠轮灌组内的农渠数目。

(2) 自下而上推算渠道设计流量。

① 计算农渠的净流量：

$$Q_{农净} = \frac{Q_{农田净}}{\eta_{田}} \tag{5-26}$$

② 计算各级渠道的设计流量：

根据农渠的净流量自下而上逐级计入渠道输水损失，得到各级渠道的毛流量，即设计流量。由于有两种估算渠道输水损失水量的方法，由净流量推算毛流量也就有两种方法。

a. 经验公式法：

$$Q_{毛} = Q_{净}(1 + \sigma L) \tag{5-27}$$

式中：$Q_{毛}$——渠道的毛流量，m^3/s；

   $Q_{净}$——渠道的净流量，m^3/s；

   σ——每千米渠道损失水量与净流量的比值；

   L——最下游一个轮灌组灌水时渠道的平均工作长度，km。

计算农渠毛流量时，可取渠道长度的一半计算。

b. 经验系数法：

根据渠道的净流量和渠道水利系数计算渠道的毛流量。

$$Q_{毛} = \frac{Q_{净}}{\eta_{渠道}} \tag{5-28}$$

为简化计算，通常选取一条有代表性的典型支渠(作物种植、土壤性质、灌溉面积等影响渠道流量的主要因素具有代表性)进行计算，以此作为扩大指标，计算其余支渠的设计流量。再以典型支渠范围内各级渠道水利用系数作为扩大指标，计算出其他支渠控制范围内的斗、农渠的设计流量。

2. 续灌渠道设计流量计算

续灌渠道一般为干、支渠道，上、下游流量相差较大，要求分段计算。各级渠道的输水时间等于灌区灌水延续时间，可以直接由下级渠道的毛流量推算上级渠道的毛流量，逐级自下而上分段进行推算。

由于渠道水利用系数的经验值是根据渠道全部长度的输水损失情况统计出来的，它反映不同流量在不同渠段上运行时输水损失的综合情况，而不能代表某个具体渠段的水量损失情况。所以，在分段推算续灌渠道设计流量时，一般不用经验系数估算输水损失水量，而用经验公式估算。

假设渠系有一条干渠，支渠取水口把干渠分成三段，其流量分别为 Q_1, Q_2, Q_3, Q_4，各段

长度分别为 L_1, L_2, L_3,各段的设计流量分别为 Q_{OA}, Q_{AB}, Q_{BC},计算公式如下:

$$Q_{BC} = (Q_3 + Q_4)(1 + \sigma_3 L_3) \tag{5-29}$$

$$Q_{AB} = (Q_{BC} + Q_2)(1 + \sigma_2 L_2) \tag{5-30}$$

$$Q_{OA} = (Q_{AB} + Q_1)(1 + \sigma_1 L_1) \tag{5-31}$$

(五) 渠道设计流量的简化计算

在某些情况下,灌区并不具备灌溉模数图表,可通过调查了解典型年(干旱年或中等干旱年)用水高峰期的作物需水强度,或一次最大灌水定额和相应灌水延续时间以及渠系水利用系数,直接推算渠道设计流量。

1. 续灌渠道流量推算

水稻区可按下式计算:

$$Q_{续,稻} = \frac{0.667\alpha A e}{3\,600 t \eta} \tag{5-32}$$

式中:$Q_{续,稻}$——水稻田续灌渠道流量,m^3/s;
α——主要作物种植比例(占控制灌溉面积的比例);
A——该渠道控制的灌溉面积,亩;
e——典型年主要作物用水高峰期的日耗水量,mm,根据调查确定,一般黏壤土地区水稻最大日耗水量 8~11 mm,最大 13 mm;
t——每天灌水时间,h,一般自流灌区 24 h,提水灌区 20~22 h;
η——渠系水利用系数。

旱作区可按下式计算:

$$Q_{续,旱} = \frac{\alpha m A}{3\,600 T t \eta} \tag{5-33}$$

式中:$Q_{续,旱}$——旱作区续灌渠道流量,m^3/s;
m——作物需水量紧张时期的灌水定额,$m^3/亩$;
T——该次灌水延续时间,d。

2. 轮灌渠道流量推算

若某渠道为轮灌渠道,且与其同级的渠道被划分为 N 个轮灌组,则该渠道的设计流量可按下式计算:

$$Q_{轮} = \frac{\alpha m A N}{3\,600 T t \eta} \tag{5-34}$$

式中:$Q_{轮}$——轮灌渠道流量,m^3/s。

(六) 渠道横断面设计

灌溉渠道中的水流可以认为是明渠均匀流,基本公式是:

$$v = C\sqrt{Ri} \tag{5-35}$$

$$Q = \omega C \sqrt{Ri} \quad (5-36)$$

$$C = \frac{1}{n} R^{1/6} \quad (5-37)$$

式中：v——渠道平均流速，m^3/s；

C——谢才系数，$m^{0.5}/s$；

R——水力半径，m；

i——水力比降，均匀流中与渠底比降相同；

Q——渠道的设计流量，m^3/s；

ω——渠道的过水断面面积，m^2；

n——渠床糙率系数。

1. 梯形渠道横断面设计

设计渠道断面的时候，要求在设计流量、比降、糙率系数相同的条件下使过水断面最小，或在过水断面面积、比降、糙率系数相同的条件下使通过的流量最大，符合这些条件的断面称为水力最佳断面。横断面设计主要考虑如下几个因素。

(1) 渠底比降。在坡度均匀的渠段内，两端渠底高差和渠段长度的比值称为渠底比降。比降的选择关系到输水能力、工程造价和控制面积，应根据渠道沿线的地面坡度、下级渠道的进水口的水位要求，渠床土质、水源含沙情况、渠道设计流量等因素的综合考虑来确定。一般清水渠道容易产生冲刷，比降宜缓；浑水渠道易产生淤积，比降宜加大。在设计过程中，可参考地面坡度和下级渠道的水位初步选定一个比降，计算渠道的过水断面尺寸，再按不冲不淤流速进行校核。

(2) 渠床糙率系数。渠床糙率系数 n 是反映渠床糙率程度的一个指标。该值选择是否切合实际，直接影响到水利计算的结果。如果 n 值选择得太大，设计的渠道断面就偏大，不仅增加了工程量，而且会因实际水位低于设计水位而影响下级渠道的进水；如果 n 值选择得过小，设计的渠道的断面就偏小，输水能力不足，影响灌溉用水。设计时可参考表 5-8 选择。

表 5-8 渠床糙率系数值

	流量范围 /$m^3 \cdot s^{-1}$	渠槽特性	糙率系数 n	
			灌溉渠道	退泄水渠道
土渠	>25	平整顺直，养护良好 平整顺直，养护一般 渠床多石，杂草丛生，养护较差	0.020 0.022 5 0.025	0.022 5 0.025 0.027 5
	1~25	平整顺直，养护良好 平整顺直，养护一般 渠床多石，杂草丛生，养护较差	0.022 5 0.025 0.027 5	0.025 0.027 5 0.030
	<1	平整顺直，养护良好 平整顺直，养护一般 渠床多石，杂草丛生，养护较差	0.025 0.027 5 0.030	0.027 5

续 表

岩石渠槽	渠槽表面的特征	糙率系数 n
	经过良好修整	0.025
	经过中等修整、无凸出部分	0.030
	经过中等修整、有凸出部分	0.033
	未经修整、有凸出部分	0.035～0.045

岩石渠槽	护 面 类 型	糙率系数 n
	抹光的水泥抹面	0.012
	不抹光的水泥抹面	0.014
	光滑的混凝土护面	0.015
	平整的喷浆护面	0.015
	砌砖护面	0.015
	一般喷浆护面	0.017
	浆砌块石护面	0.025
	干砌块石护面	0.033

(3) 渠道的边坡系数。渠道的边坡系数 m 是反映渠道边坡倾斜程度的指标,等于边坡在水平方向的投影长度和在垂直方向投影的比值。其值大小关系到渠坡的稳定,要根据渠床土壤质地和渠道深度等条件选择适宜的数值。大型渠道的边坡系数应通过土工实验和稳定分析确定;中、小型渠道的边坡系数根据经验来选择,可参考 5-9 和表 5-10。

表 5-9 挖方渠道最小边坡系数

渠床条件	水深/m			渠床条件	水深/m		
	<1	1～2	2～3		<1	1～2	2～3
稍胶结的卵石	1.00	1.00	1.00	轻壤土	1.00	1.25	1.50
夹沙的卵石	1.25	1.50	1.50	沙壤土	1.50	1.50	1.75
黏土、重壤土、中壤土	1.00	1.25	1.50	沙 土	1.75	2.00	2.25

表 5-10 填方渠道最小边坡系数

渠床条件	流量/m³·s⁻¹							
	>10		10～2		2～0.5		<0.5	
	内坡	外坡	内坡	外坡	内坡	外坡	内坡	外坡
黏土、重壤土、中壤土	1.25	1.00	1.00	1.00	1.00	1.00	1.00	1.00
轻壤土	1.50	1.25	1.00	1.00	1.00	1.00	1.00	1.00
沙壤土	1.75	1.50	1.50	1.25	1.50	1.25	1.25	1.25
沙 土	2.25	2.00	2.00	1.75	1.75	1.50	1.50	1.50

(4) 渠道断面的宽深比。渠道断面的宽深比是渠道底宽与水深的比值,其对渠道工程量和渠床稳定有较大的影响。在 i 和 n 一定的条件下,通过设计流量所需的最小过水断面称为水力最优断面。梯形渠道水力最优断面的宽深比采用下式确定:

$$a_0 = 2(\sqrt{1+m^2} - m) \tag{5-38}$$

式中：a_0——梯形渠道水力最优断面的宽深比；
　　　m——梯形渠道的边坡系数。

采用上式可以算出不同边坡系数相应的水力最优断面宽深比，见表 5-11。

表 5-11　m—a_0 关系表

边坡系数 m	0	0.25	0.50	0.75	1.00	1.25	1.50	1.75	2.00	3.00
a_0	2.0	1.56	1.24	1.00	0.83	0.70	0.61	0.53	0.47	0.32

渠道断面过于窄深，容易产生冲刷；过于宽浅，又容易淤积，都会使渠床变形。因此，稳定断面的宽深比应满足渠道不冲、不淤要求。比降小的渠道应选较小的宽深比，以增大水力半径，加快水流速度；比降大的渠道应选较大的宽深比，以减小流速，防止渠床冲刷。

(5) 渠道的不冲不淤流速。为了使灌溉渠道不冲不淤，满足渠道稳定性要求，设计中多以临界不冲条件为依据，而以临界不淤流速作为校验。渠道的不冲流速和渠床土质、水流情况和渠道断面的水力要素有关，具体要通过试验研究或总结已成渠道的运用经验而定，设计时可以参考表 5-12 中数值。有衬砌护面的渠道的不冲流速比土渠大得多，但从渠床稳定性考虑，仍应选择较小的数值。

表 5-12　土质渠床的不冲流速

土　质	轻壤土	中壤土	重壤土	黏　土
不冲流速/m·s^{-1}	0.60～0.80	0.65～0.85	0.70～1.00	0.75～0.95

渠道不淤流速主要取决于渠道含沙情况和断面水力要素，也应通过试验研究或总结实践经验而定。通常大型渠道的平均流速不小于 0.5 m/s，小型渠道的平均流速不小于 0.4 m/s。

(6) 渠道的水力计算。根据公式 $Q = \omega C\sqrt{Ri}$，用试算法求解渠道断面尺寸，具体步骤如下。

首先假设底宽和水深值，计算过水断面的水力要素，公式如下：

$$\omega = (b + mb)h \tag{5-39}$$

$$X = b + 2h\sqrt{1+m^2} \tag{5-40}$$

$$R = \omega / X \tag{5-41}$$

$$C = \frac{1}{n}R^{1/6} \tag{5-42}$$

式中：ω——过水断面面积，m^2；
　　　b——渠道底宽，m；
　　　m——边坡系数；
　　　h——水深，m；
　　　R——水力半径，m；
　　　X——湿周；
　　　n——渠床糙率系数。

然后计算渠道流量。这个渠道流量（$Q_{计算}$）是假设的 b，h 值相应的输水能力，一般不等于渠道的设计流量（Q）。通过计算，反复修改 b，h 值，直至渠道计算流量等于或接近渠道设

计流量为止,误差不超过 5%,设计渠道断面应满足的校核条件是:

$$\left|\frac{Q-Q_{计算}}{Q}\right| \leqslant 0.05 \tag{5-43}$$

最后进行渠道流速校核,渠道的设计流量应满足如下校核条件:

$$v_{不淤} < v < v_{不冲} \tag{5-44}$$

如不满足流速校核条件,就要改变渠道的底宽 b 值和渠道断面的宽深比,重复以上计算步骤,直到既满足流量校核条件又满足流速校核条件为止。

(7) 安全超高和堤顶宽度。为了防止风浪引起渠水漫溢,保证渠道安全运行,挖方渠道的渠岸和填方渠道的堤顶应高于渠道的加大水位,要求高出的数值称为渠道的安全超高,通常用经验公式计算。《灌溉排水渠系设计规范》建议按下式计算渠道的安全超高 Δh。

$$\Delta h = \frac{1}{4} h_{加} + 0.2 \tag{5-45}$$

式中:$h_{加}$——渠道的加大水深,m。

为了便于管理和保证渠道安全运行,挖方渠道的渠岸和填方渠道的堤顶应有一定的宽度,以满足交通和渠道稳定的需要。渠岸和堤顶的宽度可按下式计算:

$$D = h_{加} + 0.3 \tag{5-46}$$

式中:D——渠岸或堤顶宽度,m。

如果渠堤与主要交通道路结合,渠岸或堤顶宽度应根据交通要求确定。

2. U 型渠道横断面设计

U 型渠道横断面接近水力最佳断面,具有较大的输水输沙能力,占地较少,省工省料,而且由于整体性好,抵抗基土冻胀破坏的能力较强。因此,U 型断面受到普遍欢迎,在我国已广泛使用。U 型渠道的缺点是施工难度较大,要求较高,工程质量不易控制,多采用混凝土现场浇筑或混凝土预制拼装。

图 5-3 为 U 型断面示意图,下部为半圆形,上部为稍向外倾斜的直线段。直线段下切于半圆,外倾角 $\alpha=50\sim200°$,随渠槽加深而增大。较大的 U 型渠道采用较宽的断面。深宽比 $H/B=0.65\sim0.75$;较小的 U 型渠道则宜窄深一点,深宽比可增大到 $H/B=1.0$。

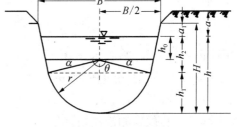

图 5-3 U 型断面

U 型渠道的衬砌超高 a_1 和渠堤超高 a(堤顶或岸边到加大水位的垂直距离)可参考表 5-13 确定。

表 5-13 U 型渠衬砌超高 a_1 和渠堤超高 a 值表

加大流量/m³·s⁻¹	<0.5	0.5~1.0	1.0~10	10~30
a_1/m	0.1~0.15	0.15~0.2	0.2~0.35	0.35~0.5
a/m	0.2~0.3	0.3~0.4	0.4~0.6	0.6~0.8

注:衬砌体顶端以上土堤高度一般用 0.2~0.3 m。

U型断面水力计算的任务是根据已知的渠道设计流量 $Q_设$、渠床糙率系数 n 和渠道比降 i 求圆弧半径 r 和水深 h。由于断面各部分尺寸间的关系复杂,设计步骤如下。

(1) 确定圆弧以上的水深 h_2。

圆弧以上水深 h_2 和圆弧半径 r 有以下经验关系:

$$h_2 = N_\alpha r \tag{5-47}$$

式中: N_α——直线段外倾角为 α 时的系数。$\alpha=0$ 时的系数用 N_0 表示。

直线段的外倾角 α 和 N_α 值都是随圆弧半径而变化,见表 5-14。

表 5-14　U型渠道断面尺寸的经验关系

r/cm	α/(°)	N_α	r/cm	α/(°)	N_α
15～30	5～6	0.65～0.35	30～60	6～8	0.35～0.30
60～100	8～12	0.30～0.25	100～150	12～15	0.25～0.20
150～200	15～18	0.20～0.15	200～250	18～20	0.15～0.10

为了保持圆心以上的水深与 $\alpha=0$ 时相同,则应遵守以下关系:

$$N_\alpha = N_0 + \sin\alpha \tag{5-48}$$

(2) 求圆弧的半径 r。

将已知的有关数值代入明渠均匀流的基本公式,就可得到圆弧半径的计算式:

$$r = \frac{\left[\pi\left(1-\frac{\alpha}{90°}\right)+\frac{2N_\alpha}{\cos\alpha}\right]^{1/3}\left[\frac{nQ}{\sqrt{i}}\right]^{3/8}}{\left[\frac{\pi}{2}\left(1-\frac{\alpha}{90°}\right)+(2N_\alpha-\sin\alpha)\cos\alpha+N_\alpha^2\tan\alpha\right]^{5/8}}$$

或

$$r = \frac{\left[\theta+\frac{2N_\alpha}{\cos\alpha}\right]^{1/4}\left[\frac{nQ}{\sqrt{i}}\right]^{3/8}}{\left[\frac{\theta}{2}+(2N_\alpha-\sin\alpha)\cos\alpha+N_\alpha^2\tan\alpha\right]^{5/8}} \tag{5-49}$$

式中: θ——圆弧的圆心角,rad;

Q——渠道的设计流量,m^3/s;

r——圆弧半径,m;

α——直线段的倾斜角,(°)。

(3) 求渠道水深 h。

$$h = h_1 + h_2 = h_2 + r(1-\sin\alpha) = r(N_\alpha + 1 - \sin\alpha) \tag{5-50}$$

(4) 校核渠道流速。

计算过水断面面积:

$$\omega = \frac{r^2}{2}\left[\pi\left(1-\frac{\alpha}{90°}\right)-\sin\alpha\right]+h_2(2r\cos\alpha+h_2\tan\alpha) \tag{5-51}$$

计算断面平均流速:

$$v = \frac{Q}{\omega} \tag{5-52}$$

该断面平均流速应满足不冲不淤要求。

(七) 渠道纵断面设计

纵断面设计的任务是根据灌溉水位要求确定渠道的空间位置,先确定不同桩号处的设计水位高程,再根据设计水位确定渠底高程、堤顶高程、最小水位等。

1. 灌溉渠道水位推算

为了满足自流灌溉的要求,各级渠道入口处都应具有足够的水位。

$$H_{进} = A_0 + \Delta h + \sum Li + \sum \xi \tag{5-53}$$

式中:$H_{进}$——渠道进水口处的设计水位,m;

A_0——渠道控制面积内比较难灌的地面参考点高程,m,应根据地形坡度情况选择: 沿渠地面坡度大于渠底比降,则离分水口较近处不易控制,反之,渠末难灌,即参考点地面高程 A_0 选择渠末处;

Δh——控制点地面与附近末级固定渠道设计水位的高差,一般为 $0.1 \sim 0.2$ m;

$\sum Li$——沿程水头损失之和;

$\sum \xi$——渠道局部水头损失之和。

2. 渠道纵断面图的绘制

渠道纵断面图包括:沿渠地面高程线、渠道设计水位线、渠道最低水位线、渠底高程线、堤顶高程线、分水口位置、渠道建筑物位置等,如图 5-4 所示。

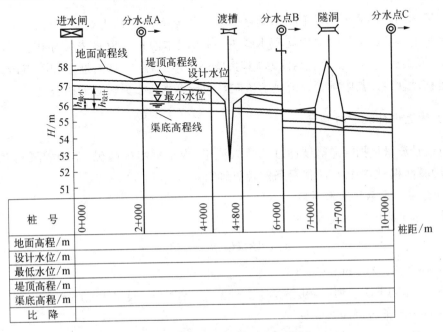

图 5-4 渠道纵断面示意(高程略)

绘制步骤是：选择比例尺→绘地面高程线→绘渠道设计水位线→绘渠底高程线、渠道最小水位线、堤顶高程线→标注建筑物位置、形式及有关断面要素。

二、低压管道灌溉工程设计

低压管道输水灌溉系统是指以管道代替明渠将低压水流输配到田间灌水沟、畦的灌溉系统。与传统的渠道灌溉系统比较，管灌系统具有占耕地少（7‰~13‰）、降低输水损失、满足多种灌水方法的优点。

（一）管道系统的组成

灌溉管道系统是从水源取水，经过处理后用有压或无压管网输送到田间进行灌溉的全部工程，一般由首部枢纽、输配水管网、田间灌水系统等部分组成。

1. 首部枢纽

管道输水灌溉系统的水源有井、泉、沟、渠道、塘坝、河湖和水库等。水质应符合农田灌溉用水标准，且不含有大量杂草、泥沙等杂物。井灌区取水部分除选择适宜机泵外，还应安装压力表及水表，并建有管理房。而在自压灌区或大中型提水灌区的取水工程还应设置进水闸、分水闸、拦污栅、沉淀池和实质净化处理设施及量水建筑物。

2. 输配水管网

输配水管网系统是指管道输水灌溉系统中的各级管道、分水设施、保护装置和其他附属设施。根据灌区的大小及地形条件，管网一般分成干管、支管、毛管等几级，有时分成总干管、干管、分干管、支管、毛管五级。

3. 田间灌水系统

田间灌水系统指分水口以下的田间部分。作为整个管道输水灌溉系统，田间灌水系统是节水灌溉的重要组成部分。田间灌水解决不好，灌水浪费现象将依然存在。灌溉田块应进行平整，畦田长宽适宜。为达到灌水均匀、减小灌水定额的目的，通常将长畦改为短畦或给水栓接移动软管。其中闸管系统是解决向畦中灌水水量损失较好的措施之一。

（二）管道设计流量的确定

管道设计流量是指管道需要通过的最大流量，应根据水源情况、作物灌溉制度、管道工作制度、灌溉面积、作物种植比例等条件计算确定。

1. 计算灌水定额和灌水周期

设计灌水定额可用下式计算：

$$m = 10\gamma H\beta(\beta_1 - \beta_2)/\eta \tag{5-54}$$

式中：m——灌水定额，mm；

H——作物土壤计划湿润层的厚度，对于大田作物，一般采用 40~60 cm；

γ——土壤干容量，g/cm^3；

β——田间持水量，%；

β_1——适宜土壤含水量上限占田间持水量的比值,取田间持水量的 85%～95%;

β_2——适宜土壤含水量下限占田间持水量的比值,取田间持水量的 60%～65%;

η——田间水利用系数,%。

2. 设计灌水周期

在低压管道设计中,主要是要确定作物耗水最旺时期的允许最大间隔时间(两次灌水的间隔时间),即设计灌水周期(以天计),它可用下式计算:

$$T = m_{设}/e \tag{5-55}$$

式中:T——设计灌水周期,d;

$m_{设}$——设计灌水定额,mm;

e——设计作物耗水强度,mm/d。

3. 确定管道设计流量

$$Q = 0.667 \frac{mA}{Tt\eta} \tag{5-56}$$

式中:m——灌水定额,mm;

A——灌溉面积,亩;

T——灌水周期,d;

t——每天灌水时数,一般取 12～16 h;

η——管道系统水利用系数,一般取 0.95～0.98。

(三)管道系统水力计算

1. 管径选择

一般按经济流速选择管径。一般给水管道,$d=100～200$ mm,经济流速 0.6～1.0 m/s; $d=200～400$ mm,经济流速 1.0～1.4 m/s,最大一般不超过 2.5～3.0 m/s。

经济流速确定后,即可根据公式计算管道直径:

$$d = \sqrt{\frac{4Q}{\pi v}} \tag{5-57}$$

式中:Q——设计流量,m³/s;

v——管道流速,m/s。

根据经济流速确定管径的方法概念清晰,但需要分析计算多种管径的年投资和年运行费来进行比较,对于规模不大的灌溉工程可以采用下列经验公式来估算:

当 $Q<120$ m³/h 时,$d = 13\sqrt{Q}$;

当 $Q \geqslant 120$ m³/h 时,$d = 11.5\sqrt{Q}$,但管中流速应控制在 2.5～3.0 m/s 以下。

2. 沿程水头损失计算

在灌溉管路设计中常用的是树状管网,环状管网不多见。树状管网沿程水头损失计算公式为:

$$h_{沿} = \frac{fLQ^m}{d^b} \tag{5-58}$$

式中：$h_{沿}$——沿程水头损失，m；

　　　f——摩擦系数；

　　　L——管道长度，m；

　　　Q——流量，m³/h；

　　　d——管道直径，mm；

　　　m——流量指数，见表 5-15；

　　　b——管径指数，见表 5-15。

表 5-15　f, m, b 数值表

管　材	f	m	b
混凝土管、钢筋			
$n=0.013$	1.312×10^6	2	5.33
$n=0.014$	1.516×10^6	2	5.33
$n=0.016$	1.749×10^6	2	5.33
旧钢管、旧铸铁管	6.25×10^6	1.9	5.33
石棉水泥管	1.455×10^6	1.85	4.86
硬塑料管	0.948×10^6	1.77	4.77
铝管、铝合金管	0.861×10^6	1.74	4.74

3. 局部水头损失计算

计算公式为：

$$h_{局} = \frac{\xi v^2}{2g} \tag{5-59}$$

式中：$h_{局}$——局部水头损失，m；

　　　ξ——局部阻力系数；

　　　g——重力加速度，m/s²；

　　　v——管道内水流的速度，m/s。

在实际工程设计中，为简化局部水头损失计算，通常取沿程水头损失的 10%～15%。管道总水头损失为：

$$h_{损} = \sum h_{沿} + \sum h_{局} \tag{5-60}$$

4. 水泵设计扬程的推算

首先要在灌区内选择一个或几个能代表整个灌区的典型点，然后按下式计算出各自的工作压力，取其最大或次大者为设计工作压力。

$$H_{设} = H_0 + \sum h_{沿} + \sum h_{局} + \Delta H \tag{5-61}$$

式中：$H_{设}$——水泵设计扬程，m；

　　　H_0——灌水器工作龙头，m；

ΔH——典型点高程与水源水面的高差,m。

三、喷灌工程设计

(一) 喷头的选择

喷头的选择包括喷头型号、喷嘴直径和喷头工作压力的选择。喷头这些参数的确定,主要取决于作物的种类、喷灌区的土壤条件,以及喷头在田间的组合情况和运行方式。当喷头选定之后,喷头的其他参数,如流量、射程、单喷头全圆喷洒无风状况下的喷灌强度、进水口直径等也就随之确定。若喷头的组合间距和运行方式确定下来,则整个系统的喷灌强度、喷洒均匀度及雾化程度即可确定,此喷灌工程的喷灌质量的水平也就知道了。所以,喷头选择得是否合理,直接影响着喷灌工程的灌水质量,选择时应根据具体条件从多方面加以考虑,决不可掉以轻心。另外,喷头的种类很多,国内生产喷头的厂家也不少。因此,一定要选用工作运转可靠、结实耐用、由国家定点生产厂家和产品质量有保证的厂家生产的定型产品。从节能的观点考虑,应尽量选用中、低压喷头(200~400 kPa)。灌溉季节风比较大的喷灌区,应选用低仰角喷头。

(二) 喷头组合方式

影响喷灌灌水质量的主要技术参数有:喷头水量分布图形、喷头沿支管的间距、支管间距(即喷头沿干管方向的间距)、喷头组合方式(矩形或三角形)和支管方向等。喷头组合形式的确定是喷灌系统设计的关键步骤,当前普遍采用的确定喷头组合形式的方法有以下两种。

1. 几何组合法

几何组合法的基本特点是要求喷灌系统内的所有面积必须完全被喷头的湿润面积所覆盖,也就是说不能有漏喷现象。加之考虑到经济因素,为了要使单位面积的造价尽量低,就要使喷头间距尽量最大。所以基本上是布置成对角线方向两个喷头的湿润圆相切。对于不同的喷洒方式(全圆或扇形)及组合方式,按照几何作图的方法就不难求出各自的支管间距和喷头间距(图5-5和表5-16)。这些间距均以喷头射程(湿润半径)R乘上一个数来表示。但是由于喷头内的水流紊动,水泵工作不稳定,管道阻力变化和空气流或风等因素的影响,喷头射程是不稳定的,是不断变化,有时波动还是比较大的,因此用这种方法设计出来的系统仍然有发生漏喷的可能性,由此又提出了修正几何组合法。

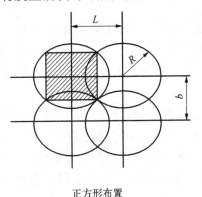

正方形布置

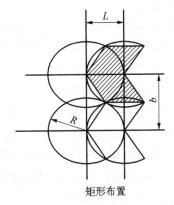

矩形布置

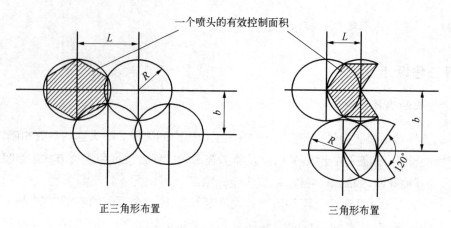

图 5-5 喷头组合形式

表 5-16 不同喷头组合形式的支管间距、喷头间距和有效控制面积

喷洒方式	组合方式	支管间距 b	喷头间距 L	有效控制面积
全 圆	正方形 正三角形	1.42R 1.3R	1.42R 1.73R	2R^2 2.6R^2
扇 形	矩形 三角形	1.73R 1.865R	R R	1.73R^2 1.865R^2

喷头组合方式是矩形的好还是三角形的好,目前还没有定论,只是用在几何组合法或修正组合法时三角形布置的喷灌系统要比矩形的经济一些。因为正三角形布置时的单喷头有效控制面积是正方形的 1.3 倍,对于同样的面积就可以少布置一些喷点,支管间距也略微大一些。

2. 修正几何组合法

在几何组合法中喷头射程没有一个明确的定义,可以是最大射程,也可以是有效射程。为了避免任意性,可以用一个明确定义的设计射程代替最大射程 R。

设计射程的定义如下:

$$R_{设} = KR \tag{5-62}$$

式中：$R_{设}$——喷头的设计射程,m;

R——喷头的射程(或称最大射程),m;

K——系数。

系数 K 是根据喷灌系统形式、当地的风速、动力的可靠程度等来确定的一个常数。一般取 0.7~0.9。对于固定式系统,由于竖管装好后就无法移动,如有空白就无法补救,故可以考虑采用 0.8;对于多风地区,可采用 0.7。可以通过试验确定 K 值的大小,但 K 值一定不能采用 1.0,否则将无法保证喷灌质量。

这方法的特点在于不仅要求所有面积必须完全被喷头的湿润面积所覆盖,而且还要有一定的重叠。这样就可以保证即使有外来因素(风、水压等)的影响也不至于发生漏喷。这方法的优点在于简单易行,而且有较明显的图像,在不规则的组合情况下(如不规则的田块、田边地角等)易于进行喷点的布置;其缺点在于没有足够的经验时,不易确定恰当的 K 系数,另外也没有考虑均匀系数的要求。

(三) 拟定灌溉制度

灌水定额和灌水周期同低压管道灌溉一样,可根据下列公式计算。

一次灌水所需时间 t 按下式确定:

$$t = \frac{m_{设}}{\bar{\rho}_{系统}} \qquad (5-63)$$

$$\bar{\rho}_{系统} = \frac{1\,000\, q\eta}{S_{支} S_{喷}} \qquad (5-64)$$

式中: $m_{设}$——设计灌水定额,mm;

$\bar{\rho}_{系统}$——喷灌系统的平均喷灌强度,应小于土壤的允许喷灌强度,mm·h^{-1};

η——喷洒水有效利用系数;

$S_{支}$——单个喷头的流量,m^3·h^{-1};

$S_{喷}$——支管间距,m。

同时工作的喷头数($N_{喷头}$)可按下式计算:

$$N_{喷头} = \frac{A}{S_{支} S_{喷}} \times \frac{t}{T_{设} C} \qquad (5-65)$$

式中: A——整个喷灌系统的面积,m^2;

C——一天中喷灌系统有效工作小时数,h。

同时工作的支管数($N_{支管}$):

$$N_{支管} = \frac{N_{喷头}}{n_{喷头}} \qquad (5-66)$$

式中: $n_{喷头}$——一根支管上的喷头数,可以一根支管的长度除以沿支管的喷灌间距 S_L 求得。

(四) 管道水力计算

1. 水头损失

喷灌管道水头损失计算基本同低压管道输水灌溉,不同之处就在于支管沿程水头损失。在喷灌等距等流量多出口管道的沿程水头损失应分段计算,为了简化,常按进口处的流量计算,然后要乘以一个多口系数 F 进行校正(表 5-17 和表 5-18):

$$F = \frac{N\left(\frac{1}{m+1} + \frac{1}{2N} + \frac{\sqrt{m-1}}{6N^2}\right) - 1 + X}{N - 1 + X} \qquad (5-67)$$

式中: N——出流孔口数;

m——流量指数,查表 5-17;

X——多孔管首孔位置系数,即多孔管入口至第一个出流孔管口的距离与各出流孔管口间距之比。

表 5-17 流量指数 $m=1.74$ 的多口系数

出水口数目 N	$F_1(X=1)$	$F_{0.5}(X=0.5)$	出水口数目 N	$F_1(X=1)$	$F_{0.5}(X=0.5)$
2	0.651	0.534	17	0.394	0.376
3	0.548	0.457	18	0.393	0.376
4	0.499	0.427	19	0.391	0.375
5	0.471	0.412	20	0.391	0.375
6	0.452	0.402	22	0.388	0.374
7	0.439	0.396	24	0.386	0.373
8	0.430	0.392	26	0.384	0.372
9	0.422	0.388	28	0.383	0.372
10	0.417	0.386	30	0.381	0.371
11	0.412	0.384	35	0.379	0.370
12	0.408	0.382	40	0.378	0.370
13	0.404	0.380	50	0.375	0.369
14	0.401	0.379	100	0.37	0.367
15	0.399	0.378	>100	0.365	0.365
16	0.396	0.377			

表 5-18 流量指数 $m=1.77$ 的多口系数

出水口数目 N	$F_1(X=1)$	$F_{0.5}(X=0.5)$	出水口数目 N	$F_1(X=1)$	$F_{0.5}(X=0.5)$
2	0.648	0.530	17	0.390	0.372
3	0.544	0.453	18	0.389	0.372
4	0.495	0.423	19	0.388	0.371
5	0.467	0.408	20	0.387	0.371
6	0.448	0.398	22	0.384	0.370
7	0.435	0.392	24	0.382	0.369
8	0.425	0.387	26	0.380	0.368
9	0.418	0.384	28	0.379	0.368
10	0.413	0.382	30	0.378	0.367
11	0.407	0.379	35	0.375	0.366
12	0.404	0.378	40	0.374	0.366
13	0.400	0.376	50	0.371	0.365
14	0.397	0.375	100	0.366	0.363
15	0.395	0.374	>100	0.361	0.363
16	0.393	0.373			

修正后的计算公式如下：

$$h'_{沿} = F\frac{fLQ^m}{d^b} \tag{5-68}$$

式中：$h'_{沿}$——修正后沿程水头损失，m；

其他参数注释参见沿程水头损失计算公式。

2. 管径

支管是直接安装竖管和喷头的那一级管道。管径选得越大，支管运行时的水头损失就越小，实际工作压力和喷水量就越接近，喷洒均匀度就越接近设计状况。但这样增大了支管的投资，对移动支管来说还增加了拆装、搬移的劳动强度。管径选得小，支管投资少，移动作业的劳动强度降低，但由于运行时支管内水头损失增大，同一支管上各喷头的实际工作压力和喷水量差别增大，结果造成田面上各处受水量不一致，影响喷灌质量。为了保证同一支管上各喷头实际喷水量的相对偏差不大，同一支管上任意两个喷头之间的工作压力差应在喷头设计工作压力的20%以内。考虑到地形高差 ΔZ 的影响时，上述规定可表示为：

$$h_{损} + \Delta Z \leqslant 0.2 h_{喷} \tag{5-69}$$

式中：$h_{损}$——同一支管上任意两喷头间支管段水头损失，m；

ΔZ——两喷头的进水口高程差，m，顺坡铺设支管时，ΔZ 的值为负，逆坡铺设支管时，ΔZ 的值为正；

$h_{喷}$——喷头设计工作压力水头，m。

当一条支管选用同管径的管道时，从支管首端到末端，由于沿程支管内的流速逐次减小，抵消局部水头损失，所以计算支管内水头损失时，可直接用沿程水头损失来代替其总水头损失，即 $h'_{沿} = h_{损}$，所以：

$$h'_{沿} \leqslant 0.2 h_{喷} - \Delta Z \tag{5-70}$$

喷头选定后，喷头的设计工作压力可从喷头性能表中查得。两喷头进水口高程差（实际上就是两喷头所在地的地面高差）可以在系统平面布置图中查取。在其他参数已知的情况下反求管径 d，d 就是该支管可选用的最小管径的计算值。因管材的管径已经标准化、系列化，因此，还需按管材的标准管径将计算出的管径规范取整。

一般情况下，支管以上的管径是在满足下一级管道流量和压力的前提下按费用最小的原则选择的，其计算方法同低压管道输水灌溉工程一致。

四、农田排水工程设计

农田排水工程一般设计程序为：确定排涝标准→计算各级沟道的排涝流量及排渍流量→确定沟道横断面尺寸→计算确定末级排水沟道深度和间距→沟道纵断面设计（渠系建筑物设计）→绘制渠道纵断面图→其他建筑物设计（泵站等）→计算工程量。当然，这个程序不是绝对单向的，需要各项综合考虑，有时需要交叉进行。排涝标准前面已经做过介绍，这里不再重复。

(一) 明沟排水设计

1. 排水流量计算

排水流量是确定各级排水沟道断面、沟道上建筑物规模以及分析现有排水设施排水能力的主要依据。设计排水流量分排涝设计流量和排渍设计流量两种。前者用以确定排水沟道的断面尺寸；后者作为满足控制地下水位要求的地下水排水流量，又称日常排水量，以此确定排水沟的沟底高程和排渍水位。

(1) 排涝设计流量的计算。

① 排涝模数经验公式法。该法适用于大型涝区，需求出最大排涝流量的情况下使用，其计算公式为：

$$q = KR^m F^n \tag{5-71}$$

式中：q——设计排涝模数，$m^3/(s \cdot m^2)$；

K——综合系数；

R——设计径流深，mm；

F——排水沟设计断面控制的排涝面积，km^2；

m——峰量指数；

n——递减指数，参数取值见表 5-19。

表 5-19 各地排涝模数经验公式参数取值

地 区			适用范围 /km^2	K	m	n	设计暴雨历时/d
辽宁省中部平原地区			>50	0.0127	0.93	-0.176	3
河北省	平 原 区		30~11300	0.0400	0.92	-0.330	3
	黑龙港地区		200~500	0.0320	0.92	-0.250	3
			>1500	0.0580	0.92	-0.330	3
陕西省太原地区				0.0310	0.82	-0.250	
山东省	鲁北地区			0.0340	1.00	-0.250	
	沂沭泗地区	邳苍地区	100~500	0.0310	1.00	-0.250	1
		湖西地区	2000~7000	0.0310	1.00	-0.250	3
河南省豫东、沙颖河平原区				0.0300	1.00	-0.250	1
安徽省淮北平原区			500~5000	0.0260	1.00	-0.250	3
江苏省苏北平原区			10~100	0.0256	1.00	-0.180	3
			100~600	0.0335	1.00	-0.240	3
			600~6000	0.0490	1.00	-0.300	3
湖北省平原湖区			≤500	0.0135	1.00	-0.200	3
			>500	0.0170	1.00	-0.238	3

注：表标中准数据引自《土地开发整理》(TD/T1011-1013)。

② 平均排除法。该法是以排水面积上的设计径流深在规定的排水时间内平均排除的虚拟方式来计算设计排涝量或排涝模数，其公式为：

$$Q = \frac{RF}{3.6Tt} \tag{5-72}$$

或

$$q = \frac{R}{3.6Tt} \tag{5-73}$$

水田：
$$R = P - h_{田蓄} - E \tag{5-74}$$

旱田：
$$R = \alpha P \tag{5-75}$$

式中：Q——设计排涝流量，m^3/s；

R——设计径流深，mm；

q——设计排涝模数，$m^3/(s \cdot m^2)$；

F——排涝面积，km^2；

T——排水历时，d；

t——每天的排水时间，自流排水 $t=24$ h，抽水排水 $t=20\sim22$ h；

α——径流指数；

P——设计暴雨量，mm；

E——历时为 t 的水田田间蒸发量，mm；

$h_{田蓄}$——水田滞蓄水深，mm。

当排水区域内既有水田又有旱地时，由于水田和旱地的径流深不同，应先分别计算水田和旱地的排涝模数，然后按水田和旱地所占面积的比加权平均，求得整个排水区域的排涝模数和排涝流量。

此法对于有一定沟道调蓄能力的地区，不论排水面积大小，都是适用的，计算简便。

(2) 排渍设计流量的计算。

对于排渍模数，难以进行理论的分析，给出计算公式，一般是根据实测资料分析确定。设计时无资料，可参照表 5-20 取值。

表 5-20　各种土质的设计排渍模数

土　质	设计排渍模数 $/m^3 \cdot s^{-1} \cdot km^{-2}$
轻沙壤土	0.03~0.04
中　壤	0.02~0.03
重壤、黏土	0.01~0.02

排渍设计流量公式为：

$$Q_{渍} = q_{渍} \cdot F \tag{5-76}$$

式中：$Q_{渍}$——排渍设计流量，m^3/s；

$q_{渍}$——排渍模数，$m^3/(s \cdot km^2)$；

F——排渍面积，km^2。

2. 排水沟间距和深度

(1) 田间排水沟间距。田间排水沟间距除了满足除涝排水要求以外,还应根据机耕及其他方面的要求进行综合确定。我国北方地区的农沟间距一般在150~400 m之间,毛沟间距在30~50 m之间,南方地区末级排水沟间距多为100~200 m之间。

(2) 控制地下水位的排水系统。在地下水位较高或有盐碱化威胁的地区,必须修建控制地下水位的田间排水沟,设计排水农沟时要根据作物要求的地下水埋深、排水沟边坡稳定条件及施工难易程度初步确定农沟的深度和间距。表5-21列出了不同土质、不同沟深时满足旱作物控制地下水位要求的排水沟间距大致范围。

表5-21 控制各种土壤地下水位的田间排水沟间距   单位:m

沟 深	轻壤或沙壤	中 壤	重壤或黏土
0.8~1.3	50~70	35~50	15~30
1.3~1.5	70~100	50~70	30~50
1.5~1.8	100~150	70~100	50~70
1.8~2.3		100~150	70~100

当作物允许的地下水埋深 ΔH 一定时,农沟深度可用下式表示:

$$D = \Delta H + \Delta h + S \tag{5-77}$$

式中:D——排水农沟的深度,m;

ΔH——作物要求的地下水埋深,m;

Δh——地下水位与沟水位之差,一般不小于0.2~0.3 m;

S——排水农沟的水深,m,一般取0.1~0.2 m。

3. 排水沟设计水位

(1) 日常设计水位。日常设计水位又称排渍设计水位,它是排水沟道经常保持的水位,该水位通常根据控制地下水位的要求兼顾通航等其他方面要求而定。

排水农沟的日常水位应低于允许的地下水埋藏深度0.2~0.3 m。斗、支、干沟的日常水位可由控制点地面高程逐级推求,计算公式为:

$$Z_{排渍} = A_0 - D_农 - \sum Li - \sum \Delta Z \tag{5-78}$$

式中:$Z_{排渍}$——排水干沟沟口的排渍水位,m;

A_0——最远处低洼地面高程,m;

$D_农$——农沟排渍水位距地面距离,m;

L——干、支、斗各级沟道长度,m;

i——干、支、斗各级沟道的水面比降(沟底比降);

ΔZ——各级沟道局部水头损失。

(2) 排涝设计水位。排涝设计水位又称最高水位,是排水沟通过排涝设计流量时的水位。当排水沟有滞涝任务时,则满足滞涝要求的沟中水位也可作为排涝水位。

$$Z_{排涝} = A_0 - \Delta h - \sum Li - \sum \Delta Z \tag{5-79}$$

式中：$Z_{排涝}$——排水干沟沟口的水位，m；

A_0——离干沟沟口最远处低洼地面高程，m；

Δh——离干沟沟口最远处低洼地面和农沟排涝水位的高差，m，一般取 0.2～0.3 m；

L——干、支、斗各级沟道长度，m；

i——干、支、斗各级沟道的水面比降（沟底比降）；

ΔZ——各级沟道局部水头损失。

4. 排水沟断面设计

（1）当自流排水时，横断面设计可应用均匀流公式计算，即：

$$Q = \omega C \sqrt{Ri} \tag{5-80}$$

$$C = \frac{1}{n} R^{1/6} \tag{5-81}$$

式中：Q——设计排水流量，m^3/s；

ω——排水沟过水断面面积，m^2；

R——水力半径，m；

i——沟道比降，可参照表 5-22 和表 5-23；

C——谢才系数，$m^{0.5}/s$；

n——渠床糙率。

表 5-22 各级沟道的比降

干 沟	支 沟	斗 沟
1/10 000～1/30 000	1/5 000～1/10 000	1/2 000～1/5 000

表 5-23 土质排水沟最小边坡系数

土 质	排水沟开挖深度/m			
	<1.5	1.5～3.0	3.0～4.0	>4.0～5.0
黏土、重壤土	1.0	1.25～1.5	1.5～2.0	>2.0
中壤土	1.5	2.0～2.5	2.5～3.0	>3.0
轻壤土、沙壤土	2.0	2.5～3.0	3.0～4.0	>4.0
沙 土	2.5	3.0～4.0	4.0～5.0	>5.0

（2）当非自流排水时（即在外河水位顶托发生壅水现象的情况下），需按稳定非均匀流速公式推算沟道水面线，由此确定沟道断面及两岸堤顶高程等。

（3）排水沟纵断面图绘制。主要是解决水位衔接问题，一般要求各级沟道之间在排地下水时不发生壅水现象。通过排涝流量时，沟道允许产生短期壅水现象，但沟道的最高水位要低于地面 0.2～0.3 m。绘制纵断图的步骤是：首先根据沟道的平面布置绘出地面高程线，然后根据沟道控制地下水位的要求和选定的比降，绘出日常水位线，再定出沟底高程线、最高水位线。

纵断图的要素有桩号、地面高程、日常水位、沟底高程、最高水位、比降及挖深数据。

(二) 暗管排水设计

暗管排水为地下排水工程,由吸水管、集水管(输水明沟)、集水井和出水口(提水站)组成,主要有暗管式和暗洞式。

目前采用的暗管材料有陶土管、混凝土管、塑料管、灰土管、三合土管、水泥土管等。暗洞式主要有暗沟和鼠道两种形式,暗沟一般在地面以下0.7~1.0 m,断面有矩形、马蹄形;鼠道是用引鼠道犁在地面以下0.4~0.7 m处打的孔洞,断面为圆形和椭圆形。

1. 埋深与间距

吸水管的埋深和间距可采用公式计算或根据地区实验资料确定,也可根据经验数据确定,表5-24至表5-26是一些地区的经验数据,可供设计时参考。

表5-24 吸水管埋深 单位:m

作 物	无盐渍化威胁区	有盐渍化威胁区
浅根类旱作物	0.9~1.2	1.6~2.2
深根类旱作物	1.2~1.6	1.8~2.5
牧 草	0.8~1.1	1.5~1.8
果 树	1.6~2.0	2.2~2.6

表5-25 吸水管间距 单位:m

土 质	干 旱 地 区	湿润多雨地区
沙 土	35~50	28~33
沙壤土	30~35	24~28
壤 土	25~30	20~24
黏壤土	20~25	16~20
黏 土	15~20	9~16

表5-26 防止沼泽地、盐碱地的暗管埋深与间距 单位:m

土壤 管深	黏 土	淤 泥	黏壤土	沙 土
1.8~2.5	30~92			92~180
3		50~100	250~350	400~800

2. 比降、管径、长度

暗管比降的选择,应使管内水流满足不冲不淤的要求,允许的最小流速为0.3 m/s,最大流速随管材的不同而不同,混凝土管、陶管、砖石等为2.0 m/s,土暗洞为0.5~1.0 m/s。常用比降田间吸水管为1∶400~1∶500,集水管为1∶500~1∶1 000,但要满足最小比降(表5-27)。

表 5-27 暗管内径与最小比降

管内径/m	≤50	65~80	>80
最小比降	3/1 000	2/1 000	1/1 000

暗管管径按水力计算确定,但为保证排水顺畅、不被堵塞,吸水管管径不宜小于 50 mm,集水管管径不宜小于 200 mm。

暗管的长度 l 可按下式确定,经验值见表 5-28。

$$l = \frac{\omega v}{qL} \tag{5-82}$$

式中:ω——暗管的过水断面面积,m^2;
L——暗管间距,m;
v——管内水流速,m/s;
q——排水模数。

表 5-28 各国采用的暗管长度　　　　　　　　　　　　　单位:m

国　家	吸　水　管		集水管采用长度
	采用范围	长度限制	
中国(浙江、江苏)	80~120	200	600
日　本	50	100	
荷　兰	200~400		
西　德	110~200	200	
苏　联	80~100,100~150	200	1 000

3. 进水条件与滤层

排水暗管利用接头缝隙或管壁开孔进水,瓦管、混凝土缝隙在黏性土中不超过 6 mm,在非黏性土中不超过 3 mm;塑料管由管壁孔进水,波纹管和光壁管的孔径不同,但塑料管的孔径应与周围的土壤和滤层相协调。

管外常设滤层,以改善排水管周围的水流条件,增大排水管进水量。对于管壁进水的暗管,整个管周围都要做滤层。对于接头缝隙进水的暗管,仅在接头处做滤层。滤料可采用秸料、锯末、稻壳、煤渣、粗沙、砾石,厚度一般为 10~20 cm。在有结构的土层内、黏土层内、沙砾层内可以不用滤层。

五、渠系建筑物设计

(一)涵洞

涵洞由进口、洞身、出口三部分组成。其形式有圆形涵洞,矩形涵洞(盖板式涵洞、箱形涵洞、装配式矩形涵洞),拱形涵洞。

1. 涵洞的构造

(1) 进出口。涵洞的进出口可根据需要选择圆锥维护坡式、八字斜降墙式、喇叭口式、反翼墙走廊式、进口抬高式、扭坡式、流线型式。进出口胸墙高度按上下游设计水位确定,通常顶部挡土墙高度以 0.5~1.0 m 为宜。进出口一定范围内的沟床、渠堤坡面均应砌护防止冲刷,砌护长度一般为 3~5 m。

(2) 洞身。涵洞顶部填土厚度不小于 1.0 m,对于衬砌渠道,填土厚度不小于 0.5 m。为防止顶部及两侧的渗漏,可在洞外填筑防渗黏土,厚 0.5~1.0 m。软基上的涵洞应分段设置沉陷缝,对于预制管涵,按管节长度设缝;砌石、混凝土、钢筋混凝土涵洞,缝间距不大于 10 m,不小于 2~3 倍洞高。

(3) 基础。管涵基础通常均采用砌石或混凝土管座,其包角为 900~1 350,小型涵管在压缩性小的土层上可直接置于弧形土基上,或碎石、三合土垫层上。拱涵和箱涵在岩基上,只需对基面进行平整,软基地基上可用碎石垫层,压缩性小的土层上仅需做素土或三合土夯实。在寒冷地区,涵洞基底应埋于冻土层以下 0.3~0.5 m。图 5-6 为填方渠道下涵洞的横、纵断面图。

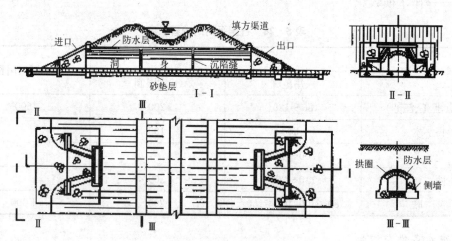

图 5-6 填方渠道下涵洞的横、纵断面图

2. 涵洞水力计算

涵洞的水力计算,是为了确定涵洞孔径及下游连接段的形式和尺寸,渠道下的涵洞一般按无压流设计。当涵洞下游水深不致影响涵洞的泄流时,可以认为是非淹没出流,反之为淹没出流。当涵洞底坡 $0 \leqslant i \leqslant i_{临}$,符合下列条件的可认为是非淹没的:

$$h \leqslant (1.2 \sim 1.25) h_{临} \qquad (5-83)$$

$$h \leqslant (0.75 \sim 0.77) H_0 \qquad (5-84)$$

式中:h——涵洞出口洞底以上水深,m;

$h_{临}$——洞口临界水深,m;

H_0——上游洞底以上水头,m。

对于洞长不致影响下游洞口水深达到淹没程度和对泄流量不发生影响的涵洞称为"短洞",反之为"长洞",渠道涵洞多属短洞。

底坡 $i \approx 0$ 时,洞长在下列范围内即为短洞:

$$l \leqslant (52 \sim 61)H_0 \tag{5-85}$$

$$l \leqslant (86 \sim 106)h_{临} \tag{5-86}$$

短洞的过水能力可按下式计算:

$$Q = mb\sqrt{2g}H_0^{3/2} \tag{5-87}$$

无压长洞的过水能力按下式计算:

$$Q = m\sigma_n b\sqrt{2g}H_0^{3/2} \tag{5-88}$$

式中:σ_n——淹没系数;

b——矩形涵洞底宽,断面为非矩形时按下式计算:

$$b = \frac{A_{临}}{h_{临}} \tag{5-89}$$

式中:$A_{临}$——临界水深对应的过水断面。

(二)桥梁

渠道桥梁可分为公路桥、简易公路桥和便桥(表5-29)。土地整理项目设计的桥梁多为中小型,适于采用定型设计和装配化施工。

表5-29 渠道桥梁荷载标准

类别	道路级别	计算荷载	验算荷载	板面净宽/m
简易公路桥	干道、支道和田间道	汽车-10级	履带-50级	4.0~4.5
便桥	生产路	0.35~0.65 t/m²		1.5~2.0

1. 桥梁的型式与构造

(1)梁式桥。梁式桥对地形、地质条件适应性较好。按截面形状分为板桥和梁桥,一般为混凝土构造,可现浇或预制安装。梁式桥又可分为简支、双悬臂和连续梁等。

简支板桥常用作小跨径桥梁,又可分为整体简支板桥和装配式板桥。整体简支板桥多为现浇施工,跨径小于6 m桥板厚约为跨径的1/12~1/18,且不小于10 cm。装配式板桥跨径小于6 m的,可采用实心板;跨径在6~10 m的,可采用空心板;跨径为10~13 m的,采用预应力钢筋混凝土空心板。

简支梁桥是桥跨大于8~10 m、板厚超过40 cm、桥板自重大而不经济时采用的梁式结构。有整体简支梁桥和装配式简支梁桥两种形式。整体简支梁桥的主要承重构件为纵梁,纵梁的高度约为跨径的1/2.5~1/8,间距一般为2~4 m。双纵梁适用于桥宽4.5 m左右,较宽的可采用多纵梁。联系横梁的间距为4~6 m,横梁宽度一般为15~30 cm,在与纵梁相交处的梁高不小于纵梁高的2/3。板面桥一般为单向板,厚度根据车辆荷载等级为12~20 cm。对于装配式简支梁桥,桥的经济跨径一般取6~9 m。预制梁常采用T型和Ⅱ型梁。T型梁高常取30~70 cm,主梁肋宽一般为12~18 cm,翼板宽度常用30~140 cm,翼板边缘厚度不小于6 cm。横隔板的间距为2~3 m,梁端部横隔板的高度与梁同高,跨中横隔板可取梁高的 3/4 或等于梁高。Ⅱ型梁的宽度一般取 40～100 cm,横隔板的间距为 2～3 m。

(2) 拱式桥。拱桥是一传统桥型,适于建在挖方渠道上,地基要求比梁式桥高,有石拱桥、双曲拱桥、桁架拱桥、三铰拱桥和二铰拱桥等形式。

石拱桥结构简单,承载潜力大,可就地取材,施工方便,经久耐用,在石料充足的地区应优先采用。小跨径(小于 15 m)拱圈,通常采用实腹式截面圆弧拱,矢跨比为 1/2～1/6。大、中跨径拱圈,可采用空腹式截面或变截面悬链线拱,矢跨比为 1/4～1/8。主拱圈在坚固的基岩上一般都采用无铰拱,非岩基上或承载力较弱的岩基上,可采用二铰拱。初拟拱圈尺寸可按下式计算,荷载系数 K,对于汽-10 级为 1,对于汽-15 级为 1.1。

$$d = mK^3\sqrt{L_0} \qquad (5-90)$$

式中：d——拱圈厚度,cm;

L_0——拱圈净跨,cm;

m——系数,一般 4.5～6.6,矢跨比越小,值越大;

K——荷载系数。

2. 桥梁的下部结构

(1) 梁式桥的墩台。梁式桥的墩台有重力式、轻台式和桩式。重力式墩台常采用砌石、混凝土结构。小跨径桥梁的墩身一般取垂直侧坡,墩厚 60～80 cm。桥台可用埋置式岸墩,在有基岩突出的情况下,可设计采用衡重式桥台,以节省开挖和砌筑工程量。

轻型桥是由桥梁上部结构与底部撑梁形成的四铰钢构系统组成。轻型桥台上端与桥的上部结构为铰接,底部墩台之间的撑梁可用混凝土或块石砌筑,截面不小于 40 cm×40 cm,撑梁间距一般为 2～3 m,墩台的埋置深度、墩台基础应在冻结层以下 0.25 m,小桥基础埋置深度一般不小于 0.5 m。

桩式墩台适用于地基软弱、承载力不足时。钻孔桩墩台常用于软土地基上的桥梁,桩的直径为 0.5～1.5 m,桩长一般为 5～24 m。根据实际情况采用,有单柱式和双柱式两种。

(2) 拱式桥的墩台。拱式桥的桥墩与以梁式桥的重力式桥墩基本相同,等跨径的混凝土实体墩顶宽取跨径的 1/15～1/25,砌石墩顶宽取跨径的 1/10～1/20,且不小于 80 cm,墩身两侧的边坡为 20∶1～30∶1。

3. 桥面

桥面铺装层应视路面要求而定,常用 5～8 cm 厚的混凝土、沥青混凝土、石灰三合土或用 15～20 cm 的泥结碎石层作为桥面,装配式梁(板)桥的混凝土铺装层,在其层内宜配置钢筋网。在桥面铺装与行车道板之间,一般应设置防水层,砖、石及混凝土的桥台背面及拱桥的拱圈与填料间应设防水层,可用沥青、黏土等材料。

有人行道的桥梁,其人行道宽度可取为 0.75～1.0 m,栏杆高度一般为 0.8～1.2 m,但为了便于农业生产,亦可不设栏杆而设 0.15～0.30 m 高的缘石。

(三) 跌水

跌水有单级跌水和多级跌水两种形式,由于多级跌水的组成和水力计算与单级相同,这里仅介绍单级跌水,如图 5-7 所示。

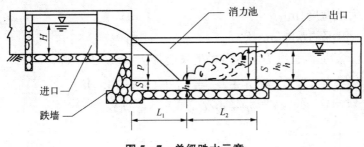

图 5-7 单级跌水示意

1. 跌水构造

(1) 进口。由连接段和跌水缺口组成,连接段常采用八字墙或扭曲面。连接段的长度(L)和渠道底宽和水深有关,可根据经验公式确定:当宽深比 $b/h<2.0$ 时,$L=2.5h$;b/h 为 $2.0\sim2.5$ 时,$L=3.0h$;$b/h>2.5$,$L=3.5h$。

(2) 跌水墙。有直墙和斜墙两种形式,多按重力式挡土墙设计。

(3) 消力池。消力池的尺寸需根据计算确定,断面一般为矩形、梯形,底板衬砌厚度可取 $0.4\sim0.8$ m。

2. 水力计算

(1) 流量计算。

矩形缺口和台堰式缺口流量按下式计算:

$$Q = mb_{缺} H_0^{3/2} \tag{5-91}$$

式中:Q——流量,m^3/s;

$b_{缺}$——缺口宽度,m;

H_0——堰上水头,m;

m——流量系数。

若扭曲面长度 $L=(2\sim10)H_0$,$b_{缺}/H_0=1.5\sim4.5$,则 $m=2.1-0.08 b_{缺}/H_0$。

梯形缺口过流能力可按下式计算:

$$Q = \varepsilon m(b_{缺} + 0.8n_{缺} H_0)H_0^{3/2} \tag{5-92}$$

式中:$n_{缺}$——缺口边坡系数,m;

ε——边界收缩系数,一般计算可取 1.0;

m——流量系数。

若上游渠道的边坡系数为 $0.25\sim1.0$ 时,连接段长度 $L\geqslant 3h_{max}$,则 $m=2.25-0.08 b_{缺}/H_0$。

(2) 消力池的水力计算。

消力池宽度:如果只有一个缺口,消力池宽度可取缺口水面宽加 0.1 倍的水舌抛射长度,即按下式计算,如有多个缺口,再加上水面线处隔离墩厚度。

$$b' = 0.1L_1 + b_{缺} + 0.8n_{缺} H_0 \tag{5-93}$$

$$L_1 = 1.64\sqrt{H_0(P+0.24H_0)} \tag{5-94}$$

式中:L_1——水舌抛射长度,m;

b'——消力池宽度,m;

p——计入池深的跌差,m。

消力池长度:消力池长度等于水舌抛射长度加上水跃长度,如下:

$$L' = L_1 + L_2 = L_1 + (3.2-4.3)h_2 \quad (5-95)$$

$$q = Q/(b_缺 + 0.8n_缺 h) \quad (5-96)$$

$$h_1 = \frac{q}{\varphi\sqrt{2gZ_0}} \quad (5-97)$$

$$h_2 = 0.5h_1\left[\sqrt{1+\frac{8\alpha q^2}{gh_1^3}}+1\right] \quad (5-98)$$

式中:h_1,h_2——收缩水深、跃后共轭水深,m;

q——水舌跌落处的单宽流量,$m^3/s \cdot m$;

φ——流速系数,可取 $0.90 \sim 0.95$;

Z_0——重力加速度,m/s^2;

g——流速水头的上、下游水位差,m;

α——系数,$1.05 \sim 1.10$。

消力池深度:设计时使池深稍大于跃后共轭水深与下游渠道水深之差。

$$d \geqslant (1.10 \sim 1.15)h_2 - h \quad (5-99)$$

式中:h——下游渠道水深,m。

(四)倒虹吸

1. 倒虹吸的构造

(1)进口段。进口段包括进水口、闸门、拦污栅、拦沙池、渐变段等。

① 进水口:进水口通常为喇叭形以减少水头损失。

② 闸门:在单管倒虹吸管之前一般不设置闸门或仅留闸槽,以便事故检修时使用;对于双管或多管的倒虹吸管,则应在进出口分别设闸门,在管道检修时不至停水,且通过小流量时可利用单管输水。闸门常用平板闸门。

③ 拦污栅:为防止漂浮物或人畜落入渠内而被吸入倒虹吸管,可在闸门前设拦污栅,过栅流速一般不超过 1 m/s,宜布置 1/3~1/5 的坡度,栅条间距一般采用 10~20 cm。

④ 拦沙池:平原地区以悬移质为主的渠道,可不设拦沙池,而将进水口略加提高;沿山坡修的渠道,拦沙池应适当加长加深,尺寸可按下式确定:

$$l \geqslant (4 \sim 5)h \quad (5-100)$$

$$B \geqslant 1.5b \quad (5-101)$$

$$T \geqslant 0.5D + \delta + 0.2 \quad (5-102)$$

式中:l——拦沙池池长,m;

B——拦沙池池宽,m;

T——拦沙池池深,m;

h——渠道水深,m;
b——渠道底宽,m;
D——倒虹吸管道内径,m;
δ——倒虹吸管道壁厚,m。

(2) 出口段。出口段包括出水口、闸门、消力池、渐变段等。出水口的适用条件与进水口基本相同,由于其外形对水头损失没什么影响,通常将管道直接伸入出口胸墙即可。

消力池可根据需要来设置,中小型单管倒虹吸可将渠底挖深作为消力池,流速过大时,则可设矩形消力池。消力池尺寸根据水力计算确定,初步按下式确定:

$$l \geqslant (5 \sim 6)h \tag{5-103}$$

$$T \geqslant 0.6D + \delta + 0.3 \tag{5-104}$$

式中:l——消力池池长,m;
T——消力池池深,m。

(3) 管身。管壁厚度应根据计算确定,为了便于检修,管身设置泄水孔,高水头、大流量的倒虹吸管还应设置进入孔。为防止不均匀沉陷,避免管身发生横向裂缝,应分段设置永久性伸缩沉陷缝。

(4) 管道的支承结构。

管床与管座:小型钢筋混凝土管或预应力钢筋混凝土管在地基较好的情况可采用弧形土基管床、三合土管或碎石管床。大中型倒虹吸管应采用砌石或混凝土管座,坐垫厚度可采用 1.5~2.0 倍壁厚,肩宽可采用 1.0~1.5 倍壁厚,但坐垫厚度一般不小于 30 cm。

支座:钢管一般敷设在支座上,管径小于 200 cm 时可采用滑动支座,管径小于 100 cm 时可采用鞍形支座。支座材料可以是混凝土、钢筋混凝土或金属,支座间距根据具体条件而定,一般在 6~20 m 范围内,支座的高度应保证管道与地面之间留有不少于 60 cm 的净空。

填墩:在管路轴线方向变化处应设置填墩,当坡度较陡的长坡段,为防止管身下滑而在斜坡中间设置填墩,分段钢管的伸缩接头中间宜设置填墩。填墩的主要材料是混凝土或钢筋混凝土,砌石填墩仅用于水头不大且管径较小的倒虹吸管。

2. 水力计算

倒虹吸的水力计算是根据已定的渠道流量、流速、进口渠底高程,在水头损失许可的范围内选定管径,并进行出口渠底高程和水面衔接计算。

(1) 流速和管径的确定。最大流速按允许水头损失确定,最小流速按不淤校验。管内流速通常为 1.5~3.0 m/s。

有压管挟沙流速计算:

$$v_{挟沙} = \left(\omega \sqrt[6]{\rho} \sqrt[4]{\frac{4Q}{\pi d_{75}^2}}\right)^{\frac{1}{1.25}} \tag{5-105}$$

式中:$v_{挟沙}$——挟沙流速,m/s;
ω——泥沙沉降速度,m/s;
ρ——挟沙水流中含沙量,重量比;

d_{75}——挟沙粒径,在泥沙级配渠线中小于该粒径的沙重占 75%。

管径确定:

$$D = \sqrt{\frac{4Q}{\pi v}} \qquad (5-106)$$

式中: Q——设计流量,m^3/s;

v——管道流速,m/s。

(2) 输水能力及水头损失计算。

$$Q = \mu\omega\sqrt{2gz} \qquad (5-107)$$

$$\mu = \frac{1}{\sqrt{\xi_0 + \sum\xi + \frac{\lambda l}{D}}} \qquad (5-108)$$

$$h_{损} = \left(\xi_0 + \sum\xi + \frac{\lambda l}{D}\right)\frac{v^2}{2g} \qquad (5-109)$$

式中: μ——流量系数;

ξ_0——出口损失系数;

λ——能量损失系数;

z——进出口水位差,m;

ω——过水断面面积,m^2;

$\sum\xi$——局部损失系数之和,包括拦污栅、闸门槽、进口、弯道、渐变段等;

$h_{损}$——总水头损失,m。

(3) 下游渠底高程确定。

$$H_{下底} = H_{上底} + h_{上道} - h_{下道} - h_{损} \qquad (5-110)$$

式中: $H_{下底}$——下游渠底高程,m;

$H_{上底}$——上游渠底高程,m;

$h_{上道}$——上游渠道水深,m;

$h_{下道}$——下游渠道水深,m。

(五) 渡槽

1. 渡槽的构造

渡槽由进口段、槽身、出口段和槽身支承结构等部分组成,如图 5-8 所示。

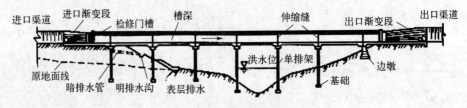

图 5-8 梁式渡槽纵断面

(1) 进出口段。进出口段的作用是使渡槽与上下游渠道平顺连接,保持水流顺畅,减小水头损失。为此,进出口常做成扭曲面或喇叭形的过渡段,其边墙应伸入渠道的两岸,并与两岸紧密结合,以免漏水。

(2) 槽身。槽身沿槽长每隔 8~15 m 设一伸缩缝,缝宽 1 cm 左右,内设止水。槽身横断面有矩形和 U 型两种(见图 5-9)。矩形槽的侧墙一般是变厚的,顶薄底厚,侧墙顶可外伸70~100 cm 宽的悬壁板作为人行道,多用浆砌石或钢筋混凝土建造。U 型渡槽的横断面是在半圆上加一直线段,顶部一般设置拉杆以增加横向刚度,拉杆上可铺板作为人行道,一般用钢筋混凝土或钢丝网水泥做成。

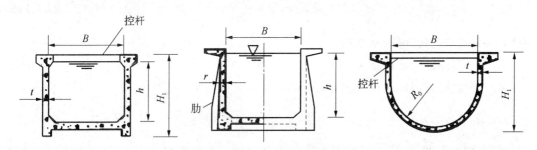

图 5-9 矩形与 U 型渡槽槽身示意

(3) 槽身支承结构。槽身的支撑结构常用梁式和拱式。梁式渡槽的槽身直接放在墩(台)或排架上,槽身受力与梁相同,配置钢筋较多。拱式渡槽的槽身支承在主拱圈上,主拱圈可采用肋拱、双曲拱和板拱等形式。

2. 水力计算

渡槽的过水能力可按下式进行计算:

$$Q = \frac{1}{n}\omega R^{2/3} i^{1/2} \tag{5-111}$$

式中：Q——渡槽设计流量,m^3/s;
ω——渡槽过水断面面积,m^2;
R——水力半径,m;
i——槽底比降;
n——槽身糙率。

(1) 矩形断面:

$$Q = \sigma_n \varepsilon m B \sqrt{2g} H_0^{3/2} \tag{5-112}$$

$$H_0 = h_1 + \frac{\alpha v_1^2}{2g} \tag{5-113}$$

式中：σ_n——淹没系数;
H_0——渡槽进出口水头,m;
h_1——上游渠道水位超出槽底值,m;
α——流速分布系数,可取 1.0~1.05;

v_1——渡槽上游渠道断面平均流速,m/s;
g——重力加速度,m/s^2;
ε——侧向收缩系数,可取 0.9~0.95;
m——流量系数,可取 0.36~0.385;
B——槽底宽度,m。

(2) U 型断面:

$$Q = \varepsilon\varphi\omega\sqrt{2gZ_0} \tag{5-114}$$

$$Z_0 = Z_1 + \frac{\alpha v_1^2}{2g} \tag{5-115}$$

式中:φ——流速系数,可取 0.9~0.95;
Z_0——渡槽进口水头损失,m;
Z_1——渡槽进口段水头损失,m。

(六) 水闸

水闸主要由上游段、闸室段和下游段三部分组成。上游段的作用是使来水平顺地引进闸室,并具防冲和防渗作用;下游段应具有引导过闸水流均匀扩散的出口措施和有效的防冲措施;闸室段位于两者之间,是控制水流的主体,如图 5-10 所示。

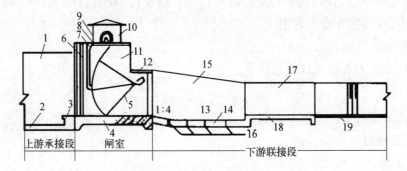

图 5-10 水闸结构示意

1—岸边或翼墙;2—铺盖;3—拦沙坎;4—闸室底板;5—闸门;6—检修门槽;7—胸墙;8—工作桥;9—闸房;10—启闭机;11—闸墩;12—交通桥;13—消力池;14—消力池底板;15—下游翼墙;16—排水孔;17—渐变段;18—浆砌石海漫;19—干砌石海漫

1. 上游段

上游段包括渠底部分的铺盖、护底和上游防冲槽以及两岸连接部分的翼墙和护坡。上游翼墙应与闸室两端平顺连接,水流方向的长度应大于或等于铺盖的长度,墙顶高程常按上游最高水位加一定超高来确定。上游翼墙主要有角墙式(八字墙和圆弧形翼墙)、扭曲面式和斜降式。

2. 下游段

下游段包括闸下河床部分的护坡、海漫和防冲槽,以及两岸的翼墙和护坡两部分。翼墙顺水流方向的长度至少应与消力池的全长相等,墙顶一般高于下游最高水位。当闸宽与渠底相等时,可采用角墙式翼墙;当渠宽稍大于闸宽时,可采用八字形翼墙,其扩散角一般为 70~120°;当渠宽大于闸宽时,仍然可用八字墙或扭曲面式翼墙与下游连接,扩散角应保持在 70~120°。

3. 闸室

闸室结构包括底板、闸墩、胸墙、闸门、工作桥和交通桥,底板是闸室的基础,其他属于上部结构。

(1) 底板。水闸底板有平底板和反拱底板之分,平底板又可分为整体平底板和分离式底板。底板顺水流方向的宽度可参考以下要求拟定:一般底板宽度要满足闸墩、胸墙、闸门和交通桥等上部结构布置的需要;二是参考已建工程,选定底板宽度,一般可取$(1.5 \sim 2.5)H$,H 为上游水深,坚实地基取下限值,松软地基取上限值。底板上下两端都设置浅齿墙。整体平底板的厚度约为单孔净跨的 $1/5 \sim 1/7$,一般为 $1.0 \sim 2.0$ m,最薄不宜小于 0.7 m,但小闸可以做成 0.3 m 厚。底板材料一般为钢筋混凝土和混凝土。

(2) 闸墩。闸墩用以分隔闸孔、支撑闸门和桥梁,其长度要满足布置检修桥、工作交通桥、检修门槽和工作门槽的需要,一般与底板等长或稍短。

(3) 胸墙。当挡水水位高于泄水水位时,可采用胸墙式水闸。闸室内设置胸墙可以降低闸门高度,从而减轻门中和降低启闭机容量的要求,并可适当降低工作桥的高度。对于从天然河道取水的渠首闸,胸墙顶高程与闸顶高程齐平;对于渠系中的水闸,胸墙顶应与渠道两侧的堤顶齐平。胸墙一般采用钢筋混凝土结构,当跨度小时,胸墙可设计成上薄下厚的矩形板,但最薄不应小于 $0.15 \sim 0.20$ m;当跨度较大时,多采用板梁式结构,梁支承在闸墩上而承受面板传来的负荷,梁一般为 2 根。

(4) 工作桥。工作桥供安装启闭机和管理人员操作启闭设备之用。渠系小闸的工作桥一般做成承载启闭机的一根或两根横梁。横梁由预制钢筋混凝土简支梁构成,两端用 $\phi12 \sim \phi16$ 的预制螺栓固定在桥台或台柱上,操作人员站在工作桥上。小型水闸中孔跨较大时,工作桥常采用钢筋混凝土板梁式结构,主梁高度可取跨度的 $1/8 \sim 1/10$,梁宽为梁高的 $1/2.5 \sim 1/4$,但不小于 $0.2 \sim 0.3$ m。

(七) 泵站设计

泵站工程亦称提水工程,其特点是通过消耗一定的能量把一定的水量提升到一定的高度或输送一定距离。它与自流取水输水工程相比,其主要优点是工程投资较少、施工工期短、见效较快;缺点是运行费用较高、维护管理较麻烦。

泵站设计主要内容包括流量计算、工程布局(包括取水口或泵站站址选择和枢纽布置等)、扬程确定、水泵选型及机电设备配套等。

根据泵站工程所承担的主要任务,常用的泵站枢纽有灌溉泵站、排水泵站及灌排结合泵站,这里只介绍灌溉泵站设计,排水泵站及灌排结合泵站设计可参阅有关专著。

1. 泵站布置

灌溉泵站工程由取水建筑物、进水建筑物、泵房、出水建筑物和附属设施等组成。取水建筑物包括进水口(进水闸)、引水渠(或引水涵洞)。进水建筑物有前池、进水池。泵房包括主泵房和附属设备。出水建筑物包括压力水管、出水池。附属设施视需要而定,一般包括变电站、管理间、仓库、修理间等。土地整理项目水源工程涉及的泵站一般较为简单,多不需附属设施。

根据灌区地形条件,首先在灌区规划中对灌区供水区域进行划分,选择合适的供水类型。供水泵站的分级分区一般有以下四种类型:一级一区供水;一级多站分区供水;多级多站供水;多级多区供水。

一般在灌区面积较小、地形比较单一、扬程又不大时,采用一级一区或多区供水;如果灌区面积较大、地形复杂、扬程有高有低,则采用多级多站供水或多级多区供水。

根据水源的类别、地形及地质条件等因素,灌溉泵站工程有如下布置形式。

(1) 有引水渠的布置形式。

当水源岸坡较缓、水位变化不大,而出水池又距岸边较远时,常采用有引水渠的布置形式,如图 5-11 所示。根据地形条件,尽可能把泵站靠近出水池,以减少压力钢管长度,节省投资。此类布置,引水渠较长,维修、清淤工程量大。

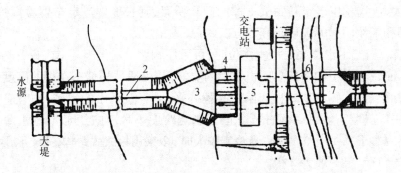

图 5-11 有引水渠的枢纽布置形式
1—进水闸;2—引水渠;3—前池;4—进水池;5—泵房;6—出水管;7—出水池

(2) 无引水渠的布置形式。

当水源岸坡较陡、水位变化不大时,可将泵站布置在水源岸边,直接从水源中提水。这种布置,进水闸应有防洪要求,以保证泵房安全,如图 5-12 所示。

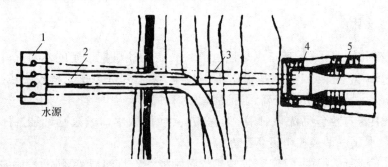

图 5-12 有引水渠的枢纽布置形式
1—泵房;2—栈桥;3—出水管;4—出水池;5—灌溉干渠

(3) 站址选择注意事项。

① 由河流、湖泊、渠道取水的泵站,其站址应选择在有利于控制灌区、使输水系统布置比较经济的地点。泵站取水口应选择在主流稳定靠岸、能保证引水的河段(直流段或弯道

的凹岸)。当引水口位于凹岸时,应特别注意其稳定性,如果河岸不够稳定,又无适当的地方选择取水口,则应采取相应的措施,确保取水口位置的稳定和能引入足够的流量供应泵站。

② 直接从水库取水的泵站,站址应根据灌溉与水库的相对位置和水库水位变化情况,选择在岸坡稳定、靠近灌区、取水方便的地点。至于是从库区内取水还是坝后取水,应根据技术合理性和经济实用性综合考虑之后,决定最终方案。

③ 由河流取水的泵站,当河岸边坡较缓时,宜采用引水式布置,并应在引渠渠首设置进水闸;当河岸边坡较陡时,宜采用岸边式布置,其进水建筑物前缘宜与岸边齐平或稍向水源凸出。由渠道取水的泵站,宜在取水口下游侧的渠道上设节制闸;由湖泊取水的泵站,应根据湖岸边地形、水位变化幅度等,采用引水式或岸边式布置。一般说来,湖岸坡度较缓或湖水位变化幅度较大时,宜采用引水式;当湖岸坡度较陡且湖水位变化幅度较小时,可采用岸边式。由水库内取水的泵站,可根据水库岸边地形、水位变化幅度及农作物对水温的要求等确定泵房形式:当库岸坡度较缓、水位变化幅度较大时,可采用引水式固定泵房;当库岸坡度较陡、水位变化幅度不大时,可建岸边式固定泵房或竖井式泵房;当水库水位变化较大时,可采用浮船式泵房;当水位变化幅度很大时,可采用缆车式泵房或潜没式固定泵房。

④ 从多泥沙河流上取水的泵站,当具备自流引水沉沙、冲沙条件时,应在引渠上布置沉沙、冲沙或清淤设施;当不具备自流引水沉沙、冲沙条件时,可在岸边设低扬程泵站,布置沉沙、冲沙及其他排沙设施。

⑤ 紧靠山坡、溪沟修建的泵站,应设置排泄山洪和防止局部滑坡、滚石等的工程措施。

2. 灌溉泵站的设计流量

灌溉泵站的设计流量是在水源满足一定灌溉设计保证率的情况下,采用灌溉用水过程中持续时间较长(20~25 d)的最大一次灌溉用水流量。这种方法比较精确可靠,一般用于大中型灌区。对于中小型灌区,可采用简易计算方法确定设计流量。

(1) 按灌水定额计算。

根据灌水定额计算泵站设计流量的公式如下:

$$Q = \frac{mA}{3\,600Tt\eta} \tag{5-116}$$

式中:Q——泵站设计流量,m^3/s;

m——最大一次灌水定额,m^3/hm^2;

A——灌溉面积,hm^2;

T——灌水延续时间,d,指灌区最大一次灌水定额所需的延续天数;

t——水泵每天工作时间,h;

η——灌溉水的有效利用系数。

上述公式中的有关数据,可在灌区作物设计灌溉制度中查得。

(2) 按灌溉率计算。

根据灌溉面积 A 和灌区水利用系数 η,由灌区设计净灌水率 q,按照下式计算:

$$Q = \frac{Aq}{\eta} \tag{5-117}$$

式中：q——灌区设计灌水率，$m^3/(s \cdot 万亩)$或$m^3/(s \cdot 100\ hm^2)$。

其他符号的含义同上。

万亩以上水稻区的设计净灌水率一般为$0.45 \sim 0.6\ m^3/(s \cdot 万亩)$，即$3 \sim 4\ m^3/(s \cdot 100\ hm^2)$；大面积旱作灌区的设计净灌水率一般为$0.2 \sim 0.35\ m^3/(s \cdot 万亩)$，即$1.33 \sim 2.33\ m^3/(s \cdot 100\ hm^2)$；水旱田均有的，其综合净灌水率可按水旱面积比例加权平均求得。对于控制面积较小的斗、农渠(灌溉面积几十亩到上千亩)，常要在短期内集中灌水，故其设计净灌水率较上述经验数字大。

(3) 按灌溉模数计算。

如果灌区作物的组成不易确定，则可根据不同地区历年的用水经验，按毛灌溉模数估算泵站的设计流量。所谓毛灌溉模数 f 是指泵站单位流量(即 $1\ m^3/s$)的灌溉面积(万亩或hm^2)。毛灌溉模数可参考表5-30。

表5-30　不同地区的毛灌溉模数

地　　区	$f/万亩/(m^3 \cdot s^{-1})$
南方平原湖区	0.76~1.00
南方丘陵山区	1.00~1.50
关中地区(大、中型灌区)	2.00~3.00
关中地区(小型灌区)	1.00
陕南、陕北	1.00

注：若渠道采用防渗措施，且用轮灌技术或灌区设有调蓄池时，表中数值可提高10%~25%。

设计流量确定后，还需确定加大流量和最小流量。最小流量用灌区最小灌水率乘以灌溉面积或按0.4倍设计流量确定；加大流量是泵站备用机组流量与设计流量之和，一般情况下不应大于设计流量的1.2倍。

(4) 灌溉泵站设计扬程。

泵站设计扬程，即选择水泵所用的扬程，是净扬程加上进、出口水管道沿程和局部摩阻水力损失后的总扬程。水泵净扬程是泵站进、出水池的水位差(也有称实际扬程、几何扬程)。

① 特征水位。

a. 水源特征水位。

设计水位：用于确定泵站的设计扬程等。以江河、湖泊或水库为水源的泵站，采用历年灌溉期相应于灌溉设计保证率的水源日或旬平均水位；以渠道为水源的泵站，采用渠道的设计水位。

最高运行水位：用于确定泵站的防洪高程和最低扬程。根据泵站工程等级查防洪设计标准，经水源水文分析计算确定。当水源为输水渠道时，采用其最高水位。

最低运行水位：用于确定水泵的安装高程和进水闸的底板高程等。以江河为水源的泵站,取历年灌溉保证率 90%～95%的最低日平均水位;以湖泊、水库为水源时,采用湖泊的最低水位、水库的死水位;从渠道取水时,采用渠道通过单泵流量时的水位。

平均水位:以湖泊、水库为水源时,取灌溉期多年日平均水位;从渠道取水时,采用渠道通过平均流量时的水位。

b. 出水干渠的渠首特征水位。

设计水位:用于确定泵站的设计扬程等。按灌溉设计流量和灌区控制点高程的要求,自下而上逐级推求到渠首的水位。

最高运行水位:即泵站以加大流量运行时相应的渠首水位。用于确定泵站的最高扬程。

最低运行水位:即泵站以最小流量运行时相应的渠首水位。用于确定泵站的最低扬程。以江河为水源的泵站,取历年灌溉保证率 90%～95%的最低日平均水位;以湖泊、水库为水源时,采用湖泊的最低水位、水库的死水位;从渠道取水时,采用渠道通过单泵流量时的水位。

平均水位:取灌溉期多年日平均水位。

水源水位减去水源至进水池之间的连接建筑物和拦污栅的水头损失,即为进水池水位;渠首水位加上出水池至渠首间的连接建筑物的水力损失,即为出水池水位。

② 特征扬程。

由于进、出水池水位的不同组合,产生了泵站的不同扬程,称泵站的特征扬程(净扬程)。

设计净扬程:是泵站进、出水池设计水位差。这是水泵选型的主要依据。在该工况下,泵站必须满足灌溉设计流量的要求。

平均扬程:是泵站运行历时最长的工作扬程。对于中、小型泵站,一般用泵站出水池和进水池的平均水位之差表示。对于流量年内变化大,水位、扬程变化也较大的大、中型泵站,则应按提水量加权平均的方法进行计算。

最高净扬程:是泵站在长期运行过程中可能出现的净扬程的最大值。应按出水池最高水位与进水池最低水位之差计算。在该工况下,泵站总装机的提水量应满足加大流量的要求。

最低净扬程:是泵站在长期运行过程中可能出现的净扬程的最小值。应按出水池最低水位与进水池最高水位之差计算。在该工况下,水泵流量最大,须保证水泵机组的安全运行。

应当指出,最高和最低净扬程,一般情况下只是在水源泵站才有意义。在低扬程泵站,因水源水位变化相对于设计净扬程的比重较大,灌溉季节泵站在设计净扬程下运行时间很短。因此,常用运行历时最长的扬程即平均扬程代替设计净扬程。

③ 设计扬程和管道损失估算。

在水泵尚未选型、管道尚未选配的情况下,不可能计算管道的沿程和局部水力损失。因此,在已知设计流量和净扬程的情况下,一般根据可能选用水泵的流量、净扬程和拟采用的管道布置方式及其长度,凭经验或参考相似泵站估计水力损失,并用 $KH_{净}$ 表示。则泵站的设计扬程为:

$$H = (1+K) \times H_{净} \qquad (5-118)$$

式中:H——泵站设计中的特征扬程;

$H_{净}$——泵站设计中与 H 相应的特征扬程；

K——估计的管道水力损失占净扬程的百分比，%，按设计净扬程采用。

当设计中确定 K 值有困难时，可参考表 5-31。

表 5-31 常用管道水力损失估算表

净扬程/m	管道扬程/mm			备 注
	≤200	250～300	≥350	管径＜350 mm，含底阀损失；＞350 mm，不含底阀损失
＜10	30～50	20～40	10～25	
10～30	20～40	15～30	5～15	
＞30	10～30	10～20	3～10	

当初步选定泵型号后，须结合水泵设计流量以及管道管径和布置情况，重新计算管道损失，确定设计扬程，复核水泵选型。

3. 水泵选型及配套设施

(1) 水泵的主要参数。

水泵的性能是通过它的工作参数来反映的。

水泵的主要参数有：① 流量 $Q(l/s, m^3/h)$；② 扬程 $H(m)$；③ 允许吸上真空高度 $H_s(m)$，一般在 2.5～8.5 m 之间；④ 功率 $N(W, kW)$；⑤ 效率 η，一般农用水泵的效率在 60%～80% 之间；⑥ 转速 $n(r/min)$；⑦ 比转速 n_s。

(2) 水泵的选型。

根据设计流量和设计扬程，参照出厂的水泵性能表，选择水泵。总体原则是：应使总扬程和流量符合设计条件，并使水泵能保持较高的工作效率。在工程设计时，需多拟订几个方案，在各个方面进行综合比较。

(3) 水泵用动力机的选择。

水泵用的动力机主要包括柴油机和电动机。一般选择动力机功率＝(1.1～1.2)×水泵轴功率，其中 1.1～1.2 为安全备用系数。

配套柴油机的优点：基建投资小，灵活机动性大，特别在山区，不受电力输电线路的限制。缺点：抽水成本高，维修比较复杂。

配套电动机的优点：抽水成本低，操作比较方便，运转故障较少。缺点：建输、变电设备及有关工程的基建投资大，灵活性较小。

4. 泵站的进出水建筑物

(1) 泵房。

① 分基型。

分基型泵房的特点是进水池修建在泵房外边，进水池三边护砌，一边(临引水渠边)开敞。其护砌工程主要是保护泵房基础的稳固，防止四周土坡的塌方。而靠近泵房一侧的护砌工程，有的做成挡土墙式，见图 5-13；有的做成护坡式，见图 5-14。前者工程量较大，但引水条件好。

② 干室型。

当水源水位变幅较大、超过水泵的有效吸程时，不宜采用分基型泵房，可以采用干室型泵房。它的结构特点是：为了避免在洪水时外水渗透机房，它的四周墙壁和底板用混凝土或钢筋混凝土建成一个不透水的整体，形成一个干燥的地下室，而机组则安装在地下室内。如图 5-15 所示。

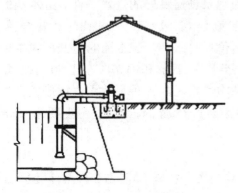

图 5-13 挡土墙式泵房

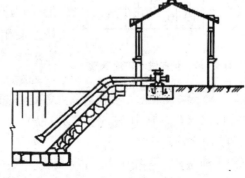

图 5-14 护坡式泵房

干室型泵房内可以安装卧式水泵机组，也可安装立式水泵机组。为了检修方便，在水泵的出水管或进水管上均需装闸阀。管路穿墙处要妥善处理。

在泵房高度较大的情况下，为了充分利用空间，往往修筑上层楼板，而将立式电动机或者配电设备安装在楼板上，有利电气设备的防潮。由于没有地下室，泵房的通风和防潮问题在设

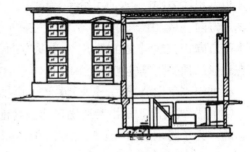

图 5-15 干室型泵房

计时需要注意。在自然通风不能满足散热要求时，应采用机械通风。泵房的墙壁和底板要满足防渗要求。室内要设置排水沟和集水井，以便将废水排到室外。

（2）前池。

前池是衔接引渠和进水池的水工建筑物。根据水流方向可分为正向和侧向两大类。正向进水前池是指前池的来水方向和进水池的进水方向一致，前池的过水断面是逐渐扩散的，如图 5-16 所示。而侧向进水前池是指两者的水流方向是正交或斜交的，如图 5-17 所示。

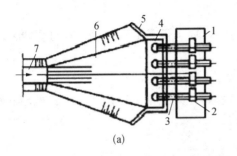

(a)

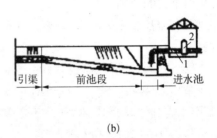

(b)

图 5-16 前池和进水池示意

1—泵房；2—机组；3—进水管；4—进水池；5—翼墙；6—前池；7—引渠

(3) 进水池。

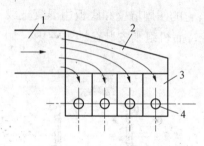

图 5-17 侧向进水前池示意
1—引渠；2—前池；3—进水池；4—水泵

进水池是水泵或进水管直接从中取水的水工建筑物。一般布置在前池和泵房之间或位于泵房之下。它的作用主要是为水泵创造良好的进水条件。进水池的形式和尺寸应能满足水泵吸水性好、机组运行安全、维修方便和工程造价低等条件。进水池的边壁形式主要有矩形、多边形、半圆形、圆形和蜗壳形等几种形式。矩形进水池是泵站中最常见的一种形式。这种形式在拐角处和进水管容易产生游涡，因此，一般要求 $T=(0.3\sim0.5)\times D_{进}$（其中 $D_{进}$ 为关口直径）。

(4) 出水池。

出水池是一座连接压力管道和灌溉干渠的衔接建筑物，主要起消能稳流作用，以便将压力水管的水流平顺而均匀地引入干渠中，以免水流冲刷渠道。

根据水流方向，出水池可分为正向出水池和侧向出水池。前者是指管口出流方向和池中水流方向一致，由于出水流畅，因此在实际工程中采用较多。后者是指管口出流方向和池中水流方向正交或斜交，由于出流改变方向，水流交叉，流态紊乱，池渠不便衔接，所以一般只在地形条件受限制的情况下采用。

根据出水管出流方式，出水池可分为淹没式、自由式和倒虹吸式三种。

① 淹没式出流。是指管道出口淹没在池中水面以下，管道出口可以是水平的，也可以是倾斜的。为了防止正常或事故停机时渠水倒流，在出口有时增设拍门、蝶阀或池中修挡水溢流堰。

② 自由式出流。这时管道出口位于出水池水面以上。这种出流方式，浪费了高出水池水面的那部分水头(Δh)，减小了出水量。但由于施工和安装方便，停泵时又可防止池水倒流，所以多用于临时性或小型泵站中。

③ 倒虹吸式出流。它兼有淹没式和自由式出流的优点，既能充分利用水头，又可防止水的倒流，但需要在管顶增设真空破坏装置，在突然停泵时，注入空气，截断水流。

（八）塘坝工程设计

1. 塘坝的布置

(1) 塘坝布置的原则。

① 在灌区下游、多级提水灌区，以及干旱缺水、缺少骨干工程和"水利死角"地区，要多建新塘、大塘。

② 在口小、肚大、底平、位置较高的山谷修建山塘。

③ 在冲的顶部修冲顶塘。大冲可沿冲节节建塘，层层拦蓄，高塘高蓄高灌，低塘低蓄低灌。

④ 沿排水沟、撇洪沟沟尾和沟侧修建塘坝。

⑤ 沿灌渠渠尾和渠侧建反调节塘。

⑥ 利用荒地、废弃地、低洼沼泽地、低产地以及取土塘建塘。

(2) 塘址的选择。

塘坝塘址的选择很重要,关系到工程的造价及安全。主要从以下几方面考虑。

① 地形条件好。位置高,塘容大,自流灌溉面积大;淹没占地少,有适宜修建溢洪道位置;工程简单,土方和配套建筑物少;费用省,用工少。

② 地质条件好。工程安全可靠,渗漏损失小,能蓄住水。

③ 水源条件好。集水面积大,来水量丰富,无严重污染源、淤积源。

④ 靠近灌区。"塘跟田走",连接渠道短,输水损失小。

⑤ 施工、交通及管理方便。附近有合适的筑塘土料,取土运土方便,最好能利用挖塘土筑塘埂。

⑥ 行政区划单一,归属权界定清楚。

⑦ 有人畜用水要求的,尽量靠近村庄,或选择位置较高处,能自压给水。

2. 塘坝用水量估算

塘坝供水量的计算方法有复蓄次数法、抗旱天数法、塘堰径流法三种。这三种都是根据调查研究,参考经验数据确定各种参数,因此计算结果均带有一定的经验性质,需根据具体情况加以选用。

(1) 复蓄次数法。

塘堰供水量可用不同年份塘堰有效容积的复蓄次数估算,其公式为:

$$W = NV \tag{5-119}$$

式中:W——可用于灌溉的塘堰供水量(m^3/亩);

V——单位灌溉面积上的塘堰有效容积(m^3/亩),塘堰有效容积一般可通过调查确定,如湖北省丘陵地区约为 100 m^3/亩,有些管理运用较好的灌区可达 150~200 m^3/亩,湖南省为 100~200 m^3/亩;

N——堰塘 1 年内的复蓄次数,不同地区不同年份均不一致,可以调查获得。

(2) 抗旱天数法。

塘堰的抗旱天数综合反映了它供水能力的大小,通过对于干旱年份塘堰抗旱天数 t 及作物田间耗水强度 e(mm/d)的调查,塘堰供水能力 W(m^3/亩)可按下式推算:

$$W = 0.667te \tag{5-120}$$

此法比较简单,有一定可靠性,如灌区较大,应分区进行调查。

(3) 塘堰径流法。

各时段塘堰供水量 W,可用下式估算:

$$W = 0.667a_iP_if\eta_i \tag{5-121}$$

式中:P_i——时段降雨量(m^3/亩);

a_i——各时段径流系数,根据径流站观测资料确定,如无实测资料可借用邻近相似地区的观测资料;

f——塘堰集雨面积与灌溉面积之比值,经调查分析确定,如湖北省 f 值一般在 0.8~0.9 范围内;

η_i——各时段塘堰蓄水利用系数,它与塘堰蒸发渗漏、水量废泄有关,一般在 0.5~0.7。

用上述方法求得塘堰供水量后,其月(旬)分配过程可参照各地径流试验站或小水库相应年份径流分配情况进行分配。

3. 塘坝有效容量的确定

为了充分利用当地的水资源,要求所建塘坝应尽可能把当地多年平均地表径流拦蓄起来。但降雨、径流在全年中可能会频繁发生,塘的来水量会因之而逐次累积,而农田灌溉却随着生产季节的不同,需要不断放水使用,因此孤立塘坝的蓄水有一个不断消涨的过程,所以塘坝有效容量可以小于多年平均来水量。即:

$$V = W/N \tag{5-122}$$

式中：V——塘坝有效容量,万 m^3；

W——塘坝多年平均年来水量,万 m^3；

N——系数,根据实际情况确定,一般用 1.5～2.0。

与小型水库工程中兴利库容的确定类似,如果塘坝多年平均来水量比计算的灌溉总用水量大很多时,则应以计算的灌溉总用水量来确定塘坝的有效容量。此时,塘坝有效容量可视具体情况按计算的灌溉总用水量的 40%～50% 来确定。

4. 塘坝实际用水量的确定

当塘坝的容量确定以后,则应按塘的地形,计算不同蓄水位时的淹没面积及蓄水量。其计算方法是：在有地形图的地方,可按地形高程,由低到高逐一量出不同高程的淹没面积,进而计算出每年相邻高程之间的蓄水量,并按设计蓄水位求出总的蓄水量。如无图可量时,也可以用简易方法测量若干断面进行计算,或通过实际丈量确定。

5. 塘坝灌溉面积的计算

塘坝灌溉面积可按下式计算：

$$A = W/m \tag{5-123}$$

式中：A——塘坝灌溉面积,亩；

W——塘坝有效利用水量,m^3,是塘坝有效容量与复蓄次数的乘积；

m——灌溉定额或综合浇溉定额,m^3/亩。一些地区已有研究成果可供查询。

6. 塘坝坝体设计

塘埂形式与断面设计要根据塘埂高度、筑埂材料、塘址的地形和地基条件,以及当地的水文、气象、施工、劳动力等因素,因地制宜,进行综合分析。

塘埂一般为土埂,通常设计成梯形断面,塘埂顶高程应高于塘内正常最高蓄水位 1.0～1.5 m。塘埂类似于水库的拦水坝,起拦蓄水量、抬高水位的作用。主要考虑以下几方面：① 不会发生漫顶溢流；② 塘埂的迎、背水坡稳定,不会发生滑坡、坍塌；③ 埂基和埂身不会发生严重渗漏、管涌和流土；④ 就地取材,因材设计；⑤ 构造简单,适应地形、地基条件,方便施工,节省费用。

(1) 土质塘埂的形式。

① 均匀土质塘埂。

优点：结构简单,便于人工和机械施工,标准质量容易控制,对地基要求较低等。

适用范围：塘址附近有足够好土的地区,最好是黏粒含量为 10%～30% 的壤土。

② 黏土心墙塘埂：多用于高度比较大的塘埂。

适用范围：塘址附近没有足够的好土，或好土在较远的地方。

要求：在塘埂的中央用好土，最好是用黏粒含量为20%~40%的壤土筑一道心墙防渗，心墙顶部厚度大于0.8m，底部厚度大于上游水深的1/6~1/8，并不小于2m。靠心墙两侧用较细密的土料，离心墙远的土料可粗一点，并且用较容易透水的土料做背水坡。

③ 黏土斜墙塘埂：多用于老塘加高培厚，作防渗处理。

适用范围：同黏土心墙塘埂。

要求：在塘埂的迎水坡用微透水性的黏土或弱透水性的壤土做一道防渗斜墙，斜墙厚度（垂直于埂坡）顶部不小于0.5m，底部不小于上游水深的1/6~1/8，并不小于2m。上铺保护层，斜墙下用透水性小的较细密的土，离斜墙愈远土料颗粒可愈大，并用易透水的土料做背水坡。

(2) 土质塘埂横断面。

土质塘埂横断面随塘埂高度而变化，并受填土土质及密实度的影响。均匀土质塘埂横断面标准见表5-32。

表5-32 均匀土质塘坝一般标准

塘埂高/m	塘埂顶宽/m	迎 水 坡	背 水 坡
<3	1.5	1.5~1:2.0	1:1.5
3~5	2.0~2.5	1:2.0~1:2.5	1:1.5~1:2.0
6~10	2.5~3.0	1:2.5~1:3.0	1:2.0~1:2.5

(3) 放、泄水建筑物的设计。

① 放水涵洞。一般用混凝土管，位置、数量、大小按实际需要确定。埋设高程，一要考虑充分利用塘水；二要使自流灌溉面积尽量大。无压流放水涵洞流量、涵洞尺寸与灌溉面积见表5-33。

表5-33 无压流放水涵洞流量、涵洞尺寸与灌溉面积

流量/(m³/s)	比 降		灌溉面积/亩
	1:100	1:200	
	圆涵直径/cm	圆涵直径/cm	
0.02	20	20	200
0.03	20	25	300
0.04	25	25	400
0.05	25	30	500
0.06	30	30	600
0.07	30	35	700
0.08	30	35	800
0.09	35	40	900
0.10	35	40	1 000

注：本表灌溉面积按1m³/s流量灌溉1万亩计算。

② 溢洪道。对集水面积大的塘坝应修建溢洪道,以防止塘坝遇暴雨造成洪水漫溢塘埂。

第四节 田间道路工程设计

农村道路一般由行车路基、路面、路肩和路沟组成。行车路面是指铺筑在道路路基上供车辆行驶的结构层,具有承受车辆重量、抵抗车辆磨损和保持道路表面平整的功能。路肩是道路两边设有铺筑路面的部分,用作路面的侧向支撑和行车停歇的地带。路沟为道路两边的排水沟。

一、路基设计

（一）路基结构

路基是在原地面上挖或填成的一定规格的横断面,通常把堆填的路基称路堤,把挖成的路基称路堑。路基宽度为行车道与路肩宽度之和。土地开发整理项目区干道的路面宽一般为 6～8 m,路基宽一般为 10～12 m;支道的路面宽一般为 3～6 m,路基宽为 5～8 m;田间道的路面宽为 3～4 m,路基宽为 4～5 m;生产路的路面宽为 1～2 m,路基宽为 1.5～3 m。路基的高度应使路肩边缘高出路面两侧地面积水高度,同时要考虑地下水、毛细管水和冰冻作用,不致影响路基的强度和稳定性。路基设计标高一般为路基边缘高度。路基的边坡取决于土石方经过填挖后能达到自然稳定状态的坡度,路堤的边坡坡度一般采用 1∶1.5,受水浸淹的路堤的边坡应放缓为 1∶2。路基横向坡度,一般按比路面横向坡度大 1% 或者 2% 的值设置,最大不超过 5%。为使路基有足够的强度和稳定性,必须进行压实使其呈密实状态,压实度随路面等级及路基填挖类别而异。

（二）填土材料

土基的强度、抗变形能力和稳定性因填筑路基所用土的物理力学性质与当地自然环境影响程度不同而改变,也与填土高度和施工技术有关,所以要慎重选择路基填土用料。

沙土：沙土无塑性,具有良好的透水性,遇水后毛细上升高度很小(0.2～0.3 m),具有较大的摩擦系数。用沙土筑路基,强度高、抗变形能力和水稳定性好,但由于其黏性小易散,对于流水冲刷和风蚀抵抗能力很弱,有条件时应适当掺加一些黏性大的土,或将表面加固,以提高路基的稳定性。

沙性土：沙性土既含有一定数量的粗颗粒,使之具有一定的强度和水稳定性,又含有一定数量的细颗粒,使之具有一定的黏结性,不至过分松散。沙性土是修筑路基的良好填料。

粉性土：粉性土含有较多的粉土颗粒,干时稍有黏性,遇水很快被湿透,易成稀泥,毛细作用强烈,在季节性冰冻期,水份积聚现象严重,春融期间极易翻浆和冻胀。粉性土是最差的筑路材料。

黏性土：黏性土的黏聚力大,透水性大,干燥时坚硬,浸湿后不易干燥,强度急剧下降。

具有较大的可塑性、黏结性和膨胀性,毛细现象也很显著,干湿循环所引起的体积变化很大。黏性土不是理想的路基材料,当给予充分压实处理并结合良好排水设施时,可作为路基材料。

碎石质土:其颗粒较粗,含细粒成分不多时,具有足够的强度、抗变形能力和水稳定性,是修筑路基的良好材料。使用时要注意填方的密实度,以防止由于空隙过大而造成路基积水、不均匀沉陷或表面松散。

砾石、不易风化的石块:透水性很强,水稳定性好,强度高,施工季节不受影响,是最好的路基填筑材料。

二、路面设计

(一)路面结构

铺筑在路基顶面的路面结构是用各种材料分层铺筑而成,按所处层位和作用不同,路面结构层主要由面层、基层、垫层等组成。

1. 面层

面层是直接承受自然条件影响和行车作用的层次。通常以面层的材料定路面名称和划分路面等级。面层可根据需要分成二层或三层,修筑面层的材料主要有水泥混凝土、沥青与矿料组成的混合料、沙砾或碎石掺土(不掺土)的混合料、块石及混凝土预制块等。

2. 基层

基层位于面层之下,承受来自面层的承重,以减小面层的厚度,并加强路面的整体性,防止路面滑动、位移和开裂。修筑基层的主要材料有:碎石、天然沙砾、石灰和水泥或沥青处置的土、用石灰和水泥或沥青处置的碎石、各种工业废渣及其与土、沙、石所组成的混合料以及水泥混凝土等。常见的路基,如图 5-18 所示。

3. 垫层

垫层设置在基层与土基之间的层次,起着排水及防冻胀的作用,同时可以加强土基层的承受能力。修筑垫层的材料常用的有两种类型:一是由松散颗粒材料组成,如沙、砾石、炉渣、片石、锥形块石等修成的透水性垫层;一种是由整体性材料组成,如石灰土、炉渣石灰土类修筑的稳定性垫层。

(二)路面类型

项目区的干道、支道一般采用中级路面和低级路面,常见的铺筑路面方式有粒料加固土路面、级配路面、泥结碎石路面,要根据就地取材的原则选用。

粒料加固土路面:用当地的砾石、沙、风化碎石、礓石、炉渣、碎砖瓦及贝壳等粒料与当地的黏性土壤掺和以后铺成的路面。用作改善土路的砾石其最大尺寸不宜超过 4 cm;沙的颗粒越粗越好;风化碎石太软的不能适用;炉渣以块状为最佳,炉渣中的炉灰应刷除;碎砖瓦的尺寸不宜太小;小贝壳可直接适用,太粗的需打碎;泥料加固土路面小雨一般能通车,但当大雨后路面变软应禁止通车。

级配路面:用颗粒大小不一的砾石、沙材料逐级填充空隙,并借用黏土的黏结作用,经过

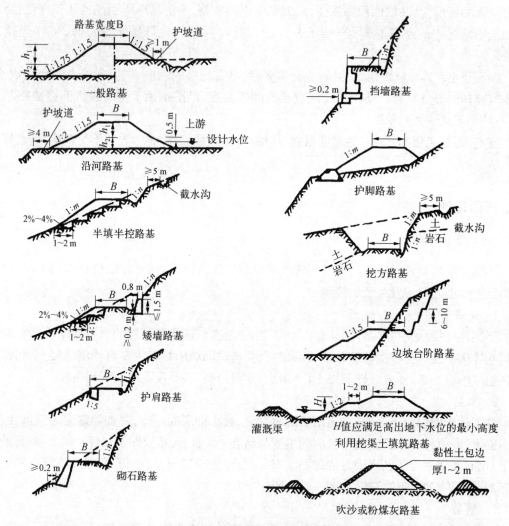

图 5-18 常用路基的典型断面图

压实得到的一定密度的路面。其密度大,透水性小,不易松散。应选用粗沙或中沙,如用细沙必须同时采用黏性较大的土,以保证混合料具有规定的塑性指数。

泥结碎石路面:以碎石或轧碎的卵石为骨料,以泥浆为黏结料,经碾压后,以碎石相互嵌固而稳定成型的路面。石料颗粒应多为棱角块体,并不得含有其他杂质,其最大粒径不宜超过 35~40 mm。黏土不得含有腐殖质或其他杂物,其用量不宜超过 20%(黏土干重与石料干重之比),以灌满为止,土与水的比例一般按 1:1~1:0.8 为宜。为了防止雨天泥泞及晴天尘土飞扬,并抵抗行车切向用力的作用,当要求较高时,一般应加辅磨耗层。磨耗层可采用砾(碎)石混合料,厚度以 2~3 cm 为宜;或采用沙土混合料,厚度以 1~1.5 cm 为宜。

三、路肩、边坡与边沟

路肩的作用主要是保护路面结构的稳定、供发生故障的车辆临时停车、进行养护操作等。对于土地整理项目的道路系统,在满足路肩功能最低要求的前提下,尽量采取较窄的路肩。对于田间道和生产路,一般采用土路肩,宽度控制在 0.5~1.0 m 之间。

边坡是路基的一个重要组成部分,它的陡缓程度直接影响到路基的稳定和路基土石方的数量。对于土地整理项目所涉及的田间道和生产路,可以参照一般土质的稳定性确定边坡即可。

边沟的作用是排除由边坡及路面汇集的地表水,确保路基与边坡的稳定。边沟的形式主要有梯形和三角形两类。渗透性良好的土壤可以用梯形或三角形边沟;渗透性不良时一般采用三角形边沟。边沟的边坡内侧一般规定为 1∶1~1∶1.5,边沟的底宽与深度一般不应小于 0.4 m,纵坡一般不小于 0.5%。

四、纵断面设计

纵断面设计中纵坡设计是主要方面,设计时要结合布线的意图进行综合分析、比较,确定合理的纵坡及坡长。主要技术指标有最大纵坡、最小纵坡、最小坡长及最大坡长等。《土地开发整理项目规划设计规范》中规定干支道的纵坡在平原地区一般应小于 6%,在丘陵山区应小于 6%~8%,最小纵坡以满足雨雪水排除要求为准,一般宜取 0.3%~0.4%,多雨地区宜取 0.4%~0.5%。

道路纵断图反映了道路中线原地面的起伏情况以及路线设计的纵坡情况。纵断图上主要反映两条线:一是地面线,是根据道路中线上各桩的高程点而绘成的一条不规则折线;另一条是设计路面线,是一条规则形状的集合线形,反映了道路路线的起伏变化情况,如图 5-19 所示。

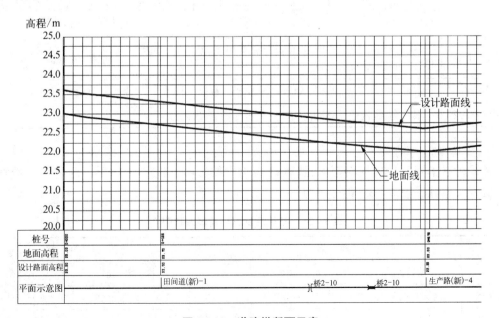

图 5-19 道路纵断面示意

第五节 其他工程设计

一、农田防护工程设计

(一) 农田防护林工程

1. 树种选择

树种的选择对于防护林的建设是至关重要的,根据地区防护要求和防护林的结构类型合理地选择适生物种(兼顾其他如经济效益等)是防护林规划设计的前提。根据我国各农田防护林分区的自然特点和各地长期的经验,主要造林树种列于表5-34中。

表5-34 中国各农田防护林类型区主要造林树种一览表

分区	主要造林树种	
	乔木树种	灌木树种
东北西部 内蒙古东部	小叶杨、小青杨、北京杨、白榆、旱柳、文冠果、兴安叶松、樟子松、油松	小叶锦鸡儿、胡枝子、沙棘、沙柳
华北北部	小黑杨、青杨、群总杨、新疆杨、旱柳、樟子松、华北落叶松、沙枣、山杏、山榆	小叶锦鸡儿、柽柳、沙棘、沙柳、花棒、胡枝子
华北中部	北京杨、沙兰杨、毛白杨、大官杨、小黑杨、合作杨、银杏、白榆、泡桐、旱柳、合欢、枫杨、栾树、核桃、油松、白皮松	杞柳、紫穗槐、胡枝子
西北	新疆杨、胡杨、银白杨、旱柳、白榆、沙枣、小叶白蜡、桑树、小叶杨	梭梭、小叶锦鸡儿、柽柳、沙棘、沙柳、花棒
长江中下游	枫杨、楸杨、水杉、喜树、香椿、樟树、垂柳、银杏、柳杉、加杨、旱柳、大麻黄、杜仲、毛竹	杞柳、紫穗槐
东南沿海	水杉、樟树、旱柳、桑树、大叶桉、马尾松、湿地松、杉木	沙棘、沙柳
西藏拉萨河谷	银白杨、藏青杨、旱柳、白榆、垂柳、小叶杨、青海云杉	沙棘、沙柳

2. 种植规格

各树种有不同的种植规格要求,且种植规格直接影响到防护的效果。现将主要造林树种的植树规格列于表5-35,供设计时参考。

表5-35 常用造林树种植树规格表

树种	植树规格		树种	植树规格	
	株行距/m	每亩株数		株行距/m	每亩株数
马尾松	1.6×1.6,1.3×13	240~375	杉木	2.0×1.6,1.3×1.6	200~240
金钱松	1.6×2.0	150~200	黑松	1.6×1.6,1.3×1.3	240~375

续表

树 种	植 树 规 格		树 种	植 树 规 格	
	株行距/m	每亩株数		株行距/m	每亩株数
水 杉	2.0~2.6	200左右	喜 树	零星种植	
柏 树	1.6~2.0	200~240	相思树	1.0×1.6,1.0×1.0	400~667
楠 树	1.6×1.6,1.6×2.0	200~240	木麻黄	1.0×1.0	667
桉 树	2.0×2.0,2.0×1.6	167~200	樟 树	2.0×2.0,1.6×2.0	167~200
泡 桐	2.6×3.0	90	檫 树	2.0×3.0,2.0×2.0	111,167
杞 柳	每穴4~5株	600穴	香 椿	2.0~2.3	160~200
刺 槐		240~300	紫穗槐	1.0×1.0,1.0×1.3	500~667
油 茶	2.6×3.3,2.3×2.6	80~120	柠 条	每穴4~5株	600穴
乌 桕	3.3×3.3	60	白 榆	1.6~2.0	150~200
榆 树	2.0×2.0	200~240	油 桐	2.6~3.3	80左右
臭 椿	1.6~2.0	150~200	板 栗	5.0~6.6	
枫 杨	2.0~2.6	200左右	梧 桐	2.0~2.6	200左右

(二)梯田

梯田具有保水、保土、保肥作用,能有效减洪减沙,对于改变地形、改良土壤、增加产量以及改善生态环境都有很大的作用。按断面的形式可分为阶台式梯田和波浪式梯田两类:阶台式梯田是在坡地上沿等高线修筑成逐级升高的阶台形的田地,阶台式梯田又分为水平梯田、坡式梯田、反坡梯田、隔坡梯田四种;波浪式梯田是在缓坡上修筑的断面呈波浪状的梯田,又名宽埂梯田,一般是在小于7°的缓坡平地上,每隔一定距离沿等高线方向修软埂和截水沟,两埂之间保持原来坡面。

梯田断面设计首先要确定最优断面的概念,即断面要同时达到三点要求:① 要适应机耕和灌溉要求;② 要保证安全与稳定;③ 要最大限度地省工。最优断面的确定是梯田断面设计的主要任务。梯田断面要素包括田面宽、田坎高、地面坡度和田坎侧坡、田坎占地宽及田坎占地百分数之间的关系,如图5-20所示。

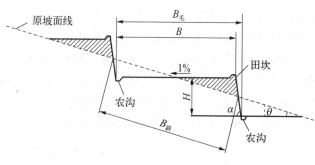

图 5-20 梯田断面图

梯田断面各要素之间的关系如下:

$$\begin{cases} H = B_{斜} \sin\theta \\ B_{斜} = H\cos\theta \\ b = H\cot\alpha \\ B_{毛} = H\cot\theta \\ B = B_{毛} - b = H(\cot\theta - \cot\alpha) \end{cases} \quad (5-124)$$

式中：$B_{斜}$——原坡面斜宽，m；
$\quad\quad B_{毛}$——田面毛宽，m；
$\quad\quad b$——田埂占地宽，m；
$\quad\quad B$——田面净宽，m；
$\quad\quad H$——田坎高度，m；
$\quad\quad \alpha$——梯田田坎坡度，(°)；
$\quad\quad \theta$——原地面坡度，(°)。

梯田土方量计算一般按填方和挖方平衡的原则，其断面面积是：

$$S = \frac{1}{2} \times \frac{B}{2} \times \frac{H}{2} = \frac{HB}{8}(m^2) \quad (5-125)$$

每亩梯田埝坎长：
$$L = 666.7/B(m) \quad (5-126)$$

每亩梯田土方量：
$$V = \frac{HB}{8} \times \frac{666.7}{B} = 88.3H(m^3) \quad (5-127)$$

根据上式可算出不同田坎高的每亩土方量，见表5-36。

表5-36 不同田坎高与土方量关系

田坎高/m	0.5	1.0	1.5	2.0	2.5	3.0	3.5	4.0
每亩田土方量/m³	42	83	125	167	208	250	292	333

梯田最优断面的关键是最优的田面宽度，就是在保证适应机耕和灌溉的条件下，田面宽度为最小。根据不同的地形和坡度条件，在不同的地区分别采用不同的田面宽度。

田面宽度的设计，既要有原则性，又要有灵活性。在残原、缓坡地区，农耕地一般坡度在5°以下。考虑机耕的最优作业效率和灌溉要求，一般以300m左右为宜，当然特殊情况要具体对待。丘陵陡坡地区，一般坡度在10°~30°之间，目前很少实现机耕耕作，但可采用小型农机进行耕作，因此要求其田面宽度不应小于8m。

埝坎外坡除要求保证稳定性外，还要尽可能地少占地、少用工。在一定的土质和坎高条件下，埝坎外坡越缓则稳定性越好，但是它的占地和每亩修筑的用工量也就越大。反之，如埝坎外坡较陡，则占地和每亩修筑用工量也较小，但是稳定性也就较差。黄土地区不同埝坎高度条件下，采用的埝坎外坡坡变可参考表5-37。

表5-37 埝坎外坡坡度

埝坎高度/m	<2	2~4	4~6	6~8
埝坎外坡坡度/(°)	75~80	70~75	65~70	60~65

（三）山坡截流沟

截流沟是水土保持坡面治理中常用的一种工程措施，是为拦截径流而在斜坡上每隔一定距离横坡修筑的具有一定坡度的沟道。坡度在40%以下的坡地均可修筑截流沟，截流沟与纵向布置的排水沟相连，把径流排走，截流沟在坡面上均匀布置，间距随坡度的增大而减小。山坡截流沟对保护其下部的农田、草地,防止沟头前进,防治滑坡,保护村庄和公路、铁路有重要的作用。

1. 设计洪峰流量

截流沟设计洪峰流量可按下式计算:

$$Q = CiA \tag{5-128}$$

式中:Q——过水流量,m^3/s;

C——流量系数;

i——最大暴雨强度,m/s;

A——集水面积,m^2。

同一截流沟各断面流量不同,距蓄水工程或排水沟越近,流量越大。

2. 沟道横断面

横断面计算可参考前一节灌排工程设计,按谢才公式计算:

$$v = C\sqrt{Ri} \tag{5-129}$$

式中:v——流速,m/s;

C——流量系数;

R——水力半径,m;

i——纵坡。

截流沟各段的断面尺寸不同,应分段计算,但若集水面积不大、沟道不长,可设计一个断面。

3. 沟道纵坡

为使水流达到不冲不淤的流速,沟底应保持一定的坡度,当设计流量为 $0.03 \sim 0.10 \text{ m}^3/\text{s}$ 时,可取 $1/300 \sim 1/1\,000$;当设计流量为 $0.10 \sim 0.30 \text{ m}^3/\text{s}$ 时,可取 $1/800 \sim 1/1\,500$。

在工程设计中,截流沟断面和间距的确定要取决于坡面的坡度和设计暴雨,一般可以参照表 5-38 进行取值。

表 5-38 截流沟坡度和间距表

坡 度		沟间距/m	坡 度		沟间距/m
%	(°)		%	(°)	
3	1.7	30	9~10	5.1~5.7	16.5
4	2.3	25	11~13	6.3~7.4	15
5	2.9	22	14~16	8.0~9.05	14
6	3.4	20	17~23	9.38~12.57	13
7	4	19	24~37	13.29~20	12
8	4.6	18	38~40	21~21.8	11.5

二、电力工程规程设计

电力工程设计的任务就是为终端用电系统定出具体的供、配电方案。供电系统的设计水平年,一般可取今后 5～10 a 的某一年。主要内容是电力系统负荷计算和功率的平衡,电源点和变、配电位置的确定,电力线路的选择,设备的选择及安全保护装置的设计等。其程序一般是:收集资料→确定供配电的一般技术要求→调查分析供配电范围内的用电设备数量、容量、分布及运行方式→负荷计算→配电变压器选择和设计→配电线路设计→计算工程量(设备材料)。

(一) 设备容量的确定

用电设备的额定功率指产品铭牌上的标定功率 P_N,统一工作制下的额定功率称为设备容量 P_e。

1. 三相电动机

长期工作制(连续运转 2 h 以上): $P_e = P_N$;

短时工作制(连续运转时间在 10 min～2 h 之内): $P_e = P_N$;

反复短时工作制(运转时为反复周期地工作,每周期内的通电时间不超过 10 min 者): P_e 在其暂载率(负荷持续率)为 25% 时的额定功率,如电动机铭牌上的额定功率不是 25% 的暂载时,按下式换算:

$$P_e = P_N\sqrt{\frac{\varepsilon_N}{\varepsilon}} \tag{5-130}$$

式中:ε_N——与铭牌的额定功率相对应的暂载率(计算中用小数);

ε——换算的暂载率,即 25%。

2. 单相负荷计算

(1) 单相设备接于相电压时的等效三相设备容量。

$$P_e = 3P_{e \cdot m\varphi} \tag{5-131}$$

式中:P_e——等效三相设备容量;

$P_{e \cdot m\varphi}$——最大负荷相所接的单相设备容量。

(2) 单相设备接于同一线电压时的等效三相设备容量。

$$P_e = \sqrt{3}P_{e \cdot 1} \tag{5-132}$$

式中:$P_{e \cdot 1}$——接于同一线电压的单相设备容量。

(二) 负荷计算

负荷计算是为导线、变压器及配电设备的选择提供依据的,目前负荷计算方法常用的有需用系数法和利用系数法。

1. 需用系数法

(1) 单台用电设备的计算负荷。

① 有功计算负荷:

$$P_{ca} = K_{dl}P_e \tag{5-133}$$

式中:P_{ca}——有功计算负荷;

K_{dl}——单台用电设备的需用系数。

$$K_{dl} = \frac{K_1}{\eta_{wl}} \quad (5-134)$$

$$K_1 = \frac{P}{P_e} \quad (5-135)$$

式中：K_1——负荷系数；

P——用电设备的实际负荷；

η——用电设备实际负荷时的效率；

η_{wl}——线路的效率，一般为 0.9～0.95。

② 无功计算负荷：

$$Q_{ca} = P_{ca} \tan\varphi \quad (5-136)$$

式中：Q_{ca}——无功计算负荷；

φ——用电设备功率因数角。

(2) 用电设备组的计算负荷。

① 有功计算负荷：

$$P_{ca} = K_d \sum P_e \quad (5-137)$$

式中：K_d——用电设备的需用系数，见表 5-39；

$\sum P_e$——用电设备组的设备容量之和。

表 5-39　农村用电需用系数与最大负荷利用小时数参考值

项　目	最大负荷利用小时数/h	需　用　系　数
灌溉用电	750～1 000	0.6～0.75
水　田	1 000～1 500	0.7～0.8
旱田及园艺作物	500～1 000	0.5～0.7
排涝用电	300～500	0.8～0.9
农村生活用电	1 800～2 000	0.8～0.9
农村综合用电	2 000～3 500	0.2～0.45

② 无功计算负荷：

$$Q_{ca} = P_{ca} \tan\varphi_{wm} \quad (5-138)$$

式中：φ_{wm}——用电设备组的加权平均功率因数角；

φ——用电设备功率因数角。

视在计算负荷：

$$S_{ca} = \sqrt{P_{ca}^2 + Q_{ca}^2} \quad (5-139)$$

2. 利用系数法

(1) 用电设备组在最大负荷内的平均负荷。

① 有功功率：

$$P_{av} = K_c P_e \tag{5-140}$$

式中：P_{av}——有功功率；
　　　K_c——用电设备组在最大负荷内的利用系数。
② 无功功率：

$$Q_{av} = P_{av} \tan\varphi \tag{5-141}$$

式中：Q_{av}——无功功率；
　　　$\tan\varphi$——用电设备组的功率因数角的正切值。

（2）平均利用系数。

$$K_{c \cdot ac} = \frac{\sum P_{av}}{\sum P_e} \tag{5-142}$$

式中：$K_{c \cdot ac}$——平均利用系数；
　　　$\sum P_{av}$——各用电设备组平均负荷的有功功率之和，kW；
　　　$\sum P_e$——各用电设备组的设备功率之和。

（三）用电设备有效台数

$$n_e = \frac{(\sum P_e)^2}{P_{le}^2} \tag{5-143}$$

式中：n_e——用电设备有效台数；
　　　P_{le}——单个用电设备的设备功率，kW。

（四）计算负荷及计算电流

1. 有功功率

$$P_{ca} = K_{\max} \sum P_{av} \tag{5-144}$$

2. 无功功率

$$Q_{ca} = K_{\max} \sum Q_{av} \tag{5-145}$$

3. 视在功率

$$S_{ca} = \sqrt{P_{ca}^2 + Q_{ca}^2} \tag{5-146}$$

式中：S_{ca}——视在功率。

4. 计算电流

$$I_{ca} = \frac{S_{ca}}{\sqrt{3} U_N} \tag{5-147}$$

式中：I_{ca}——计算电流；
　　　U_N——额定电压，kV；

K_{max}——最大系数,可根据有效台数和平均利用系数查得。

(五)配电线路

1. 型号选择

配电线路有架空线路、电缆线路及架空绝缘线路。架空线路应用最为普遍,其导线和避雷线长期在旷野、山区运行,经常受到风、雨等外荷作用,气温的剧烈变化以及化学气体等侵蚀,因此要求具有高的导电性能、机械强度和耐震耐腐蚀性。架空线路的导线一般采用钢芯铝绞线,避雷线一般选用镀锌钢线。

2. 截面选择

导线截面的正确选择具有重要的意义,截面过大,增加线路投资;截面过小,运行导线的电压荷和电能损耗增大,电能传输质量和运行经济性变差。导线截面一般按经济电流密度初步选择,用发热条件进行校验,对于较长的输电线路,需要按电压损失条件校验。

(1)按经济电流密度选择导线截面。

$$S_{ec} = I_{l \cdot max}/J_{ec} \tag{5-148}$$

式中: S_{ec}——导线经济截面,mm^2;

$I_{l \cdot max}$——导线所在回路的最大负荷电流,A;

J_{ec}——经济电流密度,A/mm^2,参考表5-40。

表5-40 经济电流密度　　　　　　　　　　　　　　单位:A/mm^2

导线材料		t_{max}/h	1 000~3 000	3 000~5 000	5 000以上
导线材料	裸导线	铜	3	2.25	1.75
		铝(钢芯铝线)	1.65	1.15	0.9
		钢	0.45	0.4	0.35
	铜芯纸绝缘电缆、橡皮绝缘电缆		2.5	2.25	2
	铝芯电缆		1.92	1.73	1.54

注: t_{max}是由负荷性质确定的年最大负荷利用小时数。

表5-41 钢芯铝绞线的载流量　　　　　　　　　　　　　　　　单位:A

导线型号	最高允许温度/℃		导线型号	最高允许温度/℃	
	+70	+80		+70	+80
LGJ-10		86	LGJ-95(1)		317
LGJ-16	105	108	LGJ-120	380	401
LGJ-25	130	138	LGJ-120(1)		351
LGJ-35	175	183	LGJ-150	445	452
LGJ-50	210	215	LGJ-185	510	531
LGJ-70	265	260	LGJ-240	610	613
LGJ-95	330	352	LGJ-300	690	755

续 表

导线型号	最高允许温度/℃		导线型号	最高允许温度/℃	
	+70	+80		+70	+80
LGJ-400	835	840	LGJQ-500	945	932
LGJQ-150	450	455	LGJQ-600	1 050	1 047
LGJQ-185	505	518	LGJQ-700	1 220	1 159
LGJQ-240	605	651	LGJQ-150	450	468
LGJQ-300	690	708	LGJQ-185	515	539
LGJQ-300(1)		721	LGJQ-240	610	639
LGJQ-400	825	836	LGJQ-300	705	758
LGJQ-400(1)		857	LGJQ-400	850	881

注：LGJ 表示钢芯铝绞线，LGJQ 表示轻型钢芯铝绞线，最高允许温度+70℃的截流量，基准环境温度为+25℃，无日照；最高允许温度+80℃的截流量，基准环境温度为+25℃，日照 0.1 W/cm²，风速 0.5 m/s，海拔 1 000 m，辐射散热系数及吸热系数为 0.5。

（2）按发热条件校验导线截面。

$$KI_N = I_{l \cdot \max} \quad (5-149)$$

式中：I_N——导线额定电流（载流量），A，参考表 5-41；

$I_{l \cdot \max}$——导线所在回路的最大负荷电流，A；

K——综合修正系数。

（3）按接卸强度校验导线截面。对于非特殊要求的中低压配电线路，导线一般采用钢芯铝绞线，各种规格导线其抗拉强度均有其技术规范，一般要符合导线最小截面要求。

配电线路导线截面选择要符合表 5-42 之规定。

表 5-42 导线最小允许截面和直径

导线种类	高压配电线路/mm²		低压配电线路
	居 民 区	非 居 民 区	
铝绞线及铝合金	35	25	16 mm²
钢芯铝线	25	16	16 mm²
铜 线	16	16	直径 3.2 mm

选择架空线路避雷针应与导线截面相配合，避雷线的截面一般不小于 25 mm²，可参考表 5-43 选择。

表 5-43 避雷线和导线的配合

避雷线型号	GJ-25	GJ-35	GJ-50	GJ-70
导线型号	LGJ-35	LGJ-95	LGJ-240	LGJ-400
	LGJ-50	LGJ-120	LGJ-300	LGJQ-500

续　表

避雷线型号	GJ-25	GJ-35	GJ-50	GJ-70
导线型号	LGJ-70	LGJ-150	LGJQ-240	
		LGJ-185	LGJQ-300	
		LGJQ-150	LGJQ-400	
		LGJQ-185		

3. 电力电缆

虽然电缆在土地整理项目中的应用还不广泛,但在机井建设及管道灌溉(自动控制)等工程上应用效果比较好,对改善土地景观也起到积极的作用,因此作简单介绍。

(1) 电缆型号的选择：① 导体材料,电缆导体材料有铜芯或铝芯,一般电缆选用铝芯。② 绝缘种类,油浸纸绝缘电缆性能优良,几乎各种场合都可以应用;交联聚乙烯绝缘电缆是新发展的材料,相对油浸纸绝缘电缆有很多优点,因此 6～10 kV 电缆常采用;乙丙橡胶电缆适合在水下使用。

(2) 选择要求：① 电力电缆一般采用铝芯,但电流大或震动剧烈场合用铜芯;② 直埋地下的电缆,一般采用有外被层的铠装电缆;③ 在可能发生位移的土壤中直埋电缆时,应采用钢丝铠装电缆或采取措施(如预留电缆长度等);④ 在有化学腐蚀的土壤中尽量不采取直埋方式;⑤ 电缆敷设在较大高差的场所,宜采取全塑电缆、不滴油电缆或干绝缘电缆;⑥ 35 kV 及以下三相制网络尽量采用三相芯式电缆。

(3) 截面选择：电力电缆截面对于长输电线路一般按经济电流密度选择,按长期发热条件和电压损失以及短路热稳定进行校验;对于短输电线路,按长期发热选择和短路热稳定校验。关于具体计算公式和参数选择在此不作介绍,请参考相应文献。

4. 架空绝缘线路

架空绝缘线路是一种很有发展前途的配电线路,在不能敷设电缆线路,线路走廊又比较狭窄的地方以及林带、架空线与建筑物的距离不能满足 SDJ2 要求的情况下采用,既适应环境在安全上的要求,又有降低功率的作用。架空绝缘配电线路的技术要求如下。

(1) 导线应符合 CBI2527,CBI4049 的规定,最小截面积应符合表 5-44 之规定。

表 5-44　绝缘导线最小截面积　　　　　　　　　　单位：mm²

导线种类	中压配电线路		低压配电线路	
	主干线	分干线	主干线	分干线
铝或铝合金绝缘线	150	50	95	35
钢芯绝缘线	120	25	70	16

(2) 采用三相四线制的低压配电绝缘线路的零线最小截面积,按表 5-45 要求,单相制的零线截面与相线相同。

表 5-45　三相线制压绝缘配电线路的最小零线截面积　　　　单位：mm²

导线种类	相线截面积	最小零线截面积
铝或铝合金绝缘线	50 及以下	与相线截面相同
	70	50
	95 以上	不小于相线截面的 50%
铜芯绝缘线	35 及以下	与相线截面相同
	50	35
	70 及以上	不小于相线截面的 50%

（3）同杆架设的中低压绝缘线路横担之间的最小垂直距离和导线支撑点的最小水平距离，按表 5-46 要求。

表 5-46　横担之间的最小垂直距离和导线支撑点的最小水平距离　　　　单位：m

类　别	垂直距离	水平距离
中压与中压	0.5	0.5
中压与低压	1	
低压与低压	0.3	0.3

（4）绝缘线路与行道树之间的最小距离，按表 5-47 要求。

表 5-47　绝缘线路与行道树之间的最小距离　　　　单位：m

最大弧垂情况下的垂直距离		最大风偏情况下的水平距离	
中　压	低　压	中　压	低　压
0.8	0.2	1.0	0.5

 本章小结

　　土地整理项目工程设计是整个项目的核心内容，它不仅关系到土地整理项目规划的实用性，也关系到所进行的土地整理投资日后能否真正地改善种植区生产水平，所以不同分项的田间工程的设计，以"细节"的形式构成了土地整理项目的整体。本章第一节介绍了项目工程设计的内容、程序与标准；第二节土地平整工程设计中，着重介绍了方格网法、横断面法散点法的适用范围、计算原理与计算公式，也介绍在项目中如何实现土方的调配；第三节田间排灌工程设计，详细介绍了灌溉渠道设计时的相关参数的计算、低压管道灌溉工程的设计方法、喷灌工程的具体实施方法、农田排水工程的设计以及田间灌溉工程中所涉及的交叉水工建筑物的设计方式；第四节，介绍了田间道路的规划方式与具体设计方法，以及路面材质的选择；最后一节介绍土地整理项目其他工程的相关内容，主要包括农田防护林、水土保持工程、电力工程等相关内容。在阅读本章内容后,读者对土地整理项目微观设计内容会有一个全面的了解,也能指导读者在工作中,通过查阅水利、交通等相关资料以解决实际问题。

 关键词

  工程设计 土地平整 土方调配 渠道灌溉 低压管道灌溉 喷灌 农田排水 田间道路 农田防护林 水土保持 电力工程

 复习思考题

  1. 项目工程设计的内容有哪些?
  2. 计算题:假设一待整理的地块,通过实际测量得出其高程的值依次为:23.4 m,22.5 m,21.9 m,23.5 m,23.0 m,22.9 m,22.8 m,22.4 m,23.1 m,21.8 m,22.6 m,23.6 m和23.0 m,请利用散点法计算待平整地块的填、挖土方量。
  3. 渡槽与水闸由哪几个部分组成?在设计时候,应注意哪些问题?
  4. 田间道路的路面结构由哪几个部分组成?每个部分可以选用哪些材料施工?
  5. 一条规划田间道长 260 m,基层选用素土夯实,厚 20 cm;暂层利用炉渣铺设,厚 15 cm;路面铺设泥结碎石,厚 10 cm;路肩设计为土路肩,宽度为 1.0 m;设计边坡为 1∶1.5;边沟忽略。通过打桩测量,得到实际原地表高程 13 个,请根据上述条件,绘制该田间道的横断面图与纵断面图。(绘图时,请注明所用的比例尺大小,建议采用 AutoCAD 绘制)

0+00	0+20	0+45	0+55	0+69	0+80	0+95	1+10	1+30	1+54	1+89	2+22	2+60
57	56.3	57.3	57.1	57.0	57.4	58.4	58.0	58.3	58.1	58.5	59.0	59.3

第六章 土地复垦

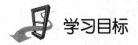 学习目标

通过对本章的学习,应该能够:
1. 了解土地复垦的特点与原则,及国内外土地复垦的发展历程;
2. 掌握填充与非填充的土地复垦技术;
3. 掌握土地复垦保育技术与植被的恢复技术;
4. 了解露天矿、井工矿与矸石山土地复垦技术。

第一节 土地复垦概述

一、土地复垦的特点与原则

(一)土地复垦的特点

土地复垦是一项复杂的技术性要求很高的综合性工作,就我国目前的开展过程来看,它主要包括综合性、技术性、系统性、地域性、多样性等特点。

1. 综合性

土地复垦具有明显的多学科性,涉及地质学、农学、林学、生物学、环境科学等自然科学,涉及采矿技术、生态工程、水土保持等技术科学,以及人口学和经济学等社会科学。土地复垦将各学科中相关内容融为一体,并结合实际形成新的理论知识。同时,土地复垦的多学科性决定了土地复垦工作需要多个部门协调配合。因此,土地复垦具有综合性的特点,应从全局上准确把握此特点,以保证土地复垦工作的顺利进行。

2. 技术性

土地复垦对技术的要求很高,既包括宏观领域的技术,又包括微观领域的技术;既包括工程复垦技术,又包括生物复垦技术。土地复垦工作不仅对技术实施过程要求很高,而且还

对实施后所达到的效益要求很高。因此,在开展土地复垦工作时,要充分考虑到复垦工作的各技术环节,并要在技术上不断完善、不断创新,以达到经济效益、社会效益和生态效益的统一。

3. 系统性

土地复垦区常是煤矿、冶金矿和废弃工矿地。它们与区域内的动物、植物、微生物等诸多相互作用、相互制约的因子共同构成一个生态系统。土地复垦的一个重要目的就是恢复区域内的生态系统平衡,恢复生态环境。同时,土地复垦的各个工作环节也相互影响、相互制约,每个环节都直接或间接影响着区域内的生态恢复情况。因此,土地复垦的系统性决定了土地复垦工作要把握各个因子之间的相互联系,正确处理好各个环节的相互关系。

4. 地域性

我国幅员辽阔,具有多种地形地貌,因此,土地复垦具有鲜明的地域性特点。对于不同的地区,土地复垦的模式和手段不同,复垦时间和复垦后的效果(收益)也不一样。如我国东部矿区地下水位高、土壤条件好、地面水利设施齐全,开采沉陷后只要采取适当措施就可在较短的时间内恢复土地的用途,并获得较高的收益;而中西部矿区由于水资源贫乏,土壤疏松,开采沉陷后,在较短的时间内很难使土地生产力提高到采前水平。

5. 多样性

土地复垦多样性常常表现为复垦手段的多样性和破坏类型的多样性。

土地复垦的手段主要包括两个大的方面,即工程复垦技术手段和生物复垦技术手段。工程复垦技术手段包括土地平整、土地整形、土地保护、充填复垦、土壤重构等技术;生物复垦技术手段包括土壤改良、植被恢复、菌根技术等。

破坏类型主要有:一是各类工矿企业在生产建设过程中挖损、塌陷、压占等造成破坏的土地;二是因道路改线、建筑物废止、村庄搬迁以及垃圾压占等而遗弃荒废的土地;三是农村砖瓦窑、水利建设取土等造成的废弃坑、塘、洼地;四是工业污染造成的废弃土地。目前,我国主要以矿山破坏为主。

(二)土地复垦的原则

1. "谁破坏、谁复垦"和"谁复垦、谁受益"的原则

我国1988年颁布的《土地复垦规定》第四条规定"土地复垦,实行'谁破坏、谁复垦'的原则"、第十九条规定"国家鼓励生产建设单位优先使用复垦后的土地"。由《土地复垦规定》可以看出,从事开采矿产资源、烧制砖瓦、燃煤发电等生产建设活动的任何单位和个人在使用土地并造成一定破坏的同时,必须对破坏土地进行复垦。对于复垦土地的单位和个人在法律允许情况下,优先使用复垦后的土地。因此,在进行土地复垦工作时,必须遵守相关的法律法规,在总原则下进行该项工作。

2. 因地制宜、优先复垦为农用地的原则

由于复垦区域的可垦的差异,土地复垦的目标、内容和方法也不相同。土地复垦要根据损毁区的特点、破坏程度及适宜性,确定其复垦后的类型,宜农则农、宜牧则牧、宜林则林、宜建则建,将破坏土地恢复利用。另外,对于可复垦为农用地的,要优先复垦为农用地。

3. 复垦与生产建设统一规划的原则

土地复垦不能走先建设后复垦的道路,应该将土地复垦工作与生产建设统一规划,在进行生产建设的同时进行土地复垦。一般来说,先建设后复垦不仅给土地复垦的技术工作带来了更大的难度,同时造成了资源的浪费,增加复垦成本。边建设边复垦可实现成本减低和资源充分利用双赢。如土地复垦应当充分利用邻近废弃物(粉煤灰、城市垃圾等)充填挖损区、塌陷区和地下采空区。利用废弃物作为土地复垦充填物的同时,应当防止造成新的污染。因此,在进行土地复垦工程项目之前,要将土地复垦与生产建设进行统一规划,并在实施过程中边建设边复垦。

4. 经济、生态与社会效益相结合的原则

土地复垦应该立足长远,充分考虑长远利益,要保证区域土地资源合理利用与生态安全,农、林、牧配置适当,保障农业生态系统内部的结构合理,达到社会、经济和生态效益的统一和最优化。

二、国内外土地复垦的发展历程

(一)国内土地复垦

我国土地复垦工作起步较晚,但发展较快。始于20世纪50年代末,起初处于一种自然发展的状态,直到1989年我国《土地复垦规定》的出台,才将我国的土地复垦工作纳入了法制轨道。目前,煤矸石、粉煤灰的压占、污染土地,地下采矿引起的土地塌陷对环境的破坏,制砖瓦对土地的破坏等项目都是我国土地复垦的主要内容。

1. 理论研究

我国矿区土地复垦理论研究源于20世纪80年代初,由马恩霖等人编译的《露天矿土地复垦》和林家聪、陈于恒等人翻译的《矿区造地复田中的矿山测量工作》介绍引进了国外土地复垦的做法或经验。同期,我国第一个正式立项的土地复垦科研课题"煤矿塌陷地造地复田综合治理研究"提出了适合于我国东部矿区特点的矸石充填、粉煤灰充填和挖深垫浅工程复垦技术。我国早期的土地复垦理论研究成果结合国内的情况为制定《土地复垦规定》提供了理论基础,同时提出并开展了矿区土地复垦模型研究。但是,早期提出的矿区土地复垦模式仅局限于东部矿区开采沉陷地。

我国《土地复垦规定》颁布后,国内多所高校和科研所都对土地复垦进行了深入的研究。目前,进行土地复垦专题研究的有长沙黑色矿山设计研究院、冶金设计研究总院、煤科院唐山分院等研究单位和中国矿业大学、山西农业大学、中国科学院地理研究所及生态环境研究中心、北京大学、中国地质大学等高校。参与土地复垦研究的专业人员也涉及采矿、地质、测量、农学、地理学、土壤学、环保、水利、生态学、土地规划与利用、林学等多个学科和专业。高素质的专业化研究队伍使我国土地复垦理论研究在短短的几年时间里取得了长足的进展,使我国的土地复垦工作在规划理论、工程复垦技术和生物复垦技术、采矿对生态环境的影响、生态环境保护和整治对策以及我国土地复垦战略研究等方面取得了一定的成就。

2. 技术方法研究

(1)露天煤矿。我国露天采煤多采用外排土方式,土地复垦也主要限于排土场复垦。开采较早的露天煤矿将复垦与采排工艺工作独自开展,没有相结合,而新近建设的露天煤矿考虑了这一问题。例如,平朔将排土场的整形与采排工艺统筹考虑,提出了采运排复一条龙作业以及堆状地貌种植法等工程与生物复垦方法,有效地降低了复垦费用。在排土场—复垦植被中,总结出平台上"分区成埂、分段成畦"、"大水排、小水蓄"的整形与水保措施,该矿的排土场复垦工作已基本规范化。伊敏河矿在排土场复垦过程中,将电厂粉煤灰与露天矿剥离物进行混合排弃,开展了种草试验,在采掘过程中实行了腐殖土单采单放,从开采技术上提前实现了内排等。抚顺西露矿根据堆弃年代将外排土场分成六种类型,提出了六种类型造林的适种树种。义马北露天矿利用排土场建成一个农场。而鹤岗岭北露天矿、小龙潭露天矿等用露采剥离物作筑坝材料,将沟壑地段或露采场修筑成池塘蓄水,提供工业用水和饮用水或养鱼。

(2) 井工煤矿。我国煤炭95%以上为井工开采,我国煤矿区复垦的重点在井工矿区。我国20世纪80年代初开始煤矿造地复田综合治理研究,提出了矸石充填复垦、粉煤灰充填复垦和挖深垫浅三种复垦技术。80年代至90年代初我国井工矿山复垦以这三种复垦形式为主,目前使用充填复垦方法较好的淮北矿区,但复垦率也仅在11%左右。将破坏的土地复垦为农用地比复垦为建设用地需要的投资更多,同时还可能会出现二次污染等问题。因此,在90年代初,徐州矿区、大屯矿区、平顶山矿区等先后积极开展疏排积水、土地平整、塌陷土地阶地化、梯田化等非充填复垦技术试验,这些技术很快得到了推广应用并使这些矿区土地复垦率得到显著提高,达到50%以上。通过多年的研究,我国的复垦土地利用形式扩展到建设用地、水产养殖用地、农田(粮、菜、经济作物)、林业用地、娱乐场所用地、种养(加)结合的生态工程等多种形式。

(二) 国外土地复垦

美国和德国是世界上开展土地复垦最早的国家。其中,美国土地复垦研究的重点是露天矿的复垦(特别是煤矿)和采矿废弃地复垦,尤其关注复垦的长期效果和可持续性。英国土地复垦的重点则对污染的土地进行修复和矿山废弃地的复垦。而德国主要是露天煤矿并且复垦的主要目标为林业和农业用地。法国明文规定,停业的采矿场必须采用土方工程、清理工程以及种植的方法复垦场地,建立安全措施,使采场地表改观,安排新的用途。

最近10年国际上对团队复垦的研究特别关注,除国外一些组织召开专门的国际土地复垦会议外,在有矿山环境及矿山开采等国际会议中也经常将土地复垦列为主要的论题。国外在技术手段方面比我国先进,国外较好的做法有利用CAD或GIS技术设计绘制采前与采后及复垦后的地貌、采掘空间作为排土场的使用、剥离岩土的分别堆放与腐殖土保护、露天开采区水环境的综合整治、露天区域的生态恢复、开采沉陷地作为湿地加以保护、无覆土的生物复垦及抗侵蚀复垦工艺以及清洁采矿工艺与矿山生产的生态保护等方面。

国外土地复垦管理也十分成功。美国、加拿大、英国、匈牙利等国政府对复垦资源给予补贴,或者建立复垦基金,支持复垦工作,并且设立专门的土地复垦学术团体、研究机构。如加拿大政府每年出资支持土地复垦研究以保护环境,土地复垦学会每年定期召开一次学术年会并负责编辑出版国际土地复垦联合会会讯和《国际露天采矿、复垦与环境杂志》。美国专门成立"国家矿山土地复垦研究中心",并由国家每年拨140万美元作为土地复垦研究的专项经费,组织多学科专家攻关。英国、美国等国家多由专业复垦公司承包矿山、市政复垦工程。而前苏联、德国、匈牙利等国家由自行联合组织的土地复垦机构和专业队伍承担矿山企业复垦任务。

三、我国矿山环境现状与土地复垦的必要性

(一)我国矿山环境的现状

一般来说,我国矿业活动包括矿石采掘、选矿、冶炼三大部分。目前,全国共有各类矿山企业 14.5 万家,其中大型矿山 527 座、中型矿山 1 354 座、小型矿山和沙石黏土采场 14 万多处。按照我国固体矿床矿山科学技术发展水平,目前主要采用露天、地下两种方法开采矿产资源。人类在开发利用矿产资源以满足自身需要的同时,破坏了原有的环境平衡系统,改变了周围的环境质量,产生了一系列的环境问题,致使我国矿业环境形势严峻,并且在进一步恶化。

我国矿山环境的现状主要表现在三个方面:环境污染、环境破坏、地质灾害。

1. 环境污染

矿山的环境污染主要是由于采矿所产生的废水、废液、粉尘、硫化物和氮氧化物、废土废石等。从而造成了水污染、大气污染和土壤污染。

(1) 水污染。全国采矿产生的废水、废液总量已占全国工业废水排放总量的 10% 以上,处理率仅为 41.23%。每开采 1×10^4 t 矿石产生的废石、矿坑水、选洗废水和渗滤酸性废水分别为 0.7×10^4 t,13.16×10^4 t,1.76×10^4 t 和 0.03×10^4 t。由于矿山企业普遍缺少处理设施,大量未经处理的污水、尾矿浆任意排入江河湖海。随着水资源的循环,所排出的废水不仅污染了地表水,也污染了地下水。同时,废水污水中含有多种金属元素,甚至重金属元素,所污染的水一旦被饮用,后果不堪设想。

(2) 大气污染。采矿过程中,会排放大量的有害气体。据不完全统计,仅矿业中煤炭采选行业工业废气排放量就占全国工业废气排放量的 5.17%,居第五位。其中有害物排放量每年达 $7.311\ 3\times10^8$ t,主要污染物为烟尘、二氧化硫、氮氧化物和一氧化碳。

(3) 土壤污染。我国的矿山企业每年产生固体废物 1.338×10^{10} t,因露天采矿、开挖和各类废渣、废石、尾矿堆置等,破坏与侵占的土地已近 $1.4\times10^4 \sim 2.0\times10^4$ km²,并以每年 200 km² 的速度增加。这些固体废物在采矿活动中由于综合利用水平低,并任意堆放,其中有毒、有害物质经雨水淋溶后渗入土壤,对土壤造成污染,使农作物减产。

2. 环境破坏

矿山在进行开采对环境造成污染的同时,它也会对环境造成一定破坏。通常来说,矿山开采会对水资源环境、土地资源环境和矿产资源环境三个方面造成破坏。

(1) 水资源环境破坏。矿山疏干排水常常造成地下水源流量减少,地下水位下降,严重时甚至导致地下水资源枯竭、河水断流、地表水入渗或经它先灌入地下,影响了矿山地区的生态环境,使原来用井泉或地表水作为工农业供水的厂矿、村庄和城镇发生水荒。如山西省因采煤致使井泉减少 3 000 多处,18 个县的 26 万人饮水困难,2×10^4 hm² 多水田变旱地。在沿海地区的一些矿山因疏干漏斗不断发展,当其边界到达海平面时,便会出现海水入侵的

现象。

(2) 土地资源环境破坏。采矿占用和破坏了大量的耕地和建设用地。据统计,全国因采矿累计占用土地约 $5.86×10^6$ hm^2,破坏土地 $1.57×10^6$ hm^2,且每年仍以 $4×10^4$ hm^2 的速度递增。

同时,由于矿山区域的地表物质被剥离、扰动、搬运和堆积,植被和山坡土体被破坏,加之废石、废渣等松散堆积物极容易导致矿山水土流失的发生。据有关统计,全国矿山企业占用土地总面积 $6.7×10^8$ hm^2,采矿造成破坏的土地超过 $1.333×10^4$ hm^2。例如,黑龙江省的鸡西、鹤岗、双鸭山、七台河四个煤炭城市,因长期采煤造成地面塌陷,现累计土地被毁面积已达 500 km^2,且仍以每年 5 km^2 的速度在递增。中国重点的金属矿山,约有 90% 是露天开采,每年剥离岩土约 $3×10^8$ t。产煤大省山西,每年废渣废土量 $1.3×10^8$ t,增加了河道泥沙量 $0.6×10^8$ t。昆明市东川区因采矿冶铜,挖山打洞,伐木烧炭,造成全区水土流失面积占总面积的 68.5%。

(3) 植被的环境破坏。矿山开采可以促使地表的土层松动,造成不同程度的水土流失,迫使植被无法生长。同时矿山开采造成土壤污染和水污染,对植被的健康生长造成一定影响。据统计,我国因采矿而直接破坏的森林面积累计已达 $1.06×10^6$ hm^2,破坏草地面积 $2.63×10^6$ hm^2。

(4) 矿产资源环境破坏。我国矿产资源开发利用综合水平较低,利益驱动明显,通常采富弃贫、采厚弃薄、采易弃难,造成了资源的浪费,同时污染了环境。有关资料表明,我国矿产资源的总回收率仅为 30%,铁、煤、有色金属和非金属矿的采、选回收率均大大低于世界平均水平,有很大一部分矿产资源随废气、废渣进入环境,对环境造成一定的危害。此外,在煤矿区煤田自燃和煤矸石自燃的现象比较普遍。据统计,全国每年因煤田自燃而损失的煤炭资源达到 $1.2×10^7$ t 以上。

(4) 景观环境破坏。矿山景观环境的破坏主要表现在对自然保护区、地质遗迹、风景名胜区的破坏。其产生的原因是剥土、采煤、爆破、弃土影响自然风景观瞻,采煤毁坏地质遗迹,爆破、运输影响名胜环境。

3. 地质灾害

矿山地质灾害主要包括地面塌陷、滑坡和泥石流、岩爆和矿震、矿井突水和矿井瓦斯等。

(1) 地面塌陷。煤矿井下开采,由于岩石的冒落,地面发生大面积塌陷和积水。地下采空、矿区地下水疏干、地下采空区过大以及矿柱破坏等原因,都可能引起地面塌陷。地面塌陷常常造成耕地、森林植被和建筑物、矿层(矿体)的破坏,甚至造成巨大的经济损失和人员伤亡。据初步统计,我国因采矿引起的塌陷超过 180 处,发生采矿塌陷灾害的城市近 40 个,造成严重破坏的 25 个,每年因此造成的损失在 4 亿元人民币以上。如湖南七宝山硫铁矿在 1997 年发生的地面塌陷,造成 56 户村民房屋和库容 $6.5×10^5$ kg 的粮库墙体下沉、开裂,数百间职工宿舍处于沉陷范围内,共有 8 000 人处于危房之中。

(2) 滑坡和泥石流。矿山开采的过程中,地面及边坡的开挖影响了山体和斜坡的稳定性。同时,采矿废石废土处置不当形成了人工堆积滑坡,剥离或回采不当造成了边帮滑坡,以及部分采矿促使原有滑坡和泥石流复活、规模和危害增大。这些都是导致滑坡和泥石流的直接原因。如辽宁抚顺西露天采坑深 300 m,共发生滑坡 60 次。1996 年 5 月 31 日和 6 月

3日,云南省元阳老金山金矿群采区接连发生两次滑坡,造成近400人死亡,直接经济损失114×10^8元。素有"天南铜都"之称的东川,由于长期挖山打洞采矿、伐木烧炭冶铜,把青山变成了秃岭,导致泥石流频繁发生,全区水土流失面积占总面积的68.15%,泥石流沟多达113条,直接经济损失1.18×10^{10}元。

(3) 岩爆和矿震。岩爆是坚硬岩体积聚的弹性应变能在一定条件下释放出来的一种围岩破坏现象,它可以使支护结构破坏、采空区冒落。四川绵竹天地煤矿在采掘中多次发生岩爆,最大的一次将20 t煤抛出20 m多。

采矿所导致断层复活,弹性能量提前释放,地下矿顶板崩塌,采空区围岩变形等现象都是诱发矿山构造地震的重要条件。如辽宁省北票煤田台吉井区历史上从未发生过破坏地震,微震也很少,但在1971~1981年间,采矿深度达到700 m,使地震活动频率和强度明显增大。1956~1980年间山西大同煤矿因顶板塌落而诱发有感地震40多次,最大震级Ms3.4级。此外,矿山爆破也会产生震害。

(4) 矿井突水。矿井突水也是我国矿山地质灾害之一。我国许多矿床的上覆和下伏岩层为含水丰富的石灰岩,矿井突水事故时有发生。据不完全统计,我国主要煤矿区因突水至少淹没全矿井58次,部分淹井64次,造成经济损失2.7×10^9元。

(5) 矿井瓦斯。矿井瓦斯爆炸是我国矿山重要地质灾害之一。矿井瓦斯爆炸由于其发生范围之广、发生频率之多、发生强度之大,已经对我国经济建设、人民生命安全造成了极大的危害。据统计,仅煤矿的煤层和瓦斯突出,每年就要发生1 000次以上,突出强度最大的达8 500 t,强度与频率均居世界第一。四川天府和南桐、辽宁北票、贵州六枝、黑龙江鸡西、河南焦作、江西涌山和英岭、湖南红卫和立新以及山西各地的煤矿瓦斯突出严重,造成经济的巨额损失和人员的大量伤亡,其后果极其严重。

(二) 土地复垦的必要性

土地复垦对于增加土地的有效使用面积、恢复被破坏土地的生产力以及改善生态环境起着极其重要的作用。特别是对于我国这样的化石能源大国,土地复垦的作用更为明显。我国土地复垦工作虽然起步较晚,但发展较快。在我国积极开展土地复垦是十分必要的。

1. 实现土地合理利用、增加有效土地使用面积、提高土地生产率的需要

我国建设事业飞速发展,占地过多过快,土地利用结构不合理,利用率低,刺激了对土地数量的需求。随着地下和露天采矿,以及非法小煤窑的增加,占地加剧。在这种情况下,我们除了促使矿山的集约利用外,主要通过土地复垦工作增加有效土地的使用面积,恢复土地生产力,提高其生产率。

2. 改善废弃土地及其附近的生态环境、保证人民群众生命财产安全的需要

废弃的土地在其使用过程中,很大程度上破坏了原来土地的地表层,引起水土流失、农田毁坏、植被减少;矿山的开采会产生大量的粉尘,甚至会产生瓦斯的爆炸;大量的固体废弃物压占了土地,加上有些有毒物质的排放,引起了水和大气污染,污染物质扩散到周围,影响附近农田、林地、园地以及居民区,压占严重时甚至导致塌方、滑坡、泥石流等地质灾害。通过废弃地的土地复垦,结合当地实际条件,解决废弃土地的环境问题,保证人民群众的生命财产安全。

3. 符合当前矿业发展的需要

近年来各类矿山已感到土地复垦的必要性和紧迫性,意识到在发展的同时还要进行治理复垦,做到边发展边复垦,实现土地的可持续利用。目前,很多生产企业与科研单位、大专院校积极合作,开展了土地复垦的技术研究和试点工作,通过土地复垦实现了矿业的经济效益、社会效益和生态效益的统一。

第二节 土地复垦工程技术

一、非填充复垦技术

(一) 直接利用法

1. 积水区直接利用法

对于大面积的沉陷积水或积水很深的水域,且未稳定沉陷地或暂难复垦的沉陷地,常根据沉陷地现状因地制宜地直接加以利用,如网箱养鱼、养鸭、种植浅水藕或耐湿作物等,在华东以及华北部分地区这种方法应用较多。

2. 未稳定沉陷区的直接利用法

对于采矿初期地面受影响较小的沉陷地,除居民点用地外,可以按照原用途继续使用;大面积未稳定沉陷地,且地表无积水的,在有监测保障条件下,可继续按原用途使用;暂难复垦的沉陷地,潜水位在种植临界水位以下,地表无积水的待复垦沉陷地、尾矿、矸石山、采矿迹地等,可直接用于林业、牧草或野生用途。

直接利用法具有复垦成本低、提高生态多样性、二次污染小等优势,但也存在土地利用粗放、经济效益低、恢复期长等缺陷。

(二) 修正法

1. 土地平整与梯田整修法

不积水沉陷区、积水沉陷区的边坡地带、井工矿矸石山、露天矿剥离物堆放场,均可采用平整土地、改造成梯田或梯田绿化带的方法复垦。采煤沉陷产生的附加坡度一般都较小,沉陷后地表坡度在 2°以内时可通过土地平整就能耕作,沉陷后地表坡度在 2～6°之间时,可沿地形等高线修整成梯田,并略向内倾,以拦水保墒。土地利用可农、林(果)相间,耕作时采用等高耕作,以利水土保持。应用该技术时应注意表土层的分层剥离和存放、土地平整后标高的确定、梯田断面要素的确定及排水灌溉措施的配套等几个问题。

2. 矸石山整修法

矸石山是煤矿开采过程中排弃矸石堆砌的结果,在直接利用复垦时往往存在滑坡、坍塌等危害,需要对其进行整形处理。一般可根据具体情况,将矸石山整修为梯田式、螺旋式、微台阶式等形式。

在梯田式整形中,应以保持边坡稳定为原则,根据矸石的岩石力学性质确定梯田边坡角,一般边坡角不能太大,否则边坡稳定性差。梯田落差的大小取决于整形后矸石山占地面积的大小、抗侵蚀能力和水土流失量的大小以及绿化需要等因素,落差越大,梯田台阶则越少。梯田台阶宽度则根据矸石堆占地量和矸石山整形的工程量,占地多、工程量大的台阶可宽些。

螺旋线式整形工程,应遵循梯田式整形要求外,螺旋台阶面坡度和宽度要满足行人和运输要求,一般沿边坡方向的间隔在山脚方向较大,山顶方向较小。

微台阶式整形工程,基本与梯田式整形要求一样,其工程量相对较小,通常用手工和简单机械就可以完成。

3. 排土场整修法

排土场一般占露天矿总面积的50%以上,对其整形是进行露天矿土壤重构和植被恢复的重要前提,也是露天矿复垦工程的核心内容。一般露天矿排土场整修主要是梯田平盘式(如图6-1所示),具体根据排土场的边坡角、堆放方式、占地面积、堆积物的物理特性、抗侵蚀能力和水土流失量的大小以及绿化需要等因素,通常选择以下方式。

图6-1 大型露天煤矿外排土场整形形式
(据魏忠义,2002)

(1) 水平式平盘:复垦平盘被整治为水平。

(2) 反坡式平盘:平盘地表稍向内倾斜,反坡角度一般可达2°,这种形状适合于工作面较窄的平盘,能够大幅度地提高田间蓄水能力,并使暴雨过多时由上部平盘坡面产生的径流由平盘内侧安全排走。

(3) 坡式平盘:当平盘较宽并且向内有一定的坡度时,需顺坡向每隔一定间距略高于等高线0.3~0.5 m修筑田埂。随着逐年翻耕、径流冲淤而逐渐加高地埂,使田面坡度逐年变缓,最终形成水平田地。

4. 尾矿整修法

通常与矿山生产相结合,利用尾矿充填低洼地或冲沟。有的尾矿需要覆土后进行整修,有的可直接进行整修,应该根据具体情况选择(图6-2)。尾矿整修不仅仅要对土地进行平整,而且要考虑到尾矿的污染问题,如果污染超标需要采用固化方式或其他方式处理,要合理安排好污染物外泄的防护工程。另外,也要合理安排尾矿的排水工程。

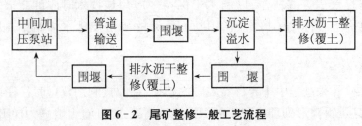

图6-2 尾矿整修一般工艺流程
(据母树宏,1994)

(三) 疏排法

疏排法是将开采沉陷积水区的复垦治理通过强排或自排的方式实现,再加以必要的地表整修,使采煤沉陷地不再积水并得以恢复利用。疏排法复垦的关键是设计合理的排水系统,排水系统设计的关键是适当规模的承泄区和设计标准,标准过高会造成浪费,标准太低达不到治理的目的,而没有适当的承泄区则无法完成疏排法复垦。该方法可用于对大面积的沉陷地进行复垦。

在潜水位不太高的地区,由于地表下沉不大,通过正常的排水措施和地表整修工程就能保证土地的恢复利用。多用在低潜水位地区或单一煤层、较薄煤层开采的高、中潜水位地区。在高潜水位矿区或中低潜水位矿区,需要根据具体情况配套修建排水设施,排水、降渍后,再经修整就可利用。

应首先设计复垦后的地面标高,其次规划设计、修建排水与防洪设施、降渍设施,最后进行地表整修。防洪通常采取的方法有整修堤坝、分洪。除涝措施的方法主要有分片排涝、高水排涝,力争自排、辅助强排。

疏排法的优点在于工程量小,投资少见效快,且不改变土地原用途。但是最大的缺点在于需对配套的水利设施进行长期有效的管理以防洪涝、保证沉陷地的持续利用。

(四) 挖深垫浅法

挖深垫浅法是将造地与挖塘相结合,即用挖掘机械(如铲运机、水力挖塘机组、挖掘机),将沉陷深的区域再挖深,形成水(鱼)塘,取出的土方充填沉陷浅的区域形成耕地,从而达到水产养殖和农业种植并举的目标。

挖深垫浅法适用于沉陷较深、有积水的高、中潜水位地区,同时应满足挖出的土方量大于或等于充填所需土方量,且水质适宜于水产养殖。

挖深垫浅法操作简单、适用面广、经济效益显著,但是缺点在于它对土壤的扰动大,处理不好会导致复垦土壤条件差。

但在地下潜水位较高的采矿区,待稳沉后复垦时,常常形成大面积的积水区,需要进行排水,而且长期淹没后土壤质量也不佳,质地黏、肥力低,需要进行改良,后期经营投入较大。因此,需要表土剥离进行生态预复垦,通过种植固氮植物、广施绿肥、土壤深耕加以改良。

依据复垦设备的不同,可以细分为:

(1) 泥浆泵复垦技术;

(2) 拖式铲运机复垦技术;

(3) 挖掘机复垦技术(依据运输工具不同又可分为挖掘机加卡车复垦、挖掘机加四轮翻斗车复垦);

(4) 推土机复垦技术,由于推土机多用于平整土地,往往与其他机械设备联合。

二、填充复垦技术

填充复垦土地综合利用技术一般是利用土壤和容易得到的矿区固体废弃物,如煤矸石、坑口和电厂的粉煤灰、露天矿排放的剥离物、尾矿渣、垃圾、沙泥、湖泥、水库库泥和江河污泥等来充填采矿沉陷地，恢复到设计地面高程来综合利用土地。充填复垦的应用条件是有足够的充填材料且充填材料无污染或可经济有效地采取污染防治措施。

沉陷地充填复垦是利用土壤或固体废弃物回填沉陷区至可利用高程，但一般情况下很难得到足够数量的土壤，而多利用矿山固体废弃物来充填，然后覆盖土壤，这既处理了废弃物，又治理了沉陷破坏的土地。按主要充填物料的不同，充填复垦土地综合利用技术的主要类型有：粉煤灰充填、煤矸石充填、河湖淤泥充填与尾矿渣充填等土地综合利用技术等。

充填复垦综合利用技术的优点是既解决了沉陷地的复垦问题，又进行了矿山固体废弃物的处理，经济环境效益显著。其缺点是土壤生产力一般不是很高，并可能造成二次污染。

（一）煤矸石为填充物的土地复垦技术

用煤矸石充填复垦土地综合利用技术可分为两种情况，即新排矸复垦和预排矸覆田。新排矸石复垦是指不再起新矸石山，将矿井新产生的煤矸石直接排入塌陷坑、取土坑、采沙坑等，推平覆土造地，恢复植被或建设，称为排矸复垦土地综合利用技术，这是最经济合理的矸石复垦方式。预排矸覆田，指建井过程中和生产初期，塌陷区未形成前或未终止沉降时，在采区上方，将沉降区域的表土先剥离取出堆放四周，然后根据地表下沉预计的等值线图预先排放矸石待塌陷稳定下沉后再覆土造田。

煤矸石为填充物的复垦工艺流程为：装运矸石—充填塌陷区—推平压实—覆土—建筑或种植（图6-3）。

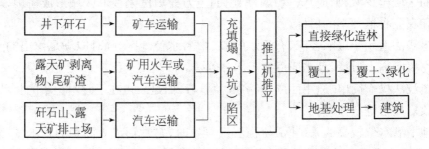

图6-3　煤矸石（露天矿剥离物）充填复垦土地综合利用技术流程

（据付梅臣，2007）

（二）粉煤灰为填充物的土地复垦技术

粉煤灰的性质各地差异较大，多为碱性，用来中和剥离物和矸石中的酸性物质，效果明显。粉煤灰颗粒较粗，可变重黏土和轻沙土为中间质地土壤，增加土层的孔隙度，有很强的保水能力。美国的高pH值粉煤灰常用来中和酸性矸石和复垦土壤，波兰用于种植树木的灰场面积超过130 hm^2。

粉煤灰中富含钾、钙、铁、硼等元素，可以作为矿质肥料施用，某些碱性较强的粉煤灰还可用来中和酸性土壤。在土壤中掺加粉煤灰还可减轻土壤的板结，改善土壤结构，提高土壤的通气性和透水性，有利于土壤微生物活动和农作物根系的发育。粉煤灰在土壤中能加速许多酶的作用过程,它能加速生物化学过程,加速腐殖质的矿化,施用粉煤灰后 1 a,农作物就可显著增产。粉煤灰和有机肥料混合施用,对于在矿山堆渣场上种植农作物很有效,不铺底土也能生长植物。灰场初次种植时,需适当施用氮、磷、钾肥,以利植物生长。

一般情况下,粉煤灰复垦土壤的生产力仅能达到中等农田水平,视覆土厚度和粉煤灰特性而异。各地的粉煤灰充填覆土厚度也不同,多分布在 30～100 cm 之间,一般用于农业要求覆土层厚些,用于林业则覆土层可相对薄些。

(三) 污泥为填充物的土地复垦技术

污泥(主要是城市污泥)用于土壤改良的研究已经历了相当长的时间,对污泥作用于农用土壤的研究现呈现越来越多的趋势。污泥和污泥堆肥的施用可不同程度地提高土壤水分含量、土壤田间持水量和阳离子代换量等,从而改善土壤的物理性质。污泥有利于土壤残留氮的累积。

施用污泥后土壤改良效果显著,表现在土壤呼吸强度提高,微生物总量及放线菌所占比例大增,但对土壤固氮菌影响较小,而对硝化菌、反硝化菌有较大影响。污泥农用的主要限制因素是有毒重金属和病原菌。所以近年来用水库底泥、湖泥与石灰、膨润土、沸石混合进行充填复垦或改良土壤,实践(验)证明将粉煤灰、水库淤积物、污泥按适当比例配合施用,对改良贫瘠土壤、促进植物生长有明显效果。

污泥填充复垦土地综合利用技术流程为:污泥与粉煤灰(或石灰、膨润土、沸石等)混合—充填塌陷区—土地平整—种植。

污泥填充复垦工艺有利于迅速恢复地表植被,提高矿山废弃地中微生物的活性。但是污泥,特别是城市污泥中重金属含量和致病菌可能会通过此类传播途径污染土壤、水源,危害植物生长。所以要对生活污泥进行无害化处理,加大污泥使用后的动态监测,避免矿山生态环境遭到进一步恶化。

(四) 动态填充的土地复垦工艺

有关研究表明,当采矿工作面推进约 1/3 时,地表塌陷开始显现,同时,随着采矿工作面的继续推进,地表塌陷会呈现一个波动式的渐进过程,所以只要及时着手,完全可以实现"边塌边复、滚动治理"的动态复垦。

动态充填复垦土地是以"采矿与复垦的充分有效结合也即采矿复垦一体化"为核心,以"边采矿,边复垦"、"降低复垦投入,缩短复垦周期,增加复垦效益"为特征,并以"实现矿区土地资源的可持续利用及矿区经济的可持续发展"为终极目标的综合利用技术。其基本内涵是:采矿活动中,在地表塌陷发生之前或已发生但未稳沉之前,通过对开采计划、开采方式的合理安排,对矿山地质条件、水文条件、矿产赋存条件、周边环境等客观条件以及矿山未来可持续发展的综合考虑,运用开采沉陷预计等手段,结合复垦后土地利用方向和矿山实际,选择合理高效的复垦工程技术、生物技术、管理技术等对未来将要形成的塌陷地进一步到位的全过程治理,以实现采煤塌陷地遭破坏程度的最轻化、塌陷地复垦治理成本的最小化和复垦后经济效益、生态效益的最大化,实现复垦后土地资源的合理有效利用为目的,并最终满足矿区健康、快速、可持续发展的需要。简单地说动态充填复垦土地综合利用技术就是在地表沉陷过程中,地面未积水之前,通过地表沉陷预计和土地复垦规划设计,对即将形成的沉陷地进行一步到位的复垦治理。

动态充填复垦土地综合利用技术流程为：矿区开采沉陷预计—表土剥离—煤矸石(粉煤灰、矿山固体废弃物等)充填预复垦沉陷地—覆土与平整—建筑或种植(图6-4)。

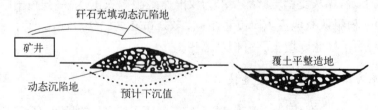

图6-4 动态充填复垦土地综合利用技术流程

(据张友明等,2004)

采用动态沉陷复垦,要合理确定复垦时间,如果没有准确的开采计划,开采沉陷预计就无法进行。在采用动态沉陷复垦时,应根据生态复垦的要求,首先需要进行表土剥离,然后再进行充填,最后进行覆土、平整。

第三节 土地复垦保育技术和植被恢复技术

一、微生物技术

微生物复垦是国内外研究的热点,当前主要以现场试验为主,尚未大规模地投入使用。微生物复垦主要是利用菌肥或微生物活化剂改善土壤和作物的生长营养条件,它能迅速熟化土壤,固定空气中的氮素,参与养分的转化,促进作物对营养的吸收,分泌激素刺激作物的根系发育,抑制有害生物的活动,提高植物的抗逆性。微生物活化剂主要用来使煤矸石、露天矿剥离物等固体废弃物充填的土层快速形成耕质土壤。

枝菌根、真菌是自然界普遍存在的一种土壤微生物,85%以上的有花植物根系都可以与它形成一种有益的共生联合体,增加植物根系对营养的吸收来恢复矿区植被。菌根真菌也能够促进土壤中其他微生物群落的生长。菌根在矿区的应用,增加了系统中的营养,帮助生物对营养的循环利用,将有益于矿区植被种类的重建。

二、生物复垦技术

生物复垦是工程复垦的延续,是土地复垦过程中不可分割的一部分。生物复垦是利用生物措施,恢复土壤肥力与生物生产能力的活动,它是实现废弃土地农业复垦的关键环节。生物复垦主要内容为土壤改良和植被品种筛选。我国主要在排土场复垦、矸石山复垦及用固体废物充填复垦中进行了研究,取得了成效。

植被品种筛选一般是通过实验室模拟种植试验、现场种植试验、经验类比等方法筛选确定。筛选出的品种应生产快、产量高、适应性强、抗逆性好、耐贫瘠,尽量选用优良的当地品种,条件适宜时引进外来速生品种。

排土场的基质主要由露天矿剥离的表土及表土母质和矸石组成。表土及其母质堆放的面积约占 35%,适于进行农业开发。矸石堆放地块基质主要是由粉岩、砾岩、煤页岩和其他岩石构成。

生物复垦工程的主要特点是改变了过去"以草先行"、"以草为主"的模式,而采用草、林、农齐头并进,合理配置,短期长期效益相结合的模式。克服了以往从水土保持到生态效益,再到经济效益依次发展,投资时间长,见效缓慢的缺点。

一般复垦中选择种植的植物有速生杨、大扁杏、紫花草苜蓿等。

三、生态农业复垦技术

生态农业复垦有多种类型,最典型的是塌陷区水陆交换互补的物质循环类型,该类型是充分利用塌陷区形成积水的特点,根据鱼类等各种水生生物的生活规律和食性以及在水中所处的生态位,按照生态学的食物链原理进行合理组合,实现农、渔、禽、畜综合经营的生态农业类型(图6-5)。

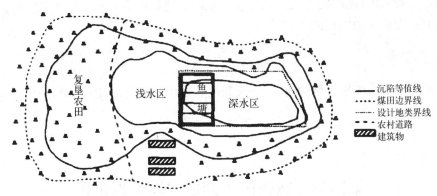

图 6-5　高潜水位矿区沉陷地生态农业平面结构设计示例

(据付梅臣,2007)

在图 6-5 的生态系统中,生物之间以营养为纽带的物质循环和能量流动,构成了生产者、消费者和还原者为中心的三大功能群体。系统中的农作物和青饲料,可作为畜牧生产中鸡、鸭、猪、牛等养殖动物的饲料;畜牧业生产中的粪便废弃物,可作为养鱼或其他水产养殖的饵料,也可直接施入农田,经微生物分解而成为农作物或饲料作物的肥料,鱼池中的塘泥亦可作为农作物的肥料;食用菌生产中的菌渣及培养床的废弃物,可用于饲喂禽畜动物、鱼类以及作为农田作物的肥料,由此形成多级的循环利用。

我国矿山分布于不同的地域,农业生态模式有山地生态型、低山生态型、平原农牧生态型、草原生态型、城郊生态型、水域生态型等。各生态类型因条件不同,存在着不同的生态模式,如平原农牧生态型有果菜瓜豆猪禽虫草模式、猪禽林草虫菌沼肥模式、奶牛林草虫菌沼肥模式等。因此,煤矿区生态农业的核心是如何合理设计物种生态位,建立食物链,实现能量与物质的良性循环。

四、土壤改良技术

土壤复垦中土壤改良技术主要有以下几种方法。

(一)绿肥法

是在复垦区种植多年生或1年生豆科草本植物,这些植物的绿色部分经复田以后,在土壤微生物作用下,除释放大量养分以外,还可以转化为腐殖质,其根系腐烂后也有胶结和团聚作用,能改善土壤理化性状。

(二)施肥法

以施用大量有机肥来提高土壤中有机物含量,改良土壤结构,消除过黏、过沙土壤的不良性状。

(三)客土法

采用"泥掺沙、沙掺沙"的方法,调整过沙、过黏土壤耕作层的泥沙比例,达到改良土壤质量、改善耕性、提高肥力的目的。

(四)化学法

主要用于酸性或碱性土壤的改良,一般利用石灰中和酸性土壤,利用石膏、氯化钙、硫酸中和碱性土壤。

第四节 露天矿土地复垦与生态重建

一、露天矿土地复垦的技术路线与方法

露天矿土地复垦是基于土地破坏现状调查和土地破坏状况预测的基础上,以当地土地利用总体规划为依据,通过对区域土地资源利用及破坏情况调查,确定复垦规划的内容、目标、任务及复垦土地利用方向和措施,并根据复垦类型及方法进行合理布局。由于露天矿的开采模式与井工矿不同,故其土地复垦对象主要以排土场为主。

(一)技术路线流程

1. 展开调查并明确被破坏土地的特点

露天矿土地破坏现状调查及分析是做好土地复垦规划与设计的重要基础。通过调查工矿区被破坏土地的类型、数量、分布、破坏特点,结合区域的自然要素条件和工矿区的实际,明确复垦土地利用的重点、方向和主要措施,为规划的编制指明方向。

2. 确定待复垦土地的破坏程度

在工矿区土地破坏现状调查和分析的基础上,根据当地的生态发展计划和地质条件,采用数学模型和计算机模拟对目标年内土地状况进行预测,确定规划年内土地破坏的类型、数量、分布、程度及特点,为规划的编制提供依据。

3. 明确土地复垦利用的方向

根据工矿区的气候、地形地貌、土壤、水文、破坏程度等因素建立被破坏土地复垦利用适宜性评价体系,对全矿进行综合评定,明确被破坏土地复垦利用方向,它是进行土地复垦规划的重要基础工作,为土地复垦指标制定和复垦类型划分提供科学依据。

4. 确定土地复垦利用条件

根据本地区内的社会经济条件,对全工矿区土地复垦的有利条件和不利因素及土地复垦效益进行可行性分析研究,确定土地复垦利用的可行性,为土地复垦规划的编制提供必要条件。

5. 确定复垦类型,制定规划指标,落实规划布局

以当地土地利用总体规划为依据,确定规划期内土地复垦的数量指标和利用方向,根据复垦措施和利用方向相对一致的原则,划分土地复垦利用类型。在此基础上,完成复垦工艺的初步设计,并将指标落实到实地上,逐步完成规划布局。

6. 复垦效益分析与评价

在土地复垦规划基础性研究和规划方案的指导下,以土地复垦类型为基础,按照土地复垦的工程量、投资及潜在的收益进行复垦效益的分析与评价,包括社会效益、经济效益和生态效益,为下一步的复垦规划提供依据。

(二) 露天矿土地复垦的基本方法概述

1. 被破坏土地利用现状分析

对被破坏土地利用现状分析采用定性与定量评价相结合,以定量分析为主。按照土地破坏的类型、程度、破坏数量等方面进行定量统计分析,在破坏土地对周围环境的影响、土地破坏特点和存在的问题等方面应将定性和定量分析相结合,其中定量分析可采用线性回归等方法。

2. 土地破坏状况预测方法

受人类活动扰动,工矿区被破坏土地的数量、程度和分布状态也始终处在不断的变化之中。破坏状况的预测应根据矿产资源的开采方法、开采量、开采深度、回采率、开采年限、开采工作面上覆层岩性、厚度和地质构造等因素,综合分析其破坏规律。采用数学计算方法和计算机模拟的方法,对矿区土地破坏类型、数量、程度和分布进行预测。

3. 被破坏土地适宜性评价方法

被破坏土地适宜性评价是以土地破坏现状资料为基础,以土地破坏调查图斑为单元,主要选择地面坡度、土层厚度、破坏类型、破坏起始年限、破坏前土地利用现状等参评因子,采用模糊评判或加权指数方法确定被破坏土地的性质,最后确定其适宜性。在评价过程中,为了使评价结果更符合当地的实际情况,要充分考虑被评价土地的复垦利用方向对当地人民的生活及环境的影响。

4. 土地复垦可行性研究的方法

土地复垦可行性研究应从自然条件和社会经济条件等方面出发,采用专家评审和投入-

产出数学模型相结合的方法,对土地复垦的有利条件和不利因素进行研究,以提出土地复垦的必要性和可行性,为制订土地复垦方案提供依据。

(三)露天矿生态重建规划与设计

1. 规划编制

工矿区生态重建规划是区域性的专项规划,它应服从于国民经济的总体规划及有关的土地利用总体规划、行业规划、环保规划、土地复垦规划以及本企业的规划和设计等。首先结合区域生态环境的基础资料来确定规划研究的目标,明确露天矿生态重建各要素之间的关系,之后应确定各种土地利用的适宜度,从而规划出多套设计方案以便进行方案择优,最后对方案进行实施与评价,以便顺利执行,从而取得预期规划的效益。

2. 规划方法

规划的基础在于规划的对象,和土地复垦规划方法类似,要先进行调查和预测。调查内容应按照规划要求筛选后决定调查指标,包括社会、经济、环境和生物四个方面,也可参照企业的环境保护、水土保持、土地复垦等调查加以补充。

评价必先确定规划的目标,因为评价是生态质量和规划目标的比配过程。生态重建的规划分为短期、中期、长期规划,但以短期和中期为主。规划应至生态重建基本完成,可取得效益为止。

生态重建规划应在企业中长期规划、环境保护规划、水土保护规划、土地复垦规划等基础上进行。而且应从生态重建的短、中、长期的要求确定规划的目标,尤其要注意经济、社会的需求。对于技术实施而言,则可参照各规划的技术措施,制定符合客观实际的生态重建规划。这种技术实施应该结合各规划的优势,取长补短,在切实可行的前提下,追求费用最小,最优化地实现生态、经济、社会三方面的效益。

二、露天矿排土场植被恢复技术

生物复垦工艺设计主要包括排土场石砾坡加速风化技术、排土场平台生土熟化培肥技术、排土场平台覆盖保墒技术、排土场植物配置技术以及排土场植物种植技术。

露天矿土地复垦的首要步骤就是要控制水土流失和加速人工重建植被。

由于排土场存在的时间较长,一些耐旱、耐碱、耐地表高温的草本植物"入侵"了排土场,在一定程度上降低了排土场对自然环境的危害。经调查发现天然木本植物有杨树、榆树和槐树等;草本植物有隐子草、蒺藜、飞蓬、结缕草、狼尾草、早熟禾等。多种牧草对新垦土地不良的土壤肥力状况有着较强的适应能力。它可以从土地深层吸收水分和更广泛的范围内吸取矿物质营养,起到迅速恢复植被的作用。

根据国内外露天矿排土场植被恢复经验,可以采用"以草先行"、"以草为主"的模式。究其原因为:排土场要经过一段塌实过程,据国内经验为 4~6 a 后才稳定;排土场未结束前复垦不便;先植草后植树是使地面的植被覆盖率可在较短时间内快速提高等。

在新垦的土地上,虽然许多植物都可以生长,但要获得牧草高产,必须配合施肥管理。在一定范围内施用肥料的量与产量成正相关。

近几年以来,为迅速恢复植被,改变矿区生态环境,主要从两个方面入手:首先是通过工程措施营造有利于植物生长的地形,即平整表面、铺排黄土、平盘修水平小区,基本做到小雨无径流现象。随后是生物治理,遵循的基本原则是平盘以豆科牧草为先锋植物,以求迅速改善新垦土地的物理和化学性质,以固坡、防风,达到长久的生态效益;利用平坦、背风向阳的小气候区,探讨栽培林果、木本油料作物、观赏灌木等有经济价值的林木;在靠近矿区办公楼附近,栽培长期绿化观赏灌木,以改善矿区环境。

第五节　井工矿土地复垦与生态重建技术

一、井工矿土地复垦与生态重建规划与设计

井工矿土地复垦和生态重建规划与设计也需要经过原始资料的收集、可行性分析、复垦方案设计、复垦工程设计和经济技术分析(评价)五个阶段。但由于井矿工和露天矿的开采方法、对土地的破坏不一样,复垦的内容和技术方法也有所不同。井工矿开采对土地造成的破坏主要以地面沉陷为主。

对井工矿地区的材料收集除基本的区域资料以外,还要着重收集开采沉陷地现状资料,包括万吨煤沉陷率、积水率、积水深度、开采沉陷参数、开采沉陷观测历史资料、矿区井上下对照图等。在进行可行性分析时,要着重分析开采沉陷观测历史特性、沉陷盆地积水及附近水源的水质分析,还要对沉陷地填充复垦的承载力进行分析。在复垦方案设计和复垦工程设计阶段,要考虑复垦方式、填充复垦工艺、复垦土地利用方向等。对于填充式复垦,复垦后要防止出现不均匀沉降。

二、沉陷地土壤重构技术

煤矿区沉陷地土壤重构分为充填复垦土壤重构、非充填复垦土壤重构。非充填复垦土壤重构主要考虑土壤物理特性的改良,主要手段是建立完善的排灌体系、平整土地;充填复垦土壤重构的主要技术是根据回填物料的性质添加隔离层,如酸性矸石回填时下面垫石灰等碱性物料,以达到保水之目的。

用泥浆泵挖深垫浅复垦采煤沉陷地已在我国得到广泛的应用。胡振琪教授在此方面做了大量的研究,复垦关键在于剥离与回填表土以及新挖土与充填顺序的优化。

(一)增加剥离和回填待复垦区(即垫浅区)表土工序

对于待复田的土地在复垦前应尽可能地将表土层(一般 20～30 cm 厚)用推土机剥离并堆存起来,待泥浆泵复垦完毕后再回填到泥浆复垦的土地上,形成优质的熟化土层,以利于早日达到目标产量。在堆存表土时应注意采取水土保持和保肥措施,以防止表土贫化与损失。

(二)挖土顺序和充填位置的优化

现行挖土工序和充填位置导致挖深区上下土层的混合或下层土覆盖在上层土上。"挖

深区"由于积水或含水量较高不易像"垫浅区"一样剥离表土。因此,宜采用与倒堆法露天开采复垦工艺类似的方法,使复垦土壤的土层顺序保持基本不变。

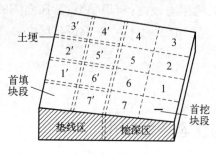

图 6-6 泥浆泵复垦工艺新的挖土顺序
与填充位置
(据胡振琪,1997)

图 6-6 展示了新的挖土顺序和充填位置,即新的土壤重构方法。其方法是:

① 把"挖深区"和"垫浅区"划分成若干块段(依地形和土方量划分),并在"垫浅区"剥离表土后对该区划分的块段边界设立小土(田)埂以利于充填;

② 将"挖深区"的土层分为上层土(一般 30~50 cm)和下层土(一般大于 30 cm 或 50 cm),按以下的顺序进行挖掘与充填:首先将挖深区 1 块段的上层土覆盖在"首填块段"上,然后将 1 块段下层土充填在垫浅区 1′块段上,然后将 2 块段的上层土覆盖在 1′块段,使得 1′块段的结构为"2 块段上层土"+"1 块段下层土",依此类推,就可构造一个新土壤结构,可用下式表述为:

$$\begin{cases} i'\text{块段土壤结构} = \text{"}i+1\text{ 地块上层土"} + \text{"}i\text{ 块地段下层土"} \\ \text{其中}, i = 1, 2, 3, \cdots, n-1(n\text{ 为划分的块段数}) \\ n'\text{块段的结构} = \text{"}1\text{ 块段上层土"}(\text{在首填块段上}) + \text{"}n\text{ 块段下层土"} \end{cases}$$

第六节 矸石山绿化技术

一、矸石山整形

矸石山的长期裸露,已经对周围环境产生了严重的危害,如土壤和地下水的污染、粉尘污染、矸石山自燃而引起的大气污染以及滑坡等地质灾害。为了减轻甚至避免矸石山带来的危害,除了彻底清除矸石山以外,还可以对其进行整形。

一般可以根据具体情况,将矸石山整修为梯田式(图 6-7(a))、螺旋式(图 6-7(b))或者微台阶式(图 6-7(c))。

1. 梯田式整形方式

梯田式整形方式的主要技术参数包括:边坡角 α,梯田落差 h,梯田台阶宽 l(见图 6-7(a))。边坡角的大小主要考虑矸石的岩石力学性质,边坡角太小,矸石山占地多,整形工程量就大;边坡角太大,边坡稳定性就差。

梯田落差的大小,取决于矸石山整形后占地面积的大小、设计抗侵蚀能力与水土流失量的大小以及绿化的需要等因素。落差越大,梯田台阶数越少,矸石堆占地面积增大,而侵蚀量越小。

梯田台阶宽决定了矸石堆占地量和矸石山整形的工程量。台阶越宽,占地越多,工程量越大。

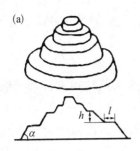 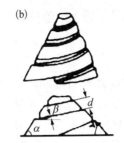 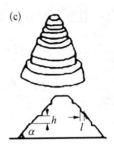

图 6-7 矸石山整形类型

(据张国良,1997)

2. 螺旋式整形方式

螺旋式整形方式的主要技术参数包括:边坡角 α,螺旋线沿边坡方向的间隔 d,螺旋线的切线方向与水平间的夹角 β(即台阶面坡度),螺旋线台阶面宽度 l(见图 6-7(b))。

边坡角与原矸石山边坡角相同,只由当原边坡角太大而使边坡不稳定时才需削缓原边坡。

螺旋线沿边坡方向的间隔宽度一般为一变数,山脚方向间隔较大,山顶方向间隔较小。若要求间隔宽度不变,则螺旋线台阶面坡度就为一变数。在设计时应根据矸石山等高线图,使螺旋线间隔不要太大以保证台阶面坡度在允许范围之内。

螺旋线台阶面坡度应满足步行和运输要求,它一般兼作上山人行道和运料道。

台阶面宽度只要满足绿化和行人、运输要求即可。

3. 微台阶式整形方式

微台阶式整形方式的主要技术参数包括:边坡角 α,台阶落差 h,台阶宽度 l(见图 6-7(c))。

边坡角与原矸石山边坡角相同。

台阶落差通常取 2~3 m。

台阶宽度通常取 0.3~0.5 m。

二、矸石山复垦整形设计

(一)上山道路或阶梯的设计

矸石山整形时需修建一条自山脚向山顶的道路。根据矸石山的等高线图(图 6-8),等高线间隔取为 5 m,设计道路坡度为 i,步骤如下:

根据实际需要,选取上山道路起始点 A。

根据公式 $l=\Delta h/i$ 计算相邻两条等高线间道路平距。

以 A 为圆心,以 l 为半径作圆弧,在 45 m 等高线上截得两点。

以上一步截得的交点作为圆心,以 l 为单位做圆弧,在上一条等高线上截取交点,依此作至山顶等高线。

将相邻两等高线上的交点用平滑曲线连接起来即得设计道路的平面位置,图中两条道路可依据实际情况进行选择。

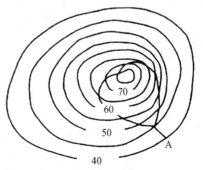

图 6-8 矸石山环形道路设计

(据张国良,1997)

当不要求上山道路能通车时,也可以将上山道路设计成"之"字形或者直上直下型。

(二) 矸石山排水系统设计

为防止矸石山表面发生水土流失,需要对矸石山进行排水系统的设计。梯形式和螺旋式整形时的排水系统如图 6-9 所示。其排水方式是将台阶面与其上部坡面的水汇入台阶面内侧边缘的排水沟,再流向设在阶梯通道处的下山排水通道而汇入山脚排水沟。螺旋式排水线路也可以为螺旋线状,越向山脚方向,回水面积越大,排水负担越重,可以在矸石底部多设一些下山排水通道。

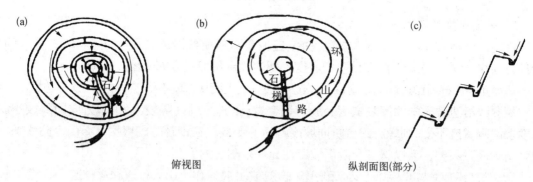

图 6-9 矸石山排水系统设计

(据张国良,1997)

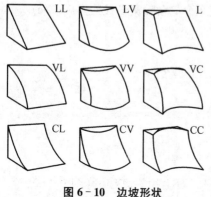

图 6-10 边坡形状

(三) 矸石山边坡抗侵蚀设计

1. 边坡形状

澳大利亚学者从三维角度研究边坡,将边坡形状总结为 9 种,如图 6-10 所示:每种形状的第一个字母表示边坡在竖直坡面内的形状,第二个字母表示边坡在水平断面内的形状。理想的边坡形状应该是水平断面呈凸状,而竖直剖面为凹状或者复合状。澳大利亚在露天煤矿排土场统一设计中通常采用 S 形斜坡(图 6-11a),其上部凸状部分占总坡长的 20%~30%,下部凹状部分占总坡长的 70%~80%,这种斜坡具有较好的抗侵蚀能力。当 S 形斜坡难以延伸时,应尽可能避免凸状边坡,可采取图 6-11b 所示的线性边坡加台阶方案。

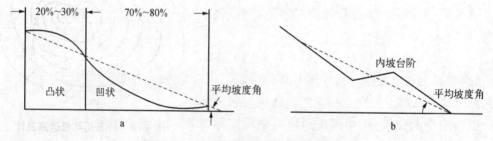

图 6-11 澳大利亚露天排土场边坡形状

2. 坡度与坡长的抗侵蚀设计

澳大利亚学者在进行水土流失研究中，没有将坡长和坡度两个因素单独考虑，而是将坡长和坡度综合起来进行考虑，并称其为地形因子。利用水土流失方程公式反算求取地形因子值，在允许范围内根据实际需要选择合适的坡度和坡长。

三、矸石山植被恢复

矸石山植被恢复有"自然恢复"和"人工恢复"两种方法。自然恢复是指没有人为干扰，完全靠自然界的作用使矸石山恢复植被的过程。这个过程是极其缓慢的，往往需要数十年，甚至数百年。人工恢复是指在人为干扰的形式下，通过人工整地、覆土、栽种适宜植被等恢复矸石山植被的过程。这一过程需要很大的人力、物力和投资等，其工程量特别大。因此，采用"自然"和"人工"两种恢复方法相结合，通过对废弃矸石山现有植被进行调查、统计分析，然后根据调查分析结果选择出相应的植被和方法进行恢复。

1. 水分保持

矸石山无土，孔隙大，渗水严重，蒸发量大，不能保持水分，这是矸石山植被生长困难的根本原因。即使在全部覆土种植区，虽然增加浇水次数，但是由于下面矸石孔隙大，边浇边渗，仍会造成植物因缺水而生长不良。因此，矸石山复垦种植必须进行配套的水保工程。

2. 土壤厚度的选择

矸石山最好盖土后种植，土层宜在 50 cm 以上。在盖土较少时(如 10～20 cm)，虽然植物的根系大多数分布于土层中，但浅薄土层没有下面矸石层间的水分供应，故植物易受旱。经试验结果，覆土层厚需 50 cm 以上，如果水源条件充足，覆土 30 cm 种植蔬菜、花卉亦可。

3. 不覆土复垦的地面处理

我国矸石山因缺土源而无法盖土，故复垦种植全靠矸石风化物和少量的客土。大多数不盖土的矸石山不易平整地面，尽量保留地表风化物以便于种植。或可先挖坑，促使矸石风化一段时间再种植，也可挖坑后将风化物集中入沟内种植，主要目的是加厚风化层。

4. 植物种类和栽植技术

大量资料显示，抗性强的乡土植物适合于矸石山种植，木本一般以刺槐、臭椿、侧柏、火炬松为好。在年降雨量大时也可种植杨、柳、紫穗槐、锦鸡儿等。草本以豆科牧草和乔本科牧草混种为好，多种混播可发挥各种牧草的优势，不致使草地早衰。矸石山复垦种植大多无灌溉条件，全靠降水和矸石山体所蓄的水分供植物利用，故种植植物种类以及种植数量应根据矸石山可供水量而定。种植宜移栽坑种。挖坑移栽，最好能用土壤填坑；无土时，则用细碎的矸石风化物填坑，并以带土移栽的成活率最高。草本宜直播种植，为不让地面高温灼伤幼苗，可薄层盖土(2～5 cm)，亦可在"植生袋"中育苗后移栽。

据有关资料显示，茂盛的植物对其环境温度有积极降低作用，因此，矸石山植被要认真选择物种，并进行合理密植。

5. 管理技术

矸石山管理技术主要是灌溉、施肥和病虫害的防治。矸石山种植初期无病虫害，但种植时间较长也会发生病虫害，应予治理和重视。

因矸石风化物极粗，土壤中植物速效养分很少，即便是可自行固氮的豆科植物，但还需要不少养分，因此，施肥问题是管理中较突出的问题。施肥以氮肥为主，磷肥为辅。最好是施有机肥，如目前不可能大量施有机肥，可施用城市污泥。这类符合农用标准的污泥施入矸石风化物中，不仅增加了风化物的养分和颗粒细度，还降低了地面黑度，从而降低了地面高温，促进微生物活性，所以施污泥是一种综合改良剂。如污泥速效养分不足，可配合部分化学肥料，效果更好。

 ## 本章小结

　　工矿用地、废弃土地都具有较高的利用价值，土地复垦使其加以修整后重新投入到土地利用。本章第一节简要介绍了土地复垦的特点与原则，以及国内外土地复垦的发展历程；第二节概括介绍了土地复垦的填充与非填充的复垦技术；第三节向读者介绍了微生物技术、生物复垦技术、生态农业复垦技术与土壤改良技术；第四节着重论述了露天矿的复垦技术与方法；第五节介绍了井工矿土地、沉陷土地的复垦与生态重建技术；第六节简要了介绍了矸石山的绿化技术。

 ## 关键词

土地复垦　工矿用地　植被恢复　矸石山　生态绿化　露天矿　井工矿沉陷地

 ## 复习思考题

1. 土地复垦的特点与原则是什么？
2. 论述我国矿山环境现状与土地复垦的必要性。
3. 土地复垦保育技术和植被恢复技术有哪些？请分别论述。
4. 论述露天矿土地复垦的技术路线与方法。
5. 请谈谈现阶段我国如何提高工矿用地的土地利用率。

第七章 建设用地整理

 学习目标

通过对本章的学习,应该能够:
1. 了解城市土地整理和农村建设用地整理的概念与内容;
2. 掌握城市建设用地场地分析的内容;
3. 了解当前我国农村居民点整理的代表模式;
4. 了解"城乡建设用地增减挂钩"的内涵与"城乡建设用地增减挂钩"规划的编制方法。

第一节 城市建设用地整理

一、城市建设用地整理的内容与程序

(一)城市建设用地整理的概念

城市建设用地整理(简称市地整理),是指在城市规划区内对经过长期历史变迁形成的城市土地利用的重新布局与安排。城市建设用地整理的产生主要是为了治理城市土地利用过于分散、整体效益差和效率低等弊病,它是从城市规划和投资的需要出发,通过权属转移来重新界定地块的范围,达到改善并凸显其经济价值的目的。按照城市发展规律和城市规划进行调整和改造,对城市现有废弃、闲置、低效的土地进行集中规划整理,提高土地使用效率,减少对耕地的占用。

(二)城市建设用地整理的主要内容

1. 对城市污染和工商业废弃地的改造

由于城市发展战略的转移,城市中出现工商业企业的废弃地;或者对资源型城市或地区,由于资源枯竭造成工矿企业关闭而形成废弃地;或者由于自然灾害造成矿山塌陷而弃置

不用；或者由于污染过于严重而搬离市区形成工业废弃地。这些废弃不用的土地可能存在着严重的污染或者有潜在的污染源，并对周边地区、河流以及沿河两岸构成威胁，甚至形成"棕地"①，需要大量的治污费用和改造成本，使得再开发无利可图。

这样的地块，一般的开发无能为力，需要政府采取一些优惠措施，以促进建设用地整理，必要时对产生污染的生产方式进行调整，对有污染、效益低下、占地面积大的重型工业企业采取关停并转或者搬迁等措施，迁出城市繁华区。对这样的土地，其整理目标应把土地复垦和经济转型相结合。

2. 旧城改造

旧城改造是城市建设用地整理的重要内容。旧城一般具有良好的区位优势，土地增值潜力巨大。但旧城区也存在明显的缺点，房屋低矮，市政设施陈旧、老化，道路狭窄，绿地较少，居住环境较差，严重制约着城市现代化的步伐。通过旧城改造，提高土地利用率和容积率，更新相应的市政设施，改善居住环境，提高土地价值。

但是，旧城改造中两个突出的问题是巨额资金投入与被动迁出者出现的抵抗行为。旧城改造所覆盖的面积大，需要的资金动辄就几十亿元，中央财政与地方政府显然难以独立支付。我国台湾省的做法值得借鉴，由土地所有人来承担经费，进行土地整理交换分合，并兴建各种公共设施，然后按照一定的方式将土地分配给原土地所有人，这样政府可以节省庞大的土地征收费用，而公共设施建设费以抵费方式由原居住居民承担。一般改造后的土地利用率提高，可以留出一部分土地供对外销售，获得一部分资金，回收一部分成本。对于市民可能出现的抵触行为，在市地整理过程中，政府积极引导公众参与，可以有效抑制原居民的抵抗行为。

对于低收入居民区或棚户区的改造，由于此类土地一般地处城郊，区位价值不明显，整理后土地增值幅度较旧城改造小，而且原住地居民可能还不具备合法居住资格，也无法提供土地整理所需的巨额资金。此时可以采取定点安置的办法，将原来的危旧楼房拆除，将原住地居民搬迁出原住地。

旧城改造中，一个重要的问题就是历史文物的保护问题。由于历史文物遗迹具有不可再生性以及价值难以估量的特点，所以要求城市建设用地整理中必须加大保护力度，不能以此为借口，轻易将其拆除。不仅如此，市地整理还应该考虑如何让历史文物与现代化建筑之间和谐统一地构成整个城市景观，不能让历史古迹变得与现代化建设风格迥异。

3. 开发区建设

开发区的建设成为城市化进程加快的一个重要原因。但是，我国现有的开发区存在非理性的发展状态，例如，大面积屯地、多征少用、规划失控、布局不合理等问题，所以开发区土地整理关键要将土地利用与建设项目挂钩，在开发过程中，注重基础设施用地的合理布设，抑制建设用地需求的过度膨胀。

4. 闲置土地盘活，控制城市无序蔓延

城市化进程的外延式发展使城市土地利用低效，出现不少闲置土地，在一些地方出现了"城中村"。这一方面是城市发展的错误指导思想所致，一些城市发展时盲目追求外延式扩

---

① 棕地：就是具有开发价值但已被污染的土地。

展,而且城市郊区土地相对便宜,比起旧城改造成本较低,拆迁安置的难度较小,所以对城市土地利用挖潜工作做得不够,形成大量闲置土地。现行的土地储备制度是实施土地整理,盘活城市闲置用地的有效手段。

需要指出的是,任何一项市地整理工程,都必须做好整理区域内的道路建设。我国香港地区的经验说明,公共设施的合理规划与建设同样是每一项市地整理工程所必须进行建设的项目。此外,还应注重生态环境绿化建设,加强对城市生态环境的保护。

(三) 城市建设用地整理的程序

在我国城市建设用地整理主要由政府牵头完成,由于其设计项目具有时期长、资金量大、计划性强等特点,所以其具体操作的程序可以分为以下几个步骤进行。

1. 选定市地整理的目标区

在勘选城市建设用地整理的目标区时,主要考察目标区土地整理的迫切性和效益性,同时需要考虑的是城市总体规划。尽可能收集有关土地利用的社会、自然、经济信息,分析研究土地整理的潜力,仔细做好各方案的可行性研究。准备土地整理的资金和技术条件,确定土地整理的目标和要求。

2. 拟定城市建设用地整理规划、报批公告

对选定的目标区,根据可行性研究的成果和收集的相关资料,拟定整理规划,并广泛征求各方尤其是土地使用者的意见,修改并完善规划设计,报有关部门审批。经审批后及时在项目区公告,并举行座谈会,说明该整理的目的、意义与规划方案。

3. 整理的前期准备

首先拟定实施方案,确定实施的工程队,编制工程进度计划;之后落实整理所需资金,包括筹资方式和使用计划、还款计划。做好技术准备和各部门的协调工作。

4. 估计土地整理前后的地价,安排资金利用计划

在实际整理之前,要详细测量调查区内的土地使用现状及权属情况,编造清册以备查考。估计土地整理后的地价,制定分摊费用的计划,编制土地分配计划。

5. 落实整理的具体实施安排

按照批准的城市土地整理规划和计划,做好拆迁以及有关拆迁安置工作,工程完工后,经过土地评估重新分配土地,完成城市土地整理。

6. 地籍管理

在城市建设用地经过施工整理和分配交换后,应将地籍权证变更登记,并换发土地使用权证。

7. 财务结算,费用分担

城市建设用地整理任务完成后,结算所有的费用,并分担费用。

8. 资料总结

将整理的成果编写为报告书,将资料汇总并归档,以备存查。

二、城市建设用地整理的场地分析

在进行城市建设用地整理之前必须要进行全面的场地分析,包括工程可行性研究、初步

设计和成本估算等内容。对于公共工程来说，场地分析必须详细具体，往往要花费数月的时间，需要召开多次公共信息研讨会和听证会，并进行深入调查和多方案比选。理想状态下，当业主有多个备选场地开发时，进行可行性分析，应给予开发和运营成本的比较来做出最佳选择。

（一）区划条例

虽然分区规划属于规划范畴，并非工程范畴，但是设计人员也有必要了解相关的内容，明确分区。如果发现区划的不妥之处，应弄清通过哪些程序可以更改区划及更改所需时间。在分析区域现状的时候，还应分析此类整理项目对环境的影响。此外，城市建设用地整理还需考虑洪水控制、交通状况、学校服务半径、历史保护、噪声和空气污染、视觉景观影响、地质灾害等因素，而且在整理前应给予足够的重视。

（二）收集现状图

城市建设用地整理第二步就是要收集街道和市政设施的图纸，通常可以从项目所在的市或县的相关部门获得，包括供水、供电、供气、电缆等内容，以保证项目在各类市政设施的服务范围内。

1. 雨水和污水管网

在多数地区，不同的雨水和污水排水系统承担不同区域的排水，排水流域的边界往往与城市控制线不重合，必须对每个排水系统进行总体规划，标明该地区内排水管或排水沟以及拟建管线的总体布局，使业主可以清楚知道哪些管线可使用。在某些地区，污水处理厂已经达到负荷极限，或已将剩余的污水处理量计划分给其他污水处理企业，因此不允许增加任何管线。在这种情况下，应查询污水处理厂是否有扩建的计划，如果没有扩建计划，应寻找该地区内其他排水区域，或考虑能否使用化粪池或其他处理设施处理污水。如果不能找到雨水或者污水处理系统，建设用地整理将无法开展。

2. 标识系统、地面标线

找到待整理区域的地面控制点，寻找标识系统和信号装置。从街道现状图可以推测评估报告与成本估算应包括哪些内容。

3. 其他市政和服务设施

对待开发宗地内的基础设施状况与宗地以外的情况要做进一步了解。应从成本考虑，将电话线、电缆等布设在待开发场地的地下线路了解清楚，通常可以打电话到相关市政公司咨询有关信息，并索要相关复印资料，为整理建设提供辅助信息来源。

（三）现场调查识别重要特征

场地调查时应作详细记录。整洁、规整的笔记可提供可靠的信息且便于使用。凭借经验，可以迅速判断出场地的重要特征。查找井、水管闸门、供气管道阀、电力线和电话线、雨水排水沟等，确定其定位是否与现有的平面图相符合，或在地块编号上绘制市政管网草图。

两相邻用地之间建设开敞空间地带还应注意土地使用权、涝患等问题，开发中还应注意植物保护问题，对于一些胸径达到一定尺度的树木应加以保护，或者进行移植。此外记录场地内建筑物的类型与状况。

(四) 线性工程

在城市地区,由于征地成本较高,选定替代线路时应进行地产征用成本与建设成本等多方面的考虑。线性工程如高速公路、铁路、隧道、电力线等管线建设,比其他项目建设时考虑的要素要多。

(五) 撰写报告

调查完成后,应撰写调查报告。首先应列出报告提纲一览表,其中应包含报告中涉及的各类信息。完成报告正文后,还应明确用地开发需要哪些特殊设施以及开发成本,其次还要将以上内容撰写摘要。

第二节　农村建设用地整理

一、农村建设用地整理的背景与意义

(一) 农村建设用地整理的背景

2003年国家开始实施宏观调控、收紧银根、地根以来,地方政府为解决经济发展用地需求与土地供应不足之间的矛盾,在基本农田和耕地受到严格保护的情况下,开始把目光转向农村建设用地,尤其是农民的宅基地。典型做法是针对农村居民点规模小、数量多、布局分散、环境质量低劣、土地利用率不高等现象,开展农村建设用地整理,推行"农业向种植能手集中,乡镇企业向工业小区集中,农民住房向小城镇集中"的三集中,改造旧村庄,小村并大村,推进农村宅基地的集约利用,用腾退出来的农村建设用地置换经济发展用地指标,实现在耕地数量不减少的情况下的经济发展。如河南开展的"三项整治工程"、江苏开展的"农民集中居住"、四川开展的"金土地"工程和天津开展的"农村宅基地换房"等都属于这方面的探索。

(二) 农村建设用地整理的意义

农村建设用地整理是新农村建设的重要内容。"生产发展,生活宽裕,村容整洁,乡风文明,管理民主"是社会主义新农村建设的总目标和总方向。新农村建设内容十分广泛,既包括物质文明建设又包括精神文明建设。胡锦涛总书记在2007年2月14日中共中央举办的省部级主要领导干部建设社会主义新农村专题研讨班开班式上讲话指出,"要全面加强农村生产力建设,采取综合措施,加强粮食综合生产能力建设,加强农村基础设施建设,以解决好农民群众最关心、最直接、最现实的利益问题为着力点,促进农村和谐社会建设"。胡锦涛总书记的讲话指明了当前和今后一个时期新农村建设的重点。

国土资源部在《关于适应新形势切实搞好土地开发整理有关工作的通知》(国土资发

〔2006〕217号)中明确要求,"当前和今后一个时期,进一步丰富土地开发整理内涵,突出区域综合性、多功能性、多效益性的特点,重点在促进农业生产发展、提高农民生活水平、改善村容村貌上下工夫,为新农村建设做出贡献"。要"结合发展特色农业、现代农业,对项目进行科学设计,改善生态环境和农业生产条件,提高劳动生产率,为农业增效、农民增收奠定基础"。

以农村建设用地为主体的综合土地整理,对建设社会主义新农村的影响是十分明显的。首先,开展田、水、路、林、村综合整治,要解决的都是影响农业生产发展的基础性的也是关键的问题,如配套小型水利设施、建设农村道路、设置田间防护林等。其次,土地整理重视公众参与。项目设计方案、土地权属调整等都要充分发扬民主,征求农民意见,农民在土地整理从立项到实施的整个过程中享有充分的知情权、参与权、建议权和监督权。

以农村建设用地为主体的综合土地整理与建设社会主义新农村、与解决"三农"问题、与土地资源的节约集约利用、与生态环境建设是密切相关的。通过综合土地整理,在加大对农业的投入、加快农业和农村基础设施建设步伐、促进现代农业的发展、改变农村面貌、引导农民树立民主参与意识等方面发挥了积极的作用。农村建设用地整理既是建设新农村的重要内容,又是新时期建设新农村的重要平台。

我国绝大多数农村居民点建设缺乏系统规划,基本属于自然形成、自我发展的无序状态,其布局凌乱、功能不全,占地面大,浪费严重。有关资料显示,我国农村居民人均建设用地面积在 180 m^2 左右,东中部地区一般在 150 m^2,西部和山区则在 150～400 m^2。随着工业化和城镇化步伐的加快,农村人口不断外流和迁移,一些农村的住房和宅基地随之废弃或闲置,出现了"空心村"现象。与此同时,目前绝大多数生活在农村的居民要求改善生产条件和生活居住环境的愿望越来越强烈,农民对农村建设用地整理的认同感和参与程度也在不断提高。

我国农村集体建设用地整理的资源开发利用潜力巨大,通过撤村撤镇、并村并镇和旧村改造,开展农村建设用地整理和新农村建设,是积极盘活农村存量建设用地、控制建设用地总量、节约集约用地的重要途径。既是保障新农村建设不浪费土地,又能满足广大农民群众生产生活需要,也是从制度层面构建节约集约利用土地激励机制的最佳办法。

二、农村建设用地整理的内涵

根据《中华人民共和国土地管理法》的规定和农村的现实状况,农村集体建设用地归农民集体所有,包括农民宅基地、乡镇企业建设用地和乡(镇)村的公共设施、公益事业用地几种具体类型。

宅基地:包括农民住房用地、庭院用地等。

乡镇企业建设用地:包括建设厂房用地、经营场所用地等,是乡镇企业为满足生产经营活动而占用的土地。

乡(镇)和村庄的公共设施用地:为了满足乡村农民生产、生活需要而修建的基础设施,比如道路、桥梁、电力设施、通讯设备等占用的土地。

乡(镇)村公益事业用地:是指在乡(镇)中为满足农村农民文化、教育、医疗的需要而举办的公益事业占用的土地,如学校、医院、幼儿园、影剧院等占用的土地。

农村建设用地整理主要包括两个部分：一是农村居民点用地整理；二是农村工矿废弃地整理。

(一) 农村居民点用地整理

农村居民点整理是近几年兴起的土地集约利用工程，也是提高农村居民点用地效率和集约化程度，促进土地资源有序、合理与科学化利用的重要手段。农村居民点整理主要是运用工程技术及调整土地产权，通过对农村居民点用地规模、内部结构及空间布局的再调整，使农村居民点逐步集中、集约，提高农村居民点土地利用强度，促进土地利用有序化、合理化、科学化，并改善农民生产、生活条件和农村生态环境。农村居民点整理的内涵是指从宏观上对农村居民点的数量、布局进行调整以及从微观上对农村居民点用地规模和内部结构、布局进行的综合调整。

进行村庄用地的调整已成为我国土地整理的一项重要工作。一方面，农村居民点用地整理对改善农村生态环境、提高农民生活质量、缓解用地矛盾、实现耕地占补平衡、发展农村经济、促进城镇化、缩小城乡差距、解决"三农"问题等都具有重大的现实意义；另一方面，农村居民点整理将在我国加快城镇化进程、缩短城乡贫富差距中发挥积极作用，同时可以一定程度上增加对城镇建设用地的供给，保障经济的快速健康发展。过去，农村居民点整理往往紧跟项目走，即"被动整理"模式，这种做法虽然可以满足项目用地的要求，但由于时间仓促，遗留下来的问题很多，而且，这种整理方式往往不注意整个区域用地结构的调整和土地资源配置的优化，同时带来了许多生态、环境等问题。把农村居民点整理纳入土地利用总体规划的专项规划编制当中，有目的、有针对性地进行农村居民点整理，通过减少农村居民点用地与相应增加城镇建设用地的"此消彼长"相挂钩的方式，在一定程度上缓解城镇建设用地供需不平衡的现状。

(二) 农村工矿废弃地整理

主要是针对地处农村的、已经破产或废弃的工矿和企业的集体所有建设用地，通过工程技术手段，对其进行重新的复垦整理使其达到或逐步达到耕作标准的过程。农村工矿废弃地的整理是农村建设用地整理的又一重要方面，对改善农村生态环境以及农民生产、生活条件，优化土地利用结构，促进土地可持续发展也有着重要意义。

三、农村居民点用地整理

目前我国农村居民点用地存在总量大、规模小、布局散、集约度低等一系列问题，通过农村居民点整理，可优化建设用地布局，实现土地集约利用，促进社会主义新农村建设。根据土地利用变更调查数据，2005年中国农村居民点用地面积达到1 470万 hm^2，是城镇用地的5～6倍。而通过整理产生的农村居民点用地变化，也是我国土地利用/覆盖变化(LUCC)研究的重要方面。

(一) 区域差异

我国区域自然社会经济条件差异显著，农村居民点用地表现出强烈的区域性特点，仅以农村居民点平均规模来说,北方平原很少有300人以下的村庄,而南方山区亦少见10户以上的居民点,农村居民点整理必须与区域的自然尤其是社会经济特征相吻合。

1. 农村居民点整理分区方案

根据对浙江、江苏、福建、山东、重庆、吉林等不同区域代表省市农村居民点整理案例的调研情况来看,区域农村居民点整理主要受农村居民点用地特点,即整理潜力、用地比例及平均规模的影响。另外,区域的自然环境条件、农村经济社会发展水平、非农化程度与方式、农村人口及人口密度、农民人均收入、耕作半径以及居住习惯、风水意识等都产生一定影响。根据资料量化的可行性,建立农村居民点整理分区指标体系,该体系以农村居民点用地区域特征差异为主导,结合农村居民点自然、经济、社会三个方面的特征(表7-1)。

表7-1 中国农村居民点整理分区指标体系

指标层		指标	权重
用地特征		整理潜力	0.177 8
		用地比例	0.152 1
		平均规模	0.110 1
基础特征	自然	地形地貌	0.082 6
		生态环境	0.044 5
	经济	耕地比例	0.035 6
		农业产值	0.044 5
		农村社会总产值	0.044 5
		农村人均收入	0.053 3
	社会	农村人口	0.050 8
		农村人口密度	0.071 6
		城市化速度	0.071 6
		城市化率	0.061 2

数据来源:2005年土地资源变更调查数据、2005年中国农村统计年鉴、2005年中国区域经济统计年鉴、2005年中国经济年鉴。对指标体系中有些指标无法获得准确数据,采取定性分析,由专家对指标赋值,如地形地貌分为平原、丘陵和山区三类分别赋值;农村人口指农村户籍人口(未考虑流动人口);各指标权重由层次分析法确定。

2. 分区方案分析方法

分别使用DPS软件进行聚类分析、GIS软件进行空间分析,综合两种方法的计算结果,确定中国农村居民点整理分区方案。

(1)聚类分析法。

对各省(市)指标值进行标准化处理、主成分分析,所得前5个新指标的贡献率达到89.30%,可以代表原14个指标的信息。采用系统聚类法,类与类之间的距离以类平均法计算,聚类结果如图7-1所示:若以3.81为阈值,基本可以分为七类,分别是北京、天津、上海;河北、山东、河南、四川、江苏;山西、陕西、甘肃、贵州、云南;青海、宁夏、西藏;安徽、湖北、湖南、重庆、江西、广西;海南、浙江、福建、广东;吉林、辽宁、黑龙江、内蒙古、新疆。

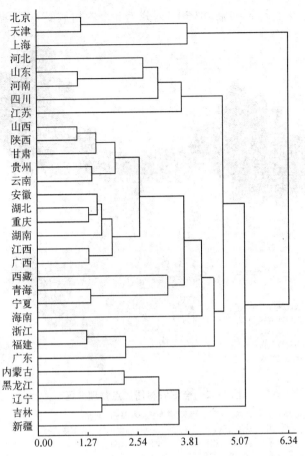

图 7-1　全国农村居民点整理聚类分析图

(2) GIS 空间分析法。

使用 GIS 软件将各指标图层数值叠加运算,得到综合指标值,如表 7-2 所示,考虑到地理位置的连续性,大体可分为五类:上海、江苏、北京、天津、山东、河南、河北、安徽;黑龙江、辽宁、内蒙古、吉林;浙江、福建、广东、海南;湖北、湖南、重庆、四川、广西、江西;云南、山西、陕西、甘肃、贵州、西藏、青海、宁夏。

表 7-2　各省(市)综合指标值

省(市)	综合指标值	省(市)	综合指标值	省(市)	综合指标值	省(市)	综合指标值
江　苏	1.014 3	吉　林	0.369 3	湖　南	−0.149 0	山　西	−0.425 3
上　海	0.852 8	山　东	0.262 6	重　庆	−0.195 4	陕　西	−0.535 4
北　京	0.766 4	河　南	0.251 2	浙　江	−0.200 5	宁　夏	−0.564 9
黑龙江	0.699 9	河　北	0.228 5	四　川	−0.216 6	贵　州	−0.653 2
天　津	0.532 1	安　徽	0.218 9	福　建	−0.302 0	青　海	−0.760 5
内蒙古	0.516 5	广　东	0.117 1	广　西	−0.362 3	甘　肃	−0.760 7
辽　宁	0.428 3	海　南	0.117 1	云　南	−0.414 9	西　藏	−0.864 0
新　疆	0.418 0	湖　北	0.027 9	江　西	−0.416 1		

综合上述两种方法的计算结果，把全国划分为 5 个农村居民点整理区，如图 7-2 所示。

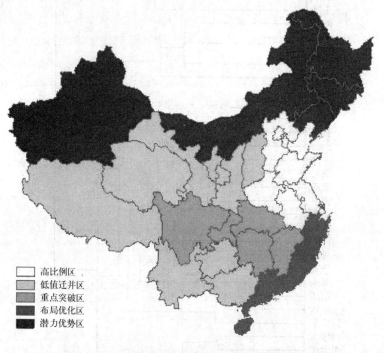

图 7-2　全国农村居民点整理分区

注：潜力优势区，包括辽宁、吉林、黑龙江、内蒙古、新疆。
　　高比例区，包括北京、天津、上海、江苏；河北、山东、河南、安徽。
　　重点突破区，湖北、湖南、江西、广西、四川、重庆。
　　布局优化区，浙江、福建、广东、海南。
　　低值迁并区，山西、陕西、贵州、云南、甘肃、青海、宁夏、西藏。

（二）农村居民点区域整理方向

1. 潜力优势区

该区域是我国农村居民点整理的重点区，区域面积大，潜力高。农村居民点用地平均规模大、用地比例小，不宜开展大范围的农村居民点迁并整理，适合开展逐个农村居民点为主体的整理。耕地数量多，粮食产量高，具有农地利用的比较优势，通过整理新增的土地首选复垦为耕地。农村经济水平、城市化水平较高，具有一定的农村居民点整理经济实力，但城市化速度较慢，农村居民点整理一定程度上可起到推动城市化进程的作用。

2. 高比例区

该区农村居民点用地比例最大，整理潜力小，区域整理方向以提高非农建设用地集约度为主。可以分为两类：北京、天津、上海、江苏和河北、山东、河南、安徽。

（1）第一类地区农村居民点用地比例大，平均规模适中。区域经济发达，农村经济实力强，城市化水平和城市化速度高。区内后备土地资源少，在快速城市化过程中建设占用了大量耕地，建设用地的压力大，开展农村居民点整理的经济、社会条件完善。因此，依据城乡建设用地挂钩政策，与土地规划、城市规划相结合，依托卫星城镇异地置换农村居民点用地。

采用公寓化或社区化的整理模式,将农村居民点集约节约的土地用于城镇建设。

(2) 第二类地区农村居民点整理的潜力虽然较小,但用地比例高,规模偏大。"空心村"问题突出,农村用地的集约性差,一户占多处宅基地、少批多占宅基地等现象较为普遍。区域经济水平低于第一类地区,城市化水平和速度决定了农村人口转为城市人口的数量有限。因此,农村居民点整理首先立足于提高现有居民点的用地集约度,限制用地规模的扩张,约束农民的建房行为,逐步引导"空心村"的"实心化"。经济条件较为发达地区可通过建设公共设施,让农民空闲之余有一个充分的活动场所。

3. 重点突破区

该区农业发达,农村人口数量多,农村居民点规模小,布局散乱,经济发展水平适中。该区是南方整理潜力最大的区域,但与东南沿海等地比,经济实力和城市化水平低。区域农村居民点整理潜力较高,但同时存在用地比例高、规模小、布局乱、开展整理的经济社会实力不足等方面问题,是我国农村居民点整理的难点区域。因此,农村居民点整理结合各地实际,广泛采用多种方式,整理出的土地"宜耕则耕,宜建则建"。① 在经济社会水平较高的县城周围及建制镇,将农村居民点土地整理与城镇规划相结合,提倡楼房建设,降低人均用地标准,提高土地利用率和容积率;② 中心村一般人口、用地规模较大,不适宜搬迁合并,应依据合理布局、节约用地的原则,对村内旧住宅区、闲散地进行整治改造,提高土地利用集约化水平;③ 偏远的山地丘陵地区,零散居住的农户或小村庄搬迁至新村或中心村,原有土地改生态用地或田地。

4. 布局优化区

该区农村居民点用地的潜力最小,甚至为负值。虽然从总量上来看,农村居民点用地比较集约,但从结构来看,布局散乱。区域经济社会发达、城市化水平较高,具有开展农村居民点整理、改善其功能布局的现实要求和经济实力。作为我国城乡建设用地挂钩实践的重点区域,通过区域政府引导的、农村居民自发的用地整理,重新规划建设农村居民点,依托周边较大规模的城镇建设成为具有社会主义特色的新城镇绵延区,逐步过渡成为大都市市区的绵延带。

5. 低值迁并区

该区农村居民点用地的特征可以概括为"三低",即整理的潜力低、用地比例低、平均规模小。区内农村经济水平低,生态脆弱。区域农村居民点整理以生态环境的改善为主要方向,以中央政府提供专项整理资金为经济支持。可供借鉴的整理模式主要有小规模农村居民点迁并及农林综合开发整理模式,即居民点闲置土地的复垦利用与抛荒地利用结合,与山地区退耕还林等生态建设工程结合进行退宅还林,农村居民点整理与农地整理衔接进行;整理出的土地根据当地的生态环境统一安排,优先用作生态用地或复垦为耕地。

(三) 农村居民点用地整理的影响因素

由于农村居民点用地经过人类一定时期的改造与利用后,土地利用系统中自然生态子系统的弱化和经济社会子系统的强化,使其自然属性与基质有显著差异,这在一定程度上改变了土地利用系统的运行机制,相应地导致了农村居民点整理自然生态驱动因素的弱化和经济社会驱动因素的强化。

农村居民点整理模式的影响因素主要分为区域经济社会水平、农村居民点用地现状特征、非农化方式及程度、农村经济发展水平以及地形地貌、农民的择居行为等因素。

1. 区域经济社会水平

农村居民点整理是农村经济社会发展到一定阶段,对土地利用由粗放型向集约型转变的客观要求,也是实现农村城镇化,发展农村经济和现代乡村社区的必然选择(叶艳妹等,1998)。具体农村经济社会发展水平受县域经济社会条件制约,因此县域经济社会条件是农村居民点整理最重要的区域背景,设计整理模式应与其相适应。县域经济发展到一定程度,为达到县域内土地利用功能优化,政府具有开展农村居民点整理的内在需求和经济实力,模式的设计主要考虑如何引导农民;而在此之前,由中央政府以政策力量推动的农村居民点整理,模式的设计不仅要考虑引导农民,还要增加对地方政府的激励。

2. 农村居民点用地现状特征

农村居民点整理的内涵包括从宏观上对农村居民点数量、布局的调整和从微观上对农村居民点用地规模和内部结构、布局调整的综合措施(陈百明,1999)。因此,农村居民点用地现状特征是其整理的最重要的经济社会驱动因素,包括整理潜力、平均密度、平均规模等指标。

3. 非农化的方式及程度

农村居民点土地利用以及整理模式,与农村剩余劳动力的产业转移和空间迁移之间存在着密切的关系,即农村劳动力转移(产业和空间)是农村居民点整理模式重要影响因素之一。简单来说:第一,异地城镇化方式,城镇郊区或近城镇乡村会逐渐变成城镇建成区,对应迁并式整理模式;第二,就地工业化方式,以乡村经济不断发展壮大为基础,对应用地布局调整的整理模式;第三,农业产业化方式,要求从零星分散、规模狭小、经营粗放的方式向区域化、规模化、专业化和集约化的现代农业转化,促使原本分散的自然村落逐步整合成为新的生产和生活的集聚点。

4. 农村经济发展水平

区域经济社会、地形地貌条件、非农化程度均对农村经济产生影响,经济发达的区域,一般也是地形地貌条件优越、非农化程度较高的区域,农村经济也较发达,如长三角区域的农村。在调查中发现,农村经济是影响土地整理模式的重要而直接的因素,以农民人均收入、非农收入、耕作半径表示。农民人均收入高,尤其非农收入高的农村,对耕地的依赖程度相对较小;较发达的农村经济又为农民提供了方便的交通工具,如江浙农村骑摩托车到田间劳作并不少见,进一步扩大了农民的耕作半径。在这种条件下,确定农村居民点整理模式的限制因素相应减少。

5. 地形地貌

地形地貌不仅影响农村经济社会水平,还影响农村居民点用地特征,因此也是整理模式的重要影响因素。平原地区农村居民点规模大、利用粗放、交通便利,村庄归并集中的地形地貌限制小;而丘陵山区居民点规模小,布局零散,居民点之间交通距离远大于绝对距离,在地形地貌限制下,宜采取"大分散、小集中"的整理模式。

6. 择居行为

我国历史文化悠久,农村传统传承,住宅是中国人安身立命的所在,直到现在,农民赚钱后首先便是在家盖房以求安稳、以兹炫耀。农民的居住习惯延续至今,南方水网密布,农居多依水而建,西南丘陵山水相间,住宅多选靠山面水的阳坡而筑。而在农村地区,尤其是南方农村,对住宅有强烈的风水意识。如对经济发达地区农村旧宅整理意向的调查中发现,对一些全家迁居城镇多年,农村老宅较为破旧、基本无人居住的家庭,即使提供一定的拆迁补偿仍不同意拆除,认为整理会破坏家族风水。

(四) 我国农村居民点用地整理的代表模式

1. "政府主导"整理模式

(1) 模式运行内容。

"政府主导"的农村居民点整理模式是由政府组织诸多相关职能部门发起的、大村庄内部改造或小村庄整体搬迁置换的城乡建设用地调整方式。该模式划分为三个环节:管理机构建立与政策设计;旧宅基地复垦与新基地建设;新增耕地承包与节余建设用地指标使用。在每个环节中又包含着组织管理部门、具体实施手段与资金流动三个相互影响的方面(图7-3)。

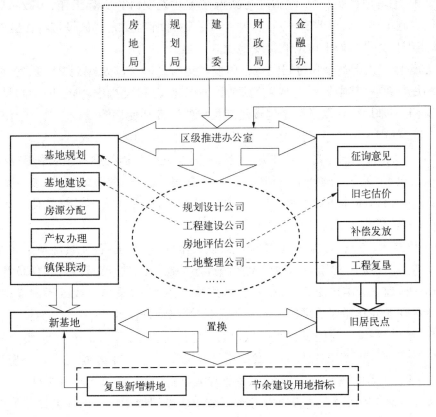

图 7-3 "政府主导"模式运行示意

环节一:以项目所在区县的政府相关职能部门(包括房地、规划、建设、财政等)联合作为组织管理机构;该机构受市房地、规划、建设、财政等相关职能部门的指导;由市相关职能部门制定一系列农村居民点整理推进政策及控制标准。

环节二:由区县政府组织管理机构主导开展旧宅基地复垦与新基地建设。内容包括:① 新基地建设,主要有新基地选址、规划、工程建设、房源分配、产权证办理、"镇保"联动等;

② 旧宅基地复垦,主要有村民意愿调查、旧宅基地估价、村民搬迁补偿、旧宅基地复垦工程规划施工等。区县组织管理机构针对旧地复垦与新基地建设涉及诸多环节的不同工作内容,充分利用市场专业化分工的优势,采用公开竞标方式吸引规划公司、估价公司、工程建设公司等参与其中。同时,区政府垫付本环节所有资金投入。

环节三:复垦后的新增耕地由原村集体组织村民自愿承包,节余建设用地指标由区政府部门在市政府部门的指导下,异地置换使用,并借此收回环节二的投资。

(2) 主要特点。

① 政府主导。农村居民点整理的利益主体主要包括政府、土地所有者即村集体组织、土地使用者即村民。在整个模式运行过程中,政府不但作为政策设计者,更是起主导作用的参与者。首先,农村居民点整理主要是相关职能部门在市政府社会经济发展规划、城市规划及其他重要规划目标的驱动下积极开展的。其次,所有试点项目由市政府统一规划,市相关部门统一制定指导政策、标准;区县政府制定符合本地特征的实施细则和实施程序,直接管理旧宅清查整顿、宅基地置换、宅基地整理与新型住宅建设项目等实际工作;镇政府则负责管理各项目的实施工作。最重要的一点是,整个项目运行所需要的巨额投资都由区县政府垫付,村集体组织和村民则处于被动的接受地位。

② 市场运作。由于整个农村居民点整理模式运行是一个涉及规划、建设、房地管理、金融等问题的复杂系统,其中针对新基地的规划、工程建设、村民意愿调查、旧宅基地估价、村民搬迁补偿、旧宅基地复垦以及节余建设用地指标的开发和使用等专业性强、工作量大的内容,区政府相关部门采取了市场招投标、选择专业公司参与的运作方式。

③ 村民被动。在政府主导作用的影响下,村民在该模式运行中的主要作用表现在:理解和支持项目政策,接受经济补偿,对既定的规划方案、设计模型、补偿标准表达意见,出资购买新房,参加区县政府提供的"镇保"。在整个模式中,村民作为宅基地的使用人,并未自己承担相应的风险和责任,处于有选择的被动接受状态。

④ 村民受益大,置换"门槛"高。整个模式设计全面、运作正规,尤其注重从各个环节切实维护农民利益。例如:对原宅基地房屋按照拆迁补偿标准进行公开评估、作价补偿,对集中新建住房按照建设成本核定价格,基本上做到拆一还一、农民少出钱或不出钱;强调新基地规划设计体现居住功能与观赏功能的一致,超前性与均好性的统一;大多数试点实施了宅基地置换与"镇保"联动。村民受益大的同时,产生了置换"门槛"高的问题。整个模式运行中,只有环节三节余建设用地指标的开发使用是资金注入的一项,承担着资金平衡的重要任务。但是,根据区县相关部门核算的资金平衡方案,在模式运行顺利的乐观估计下,几乎所有试点将无法实现资金平衡[①]。假使再考虑到节余建设用地指标异地开发使用的政策风险和市场风险,则资金平衡的难度将更大。

2. "三方共建"农村居民点整理模式

(1) "三方共建"农村居民点整理的模式构成。

"三方共建"农村居民点整理由政府相关部门(土地整理复垦中心)、村集体经济组织和

---

① 资料来源:http://www.se-price.gov.cn。

村民三方共同出资共同实施,包括旧宅基地复垦为耕地和建造新的住宅两个步骤。以浙江省嵊州市为例首先村集体经济组织经村民同意,向市政府相关部门(土地整理复垦中心)申请开展宅基地复垦;土地整理复垦中心负责审查其村庄规划、项目规划、工程实施以及补偿发放等方面的准备条件,审核通过后确认项目立项,先拨付 7.5×10^4 元/hm² 作为启动资金;村集体经济组织负责动员村民自行拆除旧宅,发放拆除旧宅补偿金,组织宅基地复垦为耕地工程的招投标,建设道路、电路、有线电视、自来水等基础设施,改善新村的居住环境,监督农民新宅建设符合村庄规划确定的地点和标准;村民自己投资建造新居;项目竣工验收后取得的指标由市土地整理复垦中心按照规定的 27×10^4 元/hm² 标准收购,项目整理后形成的耕地必须落实承包种植人,不得抛荒,同时补划为基本农田(见图7-4)。

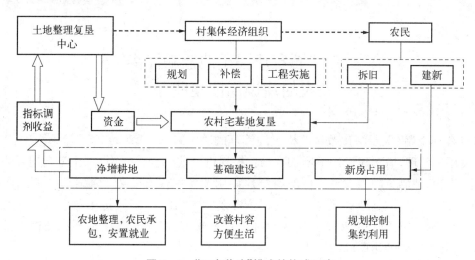

图7-4 "三方共建"模式的构成示意

(2) 关键要素分析。

资金支持是第一关键因素。农村居民点整理的资金来源有两个:一是土地整理复垦中心提供,它的资金又来自于耕地异地调剂指标费用。由于耕地后备资源稀缺、新增耕地逐年减少,经济持续发展、建设用地需求较大,在耕地占补平衡政策的制约下,耕地异地占补的指标调剂费逐年上升。据调查2006年省内县际间指标调剂费已达 $37.5\times10^4 \sim 52.5\times10^4$ 元/hm²。二是村集体经济组织的基础设施配套资金,受村集体经济组织的经济实力制约。

村民的自愿和支持是该模式得以实施的另一个关键因素。一方面,随着农村居民收入水平持续提高,强烈要求改变旧村的居住环境,因此自愿搬离旧宅基地。据嵊州市国土局2001年调查,全市85%的农村家庭已建有新房,人均居住面积达 $50 m^2$,绝大部分家庭拥有彩电、自行车,拥有冰箱、洗衣机、摩托车、空调的家庭也相当普遍,计算机、汽车也开始进入农家。狭小潮湿的墙弄、低矮阴暗的旧房适应不了现代交通工具和家用电器,更不要说建设小康村、生态村。而靠单家独户,拆除几间旧房解决不了农村环境的根本问题,只有在村建规划的指导下,实施宅基地整治,才能彻底改善人居环境。另一方面,农户经济收入条件允许,有能力自建新住宅。这两个方面反映出农村经济社会条件是农村居民点整理的重要驱动因素。

建设用地指标异地转换政策在"三方共建"模式中扮演了非常重要的角色,反映出土地利用政策(尤其是土地整理政策)对农村居民点整理的驱动作用。嵊州市规定实施退宅还耕可按还耕土地面积等量取得置换指标；置换指标优先满足本乡镇、街道范围内有偿调剂使用；当地乡镇、街道不需要的,由市政府统一收购储备。退宅还耕面积可等量置换建制镇规划区,农民可以带指标进镇统建住房。退宅还耕项目经批准立项后,能在当年完成的,可获取30%的用地启动指标,主要用于置换工程中兴建道路、公共设施及其他建筑物须占用的耕地;如果置换工程不需要占用耕地、不使用折抵指标的,可以优先预支30%启动指标调剂费,用于宅基地整治工程。拆旧建新后多余宅基地可建老年公寓或者其他公共设施,也可公开转让给个人或单位使用,土地纯出让费全额返还乡镇、街道,用于拆旧建新的专项补贴或配套建设。

第三节 "城乡建设用地增减挂钩"与农村建设用地整理

2004年国务院《关于深化改革严格土地管理的决定》(国发〔2004〕28号)中指出："鼓励农村建设用地整理,城镇建设用地增加要与农村建设用地减少相挂钩","在符合规划的条件下,村庄、集镇、建制镇中的农民集体所有制建设用地使用权可以依法流转"。同年,国土资源部《关于加强农村宅基地管理的意见》(国土资发〔2004〕234号)又提出科学制定和实施村庄改造、归并村庄整治计划,积极推进农村建设用地整理,提高城镇化水平和城镇土地集约利用水平,努力节约使用集体建设用地。

城乡挂钩是农村建设用地整理的重要组成部分,也是地方政府在现有政策条件下积极探索节约、集约用地的结果。国土资源部出台的挂钩政策,既是对现有农村建设用地整理经验的总结,也是对近年来农村集体建设用地整理现状的肯定和进一步的规范。

一、"城乡建设用地增减挂钩"政策释义

抓好农村建设用地整理既是贯彻落实国务院关于严格土地管理决定的要求,又是当前和今后一个时期有效地利用现有土地资源,改善农村生产生活条件和环境,同时一定程度上缓解建设用地供需矛盾的有效途径和手段。

(一)"城乡建设用地增减挂钩"的内涵

城镇建设用地增加与农村建设用地减少相挂钩的试点(以下简称挂钩试点),是指依据土地利用总体规划,将若干拟复垦为耕地的农村建设用地地块(即拆旧地块)和拟用于城镇建设的地块(即建新地块)共同组成建新拆旧项目区(以下简称项目区),通过建新拆旧和土地复垦,最终实现项目区内建设用地总量不增加,耕地面积不减少、质量不降低,用地布局更合理的土地整理。

挂钩试点必须贯彻落实严格保护耕地特别是基本农田、促进建设用地节约、集约利用的

总要求。建新地块的总面积不得大于拆旧地块的总面积。建新地块中用于安置拆旧地块农村居民的土地面积应低于原占用面积,建新地块中其他建设用地的集约利用水平应高于现有存量建设用地。拆旧地块复垦耕地的数量、质量应不低于建新占用的耕地,并与基本农田建设和保护相结合。

挂钩试点的规模控制和管理,通过下达一定数量的城镇建设用地增加与农村建设用地减少相挂钩的周转指标(以下简称挂钩周转指标)来进行。挂钩周转指标专项用于项目区内建新地块的面积规模控制,并在规定时间内用拆旧地块复垦出来的耕地面积归还,归还的耕地面积数不得少于下达的挂钩周转指标。

(二)"城乡建设用地增减挂钩"的可行性

据统计,目前全国农村建设用地的总量约 2.7 亿亩,5 倍于城镇建设用地,而且分布较为零散,"空心村"大量存在,土地利用较为粗放。根据土地利用现状变更调查资料,江苏省农村居民点用地面积达到 93.79 万 hm^2(1 406.86 万亩);2000 年全省有农村人口 4 829.02 万人,人均占地 194.22 m^2,高于全国 150 m^2 的平均水平。把这部分超标的农村建设用地复垦为耕地,面积之大,相当可观。

随着经济特别是城镇化的快速发展以及人民生活水平的提高,农民进城的愿望也相当强烈。再加上经济发达地区对建设用地需求的强烈愿望以及政府的大力倡导,就为"挂钩政策"的实施提供了有利的社会条件、经济条件和政策基础。

(三)"城乡建设用地增减挂钩"的原则

1. "谁整理、谁受益"的原则

农村建设用地整理是一项复杂的系统工程,完全依靠政府来整理是不可行的。需要运用经济手段,切实按照市场规律的要求,把农村建设用地整理的成果交还给整理的主体,这也是我国社会主义市场经济中按劳分配的最基本要求。

2. 整理的质量与建设用地指标挂钩的原则

在农村建设用地整理的过程中,除了要注重整理的数量以外,还需特别注重整理形成的耕地的质量。过去,我们在实施耕地总量动态平衡的过程中,就因为只注重耕地的数量而没有过多强调复垦后耕地的质量,造成了"占好地、补劣地"现象时有发生,给耕地的总体质量带来了一些负面影响。因此,现阶段农村建设用地整理的过程中,应进一步加强对整理出的耕地质量进行评价,做好与建设用地指标挂钩的测算工作。

3. 尊重农民意愿、保障农民权益的原则

农村建设用地整理的实施过程中,应按照相关的法律法规以及土地利用总体规划的要求,取得相关集体土地所有权人的同意,充分尊重农民意愿,不搞强制拆迁,切实维护农民个人、集体经济组织和其他有关个人、单位的合法权益。对于因拆迁对农民或集体经济组织造成损失的,要给予补偿,并且保证农民生活水平不降低。

4. 统筹规划、优化配置的原则

一方面,"挂钩政策"的实施涉及面广量大,情况较复杂,因此必须要在地方政府的统一领导下,由国土、发展改革、城镇规划、建设、财政、农业、民政、环保、水利、劳动等部门协同开展工作,在科学论证的基础上,进行规范操作;另一方面,在实施过程中,要注意调整土地利用结构,对于以前不合理的结构安排要进行调整,优化土地资源配置。

5. 促进土地可持续发展的原则

可持续发展要求我们要从经济、社会、生态环境、文化等方面综合考虑土地的利用问题。具体到"挂钩政策"上,就是要在农村建设用地整理的过程中十分注重土壤质量的改良,注重农村生态环境和农业生产设施的改善,按照保护生态环境、提高环境容纳能力的原则,实施各项土地整理的生物和工程技术措施。同时,要注重发扬人文精神,要注意有选择地保留民族、民俗等文化遗产和建筑,要充分考虑农民的意见和建议,"以人为本",做到农村居民点整理与文化建设相统一。在复垦为耕地获得城镇建设用地指标后,要集约利用土地,珍惜土地资源。

二、"城乡建设用地增减挂钩"的特点和模式

(一) 天津、四川和江苏的特点和模式

土地挂钩政策出台后,国土资源部确定了天津、浙江、江苏、安徽、山东、湖北、广东、四川等8个省市为首批试点省市。但在实施过程中,又根据条件确定了江苏、天津、四川、山东和湖北等5省市的试点。天津、四川和江苏分别代表了我国特大城市区域、西部欠发达区域和东南沿海经济发达区域。

1. 天津模式特点

天津市第一批上报国土资源部的试点有9个,其特点为:一是从分散到集中,把分散在村庄的农户集中到城镇居住。二是宅基地换房,把农民的原宅基地和住房折合成新建城镇住房的面积,分配给农民,农民自己不用投入。新区住房和公共设施由政府统一开发建设。三是农民身份不变,家庭联产承包责任制不变,可耕种土地数量不减、质量不降。四是投入的资金由城乡土地的级差地租产生,通过市场获得。

天津的模式可概括为农村宅基地换房、整体搬迁进城,即华明镇模式。华明镇距天津市中心区 10 km,是天津空港物流加工区所在地,其特点是:第一,就业结构已具备城市经济特征,但城镇化水平很低。2004 年,全镇 12 个村,人口 44 929 人,约 3/4 的人从事第二、第三产业。第二,由于该镇没有镇区,产业未形成规模,大多数人口仍散居于农村,城镇化率只有9.6%。第三,农民收入水平较高,农民年人均纯收入 7 800 元。该模式的主要特点如下。

(1) 整体集中搬迁。在政府主导下,新建农民居住区作为镇区,12 个村庄的农户在拆旧的基础上,全部搬迁到新镇区集中居住。农民以宅基地换住房和服务设施。置换道路、绿地、公建和配套设施齐备的小区住宅约 130 万 m^2,户均 98 m^2。

(2) 土地增值收益为安置资金。12 个村共整理出建设用地 12 071 亩。华明新镇规划用地面积为 8 427 亩,除去农民新小区住宅建设和服务设施用地 3 476 亩,还多余 4 951 亩,其中 2 905 亩为商业开发用地,2 046 亩为其他用地。预计土地出让收益为 34 亿元,而复垦、还迁和配套建设成本为 33.5 亿元,资金大体平衡。

(3) 农民的身份不变。为确保华明镇项目的顺利进行,市政府确立了四个原则,即作为农村基本经营制度的家庭联产承包责任制不变,可耕种土地数量不减、质量不降,农民的身份不变。

2. 四川模式特点

四川第一批挂钩试点项目为 17 个,其特点是:拆院并院已经成为实施"金土工程"的重要内容,与新农村建设紧密结合在一起,成为推动农民、土地、乡镇企业三集中,统筹城乡,实现城乡一体化的重要手段。

四川模式主要是郫县模式,即政府主导,农民通过"拆院并院"就地安置,挂钩指标异地占补平衡。郫县位于成都郊区,2005 年地方财政收入 4.91 亿元,农民年人均纯收入 4 715 元。该县唐元镇长林村是试点村,面积 2 294 亩,农户 411 户,总人口 1 400 多人。农民以种菜和外出务工为主。2005 年年人均收入 5 080 元,有 39 个农村院落,占地 358 亩。2006 年国土资源部批准的挂钩周转指标为 375.26 亩。通过拆院并院,将原有占地 358 亩宅基地的 411 户农家的 39 个居民点,集中拆建为占地 170 亩的 3 个聚居点,腾出集体建设用地 188 亩,又整理出其他建设用地 147 亩,共计新增集体建设用地 335 亩。其主要特点如下。

(1) 政府主导,政府垫资,置换出土地用于政府项目。郫县项目区的投资主体是县政府,项目区农民搬迁、补偿、拆旧、复垦、安置点建新等费用全部由县财政垫支。挂钩范围跨越了镇域却没有超出县域范围,拆旧建新区在距离县城较远的唐元镇长林村,置换出来的建设用地指标 261 亩在县城所在地郫筒镇,用于成都高新技术开发区配套服务区经营性用地。

(2) 就地安置农户于本镇中心村,新房自建或统建,样式和档次都由农民自愿选择。并按照人均 5 m^2 的标准规划商铺和农贸市场面积,由村集体统一分配,通过铺面出租增加收入。农民身份不变、土地承包责任制不变,安置房产权仍为集体所有。农民原有的宅基地复垦后,统一流转承包给农业公司,进行规模化经营,农民享受分红收益。

(3) 项目区规模小,便于积累经验和操作。唐元镇长林村的试点以及郫县其他项目区,规模都不大,挂钩周转指标在 20~35 hm^2 之间,没有超过 500 亩。

3. 江苏模式特点

江苏省第一批挂钩试点项目区 75 个,使用周转指标 1 008 hm^2。江苏进行挂钩的试验起步较早,早在 2000 年时,苏州、无锡等地的富裕乡镇,由于工业化、城镇化快速发展,许多自然村的人口开始绝对减少,变成"空心村",同时土地资源日益紧张。在这样的背景下,当地小城镇政府便开始尝试,把一些人口较少的自然村撤并,集中到人口大村,或者集中建设公寓型农民小区,出现了一些小规模的"农民集中居住"试验。这些试验,适应了当地工业化和城镇化的现实,不仅改善了农民居住环境,提高了政府公共设施的投资效率,更为重要的是腾出了大片的农村建设用地。特别是腾出的村庄宅基地等集体建设用地,不必经过审批就可以直接用于工业和城镇建设,因此这项试验具有很大的政策含义和示范价值,为国土资源厅挂钩政策的提出提供了实践基础。

(1) 江苏永联村模式——村集体主导。

通过挂钩推进农民集中居住,土地用于自身发展,资金自筹。永联村位于张家港市东北部,总面积 10.5 km^2,村民小组 79 个,村民 9 829 个,集体经济实力强。该村的永钢集团 2006 年销售收入达到 162 亿元,实现利税 13.66 亿元,全村年人均收入达 15 000 元,村集体自有资金 4 亿元左右,每年的可支配财力在 5 000 万元以上。该模式主要特点如下。

① 土地村内挂钩,农民集中居住。该村在 2008 年前建成占地 600 亩的农民集中居住区——钢城嘉园,有学校、医院、市场、污水处理等公共设施,集中安置全村 1 760 户分散居住

的村民。可节约土地581亩,用于永钢集团的发展。由于永联村拥有强大的经济实力做基础,因此挂钩完全由村集体主导,当地政府仅提供政策支持。

② 农民身份不变,集中居住区土地变国有。农民入住后办理土地使用权证和房屋所有权证,所以成本较高,预算约需要6亿元投资。安置房出售给农户,集体经济组织对农民进行高额补贴。

(2) 江苏金坛模式——以工矿废弃地整理为主,补偿成本低、整理效果较好。

金坛市土地总面积976.3 km^2,总人口54.1万,辖15个乡镇,其中非农业人口22.8万人。2006年,预算内财政总收入2.3亿元,全市90%的农村劳动力从事第二、第三产业,农民年人均纯收入7 560元。金坛市是全国第一批土地挂钩试点单位,2006年4月国土资源部批复周转指标1 753亩。经过1年多的运作,项目区总面积1 876.8亩,整理后新增面积1 876.8亩,其中新建区使用周转指标1 753亩,已使用周转指标1 753亩,项目实施完毕后净增耕地123.8亩。该模式的主要特点如下。

① 政府主导,以工矿废弃地、空心村整理为主。一是金坛市农村居住用地修建时间早,分布分散,存在部分户主长期不在农村居住的空心村。以金城镇奚巷村为例,该村原有农户23户,现已有13户农民到城镇定居,村里的旧宅空置多年。二是许多村集体工矿企业特别是砖窑厂关闭停产,造成大量工矿用地闲置。农村建设用地整理、复垦成本相对较低。共复垦土地1 876.8亩,217.3亩由农村居民点的整理而来,1 659.5亩由农村集体工矿用地整理而来。因此,涉及的搬迁安置农户156户,阻力小,成本低。

② 农民按需分别安置。根据安置方式不同,补贴方式也不同。一是对准备整理的空心村已经搬走的农民、已经空置的房屋,按照建造成新的成本给予补偿。二是对插入中心村农民新居的,农民不用花钱购买新居,政府按搬迁前后的面积差另外给予拆迁补偿。三是对进城镇的,按人均30 m^{2}商品房的标准安置,在此范围内的按成本价出售,旧宅则按照市场房产评估价给予搬迁补偿。

③ 资金先由当地政府垫付。部分土地开发收益可以抵平投入。建新使用周转指标1 753亩,其中工业集中发展区使用周转指标229.3亩,土地以协议的形式出让。商品房开发使用周转指标600亩,其余将近1 000亩用于公益事业。商品房住宅区采用招标、拍卖、挂牌的方式出让,土地出让收益总共6亿元,用于项目的拆迁补贴、复垦等支出后还有盈余。

④ 已完成耕地复垦。不仅完成了农民补偿与安置,还完成了复垦,归还耕地1 753亩。土壤和农业基础设施都基本配备,80%耕地已达到耕种水平,60%复垦出的耕地已收获了一季的粮食,收成与其他耕地产量水平基本一致。目前正在进行土地的权属调整。

(二) 资金问题和农民的安置方式

1. 资金筹措模式

资金与农民安置是实施挂钩政策当中遇到的最大难题。无论是农民住房的拆旧建新、对农民的补贴,还是原宅基地的土地复垦、农民新住区的公共设施投入,都需要一次性投入很多资金。例如,成都双流县永安镇凤凰村项目区的挂钩周转指标是438亩,涉及搬迁农户352户、1 214人。涉及的投资包括:拆旧区房屋拆除补偿费2 760万元,地上附着物补偿81万元,宅基地复垦费135万元,农民房屋建设费2 610万元,农业基础设施、公共设施配套费

242万元,城镇建新区费用5 566万元,不可预见费962万元,投资总额达到12 025万元。资金如何筹措,从各地试点的情况来看,挂钩的资金筹措模式大体上可以分为三类。

(1) 政府主导模式。

由政府主导,农民搬迁、补偿、折旧、复垦、安置点建新等费用基本上由政府财政支付,周转指标主要用于政府项目,大部分都希望用于招商引资。四川郫县项目区和双流项目区、江苏仪征市项目区、天津大良镇项目区都属于这类模式。

这类项目在启动的时候都是计划腾出土地来招商引资搞工业。由于政府投入搞拆旧建新,但在实施过程中发现,工业用地的出让价格较低,很难达到资金平衡,而且拆旧建新补贴农民的资金也比预想的要大得多,仅由政府投入难以为继。因此,四川郫县和双流项目、江苏仪征项目,最终都把整理出来的建设用地指标改用于经营性项目,或拿出一部分指标用于经营性项目,以平衡资金之不足。

在此类模式中,农民也需要支付相当一部分建房费用。郫县和双流项目中都采取"政府补贴一点,村民自筹一点,信用社贷款一点"的原则。一般是政府补贴35%,农民自己出资65%。拆迁农民所掏的费用相对于他们的收入来说并不低。郫县项目不能负担建房资金的农户数有280户,占所有农户的68%。双流项目50%的农户不能一次性拿出建房款,经政府与信用社协商,给每户3万~5万元、3~5 a期的信用贷款。

(2) 市场主导模式。

天津华明镇是一个典型案例。其项目概算总投资为39.67亿元,其中,征地费12.06亿元,建设费10.37亿元,配套费14.56亿元,不可预见费1.25亿元,利息1.43亿元。资金主要是由东丽区政府组建的滨丽公司作为投融资主体,按照市场化原则,以土地质押的方式,争取开发银行贷款。以华明镇自身的土地出让收益和以宅基地换房置换的建设用地指标收入,作为还款主要来源,政府基本不出钱,农民也不出钱。

华明镇地处天津近郊,土地升值潜力大。华明镇项目可以用于商品开发的用地为2 905亩,占节省土地的34.4%。根据项目报告风险分析,天津东丽区同区域、同类土地让金价格最高为90万元/亩,最低为60万元/亩。本项目土地出让金为66.32万元/亩,出让概率为96%,出让风险较小,能够偿还借款本金和利息,资金总体上是平衡的。尽管这是较有前途的资金筹措方式,但此种方式也仅适用于拆迁成本不高、土地级差地租比较高的大中城市周边地区。

(3) 村集体自主模式。

一些经济实力比较强的村庄,往往采取土地挂钩和资金都是内循环,置换出建设用地满足自己的需求,拆旧建新的资金主要由村集体解决,农民少量出钱。比如江苏张家港永联村。733亩周转指标,规划建设的集中居住区占地600亩,投资高达6亿元。集中安置区都只售给本村居民,不对外按照商业住宅出售,房屋平均建筑成本850~900元/m²,房屋建成后按照450~550元/m²卖给村民。除了村民自己交部分费用外,主要费用出自本村的钢厂。这种类型在集体经济发达、集体的资产没有股份化、领导人有威望的村庄可以实行,是农民利益损失较小的模式,但不具有普遍的示范意义。

2. 农民安置的方式

妥善安置农民,也是挂钩试点能否顺利进行的重要方面。目前各试点省的农民安置方式大体上可以分为以下两种类型。

(1) 以宅基地换取住房，村庄整体搬迁，农民集中进城镇安置模式。天津华明、小站、大良镇都采取这种模式。

天津采取此种安置方式的条件，一是农民收入高，收入主要来源于城市第二、第三产业，农民就业已经趋于城市类型。二是农民用宅基地直接换取住房一套，不用自己再支出买房费用，产权明确的归个人所有，享受经济适用房政策，房产变成了资产。三是政府的政策支持，主要有土地出让金、土地交易契税全部或部分返还试点镇；小城镇规划建设区域内的新建企业，其缴纳的市级分享收入，返还给镇政府 5 a，专项用于示范小城镇社会公益性建设和管理支出。新建企业缴纳的区县级分享收入、固定收入包括城市维护建设税、房产税、车船税、土地利用税、印花税等由区财政返还小城镇。四是农民搬迁进城后，居住成本提高，小站镇的农户每月增加住房支出 250 元，大良镇增加 160 元。镇政府都采取了不同的办法予以解决。小站镇在工业集中地按人均不低于 15 m^2 的标准为村民建标准厂房，通过招租，使农民每年获得人均 2 000~3 000 元的收入。如果厂房未能出租，由镇政府给农村支付租金。大良镇对小区所有商业配套，只租不售，收入全部用于还迁农民的物业、取暖补贴。同时，按村民自治机制，管理小区物业，最大限度地降低了物业管理成本。

这种模式的特点是，农民整体上转入城镇生活，搬迁的规模大；新居的配套全、档次高，居住成本也高；对搬迁农民的影响较大，对政府的动员能力和支持力度要求高，适合于发达地区、大中城市的城中村改造。

(2) 缩并自然村，建设中心村的整理模式。

这是大多数试点镇在农民安置中采取的方式。四川的郫县和双流、江苏的金坛都是采取此种方式。在具体的实施过程还可以分为公寓化或社区化的整理模式、村庄整体搬迁和异地改造的整理模式、村庄内部用地发行控制型的整理模式等。但都是结合撤村并点、中心村建设、推进农民的集中居住。主要特点有三个：一是农民不进城，集体经济组织的身份、农业生产方式、生活方式都不变。二是建新区选在中心村或独立建村。比起原来的居住环境，搬迁后的居住环境有了很大改善，可以享受到更多的公共服务。三是新区住宅由政府规划、开发商统建，或政府规划农民自建。对于搬迁户给一定的补贴，但农户也需要支付一定费用。

此类模式搬迁的规模较小，农民生活在拆旧区附近的农村，对农民生产、生活的影响小。但新区住房由政府规划和统建，有些地方往往容易搞成政绩工程和形象工程，中看不中用，加大了农民的居住成本。同时，政府补贴之外，农民仍需负担相当一部分费用，对于收入不高的农民是不小的负担。

3. 挂钩利益相关者的成本收益分析

以宅基地为重点的挂钩试点，涉及地方政府、企业、集体和村民等几个利益主体，挂钩试点的资金筹措模式不同，各个利益主体的收益也不相同。

在市场主导型的资金筹措模式中，农民通过出让自身宅基地的使用权，获得了一套价值不菲的房子，生活环境得到明显的改善，生活质量得到了一定程度的提高，实现了过上城市生活的愿望；集体获得了部分建设用地的使用分配权力，增强了集体经济组织的实力；地方政府获得了建设用地指标，突破了经济发展的瓶颈，获得了政绩；房地产开发商投入了资金，获得了该地区部分建设用地和房地产开发权，收益明显。

在政府主导筹资模式中，通过宅基地整理，农民减少宅基地面积，让出部分宅基地使用权，获得了生活环境的改善和部分承包土地的增加,提高了收入预期;集体获得了更多耕地和宅基地调配权;地方政府获得了新增用地指标的置换权,成功地解决了建设用地不足的矛盾。

在村集体自主模式中,村民和集体经济组织都是受益主体,村民和集体通过出资整理农村宅基地,农村生产生活条件得到很大改善,农民的生活质量得到明显提高。整理新增的建设用地指标归全体村民所有,村集体通过租赁承包等形式来经营新增土地,既能获得比较好的土地增值收益,不断壮大集体经济,还能通过分红等方式把收益返还给村民,实现了集体和村民协调发展的双赢局面。在这种模式中,由于政府充分发挥了守护人的角色,不直接参与村集体和村民的具体经营活动,不与民争利,因而较好地实现农村土地国家管理权、集体所有权和企业经营权的统一。

在第一和第二种模式中,地方政府不用出资,或者拿出部分启动资金就可以获得不小的回报,成为最大的受益者。农民损失的除部分宅基地的使用权之外,还有土地未来增值收益的分配权。在第三种模式中,富裕起来的农民有着自发进行农村宅基地整理的内在需求,地方政府因势利导,发挥引导协调作用,既不用出资也不企图以地生财,较好地实现了村集体和农民利益最大化,可以使广大村民共享农村建设用地整理带来的成果,的确是一种较为理想的模式。但这种模式的条件高,难以推广示范。

(三)周转指标的使用和偿还保障措施

由于挂钩试点时间为3 a,从2006年国土资源部第一批周转指标下达后,所有的试点地区都未到指标归还时间。

1. 天津市的做法

一是严格程序。申请挂钩的每一个项目区必须编制一个小城镇或中心村建设规划和一个拆旧村开发整理的规划,同时制定挂钩周转指标的使用管理办法,包括周转指标规模、使用范围、运行周期、归还办法、监控措施等,一同编制报市政府。由国土、发改委、建设、规划、财政等部门对试点镇申报的材料进行初审,并提出审核意见报天津市政府;天津市政府正式行文。规划局根据市政府批准文件,组织审批试点镇总体规划;发改委审批项目可行性研究报告;建委审批列入经济适用房计划;天津市国土房管局下达周转指标。二是成立机构。由进行试点的区县人民政府将挂钩试点工作列入区县政府重点工作,成立由区县主管领导挂帅、相应的工作班子组织推动和落实的小组。三是检查验收。村民搬迁完成后,由挂钩试点单位组织负责对宅基地进行整理复垦,由天津市国土资源管理部门组织进行验收,归还周转指标。

2. 四川省的做法

四川省要求土地挂钩试点项目区,农民安置、先建新后拆旧,周转指标先还后用。也就是说,先建好农民安置房后才能拆旧,农民原来的宅基地经复垦验收合格后,才能在城镇建新区开展征地、拆迁、土地招拍挂等工作。

3. 江苏省的做法

江苏省的措施较为完备,主要表现在以下几个方面。一是对挂钩周转指标的形成、使用和归还等情况进行登记造册,单独建立台账,建立备案上报制度,对于挂钩周转实行单列统计与使用管理,县级以上国土资源行政主管部门按季度向省国土厅报告挂钩周转指标使用和节余情况。二是在运作程序上,要坚持先安置农民并将拆旧区复垦整理耕地,经验收合格后才能使用周转指标的原则。在挂钩试点使用周转指标之前,必须先复垦整理出数量与质量相当的耕地,经国土行政部门验收合格后方能使用。

三、"城乡建设用地增减挂钩"规划的编制

城乡建设用地增减挂钩是以土地利用总体规划、城市总体规划、镇村布局规划和产业布局规划为依据,以统筹城乡发展、促进布局优化为目标,以切实维护群众权益为基本原则,坚持服务于社会主义新农村建设,通过认真组织、积极推进、完善制度、规范管理,促进土地节约集约利用。通过城乡建设用地增减挂钩,撤并农村零散居民点,可以解决农村居民点原先布局零散、面貌脏乱差的局面,促进用地和布局的集中集聚,改善生产和生活条件,还可以促进农村土地综合整治和城乡用地布局优化、产业布局优化,解决城乡统筹发展问题。

(一)编制依据、原则与内容

1. 编制依据

主要包括:《中华人民共和国土地管理法》;《中华人民共和国土地管理法实施条例》;《省(市)级土地管理条例》;《国务院关于深化改革严格土地管理的决定》(国发〔2004〕28号);国土资源部《关于加强农村宅基地管理的意见》(国土资发〔2004〕234号);国土资源部《关于规范城乡建设用地增减挂钩工作的意见》(国土资发〔2005〕207号);国土资源部《关于进一步规范城乡建设用地增减挂钩试点工作的通知》(国土资发〔2007〕169号);国土资源部《土地开发整理项目规划设计规范》;省(市)国土资源厅有关农村建设用地整理与新增建设用地挂钩试点工作的政策;《土地开发整理项目资金管理暂行办法》;《国家投资土地开发整理项目管理暂行办法》。

2. 编制原则

(1)严格执行土地利用总体规划,保护耕地;
(2)坚持规划先行,优化城乡用地结构和布局;
(3)政府组织,协同推进,落实科学发展观;
(4)严格管理,科学测算,规模控制;
(5)尊重群众意愿,维护农户、集体组织的合法权益;
(6)生态优先,保护生态环境,促进可持续发展。

3. 规划内容

挂钩规划是以科学发展观为指导,以严格保护耕地、推进土地集约节约利用、促进城乡统筹发展、改善农村人居环境为目标,在认真调查分析现状农村建设用地的基础上,统筹安排城乡挂钩工作,确定挂钩项目区的位置、规模、开发时序、筹资渠道等,适应建设社会主义新农村的需要。具体内容是:

(1)分析农村建设用地整理的潜力与可行性;
(2)确定挂钩项目区的位置、范围和规模;
(3)明确挂钩周转指标的使用方案;
(4)估算城乡建设用地增减挂钩的投资,评价预期效益;
(5)探索权属调整方案;

(6) 制定规划实施的保障措施。

(二) 农村建设用地整理潜力

农村建设用地整理潜力就是指在一定社会经济条件下,区域内通过农村建设用地内部空间结构调整和迁村并点等改造、整理后所得的土地资源量,是现有农村建设用地改造、整理节约弹性的重要表征,是制订"挂钩"规划方案的重要依据。一般而言,整理潜力在数量上应该大于或等于现有的和规划的整理工程项目总量,它不仅包括近期和远期的整理规划工程项目,还应当包括远期以后的整理开发弹性。

1. 测算农村建设用地整理理论潜力(略)
2. 潜力分级

潜力分级依据新增耕地系数,新增耕地系数的计算方法是:

$$\Delta S = S_t - S_0 \tag{7-1}$$

$$a = \Delta S / S_0 \tag{7-2}$$

式中：ΔS——新增耕地面积,hm^2；

S_t——目标年用地面积,hm^2；

a——新增耕地系数。

潜力分级的标准为:

Ⅰ级潜力,增加耕地系数≥80%；

Ⅱ级潜力,增加耕地系数为50%～80%；

Ⅲ级潜力,增加耕地系数25%～50%；

Ⅳ级潜力,增加耕地系数<25%。

(三) "城乡建设用地增减挂钩"的方案设计

1. 项目选择的原则

(1) 符合国家有关法律、法规和文件要求。

(2) 以土地开发整理潜力评价结果为基础,注重生态环境影响。

(3) 集中连片,且具有一定规模。例如,《江苏省县级土地开发整理规划编制要点》规定,农村居民点整理项目在3 hm² 以上,土地复垦项目在1 hm² 以上,土地开发项目在2 hm² 以上(表7-3)。

表7-3 县级土地开发整理项目规模标准表

单位：hm²

项目类型	平 原	丘 陵	山 区
农地整理项目	≥100	≥35	≥15
居民点整理项目	≥3	≥2	≥1
复垦项目	≥1	≥1	≥1
开发项目	≥2	≥2	≥2

资料来源 《江苏省县级土地开发整理规划编制要点》。

(4）土地开发整理基础设施条件较好。

(5）具有良好的社会经济效益,预期投资效益明显。

(6）项目区所在地政府和公众积极性较高,且有可靠的资金来源。

2. 项目选定的方法

(1）根据土地开发整理潜力分析、划区结果和规划目标,初步提出项目类型、范围与规模。

(2）实地考察,邀请当地干部、群众座谈,分析项目实施的可行性,重点对项目所在地区的基础设施条件、区域生态环境、投资需求与筹资能力、投资综合效益等进行分析研究。

(3）与农业、林业、水利、环保、城建等有关部门协商,进行综合平衡。

(4）确定项目的界线、量算面积。

(5）项目的完成对实现规划目标起支撑作用。

3. 拆旧区和建新区总体布局

实施规划项目区由拆旧区和建新区组成。

拆旧区可涉及多个乡镇,通过调查测算拆旧总面积,其中涉及农村居民点总面积、工矿废弃地面积,预计可新增农用地及新增耕地、新增建设用地面积。

建新区包括安置区和留用区。安置区根据实际情况,采用城镇化模式和中心村模式相结合的方式,即靠近镇区且有条件的地区被拆迁农户有步骤、有计划地向城镇集聚;远离镇区的偏远区域,拆迁农民逐步搬迁到中心村。留用区由县人民政府在项目区内综合考虑、统筹安排、统一实施。

表 7-4　××区城乡建设用地增减挂钩项目区规划布局表　　　单位:hm²

	项目区编号	01	02	03	
	项目区名称	××镇—××镇	××镇—××乡—××镇	××镇—××镇	合　计
	位置	××镇	××乡、××镇	××镇	
拆旧区	拆旧总面积				
	居民点				
	废弃工矿				
	新增耕地				
建新区	建新总面积				
	占用耕地总面积				
	安置区 位置				
	安置区 地块总面积				
	安置区 新增建设用地面积				
	安置区 占用耕地				
	留用区 位置				
	留用区 新增建设用地面积				
	留用区 占用耕地				

4. 建新区与拆旧区具体安排

(1) 建新区具体安排方式。

建新区包括安置地块和留用区。

根据实地调查和被拆迁农户的意愿,对规划范围内被拆迁农户采取住房安置和货币安置的补偿方法。所有被拆迁农户均严格按照被调查的沭阳县制定的房屋拆迁安置补偿有关法律法规的要求进行,项目区安置补偿情况见表7-5。

表7-5 项目区安置补偿情况一览

项目区编号	涉及乡镇	面积/hm²	户 数	人 口	安置去向	安置方式
					自行安置	货币安置
					××镇××村	以房屋安置为主,辅之以货币安置
					自行安置	货币安置
					××镇××村	以房屋安置为主,辅之以货币安置
合 计						

留用区安排在城镇建设用地预留区内,主要用于被调研的沭阳县经济发展和事关全局建设的项目,着重推进新农村建设、富民举措、开发区发展等重大问题。留用区的划定符合土地利用总体规划,以及周转指标的计划。

表7-6 项目区建新区情况一览

项目区编号	项目区名称	建新地块编号	占用农用地面积/hm²	占用耕地面积/hm²	坐 落

(2) 拆旧区具体安排方式。

拆旧区整理以项目区自然条件和社会经济发展情况为背景,按照土地适宜性评价结果和土壤改良措施、水利实施完善、林网配套等农业基础工程的要求,形成合理的土地利用结构和布局。

整理措施主要包括土地平整、农田水利、田间道路及农田防护林等四项工程。土地平整主要以拆迁农房及地上附着物和工矿用地的填高补低为主,包括碎石瓦砾的清除、土方的外运和土壤层的培植等,结合土壤改良措施,对农村建设用地进行整理;农田水利主要为沟渠设计,以利用现状渠道为主;田间道路主要是进出田间的作业道路,以现状道路为主,并新增部分道路的设计;农田防护林选择在项目区田间道两侧布置,以种植为主。

本实施规划为农村居民点整理和工矿废弃地复垦。由于居民生产生活对土壤层的破坏,致使复垦后土壤质量达不到耕作要求,因此还必须进行相应的土壤改良措施才能成为高产稳定优质农田,以确保新增耕地质量不降低;对废弃工矿用地的复垦,要注意土壤层的培植,厚度要达到 20 cm 以上,达到耕作的要求,可以先期种植果木,等条件成熟后改种粮食作物。

表 7-7 项目区拆旧情况一览表

项目区编号	项目区名称	计划搬迁房屋类型					拆旧地块编号	地块面积 /hm²	新增农用地面积/hm²		地类	坐落
		楼房		平房		附属用房建筑面积/m²			小计	其中:耕地		
		户数	建筑面积/m²	户数	建筑面积/m²							

(四)投资融资的测算

1. 测算标准

首批实施的城乡建设用地增减挂钩项目均采取自然村合并型整理模式,所需费用分为拆迁补偿费、新村建设费用、旧村农村建设用地复垦费用等项。费用具体内容如下。

(1)新村建设费。

新村建设费中应包括新村基础设施建设费和新房建设费用两部分,其中基础设施建设费用由政府承担,房屋建设费用由农户自行承担。

(2)农村建设用地复垦费。

农村建设用地复垦费包括:工程施工费、设备购置费、其他费用和不可预见费。

(3)拆迁补偿费。

实行农户自拆自建的方式开展居民点拆建工作,参照政府关于征地补偿和被征地农民基本生活保障文件规定的房屋拆迁补助标准,以楼房、平房、辅房、草房等不同标准补偿给农户。

2. 筹资分析

农村建设用地整理资金先由政府财政下拨专项资金(包括银行贷款),然后通过整理后的土地增值、挂钩建设用地指标的出让纯收益、相关收益来平衡预算。使用挂钩周转指标的建设项目用地,按规定标准收取土地出让金,运用市场运作机制,采取政府集资和市场投资相结合,通过财政支出确保农村建设用地整理的有效推进。

(1)政府启动资金。

各级人民政府为推进挂钩试点工作的进行,多次召开挂钩试点工作会议,并制定了一系列的城乡建设用地增减挂钩管理办法,明确了城乡建设用地增减挂钩项目资金前期投入来源为政府财政下拨专项资金(包括银行贷款),项目区实施完成后,由建新留用区土地出让收益来归还政府前期投入的资金。如成立城乡建设用地增减挂钩专门账户,并从农村信用合作银行贷款用于挂钩项目的先期启动资金,主要用于拆旧区的启动和被拆迁农户的安置房建设。

(2)农户贷款,政府贴息。

为解决挂钩项目资金短期内不足、拆迁农户贷款难的问题,地方人民政府可与各大银行协商,被拆迁农户均可到银行贷款 3 万~5 万元用于房屋的自行拆除,政府对拆迁农户进行担保,并对贷款分 5 年期进行贴息。

(3) 运用市场机制,积极拓宽投资渠道。

积极拓宽投资渠道,一方面可以先通过部分土地使用权的抵押贷款解决,然后通过土地收益来平衡;还可以把新农村建设的专项资金投入使用,促进城乡建设用地增减挂钩和新农村建设的顺利进行。另一方面广泛吸收社会资金,鼓励企事业单位、地方政府通过多渠道融资参与到项目的建设中来,保证项目的实施。

(3) 建新留用区土地出让收益。

通过政府启动资金、政府集资和社会融资保证了挂钩项目前期投入资本,后期的资金归还则需要通过建新留用区的土地出让金来进行平衡。

用于城镇建设的建新留用区,可按不同比例确定用于工业用地或商业住宅小区的开发,可获得土地出让收益。在归还政府前期投入资金,基本满足项目全部投资的情况下,剩余的部分资金可用于城镇建设。

(五) 权属调整方案

农村建设用地整理权属调整的目标是保护土地所有权人和使用权人的利益不受侵害,在充分尊重原土地所有权人合法权利的基础上,统一协调拆迁地块、安置地块和留用区的权属调整关系。

1. 拆旧区土地权属调整

拆旧地块复垦后新增耕地的所有权归原行政村集体所有,收回原土地使用权证,由村集体统计后,根据挂钩实施后的土地质量及地力等级,确定权属调整方案。沭阳县城乡建设用地增减挂钩权属调整方案有以下几种情况。

(1) 所有权属于村集体,使用权属于个人的农村建设用地。按照"谁整理,谁受益"的原则,经复垦后形成的农用地所有权仍属村集体,使用权归原使用权人所有。

(2) 所有权和使用权均属村集体的农村建设用地。此类农村建设用地经复垦后形成的农用地,所用权仍属村集体,对使用权进行发包。

(3) 跨村安置的农村建设用地。对于安置区安排在不同村组的农户,村组可先将安置农户需占用的耕地等量补划给被占用村组,然后将剩余的新增耕地所有权收回归村集体所有,根据村集体的实际情况进行发包或承包。

2. 建新区土地权属调整

对于建新区土地权属调整,主要是按照相关规定办理农用地转用和土地征收手续,在供地方式上采取招、拍、挂的形式,留用区用地单位受让后即取得出让年限内的土地使用权。

土地权属调整完成后,依据国家有关规定进行确权登记和变更登记,收回原土地权属证书,核发新的土地权属证书。

 本章小结

为了促进城市土地的集约利用,我国也开展了城市土地,特别是建设用地的整理。通过

这一行为将原工商业的废弃地、旧城区、开发区与存量土地进行集中规划整理,提高土地利用率,减少对耕地的占用。第一节介绍了城市建设用地整理的内容、程序与场地分析等知识点;第二节详细介绍了农村建设用地整理的相关内容,包括宏观背景、现实意义、全国农村居民点整理的代表模式;第三节论述了"城乡建设用地增减挂钩"与农村建设用地整理的内涵、政策意义,简要介绍了当前"城乡建设用地增减挂钩"的三种模式与各自的特点,详细阐述了资金筹措的几种模式与农民安置的几种方式,最后介绍了这种"城乡建设用地增减挂钩"规划的编制方法。通过本章学习,读者应对我国现阶段试点城市建设用地集约利用的成功经验与模式有所了解,并结合区域特色,总结出符合地区特色的建设用地整理新模式。

 关键词

建设用地整理　城市　场地分析　农村建设用地整理　区域模式　农村居民点整理　城乡建设用地增减挂钩

 复习思考题

1. 城市建设用地整理的概念和主要内容是什么?
2. 城市建设用地整理的场地分析需要着重分析哪些内容?
3. 我国现阶段农村居民点用地整理的代表模式有哪些?其特点是什么?
4. "城乡建设用地增减挂钩"的内涵和原则是什么?
5. 论述天津、四川和江苏"城乡建设用地增减挂钩"的模式与特点。

第八章　土地开发整理预算编制

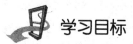学习目标

通过对本章的学习,应该能够:
1. 了解土地开发整理项目预算定额的主要内容;
2. 掌握土地开发整理预算定额中消耗指标的确定方法;
3. 了解土地开发整理项目支出预算与费用标准;
4. 掌握土地开发整理预算文件的组成与编制方法。

第一节　土地开发整理项目预算定额

一、定额的基本概念

（一）定额的含义

定额是一定条件下国家或部门在施工、养护经营活动过程中对人力、资源、机械、物资等利用和消耗方面,经过科学的测定、分析、计算,用数据加以合理的规定,作为施工及其他方面所应遵循或达到的标准。也就是说,定额是在一定的施工技术和施工组织条件下,为完成某项工程量所规定的人力、机械、材料、资金等消耗量的标准。定额不仅规定了科学的数量标准,而且还规定了工作内容以及各项工程的工作量计算规则,它具有科学性、法律性、实践性和群众性,所以是土地开发整理预算编制的重要依据。

凡经国家有关部门颁发的定额,是具有法令性的一种指标,不得私自修改或滥用。定额要保持相对稳定性,但也要随技术条件、组织条件、管理条件的改善与提高,及时地进行修订、补充直至重新颁发新定额。所以,在理解定额的概念时,应注意以下两点。

第一,定额中的人工、材料、施工机械消耗量是指在正常施工条件下的消耗量,即对工作地点进行合理组织、合理拟定工作组成、合理拟定施工人员编制条件下的工、料、机消耗量。

263

第二,定额中的人工、材料、施工机械消耗量是指在符合国家技术标准、技术规范、检验评定标准等质量要求下的工、料、机消耗量。

(二) 定额的特性与作用

1. 定额的特性

(1) 定额的权威性。

定额是国家或授权部门通过一定程序审批颁发的,是在一定范围内有效的统一施工生产的消费指标,它同工程建设中的其他规范、规程、标准一样,具有很强的权威性。这种权威性在一般情况下具有经济法规的性质,因此其执行过程中带有强制性的特点。凡是属于执行范围内的建设、设计、施工、生产、建设银行等单位,都必须严格遵照执行。虽然定额是反映生产消费的客观规律,但在市场经济条件下,要涉及各有关方面的经济关系和利益关系。赋予定额以权威性,使其具有强制性的特点,有利于理顺工程建设有关方面的经济关系与利益关系。

(2) 定额的科学性。

定额的制定是在充分考虑了客观施工生产技术和管理的条件,在分析各种影响工程施工生产消耗因素的基础上力求定额水平与生产力发展水平相适应,反映出工程建设中生产消费的客观规律。在制定定额的技术方法上,充分利用了现代管理科学的理论、方法和手段,通过严密的测定、统计和分析整理而制定的。例如,建筑工程定额是以建筑学科中的作业研究的理论为基础,改进施工生产的一种管理技术成果。它是对工时分析、动作研究、现场布置、工具设备改革以及生产技术与组织的合理配合等方面进行综合研究后制定的。这种研究方法,既是科学实验,又是生产实践。定额制定的过程,就是理论联系实际的过程。找出影响劳动消耗和物料消耗的各种主客观因素,提出合理的方案,可以大大地降低资源消耗(包括人力和时间),提高生产效率,增进收益。

(3) 定额的相对稳定性。

每个时期的定额都代表着这一期间的施工技术和施工管理的水平,在时间上是相对稳定的。随着施工技术的发展和管理水平的提高,定额的内容也不断地更新和充实,即定额的水平也不断提高。但社会生产力的发展有一个量变到质变的过程,而且定额的执行也有一个时间过程,所以每一次制定的定额必须是相对稳定的,绝不可朝订夕改,否则会伤害群众的积极性,也不利于定额的执行和管理。

(4) 定额的针对性。

一种产品(或者工序)对应一项定额,而且一般不能相互套用。一项定额,不仅是该产品(或工序)的资源消耗数量标准,而且还规定了完成该产品(或工序)的工作内容、质量标准和安全要求。

(5) 定额的群众性。

定额的制定过程由定额技术管理人员(具有 IE 理论和技术的专门人员)主持,有熟练工人和技术人员参加,以科学手段和方法进行分析、测定和实验,消除资源(包括人力和时间)的浪费和不合理的现象,确立合理的操作方法及其新的标准时间、新的材料和机具消耗指标——新的定额。由于新的定额是在工人群众的参与下产生,群众易于掌握和推广;同时,定额的执行也离不开工人群众。

2. 定额的作用

定额是现代科学管理的基础,在建设项目的整个设计、施工、管理过程中,都必须以定额为工作尺度。只有认真贯彻执行定额,才能有周密的计划和合理的施工,才能科学地进行经济核算,编制工程计划,优选投资、设计方案,制定产品价率,并进行施工管理与企业管理等各项工作,它是衡量、比较各自工作的客观尺度。具体说,定额的主要作用有以下几个方面。

(1) 定额是编制计划的基本依据。

在计划管理中需编制施工进度计划、年度计划、月旬作业计划以及下达生产任务单等,都要按照定额,合理地平衡调配人力、物力、财力等各项资源,以保证提高经济效益,把计划落到实处。

(2) 定额是确定工程造价的依据。

建筑工程造价是由设计内容决定的,而设计内容又是由工程所需要的劳动力、材料、机械设备等的消耗来决定的。这里的劳动力、材料和机械设备等,都是根据定额计算出来的。因此,从设计的角度看,定额是确定基本建设投资和建筑工程造价的依据。

(3) 定额是衡量技术方案和劳动生产率的尺度。

为实现某个建设项目的整体目标,需要进行设计方案的对比择优,造价会有差别,需要对方案进行经济技术比较,选择经济合理的方案。因此,定额是比较和评价设计方案是否经济合理的尺度。同时,劳动定额又可以用来分析活劳动消耗中存在的问题,从而降低单位产品中的工资含量。所以,定额又可看成是衡量劳动生产率的尺度。

(4) 定额是贯彻按劳分配原则的依据。

定额反映了劳动者在操作某项工作的平均熟练程度,因此,可用定额来对他所完成的工作进行考核,并以此来决定应支付给他的劳动报酬,促使企业努力提高经济效益,并同个人的物质利益结合起来。

(5) 定额是企业实行经济核算的依据。

经济核算制是管理企业的重要经济制度,它可以促使企业以尽可能少的资源消耗取得最大的经济效益,定额是考核资源消耗的主要标准。如对资源消耗和生产成果进行计算、对比和分析,就可以发现改进的途径。

(6) 定额可以加强对市场行为的规范。

定额既是投资决策的依据,又是价格决策的依据。对于投资者来说,可以利用定额权衡财务状况和支付能力,预测资金投入和预期回报,优化其投资行为。对于建筑企业来说,由于有关定额在一定程度上制约着工程中人工、物料的消耗,因此会影响到建筑产品的价格水平。企业在投标报价时,只有充分考虑定额的要求,确定正确的价格决策,才能占有市场竞争优势。可见,定额在上述两个方面规范了市场主体的经济行为,因而对完善我国固定资产投资市场和建筑市场,都能起到重要作用。

总之,研究和制定出的《土地开发整理项目预算定额标准》为科学、合理地编制土地开发整理项目预算、确定项目工程造价提供了较为充足的依据;为编制土地开发整理招投标标底和引导投标报价奠定了一定的基础;为确保土地开发整理项目预算审查、项目经济可行性论证工作提供了科学性和客观性依据;为合理配置项目资金、为资金使用效益评价提供依据,为资金使用的合理性、有效性和安全性提供了保障。因此,研究制定《土地开发整理项目预算定额标准》具有十分重要的现实指导意义。

二、定额的分类

(一) 按专业性质划分

1. 一般通用定额

一般通用定额是指工程性质、施工条件、方法相同的建设工程,各部门都应共同执行的定额。如工业与民用建筑工程定额。

2. 专业通用定额

专业通用定额是指某些工程项目,具有一定的专业性质,但又是几个专业共同使用的定额。如煤炭、冶金、化工、建材等部门共同编制的矿山、巷井工程定额。

3. 专业专用定额

专业专用定额是指一些专业性工程,只在某一专业内使用的定额。如水利工程定额、邮电工程定额、化工工程定额、土地开发整理项目预算定额等。

(二) 按管理体制和执行范围划分

1. 全国统一定额

全国统一定额是指工程建设中,各行业、部门普遍使用,需要全国统一执行的定额。一般由国家计委或授权某主管部门组织编制颁发。如送电线路工程预算定额、电气工程预算定额、通信设备安装预算定额等。

2. 全国行业定额

全国行业定额是指在工程建设中,部分专业工程在某一个部门或几个部门使用的专业定额。经国家计委批准,由一个主管部门或几个主管部门组织编制颁发,在有关部属单位执行。如水利建筑工程预算定额、水利建筑工程概算定额、水力发电建筑工程概算定额、公路工程预算定额、土地开发整理项目预算定额等。

3. 地方定额

地方定额一般是指省、自治区、直辖市,根据地方工程特点,编制颁发的在本地区执行的地方通用定额和地方专业定额。

4. 企业定额

企业定额是指建筑、安装企业在其生产经营过程中,在国家统一定额、行业定额、地方定额的基础上,根据工程特点和自身积累资料,结合本企业具体情况自行编制的定额,供企业内部管理和企业投标报价用。

(三) 按定额的内容划分

1. 劳动定额

劳动定额又称人工定额,是指具有某种专长和规定的技术水平的工人,在正常施工技术组织条件下,单位时间内应当完成合格产品的数量或完成单位合格产品所需的劳动时间。

劳动定额有时间定额和产量定额两种表达形式。时间定额是指在正常施工组织条件下完成单位合格产品所需消耗的劳动时间,单位以"工日"或"工时"表示,《土地开发整理项目预算定额》采用"工日"为计量单位。产量定额是指在正常施工组织条件下,单位时间内所生产的合格产品的数量。时间定额与产量定额互为倒数。

2. 材料消耗定额

材料消耗定额是指在节约和合理使用材料的条件下,生产单位合格产品所必须消耗的一定规格的建筑材料、成品、半成品或配件的数量标准。

3. 机械使用定额

机械使用定额又称机械台班或台时定额。指施工机械在正常的施工组织条件下,在单位时间内完成合格产品的数量,称机械产量定额。或完成单位合格产品所需的机械工作时间,称机械时间定额,以"台班"或"台时"表示,《土地开发整理项目预算定额》采用"台班"为计量单位。

4. 综合定额

综合定额是指在一定的施工组织条件下,完成单位合格产品所需人工、材料、机械台班或台时的数量。

(四)按建设阶段和用途划分

1. 投资估算指标

投资估算指标是在可行性研究阶段作为技术经济比较或建设投资估算的依据,是由概算定额综合扩大和统计资料分析编制而成的。

2. 概算定额

概算定额是编制初步设计概算和修正概算的依据,是由预算定额综合扩大编制而成的。它规定生产一定计量单位的建筑工程扩大结构构件或扩大分项工程所需的人工、材料和施工机械台班或台时消耗量及其金额。主要用于初步设计阶段预测工程造价。

3. 预算定额

预算定额主要用于施工图设计阶段编制施工或预算招标阶段编制标底,是在施工定额基础上综合扩大编制而成的。

4. 施工定额

施工定额主要用于施工阶段施工企业编制施工预算,是施工企业内部核算的依据。它是指一种工种完成某一计量单位合格产品(如砌砖、浇筑混凝土、安装水轮机等)所需的人工、材料和施工机械台班或台时消耗量的标准。它是施工企业内部编制施工作业计划、进行工料分析、签发工程任务单和考核预算成本完成情况的依据。

三、定额的编制与应用

(一)定额的编制方法

1. 经验估算法

经验估算法又称调查研究法。它是根据定额编制专业人员、工程技术人员和操作工人以往的实际施工及操作经验，对完成某一建筑产品分部工程所需消耗的人力、物力(材料、机械等)的数量进行分析、估计，并最终确定定额标准的方法。这种方法技术简单，工作量小，速度快，但精确性较差，往往缺乏科学的计算依据，对影响定额消耗的各种因素缺乏具体分析，易受人为因素的影响。

2. 统计分析法

统计分析法是根据施工实际中的人工、材料、机械台班(时)消耗和产品完成数量的统计资料，经科学的分析、整理，剔去其中不合理的部分后，拟定成定额。这种方法比较简便，只要对过去的统计资料加以分析整理，就可以推算出定额指标。但由于统计资料不可避免地包含着施工生产和经营管理上的不合理因素和缺点，它们会在不同程度上影响定额的水平，降低定额工作的质量。所以，它也只适用于某些次要的定额项目以及某些无法进行技术测定的项目。

3. 结构计算法

结构计算法是一种按照现行设计规范和施工规范要求，进行结构计算，确定材料用量、人工及施工机械台班定额，这种方法比较科学，但计算工作量大，而且人工和台班(台时)还必须根据实际资料推算而定。

4. 技术测定法

技术测定法是根据现场测定资料制定定额的一种科学方法。其基本方法是：首先对施工过程和工作时间进行科学分析，拟定合理的施工工序，然后在施工实践中对各个工序进行实测、查定，从而确定在合理的生产组织措施下的人工、机械台班(台时)和材料消耗定额。这种方法具有充分的技术依据，合理性及科学性较强，但工作量大，技术复杂，普遍推广应用有一定难度。对关键性的定额项目必须采用这种方法。

(二) 土地开发整理项目预算定额具体编制方法

土地开发整理项目综合了土地、水利、交通、电力、林业、水土保持等各行业的工程内容，这些工程在某些行业中已经制定了相应的预算定额、施工机械台班费定额和费用标准，而有些在目前还没有相应的定额标准可参考。为尽快研究制定出"博采众家之长且具有自身特色"的土地开发整理项目预算定额标准，一方面必须充分借鉴其他行业相关的定额标准；另一方面必须重点研究具有土地开发整理特色的定额标准。

为此，按照下述原则将土地开发整理项目预算定额标准分为两类指标加以研究。

Ⅰ类指标：将在其他行业定额标准中已有的工程项目，作为Ⅰ类指标。在实地调研的基础上，参照其他行业标准或规范，选择水平接近或有一定换算关系的分项工程预算定额、施工机械台班费定额和费用标准，结合土地开发整理技术标准、土地开发整理项目管理等文件，通过实地调研已完工或在建土地开发整理项目的施工内容、施工方法、施工机械的选用及整体施工工效水平等，采用聚类(统计)分析法、比较类推法、经验估计法等方法，确定Ⅰ类指标实物消耗量和费用标准。

Ⅱ类指标：将在其他行业定额标准中没有的工程项目(如农田水利工程中的喷微灌工程、农用井工程以及部分水土保持工程、土地平整工程等)，作为Ⅱ类指标。将其作为研究重点，通过实地调研、样点技术测定、剖析施工工序、模拟数据分析处理、统计分析等方法开展专题研究,确定Ⅱ类指标实物消耗量和费用标准。

(三) 预算定额项目消耗指标的确定

1. 人工消耗指标的确定

预算定额中,人工消耗指标包括完成该分项工程必需的各种用工量。而各种用工量根据对多个典型工程测算后综合取定的工程量数据和国家颁发的《全国建筑安装工程统一劳动定额》计算求得。预算定额中,人工消耗指标是由基本用工和其他用工两部分组成的。

(1) 基本用工。基本用工是指为完成某个分项工程所需的主要用工量。例如,砌筑各种墙体工程中的砌砖、调制沙浆以及运砖和运沙浆的用工量。此外,还包括属于预算定额项目工作内容范围内的一些基本用工量,例如在墙体中的门窗洞、附墙等工作内容。

(2) 其他用工。其他用工是辅助基本用工消耗的工日或工时,按其工作内容分为三类:一是人工幅度差用工,是指在劳动定额中未包括的、而在一般正常施工情况下又不可避免的一些工时消耗。例如,施工过程中各种工种的工序搭接、交叉配合所需的停歇时间、工程检查及隐蔽工程验收而影响工人的操作时间、场内工作操作地点的转移所消耗的时间及少量的零星用工等。二是超运距用工,是指超过劳动定额所规定的材料、半成品运距的用工数量。三是辅助用工,是指材料需要在现场加工的用工数量,如筛沙子等需要增加的用工数量。

2. 材料消耗指标的确定

材料消耗指标是指在正常施工条件下,用合理使用材料的方法,完成单位合格产品所必须消耗的各种材料、成品、半成品的数量标准。

(1) 材料消耗指标的组成。

预算中的材料用量由材料的净用量和材料的损耗量组成。预算定额内的材料,按其使用性质、用途和用量大小划分为主要材料、次要材料和周转性材料。

(2) 材料消耗指标的确定。

它是在编制预算定额方案中已经确定的有关因素(如工程项目划分、工程内容范围、计量单位和工程量的计算)的基础上,可采用观测法、试验法、统计法和计算法确定。首先确定出材料的净用量,然后确定材料的损耗率,计算出材料的消耗量,并结合测定的资料,采用加权平均的方法计算出材料的消耗指标。

3. 机械台班消耗量的确定

(1) 编制依据。

预算定额中的机械台班消耗指标是以台时为单位计算的,有的按台班计算,一台机械工作 8 h 为一个台班,其中:① 以手工操作为主的工人班组所配备的施工机械(如沙浆搅拌机、垂直运输的塔式起重机)为小组配合使用,因此应以小组产量计算机械台班量或台时量。② 机械施工过程(如机械化土石方工程、机械化运输及吊装工程所用的大型机械及其他专用机械)应在劳动定额中的台班定额或台时定额的基础上另加机械幅度差。

(2) 机械幅度差。

机械幅度差是指在劳动定额中机械台班或台时耗用量中未包括的,而机械在合理的施工组织条件下所必需的停歇时间。这些因素会影响机械的生产效率,因此应另外增加一定的机械幅度差的因素,其内容包括:① 施工机械转移工作面及配套机械互相影响损失的时间。② 在正常施工情况下,机械施工中不可避免的工序间歇时间。③ 工程质量检查影响机械的操作时间。④ 临时水、电线路在施工中移动位置所发生的机械停歇时间。⑤ 施工中工作面不饱满和工程结尾时工作量不多而影响机械的操作时间等。

机械幅度差系数,从本质上讲就是机械的时间利用系数,一般根据测定和统计资料取定。在确定补充机械台班费时,大型机械可参考以下幅度差系数:土方机械为1.25,打桩机械为1.33;吊装机械为1.30;其他分项工程机械,如木作、蛙式打夯机、水磨石机等专用机械,均为1.10。

(3) 预算定额中机械台班消耗指标的计算方法。

具体有以下三种指标。

① 操作小组配合机械台班消耗指标。

操作小组和机械配合的情况很多,如起重机、砼搅拌机等,这种机械,计算台班消耗指标时以综合取定的小组产量计算,不另计机械幅度差。即:

$$机械台班消耗指标 = \frac{分项定额的计算单位量}{小组总产量} \tag{8-1}$$

$$小组总产量 = 小组总人数 \times \sum(分项计算取定的比重 \times 劳动定额综合每工产量数)$$

② 按机械台班产量计算机械台班消耗量。

大型机械施工的土石方、打桩、构件吊装、运输等项目机械台班消耗量按劳动定额中规定的各分项工程的机械台班产量计算,再加上机械幅度差。即:

$$大型机械台班消耗量 = \frac{工序工程量}{机械台班产量定额} \times (1 + 机械幅度差) \tag{8-2}$$

注:机械幅度差一般为20%~40%。

③ 打夯、钢筋加工、木作、水磨石等各种专用机械台班消耗指标。

专用机械台班消耗指标,有的直接将值计入预算定额中,也有的以机械费表示,不列入台班数量。其计算公式为:

$$台班产量 = 机械配备人数 \times 每工产量 \tag{8-3}$$

$$台班消耗量 = \frac{计算单位值}{台班产量} \times (1 + 机械幅度差) \tag{8-4}$$

(四) 定额应用的基本原则

1. 专业对口的原则

如水利水电工程除水工建筑物和水利水电设备外,一般还有房屋建筑、公路、铁路、输电线路、通信线路等永久性设施。水工建筑物和水利水电设备安装应采用水利、电力主管部门颁发的定额。所以,土地开发整理也应有土地开发整理特色的定额标准,其他永久性工程应分别采用所属主管部门颁发的定额,如铁路工程应采用铁道部颁发的铁路工程定额,公路工程采用交通部颁发的公路工程定额。

2. 设计阶段对口的原则

可行性研究阶段编制投资估算应采用估算指标；初设阶段编制概算应采用概算定额（即预算标准）；施工图设计阶段编制施工图预算应采用预算定额。如因本阶段定额缺项，须采用下一阶段定额时，应按规定乘过渡系数。按现行规定，采用概算定额编制投资估算时，应乘 1.10 的过渡系数，采用预算定额编制概算时应乘 1.03 的过渡系数。

3. 工程定额与费用定额配套的使用

在计算各类永久性设施工程时，采用的工程定额除应执行专业对口的原则外，其费用定额也应遵照专业对口的原则，与工程定额相适应。如采用公路工程定额计算永久性公路投资时，应相应采用交通部颁发的费用定额。对于实行招标承包制工程，编制工程标底时，应按照主管部门批准颁发的综合定额和扩大指标，以及相应的间接费定额的规定执行。施工企业投标、报价可根据条件适当浮动。

第二节　土地开发整理预算编制

一、土地开发整理项目组成与划分

土地开发整理项目由土地开发整理工程、设备、其他费用和不可预见费等四部分组成。为便于工程建设管理和合理确定工程造价，按工程建设项目的组成，将建设项目整体进行科学的分解，划分为若干个单项工程、单位工程，每个单位工程又划分为若干分部工程、分项工程。其中土地开发整理工程划分的一级、二级、三级、四级科目即按照上述原则进行划分。

（一）土地开发整理工程划分

1. 土地开发整理项目——公益性建设项目

建设项目一般是指在一个或几个场地上，按照一个总体设计建设的全部工程。如一个工厂、一个学校、一所医院、一个住宅小区等均为一个建设项目。一个建设项目可以是一个独立工程，也可以包括几个或更多个单项工程。建设项目在经济上实行统一核算，行政上具有独立的组织形式。一个完整的土地开发、整理、复垦或开发整理等复合类型项目就是一个建设项目。

2. 一级项目——单项工程

单项工程亦称"工程项目"，一般是指具有独立的设计文件，建成后能够独立发挥生产能力或效益的工程，即建筑产品，它是建设项目的组成部分。如一所大学中包括教学楼、办公楼、宿舍楼、图书馆等，每栋教学楼、办公楼、宿舍楼或图书馆都是一个单项工程。土地开发整理工程中包括的土地平整工程、农田水利工程、田间道路工程、其他工程等都是一个单项工程。其中：土地平整工程是指满足农业生产的需要，对拟开发整理的土地进行田面平整等工作的总称；农田水利工程是指在对洪、涝、旱、渍、盐、碱等进行综合治理和水资源合理利用的原则下,对拟开发整理的土地进行水土资源、灌排渠系及其建筑物等统筹安排工作的总称;田间道路工程是指布设在项目区内,为未来农业生产、运输服务的必要的交通道路建设等工作的总称;其他工程是指为保护农田生态环境而系统安排的预防性工作的总称。编制项目预算时视工程具体情况设置项目,一般应按项目划分的规定,不宜合并。

3. 二级项目——单位工程

单位工程一般是指在单项工程中具有单独设计文件和独立的施工图,并且单独作为一个施工对象的工程。单位工程包括:一般土建工程、给水排水工程、设备安装工程等。单位工程一般是进行施工成本核算的对象。土地开发整理项目的单位工程一般是指土地平整工程中的农地平整工程、未利用地平整工程和废弃地平整工程等;农田水利工程中的排灌工程、喷(微)灌工程、农用井工程、水工建筑物及输电线路工程等;田间道路工程中的田间道和生产路等;其他工程中的农田生态防护林工程、水土保持工程和固沙工程等。

其中:田间道是指整理区联系村庄与整理田块和生产地块之间、路宽一般控制在4 m以内的道路,主要为货物运输、作业机械向田间转移及为机器加油、加水、加种等生产操作过程服务;生产路是指联系田块与田块之间、路宽1~2 m的道路,为人工田间作业和收获农产品服务;农田生态防护林是指保护土地不受风、水、沙及气候的影响与危害,改善土地生态环境的生产措施,其主要作用是降低害风的风速,改善农田小气候环境,为农作物生长创造良好条件,保护农作物获得丰产;水土保持工程是指项目区为保持水土所采取的生态保持工程,主要包括小型治坡工程、治沟工程、治滩工程。

4. 三级项目——分部工程

分部工程是指单位工程中按工程结构及所用工种、材料和施工方法的不同而划分为若干部分,其中的每一部分称为分部工程。一般房屋的单位工程中包括:土石方工程、砌砖工程、砼及钢筋工程、构筑物工程及装修工程等。对应土地开发整理工程的三级项目,如农用地平整、未利用地平整和废弃地平整工程下设的田埂(田坎)和田块平整;排灌工程下设的支、斗、农、毛渠(沟);喷(微)灌工程下设的管道工程、设备安装;农用井工程下设的成孔工程、井管安装、填封工程、洗井工程、设备安装;水工建筑物下设的小型抽水站、水闸、桥涵、渡槽、蓄水池、倒虹吸、溢流面、溢流堰、涵洞、辅助建筑物、设备安装;输电线路工程下设的线路架设和移设工程、设备安装;田间道和生产路下设的路基、路面;农田生态防护林工程下设的种树、种草;水土保持工程下设的截流沟、谷坊、水窖、沉沙池、集水池、护坡;固沙工程下设的覆盖和沙障等科目即是由上级子目划分出来的各分部工程。

5. 四级项目——分项工程

分项工程一般是指通过较为单纯的施工过程就能生产出来,并且可以用适当计量单位计算的建筑或设备安装工程。如一套设备的安装或10 m^3 砼现场浇筑等。分项工程是建筑与安装工程的基本构成要素,是为了便于确定建筑及设备安装工程费用而划分出来的一种假定产品。这种产品的工料消耗标准,作为建筑产品计价的基础。土地开发整理工程中最末一级不可再分的子目,即预算定额中多数子目,如土(石)方开挖和回填及运输、砼、砌石、垫层、原土夯实、沙砾石铺筑、PVC管、水泵和电动机安装,等等。

所以,一个建设项目由一个或几个单项工程组成,一个单项工程又是由几个单位工程组成,一个单位工程又可以划分为若干个分部工程,分部工程还可细化为若干个分项工程。在编制具体的预算时,应根据实际情况进行必要的增加和删减。

（二）设备类型划分

根据土地开发整理项目的工程内容,其设备主要分为闸门、启闭机、排灌设备和变配电及电气控制设备等三个一级项目,鉴于目前农用地开发整理项目涉及的设备种类较少和规模偏小,一般只下设第四级项目。同时,一级、四级项目可结合项目具体情况作必要的增删。具体划分情况为：闸门及启闭设备包括门叶、埋件、启闭机等;排灌设备包括水泵、电动机、喷灌机、滴灌机等;变配电及电气控制设备包括变压器、断路器、互感器、配电箱(屏)、启动器等。

（三）其他费用的划分

其他费用主要是为完成项目前期准备、工程监理、拆迁补偿、竣工验收和业主管理等工作而预留的基本专项经费,具体可划分为：

（1）前期准备由土地清查、项目可行性研究、项目勘测、项目设计与预算编制、项目招标和重大工程规划编制等专项工作组成。其中：

① 土地清查是根据项目所在地的土地利用现状图,组织有关部门的人员,通过实地踏勘、查阅有关地籍资料等方式查清土地的类型、数量、质量和分布,完成土地权属调查、地籍测绘、土地评估等工作;

② 项目可行性研究指项目承担单位委托有资质的单位对土地开发整理项目进行可行性研究和论证;

③ 土地勘测指为完成土地开发整理任务而事前对现状土地进行的地形测量、工程勘察等工作;

④ 项目设计与预算编制指项目承担单位委托具有资质的单位对土地开发整理项目进行设计与预算编制工作,完成的成果应能满足指导项目招标和实施要求;

⑤ 项目招标指项目承担单位委托具有资质的单位对土地开发整理项目进行招标而开展的工作;

⑥ 重大工程规划编制指项目承担单位委托具有资质的单位对国家重大土地开发整理项目进行规划编制开展的工作。

（2）工程监理指项目承担单位委托具有工程监理资质的单位,按国家有关规定进行全过程的监督与管理所开展的工作。

（3）拆迁补偿指土地开发整理项目实施过程中需拆迁零星房屋、林木及青苗等所发生的适当、象征性补偿费用。

（4）竣工验收指土地开发整理项目工程完工后,所开展的项目竣工验收、决算、成果的管理等工作。主要包括：项目工程验收、项目决算的编制与审计,整理后土地的重估与登记,基本农田补划与标记设定等。其中：

① 土地登记是指国家依照法定程序将土地的权属关系、用途、面积、使用条件、等级、价格等情况记录于专门的簿册,以确定土地权属,加强政府对土地的有效管理,保护权利人对土地的合法权益的一项重要法律制度;

② 基本农田补划是指根据《基本农田保护条例》及地方有关规定,组织完成将土地开发

整理项目整理出的、符合条件的耕地补充划入当地基本农田保护区。

(5)业主管理指项目承担单位为项目的组织、管理所从事的各项管理性工作。

以上各个项目的取费标准,可以参考本教材第三章可行性研究投资概算的部分内容。

二、土地开发整理项目支出预算与费用标准

土地开发整理项目预算主要包括资金来源和支出预算。支出预算反映了土地开发整理项目运用的情况,所以支出预算是整个土地开发整理项目工程预算的核心内容。支出预算项目费用包括:工程施工费、设备费、其他费用以及不可预见费。具体内容如图8-1所示。

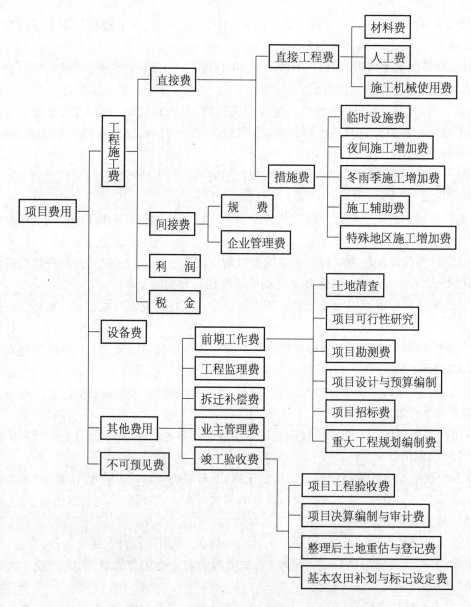

图8-1 土地开发整理支出预算项目费用构成框架

（一）工程施工费

工程施工费是指土地平整、农田水利和田间道路等各项工程直接施工和管理施工发生的各项费用，包括直接费、间接费、利润和税金。

1. 直接费

直接费是指工程施工过程中直接消耗在工程施工过程上的各种费用，由直接工程费、措施费组成。

（1）直接工程费。

直接工程费是指直接用于工程施工，并构成工程实体或有助于工程形成的各种直接工程费用，包括人工费、材料费、施工机械使用费。

① 人工费。指直接从事土地开发整理工程施工的生产工人开支的各项费用，其预算单价的组成按国家劳动部门现行有关规定，同时结合土地开发整理工程实际情况，划分为甲类工和乙类工两个档次，与定额中的劳动力等级相对应，编制项目预算时应分别计算。

a. 基本工资。由岗位工资和年限工资以及年应工作天数内非作业天数的工资组成。

生产工人年应工作天数以内非工作天数的工资，包括职工开会学习、培训期间的工资，调动工作、探亲、休假期间的工资，因气候影响的停工工资，女工哺乳期间的工资，病假在6个月以内的工资及产、婚、丧假期的工资。

b. 岗位工资。指按照职工所在岗位各项劳动要素测评结果确定的工资。

c. 年限工资。指按照职工工作年限确定的工资，随工作年限增加而逐年增加。

d. 辅助工资。指在基本工资以外，以其他形式支付给职工的工资性收入，包括：根据国家有关规定属于工资性质的各种津贴，主要包括地区津贴（按国家正式文件规定享受生活费补贴的特殊地区津贴计入基本工资）、施工津贴、夜餐津贴、节日加班津贴等。

e. 工资附加费。指按照国家规定提取的职工福利基金、工会经费、养老保险费、医疗保险费、工伤保险费、职工失业保险基金和住房公积金。

$$人工预算单价 = 基本工资 + 辅助工资 + 工资附加费 \quad (8-5)$$

$$定额人工费 = 定额劳动量 \times 人工预算单价 \quad (8-6)$$

人工费根据批准的项目设计，按分项工程进行确定。公式为：

$$人工费 = 工程量 \times 定额人工费 \quad (8-7)$$

② 材料费。指用于工程项目上的消耗性材料费、装置性材料费和周转性材料摊销费。材料预算价格一般包括材料原价、包装费、运杂费、运输保险费和采购及保管费五项。

a. 材料原价。指材料指定交货地点的价格。

b. 包装费。指材料在运输和保管过程中的包装费和包装材料的折旧摊销费。

c. 运杂费。指材料从指定交货地点至工地分仓库或材料堆放场所发生的全部费用。包括运输费、装卸费、调车费及其他杂费。

d. 运输保险费。指材料在运输途中的保险费。

e. 采购及保管费。指材料在采购、供应和保管过程中所发生的各项费用。主要包括材料的采购、供应和保管部门工作人员的基本工资、辅助工资、工资附加费、教育经费、办公费、差旅交通费及工具用具使用费;仓库、转运站等设施的检修费、固定资产折旧费、技术安全措施费和材料检验费;材料在运输、保管过程中发生的损耗等。

$$材料预算价格＝材料原价＋包装费＋运杂费＋运输保险费＋采购保管费 \quad (8-8)$$

$$＝(材料原价＋包装费＋运杂费)×(1＋采购保管费率)＋运输保险费 \quad (8-9)$$

$$定额材料费＝定额材料消耗量×材料预算价格 \quad (8-10)$$

材料费根据批准的项目设计,按分项工程进行确定。公式为:

$$材料费＝工程量×定额材料费 \quad (8-11)$$

③ 施工机械使用费。指消耗在工程项目上的机械磨损、维修和动力燃料费用等,包括折旧费、修理及替换设备费、安装拆卸费、机上人工费和动力燃料费等。

a. 折旧费。指施工机械在规定使用年限内回收原值的台班折旧摊销费用。

b. 修理及替换设备费。修理费指施工机械使用过程中,为了使机械保持正常功能而进行修理所需的摊销费用和机械正常运转及日常保养所需的润滑油料、擦拭用品的费用,以及保管机械所需的费用。替换设备费指施工机械正常运转时所耗用的替换设备及随机使用的工具附具等摊销费用。

c. 安装拆卸费。指施工机械进出工地的安装、拆卸、试运转和场内转移及辅助设施的摊销费用。部分大型施工机械的安装拆卸费不在其施工机械使用费中计列,包含在企业管理费中。

d. 机上人工费。指施工机械使用时机上操作人员人工费用。

e. 动力燃料费。指施工机械正常运转时所耗用的风、水、电、油和煤等费用。

$$施工机械使用费预算单价＝折旧费＋修理及替换设备费＋安装拆卸费$$
$$＋机上人工费＋动力燃料费 \quad (8-12)$$

$$定额机械使用费＝定额机械台班用量×施工机械使用费预算单价 \quad (8-13)$$

施工机械使用费根据批准的项目设计,按分项工程进行确定。公式为:

$$施工机械使用费＝工程量×定额机械使用费 \quad (8-14)$$

(2) 措施费。

措施费是指为完成工程项目施工,发生于该工程施工前和施工过程中非工程实体项目的费用。主要包括:临时设施费、冬雨季施工增加费、夜间施工增加费、施工辅助费和特殊地区施工增加费。

① 临时设施费。指施工企业为进行工程施工所必须搭设的生活和生产用的临时建筑物、构筑物和其他临时设施等费用。例如供风、支线供水、场内供电、夜间照明、供热及通信、土石料场、简易沙石料加工系统、小型砼拌和浇筑系统、木工、钢筋、机修等辅助加工场,砼预制构件场,场内施工排水,场地平整、道路养护及其他小型临时设施等。临时设施包括:临时宿舍、文化福利及公共事业房屋与构筑物、仓库、办公室、加工厂以及规定范围内道路、水、电、管线等临时设施和小型临时设施。临时设施费用包括:临时设施的搭设、维修、拆除费或摊销费。根据不同工程性质,临时设施费率见表8-1。

表 8-1 临时设施费率表

序 号	工程类别	计算基础	临时设施费率/%
1	土方工程	直接工程费	2
2	石方工程	直接工程费	2
3	砌体工程	直接工程费	2
4	砼工程	直接工程费	2
5	农用井工程	直接工程费	2
6	其他工程	直接工程费	2
7	安装工程	人工费	20

注：其他工程，除上述工程以外的工程，如防渗、架线工程以及 PVC 管、砼管安装等；
安装工程，包括设备及金属构件（钢管、铸铁管等）安装工程。

② 冬雨季施工增加费。指在冬雨季施工期间为保证工程质量所需增加的费用。包括增加施工工序，增设防雨、保温、排水等设施增耗的动力、燃料、材料以及因人工、机械效率降低而增加的费用。依据不同地区，按直接工程费的百分率计算，费率确定为 0.7%～1.5%。对在不同季节施工的项目规定采用以下方法确定费率：不在冬季施工的项目取小值，在冬季施工的项目取大值或中值。

③ 夜间施工增加费。指在夜间施工所发生的夜班补助费、夜间施工降效、夜间施工照明设备摊销及照明用电等费用。取费按照直接工程费的百分率计算，其中安装工程为 0.5%，建筑工程为 0.2%。

④ 施工辅助费。包括：二次搬运费、已完工程及设备保护费、施工排水及降水费、检验试验费、工程定位复测费、工程点交等费用。取费按照直接工程费的百分率计算，其中安装工程为 1.0%，建筑工程为 0.7%。

a. 二次搬运费。指因施工场地分散或狭小等特殊情况而发生的二次搬运费用。

b. 已完工程及设备保护费。指竣工验收前，对已完工程及设备进行保护所需费用。

c. 施工排水及降水费。指为确保工程在正常条件下施工，采取各种排水、降水措施所发生的各种费用。

d. 检验试验费。指对建筑材料、构件和建筑安装物进行一般鉴定、检查所发生的费用。

⑤ 特殊地区施工增加费。指在高海拔等特殊地区施工而增加的费用。其中高海拔地区的高程增加费，按规定直接进入定额；其他特殊增加费（如酷热、风沙），应按工程所在地区规定的标准计算，并将计取依据复印附在预算书中；地方没有规定的，不得计算此项费用。

2. 间接费

间接费是相对于直接费而言的，施工企业为了生产工程产品，除在该工程上直接消耗一定的人力、物力和财力外，也必须耗用一定的人力、物力和财力对施工进行组织与管理，施工企业为组织和管理工程施工所发生的各种费用即间接费。这部分费用与整个工程有关，构成产品成本，但又不直接用于工程产品上，不能直接按比例计入某个具体工程项目成本中，而是采用将发生的费用汇总起来除以直接费总额，计算出其占直接费的百分率，或除以直接人工费计算出其占人工费的百分率。它由规费和企业管理费组成。

（1）规费。

政府和有关部门规定必须缴纳的费用，简称规费，它包括工程排污费、工程定额测定费、养老保险统筹基金、待业保险费、医疗保险费。在土地开发整理预算编制过程中，只需要计算工程排污费与工程定额测定费。

① 工程排污费：是指施工现场按规定缴纳的排污费用。

② 工程定额测定费：是指按规定支付工程造价（定额）管理部门的定额测定费（费率为 0.04%～0.15%）。

（2）企业管理费。

企业管理费是指施工企业为组织施工生产经营活动所发生的管理费用，内容包括以下几项。

① 管理人员的基本工资、工资性补贴及按规定标准计提的职工福利费。

② 差旅交通费，指企业职工因公出差、工作调动的差旅费，住勤补助费，市内交通及误餐补助费，职工探亲路费，劳动力招募费，离退休职工一次性路费及交通工具油料、燃料、牌照、养路费等。

③ 办公费，指企业办公用文具、纸张、账表、印刷、邮电、书报、会议、水、电、燃煤（气）等费用。

④ 固定资产使用费，指管理和实验部门及附属生产单位使用的属于固定资产的房屋、设备、仪器等折旧及维修等费用。

⑤ 工具用具使用费，是指企业管理使用不属于固定资产的工具、用具、家具、交通工具、检验、试验、消防等的摊销及维修费用。

⑥ 工会经费，按企业职工工资总额计提的工会经费。

⑦ 职工教育经费，指企业为职工学习先进技术和提高文化水平按职工工资总额计提的费用。

⑧ 劳动保险费，是指企业支付离退休职工的退休金（包括提取的离退休职工劳动保险统筹基金）、价格补贴、医药费、异地安家补助费、职工退职金，六个月以上的病假人员工资，职工死亡丧葬补助费、抚恤费，按规定支付给离休干部的各项经费。

⑨ 财务费，指企业为筹集资金而发生的各种费用。

⑩ 财产保险费，指企业财产、管理用车辆等保险费用。

⑪ 税金，是指企业按规定缴纳的房产税、车船使用税、土地使用税、印花税及土地使用费等。

⑫ 其他，包括技术转让费、技术开发费、业务招待费、排污费、绿化费、广告费、公证费、法律顾问费、审计费、咨询费等。

土地开发整理工程一般比较综合，包含的工程类别多，不宜采用统一的间接费率，应根据不同的工程类别，采用相应的费率。具体间接费费率见表 8-2。

表 8-2 间接费费率

序 号	工程类别	计算基础	临时设施费率/%
1	土方工程	直接工程费	5
2	石方工程	直接工程费	9
3	砌体工程	直接工程费	7

续 表

序 号	工程类别	计算基础	临时设施费率/%
4	砼工程	直接工程费	6
5	农用井工程	直接工程费	10
6	其他工程	直接工程费	5
7	安装工程	人工费	65

3. 利润

利润是指施工企业完成所承包工程获得的盈利,按直接费和间接费之和的3%计算。

4. 税金

税金指国家税法规定的应计入工程造价的营业税、城市维护建设税、教育附加费等。上述税费,应分别根据国家发布的有关文件规定的征收范围和税率进行计算。

(1) 营业税。指按营业额乘以营业税税率确定。计算公式为：

$$营业税=营业额\times 3\% \tag{8-15}$$

(2) 城市维护建设税。我国为了加强城市的维护建设,扩大和稳定城市维护建设资金的来源,而对有经营收入的单位和个人征收的一个税种。

计算城市维护建设税应纳税额的法定比例,按纳税人所在地,分别规定市区为7%、县城和镇为5%、其他地区为1%。计算公式为：

$$城市维护建设税=营业税额\times 适用税率 \tag{8-16}$$

(3) 教育附加费。教育费附加是对缴纳增值税、消费税、营业税的单位和个人征收的一种附加费。它是发展地方性教育事业、扩大地方教育经费的资金来源。按照应缴纳营业税额乘以3%确定。计算公式为：

$$教育附加费=营业税额\times 3\% \tag{8-17}$$

为了计算简便,在编制预算时,税金的计算可以按以下公式和税率进行计算：

$$税金=(直接费+间接费+利润)\times 税率 \tag{8-18}$$

税率标准：

建设项目在市区的,3.41%;

建设项目在县城镇的,3.35%;

建设项目在市区或者县城镇以外的,3.22%。

(二) 设备费

设备费即设备购置费,是指购置土地开发整理项目中设计的设备发生的支出,包括设备原价、运杂费、运输保险费和采购及保管费。

1. 设备原价

(1) 国产设备,其出厂价为设备价格。

(2) 拆装设备分别运至工地后的组装费用,应包括在设备原价内。

2. 运杂费

运杂费指设备由厂家运至工地安装现场所发生的一切运杂费用。包括运输费、调车费、装卸费、包装绑扎费以及可能发生的其他杂费。

3. 运输保险费

运输保险费指设备在运输过程中的保险费用。

4. 采购及保管费

采购及保管费指项目实施单位和施工企业在负责设备的采购、保管过程中发生的各项费用。主要包括：

(1) 采购保管部门工作人员的基本工资、辅助工资、工资附加费、劳动保险费、教育经费、办公费、差旅交通费、工具使用费等；

(2) 临时仓库、转运站等设施的运行费、维修费，固定资产折旧，技术安全措施费和设备的检验、试验费等。

（三）其他费用

其他费用指除工程施工费、设备购置费和不可预见费以外，其他为完成土地开发整理项目而发生的各项支出，包括前期工作费、工程监理费、竣工验收费、业主管理费和拆迁补偿费。

1. 前期工作费

前期工作费指土地开发整理项目在工程施工前所发生的各项支出，包括：土地清查费、项目可行性研究费、项目勘测费、项目设计与预算编制费、项目招标费和重大工程规划编制费等。

(1) 土地清查费：指土地开发整理对土地的权属调查、地籍测绘、土地评估所发生的费用。其费用按照土地管理部门及相关部门规定的取费标准进行编制。

(2) 项目可行性研究费：指项目承担单位委托有资质的单位对土地开发整理项目进行可行性研究时，按规定应支付的费用。

(3) 项目勘测费：指土地开发整理对土地进行地形测量、工程勘察所发生的费用。其费用按照土地管理部门及相关部门规定的取费标准进行编制。

(4) 项目设计与预算编制费：指项目承担单位委托具有资质的单位对土地开发整理项目进行设计与预算编制时，按规定应支付的费用。

(5) 项目招标费：指项目承担单位委托具有资质的单位对土地开发整理项目进行招标时，按规定应支付的费用。

(6) 重大工程规划编制费：指项目承担单位委托具有资质的单位对国家重大土地开发整理项目进行规划编制时，按规定应支付的费用。

前期工作费按不超过工程施工费的 6% 计算。计算公式为：

$$前期工作费 = 工程施工费 \times 费率 \tag{8-19}$$

2. 工程监理费

工程监理费指项目承担单位委托具有工程监理资质的单位，按国家有关规定进行全过程的监督与管理所发生的费用。

工程监理费按不超过工程施工费的1.5%计算。计算公式为：

$$工程监理费 = 工程施工费 \times 费率 \qquad (8-20)$$

3. 竣工验收费

竣工验收费指土地开发整理项目工程完工后，因项目竣工验收、决算、成果的管理等发生的各项支出。主要包括：项目工程验收费、项目决算的编制与审计费、整理后土地的重估与登记费、基本农田补划与标记设定费等。

竣工验收费按不超过工程施工费的3%计算。计算公式为：

$$竣工验收费 = 工程施工费 \times 费率 \qquad (8-21)$$

4. 业主管理费

业主管理费指项目承担单位为项目的组织、管理所发生的各项管理性支出。主要包括：项目管理人员的工资、补助工资、其他工资、职工福利费、公务费、业务招待费等。

业主管理费按不超过工程施工费、前期工作费和工程监理费及竣工验收费合计的2%计算。计算公式为：

$$业主管理费 = (工程施工费 + 前期工作费 + 工程监理费 + 竣工验收费) \times 费率 \qquad (8-22)$$

5. 拆迁补偿费

拆迁补偿费的拆迁工程量应以实事求是为原则，根据实际情况如实计算，具体工程量可以列在工程施工定额土地平整工程中；补偿标准确定应结合项目所在地实际情况，采取适量的、象征性的、一次性补偿方式编制预算。

注：其他费用中相关费用涉及区间费率的，具体费率确定原则按照投资总额3 000万以上(含3 000万元)，取最小值；投资总额1 000万元以下(含1 000万元)，取最大值；投资总额1 000万~3 000万元，按内插值计算。

（四）不可预见费

不可预见费是指在施工过程中因自然灾害、设计变更及不可抗拒因素的变化而增加的费用。

计算方法：不可预见费按不超过前期工作费、工程施工费、竣工验收费的三项费用合计的3%计算。公式如下：

$$不可预见费 = (前期工作费 + 工程施工费 + 竣工验收费) \times 费率 \qquad (8-23)$$

编制原则：在汇总前期工作费、工程施工费、竣工验收费，按规定的取费标准的基础上，按规定的取费标准和预算编制办法规定的表格要求汇总编制。

三、土地开发整理预算文件的编制

（一）项目预算文件的组成

按《土地开发整理项目预算编制暂行规定》的要求，土地开发整理项目预算文件由文本文件(封面、目录和预算编制说明)、表格文件(预算表格和附表)和附件组成。其中,预算表格主要包括土地开发整理项目总预算及分年度预算表、预算总表、工程施工费预算表、直接费预算表、间接费预算表、设备购置费预算表及预算附表等。附件主要由项目申报书、可行性研究报告(摘要)和项目评审报告等组成。

(二) 文本文件

文本文件包括封面、目录和预算编制说明。

1. 封面

预算文件封面应按规定格式制作。项目承担单位、预算编制单位须加盖印章,负责人、编制人、复核人员姓名须加盖印章或签字,另有编制日期等内容。具体格式如下:

```
(1) 封面—首页
××××项目预算书 (一号黑体字)
项目承担单位:(三号宋体字)
预算编制单位:(三号宋体字)
编制日期: 年  月  日 (三号宋体字)
```

```
(2) 封面—扉页(签署页)
××××项目预算书 (二号黑体字)
项目承担单位(公章)
预算编制单位(公章)
负责人:(三号宋体字)(签字)
复核人:(三号宋体字)(签字)
编制人:(三号宋体字)(签字)
编制日期:  年  月  日
```

2. 目录

目录是标明土地开发整理预算文件内容先后顺序的目次。按编制规定要求,目录应按文本文件、表格文件和附件的先后顺序进行编排。其编制顺序一般如下:

目 录
一、预算编制说明
1. 项目概况
2. 预算编制依据
3. ……
二、预算表格
1. 总预算表及分年度预算表
2. 预算总表
3. 工程施工费预算表
4. ……
三、预算附表
1. 人工预算单价计算表
2. 主要材料预算价格计算表
3. ……
四、附件——项目申请书
附1:项目支出预算明细表
附2:项目可行性报告
附3:项目评审报告

3. 预算编制说明

预算编制说明是指对拟进行的土地开发整理项目、项目预算的编制和其他需要说明的

问题等进行分析和说明,文字力求简明扼要。主要内容包括:

(1) 项目概况。

① 说明项目的性质、类型、总规模(其中:开发、整理、复垦规模),项目的地点及地貌类型,预计净增耕地面积,预计净增耕地面积占总面积的比例。

② 项目工程布置形式、工程内容及工程量、主要材料用量、施工工期。

③ 项目预算总投资,申请中央投资金额,其他资金来源情况,按年度说明项目实施内容及分年度投资计划等。

(2) 预算编制依据。

① 预算编制原则和依据。

② 人工预算单价,主要材料,施工用电、水、风、沙石料、客土等基础预算单价的计算依据。

③ 主要设备价格的编制依据。

④ 指标、定额、费用计算标准及依据。

⑤ 拆迁补偿费的拆迁规模、补偿标准的确定依据。

⑥ 项目规划设计图纸、说明及相应批准文号。

⑦ 项目施工组织设计或施工方案(涉及拆迁补偿工程的应含拆迁补偿方案)。

(3) 主要工程量计算及确定说明。

应简要说明项目预算表中涉及的分部工程主要工程量的计算方法、过程和确定依据等。

(4) 项目技术经济指标分析。

着重投入与产出的社会、经济和生态环境效益分析,内容主要包括实物工程量的部署与投资估算比较分析,施工方案与技术需要的可能分析,单项工程技术手段、生产组织对工程成本的影响分析等。其中,投入指标重点分析项目总投资和总成本;对产出指标,重点分析产量指标(耕地面积、新增耕地面积)、工程质量指标以及社会、经济和生态环境指标等。

(5) 其他需要说明的事项。

其他需要说明的问题是指在土地开发整理项目预算编制过程中一些需要说明,但又不包括在上述四项说明内容的事项进行说明。主要说明项目的建设优势及预算编制中需特殊说明的事项,其他与预算有关但未能在表格中反映的事项,及编制中存在的遗留问题,可能影响今后投资变化的因素,以及对一些问题的看法和处理意见等。

4. 表格文件

表格文件由预算表格和预算附表组成。预算表格是指计算土地开发整理项目各项预算数据的各种表格。项目预算应按统一的表格计算和填制。

表格文件主要包括:

(1) 土地开发整理项目总预算及分年度预算表。

土地开发整理项目总预算及分年度预算表是综合反映一个土地开发整理项目总体情况的预算表格。表格样式见表8-3。

表 8-3 土地开发整理项目总预算及分年度预算表

编制单位： 单位：hm²、元

项目名称	项目地点	项目类型及建设规模				项目资金预算									预计净增耕地面积
						总预算			分年度预算						
									第一年			第二年		…	
		合计	开发	整理	复垦	合计	中央投资	其他资金	小计	中央投资	其他资金	小计	中央投资	其他资金	…	

填表说明：项目类型分为土地开发、土地整理和土地复垦三种。
投资主体包括中央与地方政府。

(2) 预算总表。

预算总表是指按费用项目汇总反映土地开发整理项目总投资及各项费用占总投资比例的预算表格。具体预算表格样式如表 8-4 所示。

表 8-4 土地开发整理项目预算总表

项目名称： 项目规模： 金额单位：元

序号	工程或费用名称 (1)	预算金额 (2)	各项费用占总费用的比例 (3)
一	工程施工费		
二	设备费		
四	其他费用		
五	不可预见费		
	总 计		

(3) 工程施工费预算表。

工程施工费预算表是指按工程项目汇总反映土地开发整理项目工程施工费总额的预算表格。表格样式如表 8-5 所示。

表 8-5 土地开发整理项目工程施工费预算表

项目名称： 金额单位：元

序号	单项名称 (1)	直接费			间接费	计划利润	税金	合计
		直接工程费	措施费	小计				
		(2)	(3)	(4)	(5)	(6)	(7)	(8)
1	土地平整							
2	农田水利							
3	田间道路							
4	其他工程							
	总 计							

填表说明：表中(4)=(2)+(3)；表中(6)=[(4)+(5)]×费率；表中(7)=[(4)+(5)+(6)]×费率；表中(8)=(4)+(5)+(6)+(7)。

(4) 直接费预算表。

直接费预算表是指按工程项目汇总反映土地开发整理项目直接费用总额的预算表格。表格样式如表 8-6 所示。

表 8-6　土地开发整理项目直接费预算表

项目名称：　　　　　　　　　　　　　　　　　　　　　　　　　　　　　金额单位：元

序号	单项名称	人工费	材料费	施工机械使用费	直接工程费	措施费费率	措施费	合 计
		(1)	(2)	(3)	(4)	(5)	(6)	(7)
1	土地平整							
	…							
2	农田水利							
	…							
3	田间道路							
	…							
4	其他工程							
	…							
	合　计							

填表说明：本表是按单项工程的工程类别(土方工程、石方工程、砌体工程、砼工程、安装工程等)计算；具体人工费、材料费和施工机械使用费见表 8-7；(4)=(1)+(2)+(3)；(7)=(4)+(6)；(6)=(4)×(5)。

(5) 直接工程费预算表。

直接工程费预算表是汇总反映直接用于工程施工，并构成工程实体或有助于工程形成的各种直接费用总额的预算表格。表格样式如表 8-7 所示。

表 8-7　土地开发整理项目直接工程费预算表

项目名称：　　　　　　　　　　　　　　　　　　　　　　　　　　　　　金额单位：元

序号	定额编号	分项名称	计算单位	工程量	人工费(定额)	材料费(定额)	机械费(定额)	人工费	材料费	机械费	直接工程施工费合计
	(1)	(2)	(3)	(4)	(5)	(6)	(7)	(8)	(9)	(10)	(11)
一		土地平整									
		…									

填表说明：1. 本表是对各项工程直接工程费的合计；2. 表中"工程名称"栏须按顺序填写单项工程、分部工程、分项工程名称；3. (8)=(4)×(5)，(9)=(4)×(6)，(10)=(4)×(7)，(11)=(8)+(9)+(10)。

(6) 间接费预算表。

间接费预算表是汇总反映项目工程施工单位发生的企业管理费和规费等间接费的预算表格。表格样式如表 8-8 所示。

表 8-8　土地开发整理项目间接费预算表

项目名称：　　　　　　　　　　　　　　　　　　　　　　　　金额单位：元

序号	工程项目	直接费 (1)	费率(%) (2)	金额 (3)
1	第一部分：土地平整			
	…			
2	第二部分：农田水利			
	…			
3	第三部分：田间道路			
	…			
4	第四部分：其他工程			
	…			
	合　计			

注：表中(3)=(1)×(2)。

(7) 设备费预算表。

设备费预算表是反映土地整理工程项目设备购置费用的预算表格，如表 8-9 所示。

表 8-9　土地开发整理项目设备费预算表

项目名称：　　　　　　　　　　　　　　　　　　　　　　　　金额单位：元

序号	类型	设备名称 (1)	规格 (2)	单位 (3)	数量 (4)	单价 (5)	合计 (6)	说明 (7)
1								
…								
合计								

注：表中(6)=(4)×(5)。

(8) 其他费用预算表。

其他费用预算表是汇总反映土地开发整理项目前期准备及全过程管理等发生的各项支出的预算表格，包括前期工作预算表、工程监理预算表、竣工验收预算表、拆迁补偿预算表和业主管理费预算表(见表 8-10-1 至表 8-10-6)。

表 8-10-1　土地开发整理项目其他费用预算表

项目名称：　　　　　　　　　　　　　　　　　　　　　　　　金额单位：元

序号	费用名称 (1)	预算金额 (2)	工程施工费 (3)	各项费用占工程施工费的比例(%) (4)
1	前期工作费			
2	工程监理费			

续 表

序号	费用名称 (1)	预算金额 (2)	工程施工费 (3)	各项费用占工程施工费的比例(%) (4)
3	竣工验收费			
4	业主管理费			
5	拆迁补偿费			
	总　计			

表 8-10-2　土地开发整理项目前期工作费用预算表

项目名称：　　　　　　　　　　　　　　　　　　　　　　　　　　　　　　　金额单位：元

序号	费用名称 (1)	工程施工费 (2)	费率(%) (3)	合　计 (4)
1	土地清查费			
2	项目可行性研究费			
3	项目勘测费			
4	项目设计与预算编制费			
5	项目招标费			
6	重大工程规划编制费			
	总　计			

注：表中(4)=(3)×(2)。

表 8-10-3　土地开发整理项目监理费预算表

项目名称：　　　　　　　　　　　　　　　　　　　　　　　　　　　　　　　金额单位：元

序号	费用名称 (1)	工程施工费 (2)	费率(%) (3)	合　计 (4)
	工程监理费			
	总　计			

注：表中(4)=(3)×(2)。

表 8-10-4　土地开发整理项目竣工验收费用预算表

项目名称：　　　　　　　　　　　　　　　　　　　　　　　　　　　　　　　金额单位：元

序号	费用名称 (1)	工程施工费 (2)	费率(%) (3)	合　计 (4)
1	项目工程验收费			
2	项目决算编制与审计费			
3	整理后土地重估与登记费			
4	基本农田补划与标志设定费			
	总　计			

注：表中(4)=(3)×(2)。

表 8‑10‑5　土地开发整理项目拆迁补偿费预算表

项目名称：　　　　　　　　　　　　　　　　　　　　　　　　　　　　　　　金额单位：元

序号	名称 (1)	单位 (2)	数量 (3)	单价 (4)	合计 (5)	备注 (6)
1		m²				
2		m²				
3		m²				
总计		—				

注：本表根据实际情况填写，如不涉及拆迁可以省略，备注中应注明拆迁补偿的标准确定的理由与补偿理由。
　　表中(5)＝(4)×(3)。

表 8‑10‑6　土地开发整理项目业主管理费预算表

项目名称：　　　　　　　　　　　　　　　　　　　　　　　　　　　　　　　金额单位：元

序号	费用名称 (1)	工程施工费 (2)	前期工作费 (3)	工程监理费 (4)	竣工验收费 (5)	小计 (6)	费率(%) (7)	合计 (8)
总计								

注：表中(8)＝(7)×(6)；(6)＝(2)+(3)+(4)+(5)。

(9) 不可预见费预算表。

不可预见费预算表是汇总反映土地开发整理项目施工过程中因自然灾害、设计变更以及不可预计因素等发生变化而增加的费用的预算表格，如表 8‑11 所示。

表 8‑11　土地开发整理项目不可预见费预算表

项目名称：　　　　　　　　　　　　　　　　　　　　　　　　　　　　　　　金额单位：元

序号	费用名称 (1)	工程施工费 (2)	设备费 (3)	其他费用 (4)	小计 (5)	费率(%) (6)	合计 (7)
总计							

注：表中(7)＝(5)×(6)；(5)＝(2)+(3)+(4)。

(10) 季度分月用款计划预算表。

项目季度分月用款计划预算表是汇总反映土地开发整理项目按季分月拨款进度的表格，如表 8‑12 所示。

表 8-12 土地开发整理项目季度分月用款计划预算表

项目名称： 金额单位：元

项目名称	项目地点	具体用款科目	项目各月用款数			
			合计	××××年第×季度	××××年第×季度	…
		土地平整				
		农田水利				
		田间道路				
		其他工程				
		设备购置				
		其他费用				
		…				
总计	—	—				

（11）预算附表。

预算附表主要反映主要基础价格、直接工程费单价以及其他相关技术经济数据，见预算附表1至预算附表8。

预算附表1 人工单价计算表

序 号	项 目	公 式	计算值/元
1	基本工资		
2	辅助工资		
(1)	地区津贴		
(2)	施工津贴		
(3)	夜餐津贴		
(4)	节日加班津贴		
3	工资附加费		
(1)	职工福利基金		
(2)	工会经费		
(3)	养老保险		
(4)	医疗保险		
(5)	工伤保险		
(6)	失业保险		
(7)	住房公积金		
	人工单价(元/工日)		

预算附表 2 主要材料价格预算计算表

序号	名称及规格	单位	单位毛重/t	每吨运费/元	价格/元						备注
					取定价	市场价	运杂费	采购及保管费	到工地价格	保险费	预算价格	
1	32.5♯水泥	kg										
2	42.5♯水泥	kg										
3	…											

预算附表 3 机械台班计算单价表

编 号	机 械 名 称	合 计	一类费用	二 类 费 用	
				26.40	元/工日
				人工/工日	…
1 003	油动单斗挖掘机 0.5 m³				
1 004	油动单斗挖掘机 1 m³				
	…				

预算附表 4 直接工程费单价表

定额编号：

序 号	项目名称	单 位	数 量	单价/元	小 计
工 作 内 容					
（一）	人工费				
（二）	材料费				
（三）	机械费				
	…				
合 计					

预算附表 5 补充定额子目

定额编号：

序 号	项目名称	单 位	数 量	单价/元	小 计
工 作 内 容					
（一）	人工费				
（二）	材料费				
（三）	机械费				
	…				
合 计					

预算附表6　补充机械台班费计算表

定额编号	机械名称及规格	基价	第一类费用	第二类费用/材料量				
				小计	人工工时	汽油/kg	柴油/kg	…
2 047	振动器1.1 kW							
	…							

预算附表7　主要材料用量汇总表

C_{10}（粒径20 mm）　　　　　　　　　　　　　　　　　　　　　　　　　单位：m^3

材　料　名　称	用　　量	单　　价	金　　额
32.5♯水泥/kg			
碎石/m^3			
水/m^3			
合　　计			

注：根据实际情况增减项目，此例利用C_{10}砼为例。

预算附表8　当地主要的工程材料的造价信息（略）

5. 预算附件

土地开发整理附件由项目申报书、可行性研究报告（摘要）和项目评审报告组成。

附件1　项目申报书

封面：
项目申报书(甲)
项目名称：
项目编码：□□□□□□□□□□□
项目单位：
上级单位：
中央部门：

项目负责人		联系电话	
单位地址		邮政编码	
项目类型	1. 行政事业类项目　2. 基本建设类项目　3. 其他类项目		
项目属性	1. 延续项目　2. 新增项目		
预算科目	类		
	款		
项目申请理由及项目主要内容			
项目总体目标			
阶段性目标	实施阶段	目标内容	时间/月
	施工前期阶段		
	施工阶段		

续 表

阶段性目标	实施阶段	目标内容	时间/月
	验收阶段		
项目组织 实施条件			
主管部门审核意见	主管部门领导(签字)：		主管部门(公章)： 年　月　日

附件 2　项目支出预算明细表

		来　源　项　目	金　　额
项目支出预算 及测算依据	项目资金来源	合计	
		财政拨款	
		其中：申请当年财政预算	
		预算外资金	
		其他资金	
	项目支出明细预算	支出明细项目	
		合计	
		工程施工费	
		设备购置费	
		其他费用	
		不可预见费	
	测算依据及说明		

第三节　工程量计算与工料统计

一、工程量计算

　　土地开发整理项目的分部或分项工程预算是用工程量乘以工程单价计算的。工程量计算的准确性,是衡量工程预算质量好坏的重要标准之一。因此,预算人员除应具有本专业的知识外,还应具有一定程度的水工、施工、机电等专业知识,掌握工程量计算的基本要求、计算方法和计算规定;按照预算编制的有关规定,正确处理各类工程量。在编制项目预算时,预算人员应查阅主要设计图纸和设计说明,对各专业提供的设计工程量,要认真分析、核实,对不符合预算编制有关规定的应及时修正。

(一) 工程量计算的基本要求

1. 合理设置工程项目

工程项目的设置必须与预算定额子目的划分相适应。例如,土石方开挖工程应按不同的土壤和岩石类别分别列项;土石方填筑应按土方、堆石料、反滤层和垫层料等分列。

2. 计量单位的一致性

工程量的计量单位要与定额子目的单位相一致。如伸缩缝用"m^2"而不用"m"表示。因此,设计提供的工程量的单位要与选用定额的单位相一致,否则应按有关规定进行换算,使其一致。

3. 计量状态的符合性

工程量的计量状态要与定额子目的状态相一致。如土方分自然方、松方和实方,土方的开挖采用自然方,运输大多对应的是松方,填土对应的是实方;石方开挖对应自然方,建筑物中实体中有抛投方、砌体方和实方;但材料定额中的沙石料计量单位,沙和碎石堆石料为堆方,块石和卵石为码方,条石和料石为清料方。因此,工程量的计量状态要与所套定额子目的状态相一致。

4. 正确处理几种工程量

(1) 设计工程量。

目前,可行性研究和初步设计阶段的设计工程量是按照建筑物和工程的几何轮廓尺寸计算的数量(图纸工程量)乘以表8-13中所列的不同设计阶段系数而得出的数量;而施工设计阶段系数均为1.00,即施工设计工程量就是图纸工程量。

表8-13 设计工程量计算阶段系数表

类别	设计阶段	钢筋砼	砼			土石方开挖			土石方填筑			钢筋
			工程量 /万m^3									
			300以上	100~300	100以下	500以上	200~500	200以下	500以上	200~500	200以下	
永久水工建筑	可行性研究	1.05	1.03	1.05	1.1	1.03	1.05	1.1	1.03	1.05	1.1	1.05
	初步设计	1.03	1.01	1.03	1.05	1.01	1.03	1.05	1.01	1.03	1.05	1.03
施工临时建筑物	可行性研究	1.1	1.05	1.1	1.15	1.1	1.1	1.2	1.05	1.1	1.15	1.1
	初步设计	1.05	1.03	1.05	1.1	1.03	1.05	1.1	1.03	1.05	1.1	1.05
金属结构	可行性研究											1.15
	初步设计											1.1

(2) 施工超挖、超填量及施工附加量。

在土地开发整理工程施工中一般不允许欠挖,为保证建筑物的设计尺寸,施工中允许一定的超挖量;而施工附加量是指为完成本项工程而必须增加的工程量,如土方工程中的取土坑、试验坑所需增加的工程量;施工超填量是指由于施工超挖及施工附加量而相应增加的回填工程量。

部颁预算定额已按有关施工规范计入了合理的超挖量、超填量和施工附加量,故编制预算时,工程量不应再计算这三项工程量。

(3) 施工损耗量。

施工损耗量包括运输及操作损耗、体积变化损耗及其他损耗。运输及操作损耗量指土石方和改砼在运输及操作过程中的损耗。体积变化损耗量指土石方填筑工程中的施工期沉陷而增加的数量,或砼因体积收缩而增加的工程数量等。其他损耗量包括土石方填筑工程施工中的削坡或雨后清理的损失数量。

部颁预算定额对这几项损耗已按有关规定计入相应的定额之中。因此,采用不同的定额编制工程单价时应仔细阅读有关定额说明,以免漏算或重算。

(4) 损耗率。

计算安装工程中的装置性材料时,应按定额规定的损耗率计入工程量。工程量计算时凡涉及材料体积、相对密度、容重或比热容换算的,均应以国家标准为准;如果没有适宜的国家标准可执行,可参考厂家合格证或产品说明书。

(二) 各单项工程量的计算规定

1. 土地平整工程量计算基本规定

根据项目区的地形、土壤条件,确定田面高程,计算挖填土石方工程量,应分别计算土石方开挖、土石方回填、土石方运输、平整土地等分项工程。工程量计算中应分为人工挖土、人工平土、推土机推土、人工装卸、载重汽车运土、石方开挖、推土机推运石渣等分项。

2. 农田水利工程量计算基本规定

(1) 土石方开挖工程量,应根据开挖图不同的土壤和岩石类别分别计算,例如将明挖、槽挖、水下井挖或暗挖等分开计算。

(2) 土石方填筑工程量应根据建筑物设计断面中的不同部位及其不同材料分别计算,注意其沉陷量已包括在定额之内。

(3) 常态砼、沥青砼及预制砼均应分别计算其工程量,其中不同标号或不同部位的砼须分开计算。

(三) 道路工程量计算基本规定

道路工程分为田间道路和生产道路,应分别计算路面和路基的分项工程量。工程量包括道路基础的土方开挖、回填及土方运输等分项工程量。

(四) 其他工程量计算基本规定

(1) 农田防护工程中树木种植的工程量,以株为单位计算;种草以播种类别不同分别以 hm^2 或 m^2 为单位计算。

(2) 水土保持工程,要分别计算土(石)方开挖,土(石)方回填,浆砌砖,浆砌石块,改、抹面等分项。

(五) 金属结构与设备及安装工程量计算基本规定

(1) 水工建筑物各种钢闸门的重量,在可行性研究阶段,可参照其他已建工程资料用类比法确定;在设计阶段应按设计图纸中各种门型的自重计算方法进行计算,并需按已建工程资料用类比法综合研究确定。

与各种钢闸门配套的门槽埋件及各种启闭机的重量,无论可行性研究或设计阶段,均可参考现行启闭机系列标准的有关资料用类比法确定。

(2) 在可行性研究阶段,设备及安装工程量根据可行性研究报告并按已建工程资料用类比法综合研究确定。

在设计阶段,设备及安装工程量应根据设计内容,依据预算定额及相关取费标准分别计算其设备及安装工程量。

(六) 主要工程量统计

1. 主要工程量统计目的

工程预算中要求统计所有工程量,并将统计结果写入"项目预算的编制说明"中。这样做是为了让审核及编制人员能一目了然了解工程规模、工程主要工作的类型和数量,从而了解工程的特点,以便审核人员将该工程的相关参数与类似工程进行比较,初步判断该工程的技术经济指标是否合理。

2. 工程量统计的内容

工程量需统计土石方明挖、土石方填筑、砼、模板、钢筋、金属结构安装等项目。统计主要工程量时,一般应按相关单项工程量计算规定的要求进行计算,统计采用的单位应与预算定额中采用单位一致。统计结果应列入"主要工程量汇总表"中。表 8-14 是某土地整理区清淤沟工程量统计表(节选)。

表 8-14 清淤沟渠工程量汇总表

类型	沟编号	长度/m	清淤土方/m³	清淤长度/m	平均沟面宽/m	边坡/m	平均渠深/m	平均渠底宽/m	平均清淤深度/m	围堰/个	硬化长度/m	备注	清障面积/m²
	总计				—	—	—	—	—			清淤方式	
1	清淤沟渠-1											人工	
2	清淤沟渠-2											机械	
…	…												

二、工料分析

(一)工料分析的概念与作用

工料分析就是对工程建设项目所需的人工及主要材料数量进行分析计算,进而统计出单位工程及分部分项工程所需的人工数量及主要材料用量,最后汇总出整个工程项目的劳动力和主材用量。主要材料一般包括钢筋、钢材、水泥、木材、汽油、柴油、炸药、沥青、粉煤灰和沙石等,不同的工程其主要材料的种类一般不同。

工料分析的目的主要是为施工单位调配劳动力、做好备料及组织材料供应、合理安排施工及核算工程成本提供依据。工料分析是工程预算的一项基本内容,也是施工组织设计中安排施工进度不可缺少的资料。

(二)工料分析的方法

工料分析计算就是按照预算项目内容中所列的工程数量乘以相应单价中所需的定额人工数量及定额材料用量,计算出每一工程项目所需的工日和材料用量,然后按照预算编制的步骤逐级向上合并汇总。工日、材料计算表格式见表 8-15。

表 8-15 工日、材料计算表

序号	工程项目名称	单位	工程量	定额工日/个		分计工日/个			水泥/kg			钢筋/t	
				甲类	乙类	甲类	乙类	合计	定额用量		合计	定额用量	合计

计算步骤以及填表说明如下:

(1)按照预算项目的分级顺序逐项填写表格中的工程项目名称及工程数量。工程项目的填写范围为单项或单位工程。

(2)按照各工程项目所对应的单价编号,查找该单价所对应的单位定额用工数量、单位定额材料用量以及单位定额机械台班用量,逐项填写。对于汽油和柴油用量,除须填写单位定额机械台班用量外,还要填写不同施工机械的台班用油数量(可以查施工机械台班费定额)。需要强调的是,单位定额用工数量,既要考虑单价表中的用工量,同时还要计算施工机械台班费中的用工数量,不能漏算。

(3)计算工日及材料数量。表 8-15 中的定额用量指单位定额用量、工日用量以及水泥、钢筋等材料用量,按照单位定额的工日和材料用量分别乘以本项工程数量即得本工程项目工日及材料合计数量;对于汽油或柴油材料用量,按照单位定额台班用量乘以台班耗油量,再乘以各自相应的工程数量,即得本项汽油或柴油的合计用量。

(4)按照上述(3)的计算方法逐项计算,然后再逐级向上合并汇总,即得所需计算的工日和材料用量。

(5)按照预算表格要求填写主要工程工日数量汇总表及主要工程主要材料量汇总表。

可以看出,工料分析的关键是要求出各工程单价所对应的人工和材料消耗数量,统计时不要重算和漏算。对人工,除单价中人工外,还有施工机械的用工数量。安装工程中以百分率表示的定额无法直接统计人工数,需要用人工费和人工单价反推出用工数量。水泥、沙、石等的数量部分必须由砼、沙浆材料用量通过配合比推导出来。另外,对不是直接由定额计算得到的工程项目,也须设法估算工料。

(三) 主要材料量和工日数量的汇总

主要材料量汇总表和工日数量汇总表是工程预算的重要组成部分。它是反映工程规模的重要参数,是编写项目预算编制说明的重要内容。将按上述方法所得到的计算结果,分别填入规定的"主要材料量汇总表"和"工日数量汇总表"。

表 8-16　主要材料量汇总表

序号	项目	钢筋 /t	原木 /m³	炸药 /t	汽油 /t	水泥 /t	块石 /t	…
1	桥梁工程							
	…							
	合计							

表 8-17　工日数量汇总表

序号	项目	工时数量	
		甲类工	乙类工
1	桥梁工程	××××	××××
	…		
	总计		

本章小结

不论是土地整理、开发还是复垦,在做完规划设计以后,要核算工程量,按照标准定额计算出某一个项目的总体费用,这就是土地开发整理的预算。它在整个项目中处于非常重要的环节,预算编制的科学与否直接关系到后期施工的进度与工程质量。本章共有三节内容,第一节介绍了定额的基本概念与土地开发整理项目预算定额的基础知识;第二节论述了土地开发整理项目的组成部分与各支出的费用标准;第三节简要介绍了工程量的计算与工料分析的相关内容。

关键词

预算　定额　土地开发整理项目　费用　工程量

复习思考题

1. 简述土地开发整理项目预算定额的含义、特征及分类。
2. 土地开发整理工程分为哪几个部分?
3. 工程量计算的基本要求有哪些?
4. 论述土地开发整理项目预算项目消耗指标是如何确定的。
5. 论述土地开发整理项目费用是如何构成的。

第九章 土地整理项目管理

 学习目标

通过对本章的学习,应该能够:
1. 了解土地整理项目管理的对象与管理内容;
2. 掌握土地整理项目立项的审查内容;
3. 掌握土地整理项目规划设计的审查内容;
4. 掌握土地整理项目实施管理的主要内容;
5. 了解土地整理项目验收的主要内容与验收报告的基本组成。

第一节 土地整理项目管理概述

一、项目管理对象的分类

(一)按土地整理的对象划分

依据整理对象的不同,广义的土地整理包括土地开发、土地复垦和土地整理三种类型。

(二)按项目的投资途径划分

按照项目的投资途径划分,包括:国家级项目(国家投资土地整理项目和国家农业综合开发土地复垦项目)、省级项目(省投资土地整理项目和省级土地开发复垦项目)、市级项目(市投资土地整理项目)、耕地占补平衡项目(一般项目和异地补充耕地重点项目)等。

(三)按照建设规模的大小划分

按照建设规模的大小又可以分为大型土地整理项目、中型土地整理项目和小型土地整理项目。

（四）按当前工作开展重点划分

根据国土资源部土地整理工作的管理实际,可分为农田整理项目、土地复垦项目、土地开发项目、农村土地综合整治项目和重大工程项目等五类。

二、项目管理的内容

一般来说,土地整理项目的整个过程包括以下九个环节:
(1) 编制土地整理项目可行性研究报告;
(2) 项目可行性研究评估;
(3) 开展项目规划设计与预算编制;
(4) 项目实施准备;
(5) 项目实施;
(6) 中期检查;
(7) 竣工验收;
(8) 土地权属调整与土地登记;
(9) 项目评价与后期管护。

与之相对应,土地整理项目管理内容可分为五个方面。

1. 项目立项管理

规定不同类别土地整理项目申报的时间、程序;明确项目申报的必要条件,如基础条件、建设规模、新增耕地比例、资金筹集等;规范项目申报的具体要求,包括建设期、投资额、资金使用规定等;规范项目的申报材料;对上述各项要求进行立项审查,通过审批项目纳入土地整理项目库。

2. 项目规划设计管理

制定项目规划设计有关标准,包括土地平整工程标准、灌溉与排水工程标准、田间道路工程标准和农田防护与生态环境工程标准;制定项目规划设计审查标准,包括基本指标核查、规划设计内容审查、工程总体平面布局审查、图件审查和主要工程量审查等相应标准。

3. 项目实施管理

指对项目实施的指导、监督与管理。项目实施全过程全方位的管理,包括项目实施准备管理、质量管理、进度管理、技术管理、成本控制和资金管理等方面。土地整理项目应严格按照批准的规划设计组织实施,凡涉及建设位置、建设规模、新增耕地面积、规划设计主要工程建设内容等调整的,必须经原批准立项单位同意,并办理规划变更手续;凡经批准实施的项目未按规定要求实行招投标,擅自改变规划建设的,项目竣工后一律不予验收。

4. 项目验收管理

规定项目验收的依据、标准、程度,建立规范的项目验收报告制度。项目工程质量验收是项目验收的重要内容,也是验收中的重点与难点。其主要目的是考核工程的建设标准是否达到规划、设计要求。土地整理新增耕地面积严格把关,必须经过有资质的测绘单位实测，并经项目所在村和乡镇确认。

5. 项目后期管理

项目后期管理是土地整理项目工程完工后，项目承担单位以委托等方式确定管护组织或个人，管护组织或个人按照业主单位的有关规定，对项目土地、农田水利设施、道路、林网等设施进行管理、养护等行为。

三、项目管理机构

土地整理项目管理机构包括国土资源部及其土地整理中心，各省(市、自治区)级国土资源行政管理部门及其承担土地开发整理职能的相关部门(如土地整理中心、国土整治办公室、国土整治局等)，县(市、区)级国土资源行政管理部门及其相应职能部门三个级别。

(一) 国土资源部土地整理中心

国土资源部土地整理中心是国土资源部负责土地开发整理工作的直属事业单位。主要任务是：

(1) 编制全国土地开发整理项目计划，指导地方组织实施，对地方编制土地开发整理项目计划进行技术指导，在全国范围内选择和运作土地开发整理示范项目；

(2) 参与拟定有关政策法规、技术规程、管理办法，开展土地开发整理调研；

(3) 承办对国家土地开发整理项目的验收工作和对地方土地开发整理项目的复核；

(4) 管理、使用有关土地开发整理专项资金；

(5) 开展土地开发整理资源调查，参与编制全国土地开发整理专项规划；

(6) 开展土地开发整理和农地转用项目的咨询服务及评价；

(7) 建立土地开发整理信息系统，提供信息服务，编辑、出版土地开发整理的文献资料；

(8) 开展土地开发整理技术研究，开展土地开发整理宣传、经验推广、技术培训、指导；

(9) 开展土地开发整理的引资、国际交流与合作。

(二) 省(市、自治区)土地开发整理职能部门

省(市、自治区)土地开发整理职能部门是省(市、自治区)国土资源行政管理部门的下属事业单位，主要负责：

(1) 认真贯彻执行国家、省、市有关法令、法规和文件，坚持依法办事；

(2) 承担省(市、自治区)国土资源行政管理部门交办的全省(市、自治区)行政区耕地占补平衡项目管理工作中事务性、服务性工作；

(3) 审核各县(市、区)申报的立项材料，组织对项目内外业核查，确定年度全市耕地占补平衡项目库，并报上级省厅备案；

(4) 负责检查、监督耕地占补平衡项目库的具体实施，并提供具体指导、业务咨询；

(5) 接受各县(市、区)验收申请，分批次组织进行内外业验收，并将验收最终认定成果上报省厅备案；

(6) 建立完善耕地占补平衡项目库资料档案。

（三）县（市、区）级国土资源行政管理部门

县（市、区）级国土资源行政管理部门是基层土地整理项目管理单位，有些地方在其下设立了直属事业单位县（市、区）土地整理中心，它们的主要职责如下：

(1) 认真贯彻和实施土地开发整理政策法规、技术规程、管理办法，积极参与土地开发整理项目的调研；

(2) 负责土地整理项目的选址、申报立项、实施方案的编制；

(3) 组织土地整理项目的实施；

(4) 承办土地开发整理项目资金概（预）算初步审查，参与土地开发整理项目的财务监督、检查；

(5) 对实施项目的质量、进度等进行监督，先由县（市、区）局分别组织验收，验收合格后再申请市级验收，市国土资源局将验收情况汇总后，报省国土资源厅备案，并接受省级抽查。

四、项目资金的管理模式

我国1999年正式开展第一批国家投资土地整理项目，同时开始了规范的土地整理管理工作。至今，资金管理政策的发展可分为两个阶段：2000年至2006年，以国土资源部出台的《国家投资土地整理资金管理暂行办法》为准。2006年后，国土资源部将资金使用权责下放至各省（市、自治区）土地行政管理部门。各省（市、自治区）以部暂行办法为基础，结合自身特点，纷纷制定了不同的资金管理政策。综合各省（市、自治区）的管理特点，认为可以分为三类：以湖北、天津为代表的"传统型"资金管理政策；以福建、重庆为代表的"简约型"资金管理政策；以浙江为代表的"混合型"资金管理政策。

（一）2006年以前国土资源部土地整理资金管理政策要点

(1) 以项目为依托。专款用于中央确定的耕地开发整理重点项目、经中央批准的耕地开发整理示范项目和对地方耕地开发整理项目进行补助的投资。

(2) 由县（市、区）土地局负责编制项目可行性报告、规划设计与预算，由省（市、自治区）土地行政主管部门统一上报国土资源部。

(3) 国土资源部对上报的项目规划设计、年度项目计划和预算进行审查，符合部有关规定的，纳入部土地开发整理项目库（初审库），编制国家年度项目计划与预算。

(4) 国土资源部将国家年度项目预算报送财政部，经同意后，由财政部和国土资源部共同下达年度项目计划与预算。下达执行的国家年度项目计划与预算中的项目纳入部土地开发整理项目库（预算库）并予以公告。

(5) 国土资源部根据土地有偿使用费年度收入预算的执行情况、下达的项目预算和项目工作进度办理项目资金的拨付。在项目竣工验收前，拨付的项目资金不超过支出预算的80%，其余20%待项目竣工验收合格后拨付。

（二）2006年以后各省（市、自治区）土地整理资金管理政策要点

2006年以后，国土资源部改变了以项目为依托的土地整理资金预算与拨付方式，而是按照相关规定仅确定各省（市、自治区）土地整理年度投资总额，由财政部将相应资金直接拨付至省（市、自治区）级财政。各省（市、自治区）级土地管理部门根据实际条件，建立了不同的资金使用模式。

1. "传统型"土地整理资金管理政策要点

以湖北和天津为代表的传统型土地整理资金管理政策，基本上延续了国土资源部的原有管理方式。即以项目为依托，由区（县）土地局负责编制项目可行性报告，通过立项申请后纳入项目库，省（市、自治区）国土资源管理部门，编制年度项目预算，列入财政预算。省（市、自治区）国土资源管理部门或区县土地局组织开展规划设计与预算，省（市、自治区）国土资源管理部门并会同省（市、自治区）财政部门组织有关部门及有关专家对土地整理项目的规划设计方案和预算草案进行评审。评审通过后，将项目支出预算联合下达到项目所在区（县）财政局和国土资源局。

2. 简约型"土地整理资金管理政策要点

以福建和重庆为代表的简约型土地整理资金管理政策，效仿国土资源部2006年以后的管理方式，直接将由省（市、自治区）使用管理的专项资金依据一定比例，进一步直接拨付至各县（市、区）土地管理部门。县（市、区）土地管理部门与财政部门负责编制项目可行性报告、规划设计与预算，以及项目的审核、入库和预算下达等所有工作。省（市、自治区）土地管理部门委托专业技术单位进行项目抽查、监督等工作。

3. 混合型"土地整理资金管理政策要点

以浙江为代表的混合型土地整理资金管理政策，兼具传统型与简约型资金管理政策的特点，将省投资土地整理项目分为省直接承担项目与县（市、区）承担项目两个大类。省承担项目的资金预算建议，由省土地整理中心负责组织编制，厅计财处会同耕地保护处组织审核；县（市、区）承担项目的资金预算建议由项目承担单位编制，县（市、区）国土资源管理局财务部门会同相关业务部门组织审核。

第二节　项目立项管理

一、项目申报的原则和条件

（一）项目申报的原则

组织申报和实施土地整理项目，必须遵守以下原则。
(1) 保护和改善生态环境，促进资源可持续利用。
(2) 增加有效耕地面积，促进实现耕地总量动态平衡与农业可持续发展。
(3) 依据土地利用总体规划和土地整理规划，符合土地利用年度计划。

(4) 以土地整理和土地复垦为主，适度开发未利用地。
(5) 采用科学技术，实现经济、社会和生态效益的统一。
(6) 调动社会各方面的积极性，因地制宜。

（二）项目申报的条件

土地整理项目的申报项目必须具有充足的土地后备资源及符合本市制定的土地整理专项规划及土地利用年度计划、新增建设用地土地有偿使用费收入预算等。同时，国土资源部门按符合上述条件初步拟定项目上报组织实施后，要充分征求拟定的项目区范围内当地乡镇、村领导及基层群众代表的意见，得到他们的认可，才能确定项目的上报。一般来说应当具备下列条件。

(1) 项目选址必须符合土地利用总体规划和土地整理规划。
(2) 项目必须在土地整理项目库中。
(3) 项目所在区位具有土地整理复垦所必需的路、水、电等基础设施或已制定相关的道路、水利、电力工程和村庄改造等建设方案。
(4) 当地政府及干部群众有较高的土地整理积极性。
(5) 项目规模须达到一定面积。项目规模与土地开发项目、土地整理项目及土地复垦项目等不同类型有关，并呈现出较大的区域差异。如天津市规定土地开发项目规模须达到 20~200 hm^2，单片面积不少于 2 hm^2，片数不超过 10 片；土地整理项目规模须达到 200~2 000 hm^2，项目区集中连片，单片面积不少于 60 hm^2，片数不超过 10 片；土地复垦项目规模 200~1 000 hm^2，项目区集中连片，单片面积不少于 60 hm^2，片数不超过 10 片。

二、项目申报的材料

项目承担单位向具有项目立项审批权的土地资源管理部门申报立项，项目申报材料包括：

(1) 土地开发整理项目立项申请；
(2) 项目可行性研究报告(附电子文档)；
(3) 县(市、区)国土资源局组织项目可行性论证的文件和区、县有关部门的审查意见；
(4) 县(市、区)国土资源局出具的符合县(市、区)、乡(镇)两级土地利用总体规划的意见；
(5) 项目区标准分幅土地利用现状图、项目总体规划图；
(6) 征求土地权属单位意见的说明和县(市、区)国土资源分局出具的土地权属情况证明；
(7) 现场踏勘报告及影像资料；
(8) 其他有关资料。

三、项目审批程序

土地开发整理项目审批的责任单位为省(市、自治区)国土资源厅或县(市、区)国土资源局。审批单位可委托相关技术单位或事业单位组织项目立项的审查。

项目立项的审查人包括审查人员和评审专家。审查人员由耕保、规划、财务、土地整理中心等相关工作人员组成。评审专家则由有关部门、大专院校及相关单位中产生。

(一) 审查程序

1. 受理
2. 审查

(1) 审查单位收到立项申报材料后,组织审查人员进行审查。主要是对项目的合法性、合规性、必要性、可行性及项目报件的规范性、完整性、数据一致性等进行审查;

(2) 审查人员进行项目立项审查现场踏勘,并填写项目立项审查现场踏勘表;

(3) 由审查单位根据审查人员的审查意见,提出综合意见。

3. 评审

审查单位对通过审查的项目组织评审专家进行评审,主要是对项目可行性研究报告进行技术审查;评审专家对每个评审项目提出评审意见。

4. 修改

项目申报单位根据审查和评审意见,对项目可行性研究报告进行修改完善。

5. 会审

审批单位组织相关单位负责人参加的会审会,研究确定土地整理项目是否立项入库。

6. 批复

审批单位决定土地开发整理项目,下达立项批复。国家投资项目报国土资源部备案。

(二) 审查内容

1. 项目立项审查现场踏勘

项目立项审查的现场踏勘,主要考察项目区的各项条件与可行性研究报告是否相符,公众参与是否得到了真正落实,所提出的各项规划技术指标能否实现。

2. 审查人员的审查内容

审查内容包括:项目的合法性审查;项目合规性审查;报件完备性审查;可行性研究报告完整性审查;可行性研究报告一致性审查;可行性研究报告与现场踏勘报告内容的一致性审查;可行性研究报告有效性审查。报告中涉及的有关文件,要有相关单位的公章;项目现状图、规划图要有图签和编制人员签名,并加盖绘制单位公章;专家评审意见要有专家本人签名;可行性研究报告规范性审查。

3. 评审专家的审查内容

评审专家的审查包括:

(1) 可行性研究报告控制指标的合法性审查,具体包括项目建设规模、新增耕地率、建设工期、片数及单片规模等指标是否符合国家有关规定;

(2) 项目立项必需的基础设施审查;

(3) 土地适宜性评价及土地利用限制因素分析审查;

(4) 水资源供需平衡分析审查;

(5) 土地权属调整方案审查;

(6) 技术方案审查,具体包括工程建设内容审查、工程布局方案审查、工程建设标准审查、工程建设进度安排合理性审查、灌溉用水方案与水资源供需平衡分析结果相符性审查,以及方案选择优化审查等;

(7) 图件审查。

第三节　项目规划设计管理

一、项目规划设计标准

（一）土地平整工程

(1) 耕作田块布置标准,包括耕作田块类型、布局、土地权属、田块设计、高程设计等。

(2) 平整度标准,分为水田与旱地。

(3) 田面坡度标准,分为平原与梯田。

（二）灌溉与排水工程

(1) 工程级别标准,包括水源工程等级、输(排)水工程等级、渠系建筑物工程等级以及泵站工程等级。

(2) 灌溉标准,包括灌溉设计保护率、灌水延续时间、灌溉用水定额以及泡田定额等。

(3) 排水标准,包括排渍标准和排涝标准。

(4) 建筑物防洪标准。

(5) 水质标准。

(6) 灌溉水利用系数标准。

（三）田间道路工程

(1) 田间道路分级标准。

(2) 田间道路等级标准。

(3) 路网密度标准。

(4) 田间道路布置。

（四）农田防护与生态环境保护工程

(1) 农田林网工程标准,包括农田防护林类型及适应地区、网格大小、林带走向、林带间距和林带宽度、林带断面形状、林带结构、树种选择等。

(2) 岸坡防护工程标准。

(3) 沟道治理工程标准。

(4) 坡面防护工程标准。

二、项目规划设计审查标准

(一) 基本指标核查

(1) 核查项目区土地利用现状地类划分是否正确,文、图、表是否一致。

(2) 对规划施工设计报告中项目所涉及行政乡(镇)村、建设规模、新增耕地面积(新增耕地率)以及项目区地貌类型等基本指标进行前后对照,核查基本指标是否前后一致,文、图、表是否相符。

(3) 通过核查道路、沟渠等线形工程用地和各类土地面积,核查新增耕地面积计算是否准确。

(二) 规划设计内容审查

主要审查规划设计报告的规范性、内容的齐全性、基础分析的有效性。

(1) 项目选址审查。主要审查项目选址是否全面考虑了灌溉、排水、交通和行政区划等关系项目的完整性、可实施性和经济性等问题。

(2) 设计内容齐全性审查。主要根据《土地开发整理标准》和有关文件,审查设计报告规定的内容是否齐全。设计报告中必须有分类工程量。

(三) 基础分析审查

(1) 必要的设计依据资料是否充分、有效。

(2) 项目区基本情况介绍是否全面、清楚。

(3) 项目基础分析与采取的规划方案是否紧密相关。

(4) 基本方案选择是否合理。如平原湖区的土地整理工程是否考虑地下水位的影响,并在设计中采取了应对措施;山地丘陵地区是否采取了水土保持措施;原有工程设施是否充分合理利用。如未利用,应充分说明理由。

(四) 工程总体平面布局方案审查

(1) 各项工程之间是否协调统一(如路渠协调布局、交叉建筑物的布置等)。一般情况下,道路和沟渠布置间距要符合《土地开发整理标准》要求。

(2) 布置田间水利工程是否考虑到灌溉水源与排水承泄区的位置以及项目区地形情况等,以保证排水和灌溉渠道获得最大自流排水和灌溉面积。特别注意灌溉工程与水源的连接和排水工程与承泄区的连接是否描述清楚,干旱地区是否规划排水沟应充分说明理由。

(3) 项目区道路布置是否通达合理、方便生产生活。主要道路与居民点是否连接,与整理区外的主要道路是否相通。

(4) 各类建筑物布置是否必要、合理。

(5) 工程布置是否做到尽量减少工程量,保证工程安全,少占耕地,提高土地利用效率和工程效益。

(五) 主要单项工程设计审查

1. 田块设计

(1) 田块方向。

平原区：田块长边尽量沿南北方向布置。

丘陵区：梯田是否沿等高线布置。

(2) 田块规模设计应因地制宜。

2. 农田水利工程设计

审查各项水利工程的计算公式、步骤、指标选取及计算结果的合理性。

3. 田间道路工程设计

审查是否有道路工程内容不符合规范要求。

4. 农田防护林工程设计

(1) 审查农田防护林的布置是否合理。

(2) 设计的防护林树种是否适地适树，设计株、行距是否合理。

(六) 图件审查

包括土地开发整理项目现状图、规划图和单体工程设计图审查。

1. 现状图

有图名、图例、制图单位和制图日期；项目现状图比例尺，能满足工程规划和设计要求；土地利用变更日期、各类(三级)用地面积统计表、项目建设区边界、项目区最新土地利用现状分布情况、土地权属界线、所涉及乡镇和村庄的名称；项目所在区位水源及现有的主要道路、排灌沟渠、机井、蓄水池、堤坝、建筑物、电力等基础设施。

2. 规划图

(1) 图名与申报项目名称应一致(关键要确认是否为同一块地)；

(2) 项目规划图应以项目现状图为基础进行编制，项目建设区边界必须完全一致，原有基础设施和等高线应做淡化处理并能清楚显示；

(3) 规划的不同类型和规格的工程应清晰易读，改、新建工程标识明显，需要平整的田块应标注平整范围和设计高程；

(4) 沟、路、林、渠、建(构)筑物、机井、输电线路、田块布置等各项工程总体布局要明确，主要单项工程要有编号，工程类型和数量要与报告中描述的相符；

(5) 灌排沟渠(管)布局应合理，不同级别渠系之间应能合理连接，沟渠应标注水流方向，不同级别的灌溉渠道的灌溉面积是否与设计基本相符；

(6) 各级排灌沟渠和道路的相互关系与配置要合理；

(7) 应附规划前后各种地类面积变化情况对比表，并与图上地类变化情况基本相符；

(8) 图例应符合《土地开发整理项目规划施工设计规范》要求，并与规划工程所用图式符号一致；

(9) 应有图签栏并签署完备，同时加盖设计单位公章。

3. 单体工程设计图

(1) 项目建设区所有新、改建工程应有典型设计图,所有设计图应清晰标注设计尺寸和比例尺等;

(2) 不同类型和规格的线形工程如道路、沟渠必须有典型横、纵断面设计图;

(3) 不同类型的建筑物应有平、立、剖断面设计图,需要配筋的,应有配筋图,并列表统计工程量;

(4) 工程设计型式、结构、材料应与设计报告内容一致;

(5) 单体设计图签栏应签注完备,并加盖设计单位公章。

(七) 主要工程量审查

设计报告应附主要工程量的计算方法、过程和结果。审查在原有设施基础上新建、修复、加固、改造等工程量的计算是否正确。

1. 规划线形工程建设长度和建筑物数量复核

(1) 道路、沟渠等线形工程,根据规划图分类逐条统计其长度并汇总,是否与设计报告和预算书对应一致;

(2) 规划灌溉管道根据规划图分类逐条统计其长度并汇总,是否与设计报告对应一致;

(3) 规划不同类型建筑物应清晰标注在规划图上,并根据规划图分类统计其数量,是否与设计报告对应一致。

2. 道路、沟渠、管道等线形工程土方挖填等工程量的复核

(1) 根据设计报告或设计图确定的施工工艺,审查工程量计算方法是否合理,如方法合理,根据原方法计算工程量是否对应一致;

(2) 注意挖填土方是否重复计算。

3. 建筑物工程量复核

(1) 重点复核同类工程数量多,或投资量大的工程类型;

(2) 根据一般的工程量计算方法,计算单座建筑物工程量,然后汇总比较,是否与设计报告对应一致。

4. 土地平整土方工程量复核

(1) 平原地区。

① 需要进行平整的区域应在规划图上清晰标注平整范围、原地面高程和设计高程;

② 土地平整必须采取分平整单元逐块计算,平整单元为农渠和生产道控制的田块内部格田;

③ 审查土方工程量计算方法是否合理;

④ 如计算方法合理,根据原方法计算土地平整工程量是否与设计报告对应一致,注意土方挖填是否重复计算。

(2) 丘陵地区。

第一类:地形复杂,坡度变化不均匀。

① 应划分不同坡度区,统计不同坡度区需要平整的土地面积;

② 审查不同坡度区典型田块设计图是否符合规定要求,如典型田块面积不小于该坡度

类型土地面积的 5%,田坎设计尺寸是否符合稳定性和生产方便等要求,土方平整工程量计算方法是否合理;

③ 如方法合理,根据原方法和设计尺寸计算土方工程量是否与设计报告和预算书一致。

第二类:地形均匀变化地区,可以采用典型推算方法。

① 审查不同坡度区典型田块设计图是否符合规定要求,如典型田块面积不小于该坡度类型土地面积的 5%,田坎设计尺寸是否符合稳定性和生产方便等要求,土方平整工程量计算方法是否合理;

② 如方法合理,根据原方法和设计尺寸计算土方工程量是否与设计报告和预算书一致。

5. 其他工程量复核

(1) 防护林工程量复核,林木株数复核。根据规划图防护林布局长度、株距、行距,计算总株数是否对应一致。

(2) 坟墓迁移。应在现状图或规划图上清晰标注迁移坟墓的位置,根据规划图直接清点核对。

(3) 居民点搬迁应在现状图或规划图上清晰标注搬迁村庄的范围,并附有有效的拆迁统计表。根据图表直接统计核对。

当主要工程量计算方法不合理时,应根据合理的方法重新进行计算,然后比较工程量的误差。

第四节 项目实施管理

一、准备工作

项目实施准备包括项目承担单位的工作准备和项目工程承包单位的工作准备两个方面。

(一) 项目承担单位的工作准备

(1) 建立管理组织、招聘人员。如建立项目建设领导小组、土地权属调解组、拆迁组、技术组,招聘管理人员、技术人员等。

(2) 进行项目实施方案公布。将项目建设方案、主要工程内容、投资总额、项目建设起止日期、初步拟定的土地权属调整方案等在项目区进行公告。同时,要进行宣传发动,吸纳百姓意见。

(3) 开展项目工程招投标。择优落实项目各项工程的施工单位、监理单位、财务资金、审计单位等,签订有关合同、协议。

(4) 制定项目管理制度。如资金管理制度、质量管理制度、工程监理制度、审计制度、工程进度控制制度等。

(5) 提出项目开工报告。

（二）工程承包单位的工作准备

（1）组建项目经理部。项目工程承包单位在签订工程合同后，首先应确定项目经理。项目经理在接受工程施工企业法人代表的委托后，组建项目经理部，并与企业法人签订"项目管理目标责任书"。项目经理部负责编制"项目管理实施规划"，制定相关的制度。

（2）图纸会审。图纸会审是指在业主单位的主持下，由监理单位组织设计单位、施工单位、质量监督部门、物资供应部门等有关人员参加，就施工图纸的设计意图、工程技术与质量要求等，向施工单位作明确的说明。

（3）施工组织准备。施工组织准备是就施工方案、施工进度安排、施工平面图进行审查，确定施工机械、施工顺序、施工技术措施等。

（4）施工现场准备。施工现场准备包括施工现场的补充勘探及测量放线，对施工道路及管线的铺设、施工临时设施的建设和施工安全的保障情况等进行检查和监督。

（5）施工材料准备。施工材料准备主要是就材料的规格、数量、品种和材料的存储、运输等情况，以及施工机械的安排、配置情况进行检查，以保证施工的顺利进行。

二、质量管理

施工阶段的质量控制是一个由对投入的资源和条件的质量控制（事前控制）进而对生产过程及环节质量进行控制（事中控制），直到对所完成的工程产出品的质量检验与控制（事后控制）为止的全过程的系统控制过程。

1. 施工阶段质量控制的依据

施工阶段进行质量控制的依据，根据其使用的范围及性质，主要分为以下两类：共同性的依据和有关质量检验与控制的专门技术法规性依据。

（1）质量管理与控制的共同性依据。

① 工程承包合同文件；

② 设计文件；

③ 国家及政府有关部门颁布的有关质量管理方面的法律、法规性文件。

（2）有关质量检验与控制的专门技术法规性依据。

① 工程质量检验评定标准；

② 有关工程材料、半成品和配构件质量控制方面的专门技术法规性依据；

③ 控制施工工序质量等方面的技术法规性依据。

（3）施工阶段质量控制的程序。

① 开工（下达开工令）；

② 工序质量（质量验收单）；

③ 分项分部工程完成（中间交工证书、中间支付证明）；

④ 单位工程竣工验收（工程移交）。

（4）施工阶段质量控制的方法与种类。

① 质量控制的方法主要有审核有关技术文件、报告或报表及现场进行监督；

② 质量检验的种类分为全数检验、抽样检验、免检三种。

2. 工程质量检查与验收

建筑工程质量验收应划分为单位(子单位)工程、分部(子分部)工程、分项工程和检验批。

(1) 检验批质量验收；
(2) 分部工程质量验收；
(3) 分部(子分部)工程质量验收；
(4) 单位(子单位)工程质量验收；
(5) 工程验收及工程竣工验收管理。

三、进度管理

项目工程施工进度一般指从施工合同确定的开工日期到项目竣工验收之日的工程进展。一般而言，工程建设的进度控制是指对工程项目建设阶段的工作内容、工作程序、持续时间和衔接关系编制计划，将该计划付诸实施，在实施的工程中经常严查实际进度是否按照计划的要求进行，对出现的偏差分析原因，采取补救措施或调整、修改原计划，直至工程交付使用。进度控制的最终目标是确保项目进度目标的实现，建设项目进度控制的总目标是建设工期。

工程项目施工进度控制工作流程如图 9-1 所示。

工程项目的施工进度控制从审核承包单位提交的施工进度计划开始，直至工程项目保修期满为止，其主要工作内容有：

(1) 编制施工阶段进度控制工作细则；
(2) 编制或审核施工进度计划，为保证工程项目的施工任务按期完成，监理工程师必须审核承包单位提交的施工进度计划；
(3) 按年、季、月编制工程综合计划，工程实施的总体考虑，承包方、材料供应、业务各方的配合协调关系；
(4) 下达工程开工令，工程开工令的发布，要尽可能及时，如果开工令发布拖延，就等于推迟了竣工时间；
(5) 监督施工进度计划的实施；
(6) 协助承包单位实施进度计划；
(7) 组织现场协调会；
(8) 签发工程进度款支付凭证；
(9) 审批工程延期；
(10) 向业主提供进度报告；
(11) 督促承包单位整理技术资料；
(12) 审批竣工申请报告，协助组织竣工验收；
(13) 处理争议和索赔；
(14) 整理工程进度资料；
(15) 工程移交。

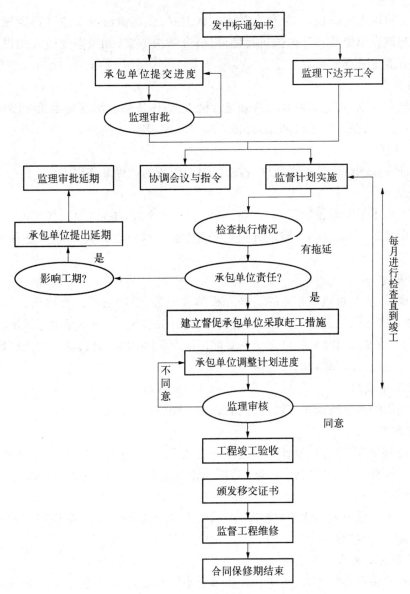

图 9-1 工程施工进度控制工作流程

四、技术管理

(一) 土地平整工程

土地平整工程的基本单元是标准田块,即由田间排灌渠系、道路、林带等固定工程设施所围成的地块,是进行田间耕作、管理与建设的最基本的单位。土地平整工程也是整个土地整理项目施工中最重要的环节,对表土施工应特别重视,保护表土就是保护耕地。其施工方法如下。

1. 复核田面高程

施工单位的测量人员预先在田块附近设置控制测量的标桩,对田块的高程进行复核,看是否符合设计原地面的高程,如果存在较大的误差时,应邀请监理单位进行复核,确实存在较大误差应与建设单位及设计单位进行协商,研究解决方案,如果需要较大的设计变更,应按有关的变更规定进行变更。

2. 底层检查

高程复核完成以后,对田块底层基础进行检查,看田块耕作层底下是否为淤泥,如果是,应该及早进行协商,保证施工机械及人员的安全和耕作层防渗能力。

3. 施工放样

在施工前应按图纸设计进行放样,控制好每个田块的边界及高程。

4. 表土剥离

将田块积水排干以后,进行表土剥离,剥离表土应全面,不得浪费;控制好剥离厚度,剥离表土应集中堆放,特别是雨季施工时应避免表土被雨水冲刷而流失,造成耕作层受损而影响耕作。

5. 田块平整

表土剥离后,应及时填写相应的隐蔽工程验收报告,经验收签证合格后,才可以进行田块平整,平整时应采取就近原则,挖去高于设计田面标高的土方回填至附近地域。涉及田面标高的田块,开挖及回填时应保证表土恢复前田块有足够的保水层,防止表土层底部为漏水层,在施工时应注意田面高程的控制。

6. 表土回填控制

把原来收集的表土摊铺在田块上,完成后报监理单位进行复核。

7. 田埂施工

表土恢复验收合格后,按设计要求进行田埂施工;田埂夯筑要顺直,防止漏水,在田埂内侧用黏性土涂抹夯实,防水试蓄。田埂外侧应选择黏性较强的土壤,逐层修坡,拍打结实。

8. 田坎施工

对于超过1m以上的田坎应种植草皮;当田坎高度较大时,下部应设置干砌护坡或干砌挡石墙,上部以草皮护坡。

9. 河卵石地块施工

对河卵石地块平整时,应在河卵石表面铺上小卵石反滤层,再铺上20～30 cm黏土保水层,最后铺上表土层。

10. 施工评定

在土地平整过程中,施工单位应按单元划分地段进行自检与自评,并填写相应的评定报表与建设单位、建立单位进行审核和复评。

(二) 农田水利工程

1. 土方开挖及回填工程

(1) 土方开挖的顺序。

对于零星的项目,在施工过程中可根据项目的进展情况穿插进行。

(2) 施工测量控制。

① 施工测量放线:施工测量放线的任务是把设计图上的布置尺寸放到地面上,即根据

工程图示的坐标和标高用测量仪器确定其在实地的平面位置和所处的高程。

② 测放临时水准点：工程施工之前，根据图纸指定水准系统的已知水准点，引导至施工范围内，设置临时水准点，当施工牵涉到的水准系统不是一个标准时，应统一换算为工程的施工水准系统，据此设立临时水准点。临时水准点设置后，要注意编号，其精度要求闭合差不能超过规范要求，并标在图纸上。根据需要和设置的牢固程度应定期进行复测。

③ 平面放线：根据工程的起点、终点和转折点的设计坐标，计算出这些点与附近控制点或建筑物之间的关系，然后根据这些关系把各放线点用标桩固定在地面上。在工程的起点、终点和所有转折点均已打桩核定后，再进行中心线和转角测量。

④ 纵断面水准测量：纵断面水准测量之前，先沿工程的施工线每隔 100 m 的距离设置临时水准点，临时水准点的精度要求闭合差在平坦地区不超过 1 mm。以此水准点测出中心各桩位地面的高程，以检验设计图上地面高程和实际地面高程是否相同，并以此决定沟槽开挖的深度或管道架空的高度。

(3) 土方开挖。

① 土方开挖前，先进行场地清理，清除开挖区域内的全部杂草、垃圾、不可利用的表土及其他障碍物，运至指定的地方堆放。无实用价值的可燃物，运至指定地点烧毁；无法燃尽的残渣，运至指定地点掩埋，覆盖层不小于 60 cm。对于可用表土进行收集、堆放、恢复，以免表土流失。

② 开挖测量放线必须准确，误差在允许的范围内。开挖之前应对测量控制点及放线位置进行校核。开挖边线应有足够数量标志状，并注意防止损毁和移位。

③ 在开挖过程中，采取适当措施，防止已建成的地下构筑物被破坏。

④ 开挖边坡施工坡度一般不小于 1∶1，边坡较高的部位均设置警示牌和护栏，防止人员和车辆靠近。

(4) 土方回填施工。

土方回填用料应到建设单位指定地点选取，土方回填应分层夯实，每层厚度控制在 40 cm 左右，密实度不应小于 90%。

2. 砌石工程

(1) 施工放样：主要对排水沟灌溉渠的轴线即高程进行控制。放样应保证沟、渠轴线符合设计要求，而且能对沟、渠的开挖高程进行控制。

(2) 基槽开挖：根据土方开挖要求进行施工，此部分需做隐蔽工程记录与签证。

(3) 垫层施工：有反滤要求及底部需进行浆砌的沟、渠需进行垫层施工。

(4) 砌石体施工：

① 基本要求。砌石体施工基本要求可以按以下八个字来概括：平整、稳定、密实、错缝。

② 砌石体的材料。土地整理常用的石料分为块石、毛石、粗料石及卵石。砌石体的石料应采自施工图纸规定或监理人批准的料场，石料的开采方法应经监理人批准。

3. U 型槽工程

(1) U 型槽工程施工步骤，如图 9-2 所示。

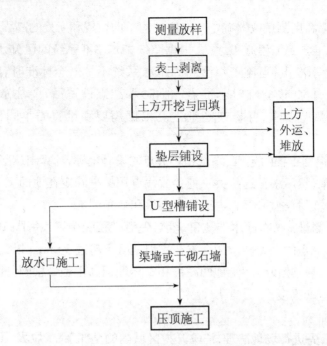

图 9-2 U型槽工程施工步骤

(2) 施工测量控制：在施工测量控制中轴线与高程控制是最重要的部分。

① 轴线控制：U型槽铺设线路布置应与设计图纸吻合，在满足设计要求的情况下，其轴线应尽可能取直。

② 高程控制：U型槽进水口与出水口高程应符合设计高程，整体放坡也应满足设计要求，在放样过程中应避免出现下游高程高于上游高程的现象。

(3) 土方开挖与回填土方开挖时，槽底高程、坡度要符合设计图纸要求；机械开挖时，在设计标高上方应保留一定厚度的原状土，进行人工清理，禁止扰动设计标高以下的原状土。

(4) 渠墙或干砌石渠墙施工以渠墙或干砌石渠墙为墙体的U型槽，其墙体尺寸应符合设计尺寸的要求，墙体应符合施工规范要求。

(5) 垫层铺设土地整理项目中垫层所采用的材料一般为沙料，铺设厚度为10 cm，应符合工程设计的要求。

(6) U型槽铺设：U型槽一般从下游开始，使接头面向上游，每节U型槽应紧贴于垫层上，使槽体受力均匀；U型槽应按正确的轴线和坡度铺设。当坡度较大时可采取跌坎、消力井过渡。

4. 涵管工程施工

(1) 基槽开挖：① 基槽开挖应符合图纸要求及有关规范规定；② 开挖后，应紧接着进行垫层铺设、涵管安施及基槽回填等作业。

(2) 垫层：① 沙砾垫层应为压实的连续材料层，其密实度应在95％以上；② 石灰土作垫层时，混合料的配合比设计应在施工前报监理人批准；③ 管涵基础应按图纸所示，结合图纸及路基填土高度设置预留拱度。

(3) 钢筋混凝土圆管涵成品质量：① 管涵成品需有出厂合格证及质量证明资料；② 管

节端面应平整并与轴线垂直;③ 关闭内、外侧表面应平直圆滑;④ 管节混凝土强度应符合土质要求,混凝土配比、拌和均应符合规范有关规定;⑤ 管节各部尺寸,不能超过有关规定。

(4) 铺设管节安装从下游开始,使接头面向上游;每节涵管应紧贴与垫层或基座上,上涵管受力均匀;所有管节应按正确的轴线和图纸所示坡度铺设。

(5) 接缝涵管接缝宽度不应大于 10 mm;在管节接缝填塞好后,应在其外部设置 C_{20}、混凝土箍圈。

(6) 进出水口:出水口应采用混凝土或场工结构填筑;进出水口的沟床应整理顺直,使上下游水流稳定畅通。

(7) 回填经检验证实圆管涵安装及接缝符合要求,并且其砌体沙浆或混凝土强度达到设计强度的 75%,方可进行回填作业,回填土按规范的规定进行。

5. 拦河坝

土地整理工程中拦河坝主要采用浆砌石,按施工顺序,各个部位可分为基础、主体结构、消能结构。

(1) 基础工程:基础埋置深度应按设计要求,如地质情况与设计不符,应及时反馈并要变更设计,一般黏性土等基础及岩层基础防渗效果较好,但应注意其稳定性;沙卵石基础一般采用土工膜等进行防渗漏处理。

(2) 主体结构:坝体轴线、放样、变现和建筑材料应严格按设计及施工规范进行施工,并注意控制好坝顶高程。

(3) 消能结构:消能建筑应考虑冲刷引起的负面作用,消能结构外形储蓄应满足抗冲稳定要求,且应严格按设计及施工规范施工。

(三) 道路工程

根据田间道路服务面积与功能不同,土地整理项目道路工程的主要形式有:田间道、生产路、下坡道等,道路应按设计要求施工。

1. 田间道

(1) 施工放样:主要对道路的轴线、边线及高程进行控制。放样应保证道路的轴线、边线符合设计要求,而且能对开挖高程进行控制。

(2) 基础开挖及回填:根据放样进行基础开挖及回填,开挖时尽量不扰动基面以下部位,回填时不适用橡皮土,需进行分层碾压,分层厚度一般不应超过 30 cm,密实度应满足设计及施工范围要求。施工完成后其表面高程及边线和放坡应符合设计要求。

(3) 路肩施工:田间路路肩砌石应按设计要求施工。砌石施工应符合设计、施工规范要求。

(4) 垫层施工:垫层的材料应根据设计要求进行选料,铺设厚度应满足设计要求,需要碾压的应按要求进行碾压;对于片石灌沙垫层应进行片石摆设,片石要留有足够的缝隙以便灌沙,灌沙时应用水来保证密实,灌满后还应进行碾压。

(5) 路面施工:路面施工的材料主要有石料和黏土。石料可采用轧制碎石或天然碎石。碎石的扁平细长颗粒不宜超过 20%,并不得有其他杂质。黏土主要起黏结和填充的作用,黏土内不能含有腐蚀殖质或其他杂质,用量不宜超过石料干重的 20%。

路面施工方法与程序：施工方法常用灌浆法和拌和法，其中灌浆法效果更好。

① 灌浆法：灌浆法主要分为准备工作、摊铺石料、初步碾压、灌浆及碾压5个步骤。

② 拌和法：拌和法施工与灌浆法施工不同之处在于土不制成泥浆，而是将土直接铺洒在摊铺平整的碎石层上，用平地机、多齿耙均匀拌和，然后用振动压路机进行碾压，碾压的方法同灌浆法。在碾压过程中，需要时应补充洒水，碾压4～6遍，撒铺嵌缝料，然后继续碾压，直至碾压到无明显轮迹及在碾轮下材料完全稳定为止。

2. 生产路

(1) 施工放样(同田间路)。

(2) 基础开挖及回填(同田间路)。

(3) 路面施工：沙包土材料应符合规范要求，铺设厚度应满足设计要求，且应进行碾压。

3. 下田坡道

下田坡道的宽度应满足耕作机械下田的行走宽度和转弯半径。坡度不能大于耕作机械的最大爬坡度。路面强度和施工方法与连接的道路相同。

（四）桥梁工程

土地整理工程中桥梁施工总体可分为较大跨径桥与较小跨径桥。较大跨径桥应根据设计要求进行桩基施工，桩基施工应严格按照设计及施工规范进行，桥梁结构也必须符合设计及施工规范要求。在土地整理工程中主要为较小跨径桥，其施工可分为基础处理、结构物回填、桥墩(墙)砌筑、桥上部结构施工。

1. 基础处理

如原基础较坚硬，可根据设计要求进行施工。软基必须进行处理，才能进行上部施工，主要是碰到淤泥层，这样的基础要用换沙、打木桩等方法进行处理。此部分需做隐蔽工程记录与签证。

2. 结构物回填

填料除设计文件另有规定外，一般应尽可能采用沙类土或渗水性土。填筑应适时分层回填压实，分层铺厚度小于20 cm，当采用小型夯具时，铺厚度不宜大于15 cm。在紧接桥头、翼墙处，应注意压实填料时不能对结构物部位造成损害；在内外侧都须回填填筑时，应同时分层填筑，以减少单项推力。

3. 桥墩(墙)砌筑

(1) 基础：应视地形、地质条件埋至足够的深度，以保证挡土墙的稳定性，设置在土质基础上的挡土墙，基础埋置深度一般应在天然地面下不小于1.0 cm，受冲刷时，应在冲刷线下不小于1.0 cm。挡土墙基础设置在岩石上时，应清除表面风化层；基础入基岩深度不应小于0.15～0.6 m，此部分需做隐蔽工程记录与签证。

(2) 墙身：中立式挡土墙可采用干砌或浆砌，墙顶最小宽度，将其适应不小于50 cm，干砌时应不小于60 cm，干砌挡土墙的高度一般不宜大于6 m，沙浆强度一般不能低于M_5。

4. 桥上部结构施工

桥面结构施工应严格按照设计及施工规范要求进行。

(五) 农田防护林工程

农田防护林是布置在农田四周,以减低风速、阻挡风沙、涵养水源以及改善农田生态小气候等为目的的林网或者林带。农田防护林一般有林带结构、林带方向、林带间距、林带宽度的确定以及树种的选择与搭配、造林方法等几方面的要求。

1. 林带结构

林带结构是指田间防护林的类型、宽度、密度、层次和断面形状等的综合,一般采用林带的透风系数作为划分林带结构类型的标准。林带透风系数是指林带背风面林缘 1 m 带高范围内平均风速与旷野的相应高度范围内平均风速之比。根据林带透风系数可以将林带结构划分为三种类型:紧密型(透风系数≤0.35)、疏透型(0.35<透风系数≤0.6)和透风型(透风系数>0.6)。

2. 林带方向

农田防护林的方向一般根据项目区的主要风害(5 级以上大风、风速不低于 8 m/s)方向和地形条件来决定。一般要求主林带的方向垂直于主害风方向并沿田块的长边布置,而副林带沿田块短边布置。在地形较为复杂的地区,当主林带无法与主害风方向垂直时,可与主害风方向呈 30°夹角布置,最大夹角不应超过 45°,否则将严重削弱防风效果。

3. 林带间距

林带间距的确定主要取决于林带的有效防风距离,而林带的有效防风距离与树高成正比例关系,同时与林带结构密切相关。一般林带的防风距离为树高的 20~25 倍,最多不超过 30 倍。因此,林带间距通常以当地树种的成林高度为主要依据,结合林带结构综合确定。

4. 林带宽度

林带宽度一般应在节约用地的基础上,根据当地的环境条件和防风要求加以综合分析确定。林带的防风效果最终以综合防风效能值来表示,即以有效防风距离与平均防风效率的乘积来表示。综合效能值越大,林带宽度越合理,防风效果也越好,反之则差。

5. 树种的选择与搭配

树种的选择应该按照"适地适种"的原则,选择最适宜当地土壤、气候和地形条件及成林速度快、枝叶繁茂、不窜根、干形端直、不宜使农作物感染病虫害的树种。

树种搭配上要注意,统一林带只能选择单一的乔木树种,而不宜采用多种乔木树种进行行间和株间混交搭配,否则容易出现因某些树种生长较慢而导致参差不齐的断面形状,从而降低防风效果。

6. 造林方法

农田防护林一般采用植苗造林的方法,主要有以下几种方式。

(1) 挖穴栽植:穴的大小和深度应略大于苗木根系。苗干要竖直,根系要舒展,深浅要适当,填土一半后提苗踩实,最后覆上虚土。

(2) 开缝栽植:松柏类小苗造林,在整好的造林地上用锄或者锹开缝,放入苗木,深浅适当。

(3) 开沟栽植:地势较平坦的造林地,用机械或人工开沟,苗木植于沟内,填土踏实。

五、成本控制

项目成本是指项目全过程所耗用的各种费用的总和。项目成本控制则是指在项目成本的形成过程中,对生产经营所消耗的人力资源、物质资源和费用开支,进行指导、监督、调节和限制,及时纠正即将发生和已经发生的偏差,把各项生产费用控制在项目预算的范围之内,以保证按时按质、经济高效地完成施工项目。

(一) 土地整理项目的组成

土地整理项目成本包括项目工程施工费、设备购置费、其他费用和不可预见费。成本控制的基本方法包括:

(1) 以施工图预算控制成本支出,按施工图预算,实行"以收定支",或者叫"量入为出";

(2) 以施工预算控制人力资源和物质资源的消耗;

(3) 建立资源消耗台账,实行资源消耗的中间控制;

(4) 应用成本与进度同步跟踪的方法控制分部分项工程成本;

(5) 建立项目月度财务收支计划制度,以用款计划控制成本费用支出;

(6) 建立项目成本审核签证制度,控制成本费用支出;

(7) 加强质量管理,控制质量成本;

(8) 坚持现场管理标准化,堵塞浪费漏洞;

(9) 定期开展"三同步"检查,防止项目成本盈亏异常;

(10) 应用成本控制的财务方法。

(二) 合同造价过程控制

(1) 项目决策阶段的合同造价控制:建设工程项目的决策阶段包括建设项目建议书、可行性研究报告的确定,并提出建设项目投资控制数。一经批准就作为合同造价的最高限额,不得任意突破。

(2) 设计阶段的合同造价控制:包括设计概算控制、招标标底控制、技术与经济相结合控制合同造价、推行限额设计控制合同造价,还可采用工程设计招标投标、方案竞赛来选择优秀设计和优秀方案。勘察设计单位不仅应对设计人员技术落实,而且还应经济落实,使设计人员随时都具有控制工程造价的意识。

(3) 施工阶段的合同造价控制:这一阶段的合同造价控制主要体现在施工图预算控制、承包合同价的控制、施工预算额的控制、资金使用的控制,还体现在施工组织设计、施工方案的选择、施工企业的资质、施工人员的作业水平等方面,这对于提高工程质量、缩短工期、杜绝不正当费用支出等都是必要的,而且是控制工程造价的目标实现的基础。

(4) 竣工结(决)算的合同造价控制:竣工结(决)算的控制应注意按合同条款执行,若需要进行合同价款的调整,必须有充足的理由和根据。竣工结(决)算额,可以与施工图预算和设计概算对比,检查工程造价控制的目标和投资效果是否达到。

(5) 其他方面控制工程造价:如工程变更的控制造价,建设单位工程索赔控制合同造价,承建方工程索赔控制工程造价。

(三)成本构成的分类控制

土地整理项目成本主要包括:人工费、材料费、周转材料费、机械使用费、其他直接费、施工间接费和分包工程成本。人工费和材料费可直接计入成本;周转材料费、机械使用费、其他直接费和施工间接费,可分清受益对象直接计入成本,分不清受益对象的可按人工费、直接费或产值比例分摊进成本;分包工程成本,可采用归集计入的办法。

六、资金管理

土地整理项目费用主要有:工程施工费、设备购置费、其他费用和不可预见费。

(一)资金拨付

根据土地整理管理的有关规定,土地整理的拨款于工程开工前预先拨付30%,其余按工程进度分期拨付,剩余工程总价的20%待项目竣工验收合格后进行拨付。

(二)资金管理的基本要求

项目承担单位的土地整理项目资金的管理,应符合以下基本要求。

1. 财务机构设置的要求

项目承担单位必须单独设立财务机构和一定数量的会计人员,在本单位负责人领导下,具体负责项目资金日常管理工作。具体组织形式可以根据本单位事务机构直接承担项目资金管理和其他事业经费管理。项目承担单位无论采用哪一种管理组织形式,必须按照项目资金管理要求,设置管理岗位,明确各岗位的职责和权限,单位负责人为项目资金管理的第一责任人。

2. 建账制度的要求

项目建设单位应按照规定要求,建立健全有关项目资金管理的各项制度,包括货币资金管理、实物资产管理、工程合同管理、债权债务管理、项目成本管理、费用开支标准及审批程序等方面的具体规定。

3. 项目预算和资金计划的要求

报经批准的项目预算和年度资金计划,原则上不得随意变更,如因特殊原因确需调整的,应按照规定程序报经批准;对于不涉及项目建设总规模的局部工程设计变更,或因自然灾害等不可预见因素影响所发生的费用支出,应按规定向上级主管部门备案,所增加的支出和发生的损失,可使用不可预见费列支;超过不可预见费预算额度的,应按规定程序报经批准。

4. 项目资金使用的要求

项目建设单位必须遵守"专款专用"原则,按照规定的用途和开支标准,安排使用项目资金,任何部门、单位和个人不得以任何理由挪用、侵占和转移项目资金,不得擅自改变资金用途和扩大使用范围及提高开支标准,项目资金不得用于购建项目配套设备以外的固定资产,不得用于对外投资,不得用于支付滞纳金、罚款、违约金,不得用于赞助和捐赠支出。

5. 项目资金结余或超出处理的要求

竣工项目结余资金按原拨款渠道退回,发生的超预算支出,一律不予补助。因不可抗力原因而终止的实施项目,应进行清算,清算后的剩余资金,按原拨款渠道上缴。

6. 会计核算的要求

项目承担单位应对项目资金进行单独核算。会计核算的组织形式,可以根据本单位实际情况和管理需要自行选择。采用集中核算形式的,应单独设置账户,单独反映项目资金收支情况和项目成本构成情况。采用二级核算形式的,应按照单独核算要求,完整地设置账簿,反映项目资金运行的全过程;要严格划清项目资金与单位留存基金的界限;对土地整理项目实行全成本核算;要按规定及时上报会计报表和项目竣工决算,保证会计信息质量。

7. 遵守财经纪律的要求

项目承担单位应严格遵守财经纪律,认真贯彻执行国家有关法律、法规和政策,依法管理和使用项目资金,严禁弄虚作假、虚报冒领,对于一切违法违纪的行为和责任人要严肃处理。

8. 监督检查的要求

项目承担单位要强化内部监督机制,充分发挥内部监督机构对项目资金管理的监督作用;要自觉地接受上级主管部门、财政部门、审计机构的监督检查;对监督检查中发现的问题,要及时处理。

第五节 项目验收管理

一、验收依据

土地整理项目验收是项目由建设转入使用和运营阶段的标志,是全面考核和检验项目建设工作是否符合规划设计要求和生产要求的重要内容,是项目业主、项目工程建设承包人向投资者汇报建设成果和交付固定资产的过程。

验收依据主要可以概括为以下五个方面。

(一)有关批复文件

国家、省、市国土资源部门、财政部门下达的项目投资计划和预算等。

(二)土地整理政策

《新增建设用地土地有偿使用费财务管理暂行办法》、《土地开发整理项目预算编制暂行办法》、《关于进一步明确国家投资土地开发整理项目管理有关问题的通知》、《土地开发整理项目资金管理暂行办法》、《国家投资土地开发整理项目管理暂行办法》、《新增建设用地土地有偿使用费收缴使用管理办法》等土地整理法规、规定。

(三)项目规划设计技术文件

经批准的土地开发整理项目规划设计、项目预算书、变更设计文件及图纸、招标文件及合同文本、核定的项目实施方案、制定的各项项目管理制度、有关施工记录、多用材料、构件和设备的质量合格文件、年度验收意见。

(四)技术标准与规范

《土地开发整理项目规划设计规范(TD/T1012-2000)》,《土地开发整理项目验收规程(TD/T1013-2000)》,农业、林业、牧业、水利、环保、交通、城镇(村镇)建设等相关行业技术规范与标准。

(五)其他

土地权属调整方案、土地权属和利用现状报告、工程质量检验资料及有关质检部门意见等。

二、验收内容

(一)与项目批复文件内容是否一致

检查项目建设区域所在的土地利用现状图的图幅号及村名、设置是否与批准的项目建设范围一致。

(二)项目建设工程

检查各类工程标准、数量、结构、尺寸、所用材料是否与规划设计一致,具体工程位置是否与规划位置相符。

(三)整理后土地利用结构

土地利用类型、面积、分布是否与规划后的土地利用布局、结构、面积相符。

(四)土地质量

除影响土地质量的各类工程因素外,应通过调查整理后土层厚度、田块平整程度、土壤质地、土壤肥力、灌溉保证对土地质量进行综合评价,检查是否与规划建设要求相符。

(五)资金使用

主要检查是否建立了专项资金使用管理制度,资金是否足额下拨,各项费用支出结构与预算是否相符,是否有挪用、侵占行为。

(六)项目管理制度的执行情况

主要检查项目建设是否按照国家有关法规、政策要求建立并执行了各项项目管理制度。

(七)土地权属调整与土地分配情况

检查整理前土地调查结果是否正式准确有效,土地权属调整与土地分配方案是否征求了公众意见,整理后是否开展了土地调查与重估,土地分配情况及遗留问题。

(八)项目档案管理

项目档案验收主要检查档案材料的齐全性、真实有效性、分类标准性以及是否实行专人、专柜等管理手段。

三、验收报告的内容

(一)验收申请与受理过程

项目竣工报告的编制情况;自验、自查、初验、终验工作概况;验收申请提交和受理时间。

(二)验收工作的组织情况

验收组人员配置及专业、职称和职务;验收工作要求和时间安排;验收通知下发;验收工作起止时间等。

(三)项目概况

项目类型、性质;项目区自然、经济、社会状况和整理前土地利用状况;主要权属单位;基础设施状况;主要工程内容;整理新增耕地情况;项目预算投资情况。

(四)各类土地面积、质量

土地面积、质量测定工具与方法;整理前后土地利用类型与土地面积的对比;新增耕地比率;土地的质量评估方法及结果。

(五)项目工程质量、数量和配置

工程类型、数量、质量测定工具、依据、标准和测定组织状况;符合经批准的规划设计标准和质量标准的各工程的数量统计结果;工程质量等级评估方法及结果;各项工程在时间和等级上的配置、协调状况;与项目区内外居民点和工矿用地、灌溉水源、主要交通、电力线的配置协调关系。

(六)土地权属情况

土地分配方案与方法;整理前后权属单位土地利用类型及其面积对比;土地登记发证情况;相关农户、集体经济组织对土地权属调整的意见。

(七)资金使用与管理

资金的性质(国家投资、贷款、自筹等)和规模以及相关手续和协议的情况;各类资金实际到位情况(有无拖置、滞留、挪用等情况)、资金"三专"(专人、专户、专账)管理情况;各项工程施工费、前期工作费、业主管理费、竣工验收费、不可预见费的规模和比例;不符合《土地开发整理项目资金管理暂行办法》规定的资金支出款项和比例;还贷款计划与责任主体的落实情况;与预算的对比;资金的结余与亏空状况。

(八) 档案管理

档案的分类、分级管理情况;档案的使用效率。主要包括以下档案。

(1) 基础档案:如项目建议书、省(区、市)申报材料、可行性研究报告、项目批复文件、土地利用总体规划(文本、说明和图件)和土地利用专项规划(文本、说明和图件)等。

(2) 项目规划设计档案:如项目规划(文本、说明、附件)、项目设计(工程设计图和工程设计说明)、施工过程对项目规划设计的调整情况以及同意调整的批复文件等。

(3) 资金档案:如项目预算和决算数、资金接受和使用情况、资金设计情况、以工折资情况和财务分析等。

(4) 合同档案:如项目施工招投标情况,合作协议,施工合同,监理合同书,承包、租赁、拍卖协议和合同,权属调整协议书,土地登记发证情况和项目设施管护协议等。

(5) 验收档案:如监理报告、自验报告、终验报告、项目验收组提出的项目区存在问题和整改意见、工程质量检验材料和有关质检部门意见、工程、土地清查和统计情况等。

(九) 项目工程管护

项目区内建筑物、沟渠、电力、道路、林木和其他工程与基础设施的管护主体、管护资金、管护措施的落实情况。

(十) 项目管理机构设置与人员配备

机构设置、专业人员配备、部门协作与制度建设情况及其与土地整理工作的协调情况。

(十一) 其他

(1) 主要经验与问题。

(2) 验收结论与建议,对项目是否能够通过验收作出明确的结论;不能通过的,提出限期整改的建议。

(3) 附件(包括附图)。

四、工程质量验收

项目工程质量验收是项目验收的重要内容,也是验收中的重点与难点。其主要目的是考核工程的建设标准是否达到规划、设计要求,有无偷工减料、弄虚作假行为。对于大量的新建工程主要采取代表性工程的抽查与测试。

各类工程质量的测定,应根据批准的项目规划设计以及建筑部门和质检部门的工程质量检验资料和质检意见,重点抽查和核对相关检验资料的真实准确性,并对整改意见提出整改措施。

(一) 必须遵守规程操作

需测定的面积、座(个)数、部位以及取样的数量等,都应分别按照该项工程的相关规定执行,不得任意减少;对项目工程质量的测定方法,应该按照该工程质量测定的方法执行,不应任意改变。对各项工程质量的测定结果,应该及时准确地记载,并同时注明测定的方法。在特殊情况下需要改变测定方法时,应该论证其改用方法的可靠性,并在记录测定结果时,注明改用的方法及其理由。

(二) 质量测定采用的仪器和工具应该符合标准

测定质量以前,应该对使用的仪器和工具进行检查,符合标准才能使用。仪器有某种误差影响质量测定结果时,应在计算中消除其误差,求得准确的结果,然后记载,并注明消除误差的情况。

(三) 质量检测应该贯穿到施工与验收的全过程

各种工程所需的质量都应该及时进行测定,不合乎要求的及时改正;前一道工序质量不符合要求的,不能进行后一道工序,以保证质量,避免返工或造成隐患;园地、林地和草地在完成施工后的 1~3 a 内,应该测定其成活率与保存率。各类工程措施在竣工以后 3 a 之内,应该测定其经暴雨、洪水考验的质量。

在工程质量测定的总体要求下,需要具体测定下列主要工程的质量:土地平整和土壤改良;农田水利工程;田间道路工程;农田防护工程和其他工程。

在各项工程质量合格的情况下,才能统计工程数量,否则不予统计。以竣工报告的工程数量为参考,重点进行实地核实,确保没有虚报、瞒报等弄虚作假行为。

第六节 项目后期管护

土地整理项目工程后期管护是土地整理项目工程完工后,项目承担单位以委托等方式确定管护组织或个人,管护组织或个人按照业主单位的有关规定,对项目土地、农田水利设施、道路、林网等设施进行管理、养护等行为。

土地整理项目工程后期管护具有责任大、难度高、原则性强、受益主体分散、管护对象不可分割等特点。

一、管护内容

(一) 对农田水利工程建筑物进行管护

确保排灌站、井房、沟渠、桥、涵、闸、配电设施的完好,能够正常使用。

（二）对田间道路、农田林网等进行管护

确保道路系统的完整，保障通行的畅通，保证农田林网、水土保持等系统的完好，满足项目区的生产生活需要。

二、组织模式

（一）公司管护模式

项目承担单位或其他组织可将新增耕地的经营权、泵站等设施的使用权进行拍卖，允许拍卖所得者在一定时间内享有对拍卖所得的收益。

（二）村集体组织管护模式

可以确立以乡镇人民政府、行政村为单位的分级管理体系，单个行政村受益的设施，由村级管理；超出单个行政村受益的设施，由乡镇人民政府管理。

（三）农民协会管护模式

项目所在地的群众可以成立农民用水协会等组织，自行对农田水利设施或田间道路系统等进行管护。

（四）项目责任人管护模式

可由当地国土管理部门或地方行政部门成立专门的对工程设施进行后期管护的机构或团体，并明确管理机构的资金来源。

三、权利责任

（一）权利

管护组织或个人享有以下权利：
(1) 有权制止各种破坏工程的行为；
(2) 按照保修合同，要求项目建设单位对工程进行维护和保养；
(3) 享有工程后期管护合同里签订的其他权利。

（二）责任

管护组织或个人负有以下责任：
(1) 保证各种工程设施能够正常运行和使用；
(2) 定期向项目实施单位、土地所有者、使用者提供工程设施运行情况的书面汇报；
(3) 对工程运行、使用情况进行记录，做好档案资料的保管工作；
(4) 在管护期届满后，按合同规定的要求，交付工程设施及有关资料于当地有关单位；
(5) 接受有关部门的监督和检查。

四、工程保修

土地整理项目竣工验收后,虽然通过了竣工前的各种检查,但仍可能存在质量问题或隐患,直到使用过程中才逐步暴露出来。例如,输变电线路的老化、机井和地埋管道的破损、道路的塌陷等均需要在使用过程中检查和观测。实行项目保修制度,是施工承包单位对项目正常发挥其功能的具体体现。项目承担单位应督促施工承包单位,做好土地整理项目的保修工作。

(一)保修期限

工程保修期从工程实际竣工之日算起,以单项工程或单位工程来分别计算质量保修期。保修期可由工程施工单位与后期管护单位根据当地实际情况,结合其他行业规定,协商后确定。

(二)保修范围

在项目竣工验收前,施工承包单位向项目承担单位发送"工程质量保修证书"。保修证书的主要内容包括:工程简况;工程使用管理要求;保修范围和内容;保修时间;保修说明;保修责任;保修情况记录等。此外,保修证书还应附有保修单位的名称、详细地址、电话、联系接待部门和联系人,以便业主单位联系。

(三)维修验收

在发生问题的部位或工程维修完毕后,要在质量保修书的"保修记录"栏内做好记录,并经项目后期管护单位验收签字,以表示维修工作完结。

本章小结

土地整理项目从立项到该规划设计再到后期的现场施工、验收与后期管护,各个环节都需要加以管理与监督。本章共有六节内容,第一节详细介绍了土地整理项目管理的内容、管理机构以及资金的管理模式;随后,本书按照土地整理项目从立项到施工,再到验收和后期管护的顺序,依次介绍了我国对土地开发整理立项的管理内容、项目规划设计的管理内容、项目施工的管理内容,以及如何进行土地整理的验收与工程的后期管护。通过本章,不仅了解到一个具体的土地整理项目的运作流程,还可以了解到项目每个阶段审查的内容与重点。

项目管理　土地整理项目　项目立项　规划设计审查　施工监管　项目验收　后期管护

复习思考题

1. 土地整理项目管理对象分为哪几类？管理的内容有哪些？
2. 土地开发整理项目申报应准备哪些材料？
3. 土地整理项目规划设计审查的主要内容有哪些？
4. 土地整理项目施工的质量如何控制？
5. 土地整理项目验收时业主要审查哪些内容？

参 考 文 献

[1] 李红举,林坚,阎红梅. 基于农田景观安全格局的土地整理项目规划. 农业工程学报,2009,25(5)

[2] 陈勇,曾向阳. 土地整理项目的景观生态途径——以房县军店镇土地整理项目规划为例[J]. 武汉科技大学学报(社会科学版),2009,11(4)

[3] 李如海. 关于农村建设用地整理挂钩政策的思考——以江苏省为例. 论文天下论文网,2007

[4] 国土资源部规划司,国土资源部土地整理中心编. 推动用地增减挂钩 促进城乡统筹发展——城乡建设用地增减挂钩试点工作手册. 北京:地质出版社,2008

[5] 叶艳妹,吴次芳. 可持续农地整理的理论和方法研究. 北京:中国大地出版社,2002

[6] 张正峰. 土地整理潜力与效益评价. 北京:知识产权出版社,2005

[7] 刘彦随. 区域土地利用优化配置. 北京:学苑出版社,1999

[8] 芭芭拉·C·克里. 土地开发实用手册. 夏鹏,刘倩,等译. 北京:中国电力出版社,2007

[9] 朱德举. 土地整理与西部生态环境建设. 北京:中国大地出版社,2005

[10] 国土资源部土地整理中心编. 土地整理工程设计. 北京:中国人事出版社,2005

[11] 付梅臣,等. 土地整理与复垦. 北京:地质出版社,2007

[12] 唐河,姚志林. 新土地管理法实务全书. 北京:学苑出版社,1998

[13] 严金明,钟金发,池国仁. 土地整理. 北京:经济管理出版社,1998

[14] 毕宝德. 土地经济学. 北京:中国人民大学出版社,2006

[15] 郧文聚,国土资源部土地整理中心. 土地开发整理项目可行性研究与评估[M]. 北京:中国人事出版社,2005

[16] 樊彦国. 土地开发整理技术及应用. 淄博:中国石油大学出版社,2007

[17] 高甲荣,齐实. 生态环境建设规划. 北京:中国林业出版社,2006

[18] 杨庆媛. 西南地区土地整理的目标及模式. 北京:商务印书馆,2006

[19] 高向军,鞠正山. 论"中国土地整理微观行为的宏观理念". 中国软科学,2002,5

[20] 鹿心社. 论中国土地整理的总体方略. 农业工程学报,2002,18(1)

[21] 龙花楼,李秀彬. 中国耕地转型与土地整理:研究进展与框架. 地理科学进展,

2006,25(5)

    [22] 李元.落实中央精神推进土地整理工作.中国土地,1997,7

    [23] 刘卫东.浅论土地整理.河北农业大学学报(农林教育版),2000,2(3)

    [24] 郑凌志,国土资源部土地整理中心.土地开发整理项目预算编制与实务.北京:中国人事出版社,2005

    [25] 胡振琪.土地复垦与生态重建.徐州:中国矿业大学出版社,2008

    [26] 胡振琪.煤矿山复垦土壤剖面重构的基本原理与方法.煤炭学报,1997,22(6)

    [27] 胡振琪,赵艳玲,赵珊.矿区土地复垦工程可垦性分析.农业工程学报,2004,20(4)

    [28] 魏忠义,白中科.露天矿山大型排土场水蚀控制的径流分散概念及其分散措施.煤炭学报,2003,28(5)

    [29] 魏忠义.煤矿区复垦土壤重构研究[博士论文].北京:中国矿业大学,2002

    [30] 白中科,赵景逵.工矿区土地复垦与生态重建.北京:中国农业科技出版社,2000

    [31] 李晋川,白中科.露天煤矿土地复垦与生态重建.北京:科学出版社,2000

    [32] 罗明,王军.中国土地整理的区域差异与对策.地理科学进展,2001,20(2)

    [33] 汪锐.中国城市土地整理的经济学解析.成都:四川出版集团巴蜀书社,2009

    [34] 李展,彭补拙.江苏省吴江市土地整理理论与实践研究.资源科学,2000,22(3)

    [35] 刘雪,刁承泰,张景芬,等.农村居民点空间分布与土地整理研究——以重庆江津市为例.安徽农业科学,2006,34(12)

    [36] 罗明.西部地区土地整理生态评价的理论与实践.北京:中国农业出版社,2004

    [37] 沈其明,刘燕.公路工程造价编制与管理.北京:人民交通出版社,2002

    [38] 刘雅云.家居装饰工程预算.北京:机械工业出版社,2003

    [39] 任玉峰.建筑安装工程定额原理与概预算.哈尔滨:黑龙江科学技术出版社,1992

    [40] 庞永师,陈德义.建筑工程造价手册.广州:华南理工大学出版社,2002

    [41] 罗福周.建设工程造价与计价实务全书.北京:中国建材工业出版社,1999

    [42] 张丽华.公路工程概、预算编制指南.北京:人民交通出版社,2002

    [43] 方国华,朱成立.新编水利水电工程概预算.郑州:黄河水利出版社,2003

    [44] 彭建,蒋一军,张清春,等.城市近郊农村居民点土地整理研究——以北京市大兴区黄村镇狼垡村为例.资源产业,2004,6(5)

    [45] 邵景安,刘秀华,等.重庆市不同经济类型区土地整理研究.水土保持学报,2004,18(5)

    [46] 涂建军,廖和平.三峡库区县土地开发整理分区方法研究——以重庆市开县为例.西南农业大学学报,2003,25(1)

    [47] 王炜,杨晓东,曾辉,等.土地整理综合效益评价指标与方法.农业工程学报,2005,21(10)

    [48] 和宏明,薄立馨.投资项目可行性研究工作手册.北京:中国物价出版社,2002

    [49] 王瑷玲,赵庚星,王瑞燕,等.区域土地整理生态环境评价及其时空配置.应用生态学报,2006,17(8)

[50] 王万茂,张颖.土地整理与可持续发展.中国人口资源与环境,2004,14(1)

[51] 吴怀静,杨山.基于可持续发展的土地整理评价指标体系研究.地理与地理信息科学,2004,20(6)

[52] 吴田兰,彭补拙.我国土地整理模式的多元化探析.土壤,1998,6

[53] 伍黎芝,底艳.干旱区盐碱化土地整理工程实证研究——以陕西省蒲城县卤泊滩土地整理项目为例.农业工程学报,2005,21(增)

[54] 严金明,夏素华,夏春云.土地整理效益的分析评价与指标体系建立.国土资源情报,2005,2

[55] 臧俊梅,马瑛.新疆土地整理基本思路之我见.土地整理中心网站专题报道,2004

[56] 张超,高敏华,黄昭权.土地整理效益评价指标建立及方法应用.资源产业,2005,7(5)

[57] 钟金发.经济发达地区土地整理模式初探——以江苏省吴江市为例.土地整理中心网站专题报道,2004

[58] 周宝同.土地资源可持续利用基本理论探讨.西南师范大学学报(自然科学版),2004,29(2)

[59] 蔡运龙.变废为宝,集腋成裘:刍议"土地整理与开发、复垦"概念对我国土地管理思路的拓展与深化.中国土地,1997,3

[60] 张国良,卞正富.矸石山复垦整形设计内容和方法.北京:煤炭工业出版社,1999

[61] 陈百明.土地资源学概论.北京:中国环境科学出版社,1999

[62] 罗明.西部地区土地整理生态评价的理论与实践.北京:中国农业出版社,2004,8

[63] 陈良.我国土地整理的分区指导与农村经济可持续发展.农村经济,2003,6

[64] 范金梅,王磊,薛永森.土地整理效益评价探析.农业工程学报,2005,21

[65] 冯广京.我国农地整理模式初步研究.中国土地,1997,6

[66] 鞠正山,罗明,等.我国区域土地整理的方向.农业工程学报,2003,19(2)

[67] 李彦芳,郭爱请,张晓霞.农地整理中沟渠整理的模式和完善途径探讨.乡镇经济,2005(3)

[68] 李阳兵,高明,魏朝富,等.岩溶山地土地整理模式研究.经济地理,2002,22

[69] 谷晓坤,代兵,陈百明.中国农村居民点整理区域方向.地域研究与开发,2008,27(6)

[70] 谷晓坤,周小萍,卢新海.大都市郊区农村居民点整理模式与评价方法:以上海市为例.经济地理,2009,5

[71] 谷晓坤.中国土地整理模式的理论研究与实证分析[博士论文].中国科学院地理科学与资源研究所,2008

[72] 国家投资土地开发整理项目管理暂行办法.国土资源部国土资发〔2000〕316号

[73] 土地开发整理项目资金管理暂行办法.国土资源部国土资发〔2000〕282号

[74] 湖北省土地开发整理项目立项审查审批暂行办法.湖北省国土资源厅

[75] 湖北省土地开发整理项目可行性研究报告编制暂行办法.湖北省国土资源厅

[76] 湖北省土地开发整理项目规划施工设计及预算审查暂行办法.湖北省国土资源厅

[77] 高向军.土地整理理论与实践.北京:地质出版社,2003

图书在版编目(CIP)数据

土地整理/卢新海等编著. —上海：复旦大学出版社,2011.8(2022.1 重印)
(复旦博学·21 世纪土地资源管理系列)
ISBN 978-7-309-08042-1

Ⅰ. 土… Ⅱ. 卢… Ⅲ. 土地整理-高等学校-教材 Ⅳ. F301.2

中国版本图书馆 CIP 数据核字(2011)第 156929 号

土地整理
卢新海　谷晓坤　李睿璞　编著
责任编辑/罗　翔

复旦大学出版社有限公司出版发行
上海市国权路 579 号　邮编：200433
网址：fupnet@fudanpress.com　http：//www.fudanpress.com
门市零售：86-21-65102580　团体订购：86-21-65104505
出版部电话：86-21-65642845
大丰市科星印刷有限责任公司

开本 787×1092　1/16　印张 21.5　字数 485 千
2022 年 1 月第 1 版第 6 次印刷
印数 10 411—11 420

ISBN 978-7-309-08042-1/F·1733
定价：35.00 元

如有印装质量问题,请向复旦大学出版社有限公司出版部调换。
版权所有　侵权必究